대학교의 위기

캠퍼스 성폭력

Bonnie S. Fisher · Leah E. Daigle · Francis T. Cullen 공저

신소라 · 심현정 공역

박영사

대학교의 위기: 캠퍼스 성폭력(Unsafe in the Ivory Tower)은 15년 넘게 축적된 여대생의 성폭력 피해에 대한 연구의 결과물이다. 레아 데이글(Leah Daigle)은 중반부터 이 책의 집필 과정에 합류하였다. 소규모의 단기 프로젝트를 하는 것으로 생각하고 시작한 일이 우리 연구 경력의 상당 부분을 차지하는 연구 프로젝트가 되어 버렸지만, 단연코, 여대생들의 범죄피해를 연구하는 것은 매우 보람된 과정이었다.

연구를 착수하는 단계에서부터 이미 성폭력 피해는 대학교 캠퍼스뿐만 아니라 사회 다양한 부분에서 뜨겁게 논의되고 있는 문화 전쟁(culture war)의 일부였다. 물론 우리 연구진들이 이념적으로 편향되어 있는 것은 사실이지만, 우리의 정치적 관점을 반영하지 않게끔 이 현상을 바라보고 논의하는 것이 가장 바람직하다고 일찍이 결론을 내렸다. 우리는 "우리가 원하는 것"을 연구하려는 것이 아니라, "객관적인 데이터가 가리키는 것"을 밝혀내고자 하였다. 우리의 노력은 성폭력 피해를 연구하려는 학자들이 통찰력을 갖출 수 있도록 도울 것이며, 우리가 발견한 것 이상으로 발전시킬 수 있도록 하는 중요한 초석이 될 것이라 믿어 의심치 않는다. 우리는 과학적인 지식을 축적함으로써 성폭력 피해의 원인을 밝혀내고, 더 나아가 이 발견을 기반으로 한 효과적인 개선방안을 고안할 수 있을 것이다.

최근 20년이 조금 넘는 기간 동안 메리 코스(Mary Koss)는 성폭력 피해연구의 중심이 되어 왔고, 이와 동시에 칭송과 비판을 모두 받아 왔다. 우리 연구진들은 메리 코스가 성폭력 연구의 선두주자라는 상징적인 의미보다, 대학생들의 성폭력 피해의 특성을 체계적으로 살펴보기 위해서 과학을 어떻게 활용하였는지에 더 관심을 가지고 매료되었다. 코스가 전국 단위의 데이터를 수집할 수 있는 혁신적인 방법을 사용하였고, 이 데이터를 통하여 매우 중요한 실증적 발견을 했다는 점은 가히 대단한 일이다. 코스의 연구에 대한 비판의 일부는 다소 과장된 부분도 있기 때문에 이런 점에 대해서는 크게 개의치 않았다. 과학에서 가장 중요한 것은 체계적인 회의주의임에도 불구하고, 코스의 연구를 비판하는 사람들과 코스의 연구를 옹호하는 사람들은 일부만을 제외하고는 단순히 의혹만을 주고받을 뿐이었다. 이제는 의혹을 제기하는 행동들을 멈추고, 대학생들의 성폭력 피해를 더 잘 이해할 수 있는 새로운 전국 단위의 대표성 있는 연구가 필요한 시점이다. 우리 연구진들이 갖추고 있는 연구방법론과 피해자학에 대한 전문성은 이 연구에 가치를 더할 것이다.

우리 연구를 실시하면서 가장 어려웠던 점은 성폭력 피해와 같이 복잡한 개념을 어떻게 측정할 것인지의 문제였다. 특히 강간을 설문의 형식으로 측정하는 것은 상당히 어려웠다. 둔감하거나 나쁜 행동이 범죄 행위가 되는 선을 넘는 것이 어느 시점일지를 설문을 통해 물어본다는 것은 어려운 일이었다. 우리는 코스의 성경험설문(Sexual Experience Survey)의 장점과 사법통계국에서 시행한 전국범죄피해실태조사(National Crime Victimization Survey)의 장점을 통합하여 설문 전략을 수립하였다. 그 이후에, 전국의 여대생을 대상으로 성폭력 피해 경험을 측정하였다. 이 프로젝트에 추가적으로 다른 전국 단위 연구 3개를 추가적으로 진행하였다. 대학교의 범죄피해 초기 연구(John Sloan이 연구자로 참여함), 전국범죄피해실태조사(NCVS)에서 사용된 강간과 성폭행 측정 방법을 조사하는 연구, 그리고 대학생들의 성폭력 피해 대응에 관한 연구(Heather Karjan이 연구자로 참여함)가 이에 해당한다.

대학교의 위기: 캠퍼스 성폭력(Unsafe in the Ivory Tower)은 우리 연구에서 밝혀낸 여대생의 성폭력 피해를 설명하고 있다. 한편으로는 이 책은 방법론과 관련한 이야기이다. 우리는 이념적인 논쟁이 되어 버린 주제를 명확하게 살펴보기 위한 수단으로 어떻게 측정도구(measurement)를 활용했는지를 논의하였다. 하지만 그 어떠한 것보다도 대학생들이 겪고 있는 성폭력의 실태를 정확하게 묘사하고 이 문제에 어떻게 대응하고 있는지를 살펴보고자 시도하고자 하였다. 서문에서 우리 연구의 결과를 자세하게 설명하려는 것은 아니지만(연구 결과를 알려면 책을 읽어 보세요!), 살짝만 공개해 보겠다. 여대생들은 일정 수준의 성폭력 피해 가능성에 노출되어 있을 뿐 아니라, 강제추행, 언어적 및 시각적 성희

롱, 스토킹 피해에도 노출되어 있다. 그렇기 때문에, 성폭력 피해는 상당수 여대생들의 삶에 매우 주요한 영향을 미치고 있다고 볼 수 있다. 하지만 피해를 당하는 경우에도 침묵을 강요당하거나 친구들에게만 털어놓는 것이 현실이다. 그렇기 때문에 성폭력 피해의 가능성으로 인하여 여대생들은 보이지 않는 불편함을 겪게 되는 것이다. 이에 따른 비용은 전혀 달갑지 않은 것이며, 자신의 의지와 선택으로 발생한 것이 아니다. 그렇기 때문에 대학 당국은 성폭력 피해의 위험성을 이해하고 대학 캠퍼스를 안전한 공간으로 만들기 위한 조치를 취해야 한다.

우리는 이 책을 출판하면서 많은 사람들의 도움을 받았다. 전국 단위의 연구들을 실시하고 그 연구들을 책 한 권으로 엮어 내는 과정에서 "온 마을의 도움이 필요하다"라는 말의 뜻이 무엇인지를 실감하였다. 이 책에 도움을 준 이들이 너무 많아서 혹시나 놓치는 사람이 있다면 미리 심심한 사과를 전하고자 한다. 가장 먼저, 신시내티 대학교(Cincinnati University)와 조지아 주립 대학교(Georgia State University)의 동료들에게 감사의 인사를 전하고 싶다. 신시내티 대학교의 제니스 밀러(Janice Miller)와 진 개리(Jean Gary)는 일심 양면으로 늘 친절하게 우리를 도와주었다. 예일 대학교(Yale University)의 예방 및 커뮤니티 연구 부서와 존 제이 대학(John Jay College of Criminal Justice)에게도 이 책을 집필하는 기간 중인 2007~2008년도에 연구를 할 수 있는 좋은 환경을 제공해 준 것에 대한 감사를 표한다.

이 책은 전국 단위의 연구들에 기반하여 집필되었다. 이러한 연구들은 연방 형사정책연구원(the National Institute of Justice)과 사법통계국(the Bureau of Justice Statistics)의 연구비 지원을 통해서 이루어졌다. 버나드 아처(Bernard Auchter)는 연방 정부의 지원을 받은 연구를 하는 데 있어서 값진 조언들을 아끼지 않았다. 이들의 지원 없이는 이 연구들이 제대로 완수되지 못했을 것이다. 조앤 벨크냅(Joanne Belknap)은 우리가 성폭력 피해의 주요 측정도구를 개발하는 데 있어서 매우 중요한 역할을 수행해 주었다. 마이클 터너(Michael Turner)는 우리가 초기 연구를 할 때 밀접하게 도와주었으며, 함께 작업한 결과물은 우리 책을 집필하는 데 도움이 되었다. 연구들에 도움을 주었고, 이 책 이후의 논문들을 함께 출판하기도 한 연구자들에게도 감사를 표한다. 발레리 벨(Valerie Bell), 크리스티 브레빈스(Kristie Blevins), 제니퍼 하트만(Jennifer Hartman), 셰릴 존슨(Cheryl Lero Johson), 헤더 카제인(Heather Karjane), 쉐런 르브란(Sharon Levrant), 제이미 뉴섬(Jamie Newsome), 트레비스 프랫(Travis Pratt), 셰넌 샌타나(Shannon Santana), 크리스틴 스월츠(Kristin Swartz), 메건 스튜워트(Megan Stewart), 그리고 브랜다 보즈(Brenda Vose)에게 다시 한번 감사의 인사를 전한다. 다양한 분야의 동료 연구자들도 우리 연구가 더 견고해질 수 있도록 고견을 주었다. 로즈마리 바베렛(Rosemary Barberet), 마이클 벤슨(Michel Benson), 에이미 캐시디(Amy Cassidy), 앤 코커(Ann Coker), 월터 디케세레디(Walter DeKeseredy), 조지 다우델(George Dowdall), 존 에크(John Eck), 제이비 파르고(Jamie Fargo), 조디 레인(Jodi Lane), 크리스 크랩스(Chris Krebs), 크리스 린드퀴스트(Chris Lindquist), 샌디 마틴(Sandy Martin), 소니 리건(Soni Regan), 존 슬로안(John Sloan), 말티 스미스(Marti Smith), 린 소머스(Lynn Sommers), 타미 설리반(Tami Sullivan), 브렌트 티스데일(Brent Teasdale), 셰런 트레이시(Sharon Tracy), 타라 워너(Tara Warner), 파멜라 윌콕스(Pamela Wilcox), 존 롸이트(John Wright), 존 워즈니악(John Wozniak), 테레사 진크(Therese Zink)에게 감사의 인사를 전한다. 그리고, 우리 책의 커버 사진을 촬영해 준 폴 존슨(Paul Johnson)에게 큰 신세를 지었다. 성실함이 가미된 예술적인 감각으로 "위험한 대학"의 모습을 담는 어려운 일을 해 내 준 것에 대한 감사를 전한다.

우리 연구에 참여해 준 무작위로 선발된 8,000명의 여대생들에게도 감사의 인사를 전하고 싶다. 이들이 연구에 참여하지 않았다면, 우리 연구 결과를 검증할 수 있는 데이터를 얻지 못할 것이다. 이들이 경험을 공유해 주지 않았더라면 여대생들의 성폭력 피해를 과학적으로 이해하기는 어려웠을 것이다. 우리 학교에 재학하는 학생들에게도 고마움을 표하고 싶다. 우리가 성폭력 피해에 대해서 이야기하는 것을 잘 들어주고, 우리에게 색다른 관점을 통해 매우 귀중한 통찰을 할 수 있도록 하고, 생각할 거리를 만들어 주었다.

우리는 세이지 출판(SAGE Publications)의 교정 및 제작 스태프들로부터 받은 도움에도 감사를 표하고 싶다. 특히 제리 웨스트바이(Jerry Westby)에게 특별한 감사의 말을 전한다. 우리 책 출판에 무한한 지지를 보내며, 끈기 있게 그리고 때로는 재촉도 하면서 우리를 지원해 준 점에 감사를 표한다. 제리의 노런미와 믿음이 없었다면, 이 책이 마무리되기는 어려웠을 것이다.

이 책이 구상 단계에 있을 때, 수많은 연구자들이 우리의 제안서를 읽어보고 매우 도움이 되는 피드백을 주었다. 우리는 이들 리뷰어들에게도 감사를 표하고 싶다.

- 캐린 두바시(Karin Dudash)
  카메론 대학교(Cameron University)
- 패트리샤 해리스(Patricia Harris)
  텍사스 대학교 – 샌안토니오
  (University of Texas at San Antonio)
- 린 존스(Lynn C. Jones)
  노던 아리조나 대학교
  (Northern Arizona University)
- 로버트 릴리(Robert Lilly)
  노던 켄터키 대학교
  (Northern Kentucky University)

- 수잔 밀러(Susan Miller)
  델라웨어 대학교(University of Delaware)
- 데이몬 미첼(Damon Mitchell)
  센트럴 코네티컷 주립 대학교
  (Central Connecticut State University)
- 카렌 테리(Karen Terry)
  존제이 대학교
  (John Jay College of Criminal Justice)
- 자넬 윌슨(Janel Wilson)
  센트럴 아칸소 대학교
  (University of Central Arkansas)

이 책의 일부는 우리가 시행하였던 연구의 일부에서 발췌·인용되었다. 1장과 2장은 보니 피셔, 프랜시스 컬렌, 마이클 터너(1999)의 「The Extent and Nature of Sexual Victimization Among College Women: A National Level Analysis (Final Report)」, 보니 피셔와 프랜시스 컬렌(2002)의 "Measuring the Sexual Victimization of Women: Evolution, Current Controversies, and Future Research", 마지막으로 보니 피셔, 프랜시스 컬렌, 마이클 터너(2002)의 「The Sexual victimization of College Women」을 출처로 한다.

5장의 일부분은 레아 데이글, 보니 피셔, 프랜시스 컬렌(2008)의 "The Violence and Sexual Victimization of College Women: Is Repeat Victimization a Problem?", 레아 데이글, 보니 피셔, 파멜라 귀트리(2007)의 "The Recurrence of Victimization: What Researchers Know about Its Terminology, Characteristics, and Causes"에서 발췌·수정되었다.

6장의 일부분은 보니 피셔, 레아 데이글, 프랜시스 컬렌, 마이클 터너(2003)의 "Acknowledging Sexual Victimization as a Rape: Results From a National—Level Study", 보니 피셔, 레아 데이글, 프랜시스 컬렌, 마이클 터너(2003)의 "Reporting Sexual Victimization to the Police and Others: Results From a National—Level Study of College Women"에서 발췌되었다.

7장의 일부분은 보니피셔, 프랜시스 컬렌, 마이클 터너(2002)의 "Being Pursued: Stalking Victimization in a National Study of College Women"과 보니 피셔와 메건 스튜워트(2007)의 "Vulnerabilities and Opportunities 101: The Extent, Nature, and Impact of Stalking Among College Students and Implications for Campus Policy and Programs"에서 발췌·수정되었다.

8장의 일부는 보니 피셔, 프랜시스 컬렌, 마이클 터너(2002)의 "Being Pursued: Stalking Victimization in a National Study of College Women"에서 발췌·수정되었다.

감사하게도, 발췌 인용된 연구의 저자들과 출판사들이 우리 책에 이 자료를 활용하는 것을 허락해 주었다.

마지막으로, 우리가 이 책을 집필하는 동안 사랑과 지지를 보내 준 우리의 소중한 사람들에게 감사의 인사를 전하고 싶다. 이 책은 보니 피셔가 닉 윌리엄스, 올리비아 윌리엄스, 카밀 윌리엄스에게 바치는 책이자, 레아 데이글이 아담 애버리와 이안 코머에게, 프랜시스 컬렌이 폴라 두벡과 조던 컬렌에게 바치는 책이다.

보니 피셔
레아 데이글
프랜시스 컬렌

 이 책에서 설명하듯이 대학교에서 발생하는 성폭력은 새롭게 '발생'한 문제가 아니라 근래에 '발견'된 사회 문제이다. 우리나라에서는 1990년대부터 대학가를 포함한 사회 전반부에서 발생하는 성폭력 문제가 사회문제로서 인식되기 시작하였다. 이후 사회 운동가들과 법조인들의 부단한 노력에 의해서 성폭력특별법이 제정되고 피해자들을 도울 수 있는 제도와 기관들이 생겨나기 시작하였다. 이후로 30년이 넘는 기간 동안 관련 법률들은 조금 더 폭넓은 행위를 포함하여 처벌이 가능한 행위의 범주를 넓혀 가고, 피해자들을 지원하는 기관들도 전문성을 갖추며 피해자의 지원과 회복을 넘어선 피해의 예방에 적극적으로 동참하기 시작하였다.

 그렇지만 우리 학계는 여성들의 삶의 질과도 직결된 이 문제에 대하여 어떻게 대응하였을까? 특히, 범죄의 원인을 탐구하고 범죄피해를 예방하는 데 중점을 두고 있는 범죄학은 국내에서 발생하는 성폭력들과 대학생들이 겪고 있는 성폭력 피해를 학술적으로 설명하고, 피해자들이 치러야 하는 사회적 비용을 줄이고자 하는 사회적 움직임에 얼마나 일조하고 있었을까? 안타깝게도 학술 분야, 특히 범죄학과 피해자학 분야에서 국내 성폭력 피해 실태를 개선하기 위한 실증 연구는 아직 가야 할 길이 멀다. 더욱이 성폭력 문제를 이념의 문제가 아닌 '객관적인 사회 문제'로 접근해야 하는 것은 관련 정책을 시행하는 데 있어서 매우 중요한 일이다. 군이 예시를 나열하지 않더라도 성폭력이 발생한다는 사실을 부인하고, 중요치 않은 문제라고 생각하는 사람들을 쉽게 볼 수 있을 것이다.

 이러한 연유로, 오늘날 우리가 마주한 현실을 객관적으로 평가하고 어떻게 '측정'할 수 있을지에 대해서 매우 구체적으로 설명하는 연구들을 살펴보는 것은 매우 중요한 일이다. 특히 사회로 첫걸음을 내딛는 대학생들이 대학교에서 성폭력 피해에 노출되어 있고, 누군가는 이에 대한 책임을 져야 하는 안타까운 현실을 객관적으로 살펴보는 것은 더욱 의미 있는 일이다. 우리 역자들은 이 책이 국내 대학의 실정을 살펴볼 수 있는 성폭력 실태 조사 연구의 중요한 초석으로 활용되기를 희망한다. "피해를 당하셨습니까?"의 문항을 넘어서서, 과연 피해를 어떻게 측정할 것인지에 대하여 조금 더 고심하는 후발 연구자들이 있다면 이 책을 더 좋은 연구에 대한 갈망을 해소할 수 있는 자료로서 활용하기를 바란다. 그리고 대학교를 더욱 안전한 곳으로 만들기 위해 많은 곳에서 힘쓰고 계시는 실무자들께도 객관적 연구의 부족함으로 인한 아쉬움을 해소해 줄 수 있는 책이 되기를 바라는 바다.

　　우리 역자들은 캠퍼스성폭력에 대한 인식과 연구가 지금보다 더 미흡했던 상황에서 대학생들에게 배포할 '데이트폭력 예방 매뉴얼'을 제작하며 많은 고민을 하기도 하였고, 이 현실을 객관적으로 알 수 있는 자료들이 없다는 현실에 안타까워 하기도 하였다. 다행스럽게도 우리나라의 캠퍼스 성폭력이나 데이트폭력에 대한 인식은 과거에 비해 많이 개선이 되었고, 이 책의 내용과 같은 객관적 연구설계를 통한 실태에 대한 면밀한 조사와 연구가 절실히 필요한 때가 되었다. 이런 역자들의 오랜 바람을 이 책의 번역을 통해 조금이나마 이루게 되어 영광이기도 하고, 한편으로는 번역을 통해서 이런 내용을 전달하게 되어 아쉬움도 남는다. 이런 아쉬움을 채우기 위해 우리는 총 8장으로 구성된 원서의 번역을 마친 후, 국내의 상황에 대한 조사를 하여 새롭게 제9장에 논의하였다.

　　마지막으로, 이 책이 나오기까지 도움을 주신 분들께 감사의 말씀을 드리고 싶다. 당시에는 큰 관심을 받지 못한 대학 성폭력이라는 주제에 대해 연구의 길을 열어 주신 동국대학교의 조윤오 교수님, 10년이 지난 책을 번역하여 출판하고 싶다는 우리 역자들의 의견을 흔쾌히 들어주신 박영사의 이영조 차장님과 꼼꼼하게 리뷰해 주신 윤혜경 편집자님, 이 책의 내용을 꾸미며 궁금한 점이 있을 때마다 한국 대학의 실정과 현장에서 느끼는 현실들을 생생하게 전달해 주신 대학교의 실무자 선생님들과 동료 연구자들, 그리고 책을 번역하는 동안 물심양면으로 역자들을 응원해 준 소중한 가족 이시정과 김홍태에게 감사의 마음을 전한다. 마지막으로, 이 책을 집필하며 수많은 노고를 하고 이 책이 번역되어 국내에 출판되는 데 있어서 응원을 보내 준 대학 성폭력 피해연구의 선구자 신시내티 대학의 보니 피셔 교수님, 조지아 주립대학의 레아 데이글 교수님, 신시내티 대학의 프랜시스 컬렌 교수님께 깊은 감사의 마음을 표한다.

대학 캠퍼스가 모든 학생에게 성범죄로부터 안전한 곳이기를 바라는 마음을 책을 번역하는 모든 순간에 담아서.

역자 신소라·심현정

미국에서 2010년도 이 책이 출판되었고, 그 이후로 성폭력 피해 생존자 (sexual assault survivors)들과 성폭력 문제를 바라보는 태도와 대응 방식에 크게 영향을 미친 일들이 계속해서 발생하였다.

2015년도에는 스탠포드 대학교(Stanford University)에서 브록 앨런 터너(Brock Allen Turner)가 샤넬 밀러(Chanel Miller)를 성폭행하는 일이 발생하였다. 이 사건의 재판 과정에서 공개된 밀러의 피해 영향 진술(victim impact statement)과 밀러가 직접 쓴 베스트셀러인 "내 이름을 알아줘(Know my name)"는 3차 교육기관이 성폭력 피해 생존자들을 어떻게 다루어야 하여야 하는지에 대한 전국적인 논쟁을 불러일으켰다. 소셜 미디어를 통해 퍼지게 된 미투 운동 또한 사회 전역에서 발생하고 있는 성희롱과 성폭력 피해에 대해서 전례 없는 관심과 반응을 불러왔다.

오바마 대통령 임기중에는 교육부 산하 시민권국(The Office for Civil Rights)에서 "2011 협조 서한(2011 Dear Colleague Letter)"을 배포하여 해당 문제에 대한 행정적인 대응 지침을 안내하였다. 이 서한에서는 기존 교육 수정법 제9장(Title IX)에 성폭력을 차별로 규정하고 성희롱과 성폭력이 보고되면 대응하도록 하는 의무 조항을 포함하였다. 이 법률은 연방 정부의 재정지원을 받는 교육프로그램이나 활동에서 성별을 이유로 한 어떠한 형태의 차별을 금지하는 연방 시민권 법률이다. 2017년에 트럼프 행정부에서는 교육부 장관인 벳시 드보스(Betsey DeVos)가 "2011 협조 서한"의 지침을 철회하고 "최종 규칙(Final Rule)"을 배부하여 새로운 규정들을 발표하였다. 최종 규칙은 제9장에 새로운 대응 규정과 성희롱에 대한 정의를 새롭게 추가하는 내용을 포함하고 있다. 2021년도에 들어서 새로운 바이든 행정부에서는 "최종 결정"에서 만들어진 제9장 캠퍼스 성폭행 규정들을 정비할 계획을 세우고 있다.

　　미국의 대학 캠퍼스에서 발생한 성폭력을 다루려는 노력은 각처에서 이루어지고 있다. 2013년에 국회는 "캠퍼스 성폭력 근절 법"을 통과시켰다. 이 법은 3차 교육기관이 가정 폭력, 데이트 폭력, 스토킹 통계를 연간 보안 보고서(annual security report)에 보고해야 한다는 내용을 포함하고 있다.

　　지금까지 설명한 내용들은 우리 책과 관련해서 이루어진 중요한 업적과 발전들을 잘 보여준다. 캠퍼스에서 발생하는 성폭력, 성희롱, 스토킹, 가정폭력, 데이트 폭력을 다루는 법률이나 행정적 조치들이 변하고 이러한 범죄 피해의 양상 또한 변화했지만, 우리 책에서 다룬 몇 가지 테마들은 오늘날까지도 여전히 중요한 문제이다.

　　첫 번째, 학생들의 피해 경험, 기관들의 대응에 대한 인식, 주변인의 행동에 대하여 익명으로 설문하는 웹 기반 설문조사인 대학 실태 조사(campus climate survey)는 연구자 중심으로 실시한 연구들 외에도 폭넓게 지지를 얻어 가고 있다. 우리 책에서 설명된 컴퓨터를 이용한 전화조사(CATI)설문 방식에서 시작한 대학 실태조사는 단일 캠퍼스를 대상으로 설문을 하는 것에서부터 다수의 학교들에게 설문하는 대규모의 설문으로 발전해 왔다. 미국 대학 협의회(Association of American Universities: AAU)에 속한 대학교 중 33개교(2019년)에서 "성폭행 및 부당행위에 대한 캠퍼스 실태조사(Campus Climate Survey on Sexual Assault and Misconduct)"를 실시하였다. 2017년, 2019년, 2021년에 하와이 대학교(University of Hawai'i)에서는 "성희롱 및 젠더에 기반한 폭력에 대한 캠퍼스 실태조사(Campus Climate Survey on Sexual Harassment and Gender-based Violence)"를 개발하여 실시하기도 하였다. 하와이 대학에 속한 3차 교육기관 10개의 기관에서 설문을 실시하였다. 하와이 대학교 마노아 캠퍼스(UH Manoa), 하와이 대학교 마일로 캠퍼스(UH Milo), 하와이 대학교 웨스트 캠퍼스(UH West)와 7개의 하와이 커뮤니티 컬리지(UH Community colleges)가 설문에 참여하였다.

　　두 번째, 성폭행, 성희롱, 데이트폭력, 스토킹을 측정하는 설문 문항의 신뢰도와 타당도를 확보하는 문제는 캠퍼스 실태조사를 설계하는 데 있어서 매우 중요한 문제로 남아 있다. 최선의 설문 방법을 사용하고, 측정 도구 및 피해자학 연구에 기반하고, 관련 법률을 고려하여 적절한 설문 문항을 구성할 수 있을 것이다. 이러한 식으로 개발된 문항은 미국 대학 협의회 설문, 하와이 대

학교 설문, ARC3라고 잘 알려져 있는 실무자-연구자 협동 캠퍼스 실태 조사
(Administrator-Researcher Campus Climate Collaborative)에 사용되었다.

우리가 설문을 개발할 때와 마찬가지로, 오늘날 사용되는 대학 실태조사
설문을 개발한 연구자들도 설문의 내용과 양식을 구성하는 데 과학적인 증거
들을 활용하고자 최선을 다하였다. 그럼에도 불구하고, 여전히 성폭력 피해 실
태를 측정하는 것은 쉽지 않은 일이며, 성폭력 피해의 수치를 둘러싼 정치적
논쟁과 설문 문항의 복잡함이 이에 어려움을 더한다.

캠퍼스 실태 조사로 인해서 우리가 개발한 설문 방법이나 피해자학에 관
한 연구들에 대한 우리의 헌신이 다시 한번 견고해지게 되었다. 우리는 성폭력
실태를 파악하고 정책 관련한 정보들을 가공하기 위해서 끊임없는 노력을 해
온 연구자들에게 감사의 말을 표하고 싶다.

마지막으로, 최근에 실시한 대학 성폭력 피해조사에서도 우리 책의 연구
결과와 마찬가지로 여대생은 여전히 성폭력과 스토킹에 노출되어 있는 것으로
나타났다. 여대생들이 대학교에 다니는 동안 이러한 범죄 피해에 노출되어 있다
는 것은 매우 슬픈 현실이다. 다수의 여대생들은 성희롱과 데이트폭력 피해를
겪고 있으며, 안타깝게도 대학을 졸업한 이후에도 이러한 피해를 당하고 있다.

우리는 이 책에서 성폭력 피해는 대학생들의 삶에서 보이지 않는 불평등
을 야기하고 있다고 이야기하였다. 여대생들은 자신들이 결코 원하지 않았던
불안감과 불쾌감이라는 비용을 치루어야 하며, 다수의 학생들이 대학교에서 위
험한 상황에 방치되어 있다. 이 불행한 현실은 안타깝게도 성소수자들에게도 영
향을 미치고 있다. 대학 실태 조사(campus climate surveys)와 미국 대학교 협의회
에서 실시한 설문에서 논바이너리(gender-nonbinary)와 성소수자(sexual orientation
minority) 대학생들은 여대생들과 비슷하거나 더 많이 성폭력 피해를 당하는 것
으로 밝혀졌다.

서문을 마무리하면서, 우리는 우리의 책을 한국어로 번역해 준 역자들에
게 감사의 인사를 표하고 싶다. 미국 밖에 있는 독자들에게 우리 책이 전해질
수 있도록 시간을 들이고 전문성을 나누어 준 것에 대하여 감사의 인사를 표하
고 싶다. 이 번역은 심현정의 리더십이 없었더라면 불가능했을 것이다. 우리
책, "대학의 위기: 캠퍼스 성폭력"을 한국어로 번역한 노력과 헌신에 대하여

다시 한번 신소라와 심현정에게 감사함을 표한다.

2021년 5월

보니 피셔(Bonnie S. Fisher), 레아 데이글(Leah E. Daigle),

프랜시스 컬렌(Francis T. Cullen)

Contents

차례

CHAPTER 03. 캠퍼스 성폭력: 강간 / 89

CHAPTER 05. 반복되는 성폭력 피해 / 155

CHAPTER 06. 피해자의 비밀: 피해를 인지하고 신고하기 / 181

CHAPTER

성폭력의
발견

01

성폭력의
발견

　　대학은 현실세계와 떨어져 여유롭게 학문과 진리를 탐구하는 공간으로 상아탑이라고 일컬어지기도 한다. 대학생들이 대학 캠퍼스에서 졸업 후에 닥칠 현실과는 조금은 동 떨어진 캠퍼스 라이프를 즐기고 있다고 생각되기 때문에 상아탑이라고 불리는 것일 수도 있을 것이다. 대학생들은 대학을 졸업하고 나서야 비로소 자신의 행동에 무거운 책임이 따르며 해결하기에 녹록치 않은 일들이 일어나고 있는 '현실'로 진입하게 된다. 대학에서 범죄가 발생하면, 범죄가 얼마나 흉악했는지에 대해 놀라기도 하지만 대학교라는 공간에서 범죄가 발생했다는 사실이 더욱 충격적으로 다가오기도 한다. 대학교는 범죄로부터 안전한 피난처와 같은 공간이어야 한다고 생각하기 때문이다. 대학은 젊은이들이 학문을 자유로이 탐구하며, 젊음을 만끽하고 앞으로의 삶을 준비할 수 있는 생활을 향유하고 성장하는 곳이어야 한다. 그렇기에 대학교에서 범죄를 당하는 것은 더욱 안타깝게 느껴지기 마련이다. 그리고 대학에서 범죄가 일어난다는 것은 이미 다른 곳에서도 같은 범죄가 발생하고 있다는 것을 내포한다. 안전하다고 여겨지는 대학에서도 범죄가 발생하고 있다면, 과연 우리의 가정과 지역사회가 안전하다고 할 수 있겠는가?

　　대학은 현실과는 조금 떨어진 곳이라는 인식으로 인하여, 대학에서 발생하고 있는 범죄들은 캠퍼스 내에서만 발생하는 문제들이며 중요하지 않다고 여겨지기도 한다. 그렇지만, 대학에서 발생하는 범죄들은 단순히 캠퍼스 문화만으로 인해서 나타난다고 보기는 어렵다. 지역사회의 구조적 문제나 불균형으로 범죄가 발생한다는 학자들도 있고, 개인에게 문제가 있기 때문에 발생한다고 설명하는 연구자들도 있다. 후자의 주장을 하는 사람들은 '문제 있는' 특정

학생이 범죄를 저지르기 위한 의도를 가지고 대학을 가는 것이며, 무고한 피해자를 대상으로 캠퍼스 범죄를 저지른다고 설명한다. 그렇기 때문에 대학교에서 범죄를 저지른 사람들은 신성한 상아탑을 얼룩지게 한 '예외적인' 인물로 묘사되면서 언론과 사회의 관심을 받기도 한다.

하지만 캠퍼스 범죄의 원인을 '문제 있는 학생'에게서만 찾는 것은 캠퍼스 범죄에 대한 선입견이기도 하다. 범죄자에게 병적인 문제가 있다(pathological offender)고 생각하는 인식으로 인해 대학생들의 일반적인 일상생활 속에서도 범죄가 발생할 수도 있다는 점이 간과되기도 한다. 마커스 펠슨(Marcus Felson, 2002, p.12)은 범죄를 항상 "실업, 가난, 사회 부정의, 고난과 같은 사회악의 일부"만으로 생각하는 주장의 맹점에 대해 이야기하였다. 펠슨의 일상활동이론(routine activity theory)에 따르면 적절한 수준의 "보호자(guardianship)"가 없으면 "매력적인 표적(attractive target)"이 될 가능성이 높아진다. 상황을 노리고 있는 "동기화된 범죄자(motivated offender)"는 사회 여러 분야와 장소에 존재하고 있기 마련이다(Cohen & Felson, 1979).[1] 대학 캠퍼스 내에서 절도사건이 빈번하게 발생하고 있다는 사실은, 범죄를 저지를 각오가 되어 있는 범죄자는 늘 존재하고 있으며 범죄를 저지를 기회가 있다면 범죄가 발생할 수도 있다는 사실을 잘 보여준다(Fisher, Sloan, Cullen, & Lu, 1998). 학생들은 휴대폰과 책을 그대로 놔두고 자리를 비우거나, 기숙사 문을 열어 두거나 문을 잠그지 않기도 한다. 이러한 상황은 범죄를 저지를 준비가 되어 있는 사람들에게는 좋은 기회가 되고, 실제 절도사건으로까지 이어지게 된다(자세한 내용은 Mustaine & Tewksbury, 2007 참조).

대학생들의 일상활동과 연관지어서 캠퍼스 범죄를 설명하면, 왜 대학 캠퍼스에서 강간과 같은 성폭력 사건이 드물지 않게 발생하고 있는지를 잘 이해할 수 있다. 물론 여학생이 어두운 밤거리를 혼자 걸어가다가 모르는 사람에게 성폭행

---

1   역자 주. 일상활동이론에서 설명하는 '매력적'이라는 것은 피해자의 외모나 성격이 매력적으로 느껴진다는 것이 아니라, 피해의 대상으로서 적절하다는 것을 의미한다. 예를 들면, 권력을 이용한 성폭력 행위에서 피해자의 '매력성'은 권력의 하위 관계에 위치하였다는 점이 될 수 있다. 보호자(guardianship)는 부모와 같은 보호자만을 의미하는 것이 아니라, 범죄피해로부터 지켜줄 수 있는 장치들을 의미한다. 보호자는 잠재적 피해자와 같이 활동하는 사람이 될 수도 있으며, 잠금 장치와 같은 물리적 장치 등도 포함한다.

당하는 경우도 있다. 하지만 대학교에서 발생하는 성범죄는 이런 양상으로 발생하기보다는 대학생들의 일반적인 일상활동 속에서 발생한다. 대학교는 다수의 남성과 여성이 교실뿐 아니라 다양한 환경에서 매일 만나게 되는 장소이다. 이러한 자연스러운 만남을 통해서 누군가는 관계를 발전시키고, 데이트를 하기도 한다. 하지만 안타깝게도 많은 상황에서 '여학생들은 지켜줄 사람(guardian)이 없는 상태에서 매력적인 타깃'이 되곤 한다. 여성들은 강간으로까지도 이어질 수 있는 원치 않는 성적인 접촉(unwanted sexual advance)을 당하기도 한다.

　이 책에서는 여성의 성폭력에 관한 논쟁에 대해서 살펴볼 것이다. 대학생이 경험하는 신체의 침해에 대한 연구들까지 포괄적으로 다루고, 이념에 관한 논쟁에 집중하기보다는 대학 캠퍼스의 성폭력으로 인한 실태, 범위, 결과에 대한 실증적인 연구를 살펴보는 방향으로 진행될 것이다. 이 책의 말미에서는 대학 성폭력 문제는 우리가 당면한 현실적인 문제이며 예방을 위한 노력과 관심이 필요한 과제라는 것이 잘 드러나게 될 것이다.

　본격적으로 시작하기에 앞서 이 책에서 사용될 몇 가지 용어에 대해서 명확히 하고자 한다. 첫 번째, 이 책에서는 주로 3차 교육기관에서 발생하는 여학생들의 성폭력 피해에 주로 집중하고자 한다. 3차 교육기관이라고 하면 2년제 대학에서부터 대학원 과정이 있는 대학교 모두를 포함한다. 이 책에서는 3차 교육기관을 개별적으로 대학, 대학교, 기관, 학교와 같은 다양한 명칭으로 사용한다. 두 번째, '성폭력 피해(sexual victimization)'는 "여성의 신체와 정신을 성적으로 침해하고자 하는 목적을 가졌거나 침해하는 행위(sexual purpose or content that violates women's bodies and/or minds)"를 의미한다. 성폭력 피해는 강제추행(sexual assault)을 포함하며, 강제추행은 성기의 삽입이 발생하지 않은 원치 않는 성적인 접촉을 의미한다. 성폭력 피해는 성적 강요(sexual coercion), 언어적 및 시각적 희롱(verbal and visual harassment)과 대부분의 스토킹 행위를 모두 포함한다. 성폭력 피해는 미수(attempted), 기수(completed) 혹은 협박(threatened)하는 행위 모두를 포함한다. 세 번째, 아는 사람에 의한 강간(acquaintance rape)이라는 개념을 사용해서 피해자와 아는 사이지만 공식적으로 데이트하거나 연인 사이가 아닌 경우에 당하는 피해를 설명하고자 한다. 데이트 강간(date rape)은 데이트 중에 발생하거나 데이트 상대에게 당하는 강간을 지칭한다.

01 ──────────────────────── 진짜 강간에 대한 논쟁

1987년도에 하버드 대학교의 법학교수 수잔 에스트리치(Susan Estrich)는 "진짜 강간(Real Rape)"이라는 책을 출판하였다. 에스트리치 교수는 법대에 입학하기 바로 전인 1974년도에 자신이 강간피해를 당한 일을 설명하면서 책을 시작한다. 주차장에 차를 주차하고 차에서 나오자마자 누군가에게 밀쳐졌고 이어서 성폭행을 당하였다. 돈과 차도 도난당했다. 경찰이 도착해서 사건을 조사하기 시작했다. 과연 그녀의 진술은 납득할 만했을까? 그녀는 아무런 상처도 입지 않았지만, 그녀의 진술은 사실처럼 들렸다. 그녀는 '착한 아가씨'처럼 보였고, 강간범은 피해자와 면식이 없는 흑인 남성이었다. 경찰은 피해자를 경찰서로 데려가서 진술하게 했고, 병원에 들렸다가 용의자들의 사진을 확인하려고 돌아갔다. 차는 타이어만 없어진 상태로 찾았지만, 기소당한 사람은 아무도 없었다.

아이러니하게도 에스트리치는 자신은 운이 좋은 강간 피해자라고 설명한다. "저는 운이 좋았어요. 다른 사람들이 제가 '진짜로' 성폭행을 당했다고 했으니까요. 아무도 제가 피해자가 아니라고는 생각하지는 않았어요. 아무도 제가 원했기 때문에 당했다고 하지 않았어요. 말을 하지 않은 것일 수도 있지만 피해가 제 탓이라고 하는 사람은 아무도 없었어요(1987, p.3)"라고 이야기하였다. 아마 에스트리치가 당한 피해는 누가 보기에도 동의하지 않은 성기 삽입이 있었던 '진짜 강간'이었기에 어떠한 비난도 없었을 것이다. 강간범은 모르는 사람이고, 피해는 공공장소에서 발생했고, 피해자는 옷이 찢어지거나, 얼굴에 피가 흥건하거나 몸에 멍이 들어 있거나 하는 징후를 보일 때 사람들은 '진짜 강간'이라고 생각하기 쉽다.

책에는 '진짜 강간(real rape)'이 아닌 '보통 강간(simple rape)'에 관한 이야기도 담고 있다. 보통 강간의 피해자는 사적인 공간에서 아는 사람에 의해서 성폭행 피해를 당한다. 성행위에 대한 동의가 있었는지를 판단할 때, 피해자가 거부의사를 밝혔다는 진술은 동의 하지 않았다라는 주장에 힘을 실어 주기에는 충분하지 않을 수 있다. 피해자의 진술이 신뢰받기 위해서는, 반드시 증인이 있거나 피해에 저항하면서 생긴 상처나 피해가 있어야만 한다. 에스트리치의 책에서 말하는 주요 골자는 '보통 강간'도 진짜 강간이라는 것이다(1987, p.7). 그녀는 자신의 책을 통해서 성폭력이 이해되는 방식이나 "사회적으로 구성되는" 방식을 바꿔 보고자 하였다. 가해자가 아는 사람이든 모르는 사람이든, 공공장소에서 일어나든 사적인 장소에서 일어나든, 신체적인 피해가 있든 없든 강간은 강간이며 범죄이다.

이것은 동의에 관한 논의가 필요 없다는 것을 의미 하는 것이 아니다. 성관계나 스킨십에서는 동의에 관한 문제는 중요하다. 아는 사람이나 데이트 상대를 저녁시간대에 만나거나, 스킨십에 동의한 것이 성관계에 동의했다고 잘못 해석되기도 한다. 거절의 표현이 분명하지 않았거나, 상대방이 완전히 이해하지 못했을 수도 있다. 피해자 조차도 동의 여부나 피해 여부에 대하여 확신하지 못하는 경우도 있다. 법률적으로 강간 행위에 해당하는 피해를 당하는 경우에도(legally raped) 자신이 겪은 상황을 동의하지 않은 성폭력 피해나 강간으로 정의하지 않는다는 것이 밝혀졌다(구체적인 예시는 Fisher, Daigle, Cullen, & Turner, 2003b; Kahn, Jackson, Kully, Badger, & Halvorsen, 2003 참조).

'보통 강간'은 에스트리치(Estrich)가 명명한 것이고, 학술적으로 표현하면 지인에 의한 강간이나 데이트 강간의 개념과 가깝다.

동의의 개념이 명확하지 않다는 이유로 많은 여성들이 아는 사람들로부터 성폭행당하고, '보통 강간' 피해를 지속적으로 당하기도 한다는 사실이 간과되어서는 안 되며, 아는 사람들로부터 성폭행당한 피해자도 간과되어서는 안 된다. 그리고 이 피해자들이 범죄피해를 어떻게 잘 극복했는지를 살펴보는 것은 더욱 중요하다. '동의하지 않은 성관계(nonconsensual victimization)'를 단순히 '안타까운 오해' 정도로 치부하는 것은 '강간 통념(rape myths)'을 수용하는 사회적 분위기를 형성한다. 강간통념이란 "피해자의 유책성, 강간범의 무고함, 강간을 중범죄화하지 않는 것과 관련한 잘못된 신념이나 고정관념"을 의미한다(Chapeau, Oswald, & Russel, 2003, pp.601-602; Payne, Lonsway, & Fitzgerald, 1999). 범죄학에서 '중화의 기술(techniques of neutralization)'(Sykes & Matza, 1957)이라고 불리는 이러한 반사회적인 신념(antisocial belief)은 동기 부여된 강간범이 강제적인 성관계를 정당화시키거나 합리화하는 역할을 하기도 한다. 가령, 강간범은 "여자가 '싫어'라고 말하는 것은 사실 '좋아요'라고 말하는 거다"라고 생각하거나, "사실 여자가 원한 것이다"라고 생각하기도 한다는 것이 대표적인 예이다.

에스트리치(Estrich)는 1980년대 중반에 쓴 이 책에서 대학교 성범죄에 대해서 언급한다. "처음으로 대학 당국이 캠퍼스에서 발생하는 데이트 강간 문제에 대해서 인식하고 문제를 해결하려고 하고 있다(1987, p.7)"라고 설명하였다. 이어, "데이트 강간의 발견은 우리사회가 동의하지 않은 성관계(nonconsensual sex)에 대한 인식을 바꾸는 데 매우 중요한 역할을 한다(p.7)"고 설명하였다. 에스트리치의 책이 출판된 뒤 20년이 지난 오늘날 '이 발견'의 산물인 우리의 책이 출판되었고, 우리는 대학생들의 성폭력 문제에 대해서 기록하는 데 일조하고자 한다.

02 ──────────────────────── 성폭력과 관련한 논의

에스트리치(Estrich)의 책은 개인의 행동을 촉구하는 역할 이상으로 사회에 영향을 미쳤다. 이 책은 여성 피해자들이 법률을 통해서 동등하게 보호받을 수 있도록 하는 거대한 사회적 움직임에 크게 일조하였다. 시민 평등권 운동(the civil rights movement)이 펼쳐지고, 인종 평등(racial equality)을 넘어 젠더 평등(gender equality)으로까지 관심이 확장되기 시작하면서, 이 책이 본격적으로 언급되기 시작됐다. 시민 평등권 운동가들은 사회, 경제, 정치적 영역 전반에 걸친 여성의 권리신장을 주장했다. 고등교육, 스포츠, 임금에서의 평등한 기회를 제공하고자 하였다. 나아가서는 공공 분야에서 남성의 영향력으로부터 여성을 해방시키고, 가정과 안방과 같은 사적인 영역에서도 남성의 영향력으로부터 자유로워야 한다고 주장하였다.

사적인 영역에서 여성의 해방과 관련하여 '친밀한 관계에서의 폭력(intimate violence)'을 주목하고 공론화하는 노력이 펼쳐졌다. 친밀한 관계에서의 폭력은 사적 공간에서 여성이 폭력 피해를 당하는 것을 말한다(Gelles & Straus, 1988). 대부분 가정폭력이나 성폭력과 관련이 있고, 데이트 강간과 아는 사람에 의한 강간 문제와도 관련이 깊다. 이 분야와 관련된 연구들은 크게 세 가지 주제로 분류될 수 있다.

첫 번째는 여성에 대한 '친밀한 관계에서의 폭력(intimate violence)' 문제가 얼마나 간과되어 왔는지를 살펴보고, 얼마나 많은 피해자들이 수면 위에 드러나지 않았는지를 살펴보는 연구이다(Belknap, 1996). 엘리자베스 플렉(Elizabeth Pleck, 1987)은 「집안의 폭군(Domestic Tyranny)」이라는 책에서 "1970년대까지 아내에 대한 폭력에 관련된 실질적인 논의는 전무하였다(p.182)"고 설명한다. 결혼과 가정 학술지(Journal of Marriage and the Family)는 1969년에 초판을 발행한 가정폭력에 관한 저널이며, 이 저널이 발행되기 이전까지는 가정폭력과 관련한 학술 저널 또한 전무하였다(Pleck, 1987). 성폭력 문제도 학자들의 논의 면에서 이와 비슷한 양상을 보인다(Brownmiller, 1975; Estrich, 1987; Warshaw, 1988). 두 번째 주제는 여성 피해자를 진정한 피해자(true victim)로 인정하는 것과 이들을 가해자로부터 보호하지 못한 형사사법시스템의 실패에 관한 연구들이다. 법으로 제정한 동등 보호의 원칙(the promise of equal protection)은 반세기 동안 여성에게는 껍데기뿐인 약속이었다. 여성 피해자들은 형사사법시스템에서 피해자로 인정받지 못하였으며, 보호받지 못하거나 지원받지 못하는 존재로 남아 있었다. 세 번째는 여성에 대한 폭력을 근본적인 성적불평등(sex inequality)과 성차별적인 의식의 부산물로 설명하는 연구들이다. 이 관점의 연구들은 강간을 포함하여 남성이 행하는 폭력은 단순히 문제 있는 몇몇의 '썩은 사과(bad apple)'의 문제가 아니라, '썩은 통(bad barrel)'이 문제라고 지적한다. 여성을 통제하고 착취하는 것이 허용되는 썩은 통이 썩은 사과를 만들어 낸다는 것이다. 이러한 생각의 우세는 강간 통념과 같은 이데올로기를 만들어 낼 만큼 헤게모니적이며, 이로 하여금 여성에 대한 강요(coercion)을 정당화하게 된다. 나오미 울프(Naomi Wolf)의 「무엇이 아름다움을 강요하는가(The Beauty Myth, 1991)」에서는 아래와 같이 이러한 상황을 표현한다.

"여성을 비하하는 행동들이 미화된 문화에서는 소년들이 강간을 저지르고 소녀가 강간을 당하는 것을 '그럴 수도 있는 일(a normal course of events)'이라고 인식되게 한다. 소년들은 그들의 행동이 잘못된 것인지를 조차 알지 못할 수도 있다. 폭력적인 성적 이미지화(violent sexual imagery)는 자신이 강간하는 것인지 조차 모르고 강간을 저지르는 젊은 세대를 양산했을 수도 있다(p.167)."

여성에 대한 폭력의 원인을 가부장제에서 찾는 관점은 어쩔 수 없이 정치화된 논쟁을 불러일으킬 수밖에 없다. 여성에 대한 폭력이 발생하고 이런 폭력을 예방하지 못한 것은 여성주의적인 문제로 여겨지며, 이 문제는 여성의 평등권에 대한 운동으로 이어졌다. 많은 여성들이 이 문제에 대한 목소리를 내기 시작하였다. 글을 쓰고 기사를 작성하고, 변화를 촉구하는 거리 시위에 동참하였다. 그 결과, 가정폭력 문제를 다루는 데 있어서 변화가 빠르게 나타났다. 피해여성을 위한 쉼터가 개설되고 남성 가해자가 체포되기 시작했다. 이와 더불어 성폭력 문제 또한 관심을 얻기 시작하였다. 부부 사이의 강간을 처벌하는 법률이 통과되었고, 피해자에 대한 신뢰를 저하시키기 위한 목적으로 피해자의 과거 성적 이력(sexual history)을 언급하는 것을 금지하는 법도(rape shield laws) 만들어졌다. 데이트폭력과 아는 사람에 의한 성폭력과 같은 일도 문제로 인식되기 시작하였다.

성폭력 이슈가 정치화되는 것은 긍정적인 변화도 몰고 왔지만, 이와 함께 부정적인 결과도 나타나기 시작하였다. 여성의 피해는 더 이상 중립적이고 초당파적인 문제가 아니게 되었고, 정치적 우파와 좌파 간의 문화 전쟁(culture war)의 일부로 인식되기 시작한 것이다. 데이트 성폭력과 아는 사람에 의한 폭력에 대한 경각심을 높이고, 예방 프로그램들을 시행하는 것은 급진적 페미니스트들이 날뛰는 것처럼[2] 묘사되었다(Roiphe, 1993). 배우자를 폭행하는 행위에 문제를 제기하는 것은 좌파가 "권위적인 아버지는 일 하고 어머니는 자녀들을 보살피고 양육하는 전통적인 핵가족"을 공격하기 위해 의도적으로 문제를 제

---

2 역자 주. 원문(run amok)의 표현에 충실하기 위하여 그대로 번역되었다.

기하는 것으로 비추어졌다. 플렉(Pleck ,1987)은 아래와 같이 설명하였다.

> "신우익(The New Right)들은 가정폭력법률이 페미니즘과 관련되었다고 주
> 장하며, 가정폭력법률은 "모성, 가족, 기독교적인 가치"를 해한다고 설명한다.
> 신우익들은 가족을 공적 영역으로부터 분리된 개별적인 제도 기관으로 회복시키
> 려고 하고 있으며, 자신들이 가진 윤리에 대한 관점을 퍼트리려고 하고 있다.
> 신우익들은 낙태를 불법화하고, 십대들에게 피임에 관한 정보를 제공하는 것을
> 금지하며, 공립학교에서 학생들에게 기도를 의무화할 수 있도록 하는 연방 법률
> 을 지지한다(p.197)."

이 책에서 논의될 내용이지만, 성폭력에 관한 연구들도 정치적인 맥락에서 해석되기도 한다. 성폭력 문제를 연구하는 연구자들은 연구 결과가 과학적인 분석의 결과가 아니라 페미니즘적 이데올로기의 결과라는 비판을 늘 감수하여야 한다. 성폭력에 대하여 연구하는 연구자들의 대부분은 페미니스트이거나 여성이기 때문에, 이러한 비판은 얼핏 보기에는 타당해 보이기도 하다. 그렇지만 연구의 결과는 그들의 과학적인 측면에 의하여 평가되어야 하며, 과학적인 자료도 없이 정치적인 감성에 기반을 둔 인신 공격적인 비난은 타당하지 않다.

03 ──────────────── 드러나지 않은 성범죄피해: 암수 피해

1991년 6월 3일, 눈에 띄는 빨간색 글씨로 "데이트 폭력(Date Rape)"이라는 제목과 함께 성폭력 피해를 당한 여대생의 흑백 사진이 타임지(The Times)의 커버로 등장하였다. 이 잡지에서는 데이트 폭력이 무엇인지에 관한 커버스토리가 담겨 있었다(Gibbs, 1991a). 어떤 상황이 동의된 상황이고, 동의되지 않은 상황인가? '싫어요'가 정말 '싫어요'를 의미하는 것인가?와 같은 동의와 관련된 이슈들이 설명되었다. 강간사건의 대부분이 경찰에 신고되거나 기타 기관에 보

고되고 있진 않았지만, 여성들은 자신을 강간 피해로부터 보호하기 위해서 노력하고 있다는 점들이 드러났다(Gibbs, 1991b). 이 이슈는 타임지의 기자인 낸시 깁스(Nancy Gibbs)에 의해서 잘 설명되었다(1991a).

> "여성들은 데이트폭력을 암수범죄라고 설명하는 반면, 남성들은 정의할 수도 없는 범죄를 예방하기는 어렵다고 반문한다. 여성들은 이 문제가 심각하게 여겨지고 있지 않다고 되받아치지만, 남성들은 놀고는 싶지만 결과는 받아들이고 싶지는 않은 여성들이 개발해 낸 개념이라고 이야기한다 … (중략) … 이러한 태도는 피해의 상처가 있는 여성들의 분노를 야기한다 … (중략) … 데이트 강간은 오해에 관한 문제가 아니다. 데이트 강간은 그 전날 밤 한 결정을 후회하는 것을 말하는 것이 아니다. 사실 데이트 강간은 전혀 "결정"에 관한 문제가 아니다. 강간은 강간이며, 강제적인 성관계이다. 이웃 주민이든, 직장동료 사이이든, 학교에서 아는 사이이든, 일반적인 친구 사이이든, 범죄는 범죄이다 (pp.48-49)."

　　타임지에서 데이트 상대와 지인으로부터 당한 강간에 대한 문제를 다루었다는 것은 숨겨져 있던 이 문제가 공적인 정책 이슈가 되었다는 것을 보여준다. 이제 경찰, 검사, 판사와 같은 공무원이나 대학교 교직원에 이르기까지 데이트 성폭력 문제를 간과하기는 어렵다는 점도 시사한다. 타임지에 실린 기사 외에도, 데이트 폭력에 관한 문제는 윌리엄 케네디 스미스(William Kennedy Smith)와 마이크 타이슨(Mike Tyson)의 사건들로 대중의 주목을 받아 왔다.

　　1991년, 유명한 케네디 가의 일원이었던 윌리엄 케네디 스미스(William Kennedy Smith)는 아는 사람을 성폭행했다는 의혹을 받았다. 같은 해 부활절 전 금요일(Good Friday), 스미스는 술집에서 만난 여성과 팜비치에 있는 자택의 잔디에서 성관계를 가졌다. 피해자의 멍, 감정적인 반응과 거짓말 탐지기 테스트 결과로 피의자가 성폭력 혐의가 있다고 결론맺었었다(Gibbs, 1991a). 이후로 세 명의 여성이 스미스가 자신들도 성폭행했다고 주장했지만, 12월에 열린 공판에서 그들의 증언은 인정되지 않았다. 전 국가적인 관심에도 불구하고, 스미스는 무죄를 선고받았다.

복싱 챔피언이었던 마이크 타이슨(Mike Tyson)은 1991년 7월, 당시 18세였던 데서리 워싱턴(Desiree Washington)을 인디애나폴리스에 있는 자신의 호텔 방으로 유인한 혐의로 기소되었다. 그 당시 워싱턴은 미스 블랙 아메리카(Miss Black America)에 미스 로드아일랜드(Miss Rhode Island) 자격으로 출전한 상태였다. 타이슨은 당일 오후에 홍보행사에서 만났을 당시에서부터 자신은 성관계를 원한다는 의도를 확실히 했다고 주장하였다. 하지만, 그녀는 새벽에(1시 36분)에 타이슨의 전화를 받고 잠에서 깼으며, 유명인들이 참석해 있는 파티에서 인사를 하게 해 주겠다는 약속을 받고 리무진에 올랐다고 반박했다. 증인도 없었고 물리적인 증거도 없이 배심원들의 결정에 결과가 달려 있었다. 타이슨은 강간범으로 묘사되었고, 피해여성은 교회에서 봉사하는 모범생으로 묘사되었다. 피해자가 리무진을 타기 이전에 카메라를 챙겼다는 사실이 선고에 큰 영향을 미쳤다. 곧 성관계를 할 사람이라면 카메라를 챙길 이유가 있는가? 배심원들은 이 점에 주목하였다. 1992년 2월 타이슨은 유죄가 확정되었고(Nack, 1992), 징역 3년을 선고받았다.

그 이후로도 전국적인 관심을 받은 유명인들의 성폭력 의혹은 계속되어 왔다. 코비 브라이언의 리조트 직원과의 밀회, 듀크대학교 라크로스팀 스캔들, 공군 여후보생의 성폭력 의혹 등의 사건은 끊이질 않았다. 이 일련의 사건들이 공론화되었다는 사실은 데이트 강간이나 지인에 의한 성폭력을 바라보는 사회적 분위기가 바뀌었다는 사실을 입증한다. 그리고 이후에 발생하는 사건들에 신뢰를 실어준다. 그렇지만 여전히 공개된 성폭력 피해는 일부에 불과하며, 암수범죄는 여전히 발생하고 있을 것이다.

잠재적인 사회문제의 실상과 심각성을 결정하는 것은 단순히 "끔찍한 이야기"를 이야기하는 것 이상이어야 하며, 과학적인 연구를 위한 객관적인 자료를 근거로 하여야 한다(Best, 1990 참조). 하지만 공신력 있게 성폭력 피해의 규모를 추정하는 것은 조금은 어려운 일이다. FBI에서 발간하는 전국범죄백서(Crime in the United States: Uniform Crime Reports: UCR)처럼 경찰에 신고된 피해를 집계하는 것이 한 가지 방안이 될 수도 있다. 앞서 이야기한 것처럼, 대다수의 성범죄피해는 신고되지 않기 때문에 공식통계는 실제 사건을 더 적게 추산할 수밖에 없다. 이에 대한 대안으로 전국범죄피해조사(National Crime Victimization

Survey)의 통계를 이용할 수도 있다. 전국범죄피해조사에서는 범죄피해 경험을 설문한다. 물론 범죄피해조사에서도 방법론적인 어려움이 있지만, 경찰이나 형사사법기관에 공식적으로 보고되지 않은 범죄피해를 조사할 수 있다는 장점이 있다. 안타깝게도, 미국에서 실시하고 있는 전국범죄피해조사에서 성범죄피해를 설문하는 문항들은 몇 가지 문제점이 있으며, 이 내용은 2장에서 자세히 다루어 보기로 한다.

04 ——————————— 피해자 설문 문항의 구성

앞서 살펴본 바와 같이 미국 정부에서 제공하는 데이터들이 성폭력 피해에 대한 정확한 추정치를 줄 수 없다면, 연구자들은 어떻게 해야 할까? 연구자들은 이런 방법론적인 장벽을 극복하며 보다 정확한 통계를 위한 새로운 기법을 만들어 냈다. 강간과 다른 종류의 성폭력 피해의 암수 범죄를 추정하기 위해서, 학자들은 세 번째 방법을 개발했다. 피해의 범위를 측정하기위해서 고안된 자기보고식 설문을 개발해 냈다.

이러한 노력은 사실 1950년대에서부터 시작되었다. 클리포드 커크페트릭 (Clifford Kirkpatrick, 1957)과 유진 카닌(Eugene Kanin, 1957)은 "성적인 공격성 (erotic aggressiveness)" 혹은 "성적인 범행(erotic offensive)"을 정의하고 경험적으로 측정하고자 하였다. 특히 연인 간에 발생하는 성적인 공격성과 성폭력 범죄를 측정하고자 하였다. 여기에서 사용된 방법은 오늘날 실시되고 있는 성폭력 피해연구들과도 관련이 깊다

커크페트릭과 카닌은 1954년 9월부터 1955년 5월까지 22개의 대학교에 재학 중인 여학생들을 대상으로 자신의 일상생활에 대하여 설문하였다. 설문에서는 성적인 폭력성의 수준을 (1) 목 조르기, (2) 허리 윗부분 만지기, (3) 허리 아랫부분 만지기, (4) 성관계, (5) 폭력이나 폭력을 가할 것이라는 협박이 동반된 성관계의 5단계로 정의하였다. 이 문항들은 여학생들의 친밀도, 빈도, 파트너의 수에 따라 어떤 성적 공격을 경험하였는지 알아보는 데 연구의 중점을

두었다(Kirkpatric & Kanin, 1957, p.53). 기본적으로 이 설문은 피해자 설문이다. 연구에 참여한 291명의 여학생 중, 상당수의 학생들이 성폭력 피해를 경험했다는 것이 드러났다. 연구 결과를 살펴보면, 1년 동안, 55.7%의 피해자들이 1회 이상 불쾌한 경험을 하였다고 응답하였고, 6.2%는 "공격적으로 성관계를 강요당하였고, 신체에 폭행을 가하겠다는 협박이나 압력이 동반되었다(p.53)"고 응답하였다.

이 연구가 여성의 성폭력 피해에 대한 사회 운동을 촉발시키지 않았던 이유는 이 연구가 1950년대에 실시되었기 때문일 것이다. 사실 이 연구는 출판된지 20년이 지나고 성폭력이 사회적인 문제로서 관심을 받기 시작하기 전까지는 크게 알려지지 않았었다. 이 연구는 성폭력 피해가 드문 현상이 아니며, 정부에서 발표하는 공식 통계자료와 추정치보다는 더욱 많이 발생하고 있다는 점을 입증하는 초기 연구로서 그 의의가 있다.

성폭력 피해연구들의 상당수는 대학생들을 설문 대상으로 하고 있다. 그이유는 대학생을 대상으로 설문하는 것이 편리하다는 점도 있지만, 대학교에서 많은 범죄피해가 발생하고 있으며 그 피해가 점차 증가하고 있는 사회적 영역이기 때문이기도 하다. 다이아나 러셀(Diana Russell, 1982)은 지역사회에 있는 성인을 대상으로 하는 설문 연구를 실시했었다. 확률표집으로 선정된 가구에 거주하는 930명의 성인 여성을 무작위로 선정하였다. 최초 샘플인 2,000명 중에서 64%가 설문을 완료하였다. 설문에 참여하는 응답자의 성별을 고려하여, 전문적으로 훈련된 여성 설문담당자들이 응답자들을 인터뷰하였고, 설문 담당자와 응답자의 인종과 민족성이 동일하도록 설문이 설계되었다. 가능하다면 직접 만나서 별도의 공간에서 설문을 실시 하였으며, 1978년도 여름 내내 설문이 진행되었다.

이 연구는 향후 실시되는 성폭력 피해연구들에 큰 영향을 미쳤다. 첫 번째, 이전의 연구들은 응답자들에게 성폭력에 대한 정의를 안내하긴 했지만, 성폭력을 애매하고 간략하게 정의하였다. 이에 반해 러셀의 연구에서는 명확한 성폭력의 정의를 안내하였다. 법률적인 정의를 따라서 "강제된 성관계(예시: 성기의 삽입), 무력사용이나 협박으로 한 성관계 및 여성이 약물에 영향을 받았거나, 의식이 없거나, 자고 있는 중이거나, 다른 방식으로든 무력화하여 동의를 할 수 없는 상태에서 성관계"한 것을 강간이라고 정의하였다(1982, p.84).

두 번째, 러셀은 다양한 문항을 사용해서 피해를 측정하고자 하였다. 성폭력 피해를 측정하기 위해서 문항 38개가 구성되었다. 이 문항은 "강간 피해를 당한 적이 있습니까?"를 묻는 것이 아니라, 범죄의 요건들을 상세하게 묘사한 문항을 사용하였다. 예를 들면 "누군가가 당신을 신체적으로 강제하여 ⋯ 성관계를 가진 적이 있으십니까?"와 같은 문항이 사용되었다. 실제적으로 간단한 질문이 아니라, 구체적인 행위를 물어보는 질문을 하는 경우에 응답자들이 자신의 성폭력 피해를 드러내는 경우가 더 많다는 연구가 있다(Crowell & Burgess, 1996, p.35 참조). 이러한 맥락에서 러셀(Russell)의 연구가 이후의 연구자들이 설문 문항을 개발하는 데 매우 큰 영향을 미쳤다는 점을 다시 확인할 수 있다. 구체적으로 행동을 묘사하는 문항(behaviorally specific questions)은 매우 정확하게 행동을 정의하고 있으며, 아래 〈표 1.1〉에서 연구에 사용된 문항의 예시를 살펴볼 수 있다.

표 1.1 강간 및 강간 미수와 관련한 경험을 상기시키기 위해서 러셀(Russell)이 사용한 문항의 예시[1]

1.	( )[2]가 당신과 성관계를 하기 위해서 물리력을 행사하거나 물리력을 행사하려고 한적이 있습니까?
2.	당신은 무력으로 협박당하였기 때문에, ( )[2]와 키스하거나, 애무하거나, 성관계를 한 적이 있나요? 만약에 그렇다면, ( )[3]은 당신과 성관계를 하였거나 성관계를 맺기 위해서 시도한 적이 있나요?
3.	당신이 자고 있었거나, 의식이 없었거나, 약물에 영향을 받았거나, 다른 식으로 항거가 어려웠기 때문에 ( )[2]와 원하지 않는 성적인 접촉을 한 적이 있나요? 만약 그렇다면, ( )[3]는 당신과 성관계를 하였거나 성관계를 맺기 위해서 시도한 적이 있나요?
4.	태어나서부터 지금까지 강간이나 강간 미수 피해를 당한 적이 있나요?

출처: Fisher & Cullen (2000); Russell (1982)
참조: 1. 러셀이 사용한 총 38개의 문항 중 4개만 공개되었다.
　　 2. 인터뷰어들은 해당 문항들을 3가지로(모르는 사람인 경우, 아는 사람이나 친구인 경우, 연인이거나 헤어진 연인인 경우) 나누어서 설문하였다.
　　 3. 앞선 문항에서 여성과의 원하지 않는 성적 접촉에 관하여 설문하였기 때문에, 해당 설문에서는 '그(he)'라는 대명사가 사용되었다.

 세 번째, 설문담당자들은 강간 및 강간 미수 사건에 대하여 추가적으로 설문 하였다. 예를 들면, 강간 및 강간 미수 사건을 측정하면서 "발생한 폭행사건에 대하여 묘사해 주세요"를 추가적으로 요청하였다(Russell, 1982, p.86). 네 번째, 개별 사건에 대해서 가해자에 대하여 설문하였다. (1) 모르는 사람, (2) 아는 사람 혹은 친구, (3) 연인 및 전 연인인지를 물어보았다.

 법률적 정의에 기반하여 구체적으로 행동을 묘사하는 문항(behaviorally specific questions)을 사용하는 방식은 강간을 측정하는 방법에 대한 새로운 기준을 제시하였고, 이후 연구들은 이와 같은 방법을 따르고 있다. 러셀이 사용한 방법은 이전 연구들에서 문제였던 측정 오류들을 줄일 수 있다. 그리고 법률에 기반한 정의를 사용하는 것은 법률적으로도 범죄로 구성될 수 있는 피해를 측정할 수 있도록 한다. 구체적으로 행동을 묘사하는 문항들을 사용함으로써 응답자들은 본인의 피해에 대해서 더 잘 기억하고 응답할 수 있게 되었으며, 자의적으로 해석해서 응답할 가능성을 낮추었다. 이에 더불어, 추가적인 질문을 해서 성폭력 피해가 법률적으로도 피해를 구성할 수 있는지 확인함으로써 법률적으로 피해가 성립하지 않는 사건을 강간으로 집계할 가능성을 최소화할 수 있었다. 마지막으로, 피해자에게 가해자에 대한 정보를 물어보고 지인이나 연인을 응답가능성에 포함시킴으로써 보고되지 않았을 수도 있는 지인에 의한 강간이나 데이트 강간이 집계될 수 있도록 하였다.

 이러한 요인들은 러셀의 연구에서 집계한 성폭력 피해율이 기존 다른 통계에서 발표한 피해율보다 높게 나타나는 데 기여하였다. 러셀의 연구는, 41%의 여성이 일생 동안 1회 이상 강간당하거나 혹은 강간 미수 피해를 당한다는 것을 밝혀냈다. 여성 10명 중 4명이 일생 동안 한 번 이상 강간을 당한다는 발견은 상당히 놀라울 만한 연구 결과이다.

 러셀은 일생 동안의 강간피해뿐 아니라, 지난 1년 동안 발생한 피해 경험에 대해서도 살펴보았다. 3%의 여성이 1년간 강간이나 강간 미수 피해를 당하였다고 응답하였다. 이러한 연구방법론적인 성과 외에도 러셀은 자신의 연구 결과를 FBI의 전국범죄백서(UCR)이나 전국범죄피해조사(NCVS)의 결과와 비교한 최초의 연구자 중의 한 명이며, 공식 통계와 개인 설문에서 나타나는 차이에 대해 의문을 제시하기도 하였다. 구체적으로 자신의 연구에서 나타난 성폭력 피해 비율을 전국범죄백서(UCR)이나 전국범죄피해조사(NCVS)에서 집계된 비율과 비교할 수 있도록 하였고, 자신의 연구 결과에 나타난 피해 수치가 다른 통계수치보다 더 높다는 것을 보여주었다. 비록 러셀의 연구도 강간피해 추정치에 대한 비판을 받고, 통계방법 및 통계의 응답률이 한계로 지적되기는 했지만, 정부의 공식 통계자료와 비교하는 비판적인 사고는 향후 연구자들에게 연구 설계의 방향성을 제시했다고 평가되고 있다(Gillbert, 1997, pp.121–123 참조).

05 ——————— 성경험 설문(Sexual Experience Survey: SES)

코스(Mary Koss)는 1976년부터 "암수 강간(hidden rape)"이라는 새로운 분야를 탐색하며 커리어를 쌓았다. 그 당시에 데이트 강간(date rape)이라는 개념은 용어조차 정립되어 있지 않았다. 코스는 "'평범한(normal)' 사람들도 강간이나 강간과 유사한 일들을 겪는다는 증거가 없었기" 때문에 용어조차 정립되어 있지 않았다고 설명하였다(Koss, 1988a, p.189). 1978년, 코스는 정부의 보조금을 받아 데이트 강간에 대한 첫 번째 연구에 착수할 수 있었다. 당시 코스는 자신이 조교수로 재직하고 있던 오하이오주에 위치한 켄트주립대학(Kent State University)에 재학하는 4,000명의 학생들을 대상으로 설문조사를 실시하였다. 처음에는 설문이 수월하다는 이유로 대학생들을 연구대상으로 선택하였지만, 이후에 대학생들을 연구한 것은 매우 현명한 선택이었음이 드러났다. 코스는 "대학생들을 설문하기로 한 것은 정말 잘한 결정이었고, 그 이유는 강간 피해에 가장 많이 노출되는 시기가 대학생 시기이기 때문이다(p.190)"고 기술하였다.

코스의 연구는 미국 내 최초로 이 문제를 다룬 학술지(Koss, 1988a, p.190)인 페미니스트 저널 '미스(Ms.)'에서 데이트 강간에 관한 이야기의 일부로 언급되었다. 이후로 미스(Ms.)의 관계자들이 코스에게 성적 경험에 관한 전국 단위의 연구를 제안하며, 여대생들이 직면하고 있는 문제를 실질적으로 구현할 수 있는 연구를 실시하는 것을 제안하였다. 마침내 1983년 국립정신건강센터(National Institute of Mental Health: NIMH)에서 연구가 "과학적일 것, 정치화되거나 선정적이지 않을 것 그리고 전국의 대표성 있는 연구를 할 것(nationally representative)"을 조건으로 연구의 재정적 후원을 약속받았다. 연구에 특정 종류의 편견이나 가치 혹은 통계학적인 편의(bias)가 포함되는 것을 최소화하기 위하여, 연구자들과는 이해관계가 없는 전문 설문 업체가 "고등교육기관들의 문화와 학생들의 다양성을 대표할 수 있는 학교를 선정하는 연구 설계"를 도맡아 하였다(p.190). 이 연구는 논란을 지필 수 있는 연구주제를 다루었다는 점과 보수층의 재탄생을 야기한 로널드 대통령의 임기 중에 연방정부의 지원을 받아 실시되었다는 점이 주목할 만하다.

3년에 걸쳐서 실시된 코스의 연구가 가지는 가장 큰 의의 중의 하나는 바로 성경험 설문(Sexual Experience Survey)이라고 불리는 성폭력 피해 경험을 측정하는 지표를 마련하였다는 점이다. 이 지표는 대학에서 발생하는 강간이나 강간 미수의 실태를 파악하는 데 주로 사용되고 있다. 예상한 바와 마찬가지로 연구 결과는 논란의 대상이 되었다. 페미니스트들은 여성이 직면한 문제의 심각성을 입증하는 증거로 연구 결과를 해석하였고, 이를 비판하는 사람들은 정치적인 목적으로 사용하기 위해서 실제로는 부풀려진 강간 문제일 뿐이라고 반박하였다. 이어지는 논의에서는 성경험 설문의 특징과 해당 연구의 결과와 관련된 논쟁 또한 살펴보고자 한다.

5.1. 성경험 설문(SES)은 무엇을 측정하였는가?

켄트 주립 대학 학생들을 대상으로 실시했던 첫 번째 연구에서, 성경험 설문(SES)의 최초 버전이 개발되었다(Koss & Oros, 1982). 이후 동료 연구자들과 함께 미스(Ms.)와 국립정신건강센터(National Institute of Mental Health: NIMH)에서 지원받은 국가 단위 연구를 실시하기 위해서 최초로 개발되었던 지표를 개정하였다(Koss & Gidycz, 1985; Koss, Gidycz, & Wisniewski, 1987). 성경험 설문(SES)은 기본적으로 10개의 문항으로 구성되어 있고(⟨표 1.2⟩ 참조), 응답자들은 "예" 또는 "아니오"로 대답할 수 있다. 설문 문항들은 여성이 경험할 수도 있는 성적인 공격성(sexual aggression)의 범주를 측정하기 위해서 고안되었기 때문에 강간뿐만 아니라 강간 미수도 포함하고 있다. 관련 문항은 아래와 같다.

- 성적 접촉(sexual contact): 1, 2, 3
- 성적 강요(sexual coercion): 6, 7
- 강간 미수(attempted rape): 4, 5
- 강간(completed rate): 8, 9, 10

만약 2번과 9번 모두에 "예"라고 응답하는 경우라면, 해당 응답은 강간으로 분류되고, '성적 접촉'에는 해당하지 않는 것으로 집계된다. 강간과 강간 미수는 범죄에 해당하며, 성적 강요는 범죄에는 이르지 않는 것으로 정의되었다. 문항 3에 해당하는 성적 접촉은 범죄일 수도 있지만 문항 1과 2의 경우에는 범죄가 아닐 수도 있으며, 물리적인 강제력을 사용했는지 여부가 이를 결정하는 관건이 된다. 주목하여야 할 점은, 이 연구가 성범죄피해를 측정한 것뿐만 아니라 범죄에 이르지 않더라도 여성을 대상으로 피해를 야기한 행위에 대해서도 측정하였다는 점이다.

표 1.2 **성경험 설문(Sexual Experiences Survey: SES)에 사용된 문항**

1.	원치 않았음에도 불구하고, 남성의 지속적인 설득이나 압박에 의해서 마지 못해 스킨십에(성교를 제외한 애무, 키스 및 쓰다듬는 행동 등) 응한 적이 있나요?
2.	원치 않았음에도 불구하고, 남성이 자신의 지위를 이용하여(직장 상사, 선생님, 캠프 지도자, 감독관) 요구하였기 때문에 마지 못해 스킨십에(성교를 제외한 애무, 키스 및 쓰다듬는 행동 등) 응한 적이 있나요?
3.	원치 않았음에도 불구하고, 남성이 협박하거나 무력을 써서(팔을 꺾거나, 누르거나 하는 행동) 스킨십에(성교를 제외한 애무, 키스 및 쓰다듬는 행동 등) 응한 적이 있나요?
4.	원치 않았음에도 불구하고, 남성이 협박하거나 무력을 써서(팔을 꺾거나, 누르거나 하는 행동) 성관계를 하려고 하였으나(위에 올라타거나, 성기를 삽입하려고 하는 행위) 결국에 성관계를 하지 않았던 적이 있나요?
5.	원치 않았음에도 불구하고, 남성이 술이나 약물을 제공하여 성관계를 하려고 하였으나(위에 올라타거나, 성기를 삽입하려고 하는 행위) 결국에 성관계를 하지 않았던 적이 있나요?
6.	원치 않았음에도 불구하고, 남성의 지속적인 설득이나 압박에 의해서 마지 못해 성관계에 응한 적이 있나요?

7.	원치 않았음에도 불구하고, 남성이 자신의 지위를 이용하여(직장 상사, 선생님, 캠프 지도자, 감독관) 요구하였기 때문에 성관계에 응한 적이 있나요?
8.	원치 않았음에도 불구하고, 남성이 술이나 약물을 제공하여 성관계에 응한 적이 있나요?
9.	원치 않았음에도 불구하고, 남성이 협박하거나 무력을 써서(팔을 꺾거나, 누르거나 하는 행동) 성관계에 응한 적이 있나요?
10.	원치 않았음에도 불구하고, 남성이 협박하거나 무력을 써서(팔을 꺾거나, 누르거나 하는 행동) 성적인 행위(구강 및 항문 성교를 하거나, 성기가 아닌 다른 물체를 사용하여 삽입하는 행위)에 응한 적이 있나요?

출처: Koss, Gidycz, & Wisniewski (1987)

앞에서 살펴본 러셀(Diana Russel)의 연구와 유사하게 코스(Koss) 또한 구체적으로 행동을 묘사하는 문항들을 사용하였다. 행위를 구체적으로 묘사하는 질문은, 경험의 종류에 대해서 설명하는 문항 앞에 배치되었다. "강간 피해를 당한 적이 있습니까?"라고 물어보는 대신에 구체적으로 행동을 설명하고 이미지화할 수 있는 표현들을 사용하였다. 문항 9에서 이러한 특징이 잘 드러난다. 이 문항은 "원하지 않을 때 성관계를 한적이 있습니까?"라고 물으며 성기가 삽입이 되었는지, 행위에 대한 동의가 있었는지를 명확하게 한다. 이후에, 물리적인 강제력을 사용했기 때문에 동의할 수 없었는지를 명확하게 하기 위해서 추가적으로 질문을 한다. "원하지 않음에도 불구하고, 남성이 물리력을 사용할 것이라고 협박하였거나 실제로 사용하였기 때문에, 성관계를 한적이 있습니까?"라고 질문한다. 그리고 "팔을 꺾거나, 덮치거나 등"의 예시를 주어 '물리력'에 대해서 명확하게 이해할 수 있도록 하였다.

물론 강간과 같은 복잡한 행위를 설문만을 통하여 측정한다는 것은 상당히 어려운 일이다. 이러한 어려움에도 불구하고, 코스는 응답자가 질문을 잘못 이해할 가능성을 최소화 할 수 있는 방안을 사용하였다. 통계 방법론에서 사용하는 용어를 이용하여 설명하자면, 코스는 구체적인 행동을 묘사하는 표현을 사용해서 '측정 오류(measurement error)'를 줄이고자 하였다. 단순히 '강간당하였다'라는 표현을 사용하게 되면 응답자는 '강간당하였다'는 행위를 다양하게 해석할 여지가 생긴다. 연구자가 의도한 바와 응답자가 이해한 바가 상당히 다를 수도 있다. 실제로 코스(1989)는 4분의 3 정도에 해당하는 학생들이 자신이 겪은 일들이 강간 피해가 아니라고 생각한다는 점을 밝혀내기도 하였다.

이러한 설문 문항을 사용하면서 코스는 강간을 객관적으로 정의할 수 있었으며, 자신이 임의로 강간을 정의했을 때 생길 수 있는 오류 문제를 피할 수 있었다. 강간은 1980년 오하이오 개정법(Ohio Revised Code)을 따라 정의되었다. 따라서 설문 문항 4, 5, 8, 9, 10은 삽입의 종류, 물리력을 사용하거나 사용할 것이라는 협박 및 동의의 부재와 같은 법률적 요건을 측정하고 있다. 삽입(penetration)은 '성관계'라는 표현을 통해서 측정하고 있는데, 문항 4에서 볼 수 있는 것처럼 성관계에 대하여 매우 상세하게 기술하고 있다(예시: "위에 올라타 성기를 삽입하려고 하는 것"). 오하이오주 법률에서 정하고 있는 다른 종류의 성행위를 측정하기 위해서 문항 10에서 상당히 구체적으로 설명하고 있다(예시: "항문이나 구강 성관계 및 성기가 아닌 다른 물체를 이용한 삽입"). 무력을 사용하거나 사용하겠다고 협박하는 것은 문항 9에서 볼 수 있듯이 "팔을 꺾는" 행위로 설명한다. 동의의 부재는 문항 8에서 볼 수 있는 것처럼 "원하지 않을 때"와 같은 표현을 통하여 정의되었다.

설문 문항을 자세하게 설명하게 되면, 응답자가 지루해 할 수도 있지만 사실 이렇게 복잡하게 하는 데에는 매우 중요한 이유가 있다. 코스와 동료들은 설문을 통해서 여대생들이 겪는 성폭력 피해에 대해서 명확하게 측정하고자 하였다. 연구 결과는 경험적 현실을 반영한 결과일 수도 있지만, 방법론적으로 가공된 결과일 수도 있다. 하지만 연구방법이 매우 철저하다면, 연구 결과가 가공된 결과가 아닌 경험적 현실을 반영한 결과이고 실제 발생하는 일을 나타내고 있는 것이라고 주장할 수 있는 토대가 된다. 코스의 연구와 같이 성폭력을 측정하는 연구들의 경우 가장 핵심적인 방법론적 이슈는 '측정'의 문제이다. 성폭력 피해를 정확하게 측정할 수 있는 지표를 개발하는 것이 가능한 일인가? 경찰이나 대학 관계자들에게 알려지지 않은 성폭력 피해를 측정할 수 있는 것이 가능한 일인 것인가?

코스는 여학생들의 성폭력 피해가 심각한 문제인지 혹은 사소한 문제인지에 대해서 설명하려고 하였다. 만약 코스의 연구 결과가 대다수의 여학생이 성폭력 피해를 당한다는 것이었으면, 사회에 대형 폭탄을 던지는 것이나 마찬가지였을 것이다. 하지만 코스의 연구 결과는 상당수의 대중이 알지 못하는 심각한 문제가 존재해 왔다는 것을 발견하였고, 여학생들이 피해를 당하는 이유는 무엇인지 그리고 그 누구도 이 문제에 대응하기 위해서 노력을 기울이고 있지 않는 이유는 무엇인지 대한 문제를 제기하고 있는 것이다.

5.2. 코스(Koss)의 연구 결과

　이 연구는 전국의 여대생들을 대상으로 한 연구이며, 2단계 설문 표집 설계를 이용하여 학교를 선정한 이후 설문에 참여할 학생들을 표집하였다. 첫 번째, 지역별로 대학 등록률을 기준으로 대학 집단(cluster)을 선정하는 군집표집(cluster sampling) 방법을 통해 학교를 선정하였다. 93개의 대학교가 선정되었고 이들 중 32곳이 연구에 참여하는 데 동의하였다. 두 번째, 선정된 학교 내에서 강의가 무작위로 선정되었다(자세한 내용은 Koss et al, 1987, pp.167-165 참조). 10개의 성경험 설문(SES) 문항은 총 330개의 설문 문항으로 구성된 "전국 이성관계 실태조사(National Survey of Inter-Gender Relationships)"의 일부로 포함되었다. 설문은 석사학위 이상을 소지한 심리학 전공자(남성 및 여성)가 수집하였으며, 선정된 수업에 참석한 학생들을 대상으로 하였다. 응답률은 98.5%였으며, 기간은 1984년에서 1985년까지, 1년간 수집되었다.

　코스(Koss)는 피해가 발생한 기간을 나누어 성폭력 피해를 측정하였다. 첫 번째로 전체적인 성폭력 피해 현황을 측정하기 위하여 14세 이후부터 현재까지의 경험을 물어보았다. 두 번째로, 1년 동안 발생한 성폭력 피해를 추산하기 위해서 "이전 학년도"부터 현재까지 발생한 성폭력 피해 경험을 설문하였다(신입생의 경우, 고등학교 3학년 때의 경험을 설문한 것이다). 14세 이후로 설문한 것은 10대로 진입하면서 이성 교제가 시작될 나이이기 때문이다. 두 번째 설문은 대학생이 되어서 당한 피해를 측정한 것이다. 14세부터 현재에 이르기까지 측정한 성폭력 피해 경험의 결과는 다음과 같다.

- 절반이 넘는 여성이(53.7%) 14세 이후부터 현재까지 성폭력 피해를 당한 경험이 있다고 응답하였다.

- 약 15%(14.4%)가 성폭력 피해 당시 성적 접촉이 있었다고 응답하였다.
- 약 10명 중 1명(11.1%)이 강제적으로 성관계를 한 적이 있다고 응답하였다.
- 12.1%가 강간 미수 피해를 당하였고, 15.4%는 강간 피해 경험이 있다고 응답하였다.
- 강간 미수와 강간의 통계를 종합하여 볼 때, 대략 여성 4명 중 1명(27.5%)은 오하이오 개정법의 정의에 따른 강간에 해당하는 피해를 당한 것으로 나타났다.

1년 동안의 성폭력 피해 경험을 설문한 결과는 다음과 같다.

- 절반에 가까운 여성이(46.3%) 성폭력 피해를 당한 경험이 있다고 응답하였다.
- 약 5명 중 1명(23.2%)이 성폭력 피해 당시 성적 접촉이 있었다고 응답하였다.
- 약 10명 중 1명(11.5%)이 강제적으로 성관계를 한 적이 있다고 응답하였다.
- 약 10명 중 1명(10.1%)이 강간 미수 피해를 당하였고, 6.5%가 강간 피해를 당하였다고 응답하였다.
- 강간 미수와 강간의 통계를 종합하여 볼 때, 16.6%에 달하는 여성이 오하이오 개정법에서 정의한 강간에 해당하는 피해를 당한 것으로 나타났다.
- 이 말은 즉, 10,000명의 여학생이 있는 대학교 캠퍼스에서는 대략적으로 1년에 1,666명의 강간 피해자가 발생하는 것으로 해석할 수 있다.

코스(Koss)는 이 연구 결과가 정부에서 집계한 다른 통계의 결과와 다른 점을 설명하고자 하였다. 오늘날 전국범죄피해조사(NCVS)라고 알려진 조사는 당시에 전국범죄조사(NCS)라는 이름으로 실시되고 있었다. 단순한 수치 비교를 피하기 위해서, 코스와 연구진들은 전국범죄조사(NCS)에서 정의하는 강간의 범위에 해당하는 범죄피해만을 추정하였다. 전국범죄조사(NCS)에서는 성기 삽입이 이루어지는 경우만을 강간이라고 정의하였고, 구강 및 항문 성교나 의도적으로 피해자를 항거불능상태에 처하게 하여 성관계하는 행위는 제외하였다. 원래의 연구보다 더 제한적으로 피해를 집계하였음에도 불구하고, 전국범죄조사(NCS)에서 집계한 피해보다 "10에서 15배 정도 더 높게 나타났다"고 결론지었다(1987, p.168). 이 연구 결과는 다소 충격적인 것이었고, 강간 피해는 만연히 발생하는 심각한 사회문제라는 것을 시사하였다.

코스(Koss)는 행동을 구체적으로 설명하고, 법률적 정의에 기반을 두어 측정한 성폭력 피해 지표를 사용하는 것은 경험적 현실을 반영할 뿐만 아니라 방법론적으로 가공되어 측정된 지표들을 이용하여 잘 드러나지 않았던 현실을 반영할 수 있도록 해 준다고 주장하였다. 방법론에 관한 설명은 간과되기 쉬운 편이지만, 코스의 연구의 경우 여성의 강간 및 기타 성폭력 피해를 설명하는 데 매우 핵심이 되는 내용으로 자리매김한다. 그녀의 연구 결과는 대다수의 여성이 강간이나 다른 종류의 성폭력 피해를 당한 경험이 있고, 이러한 피해 경험은 대중에게는 알려지지 않았다는 다소 불편한 진실을 밝혀냈다.

06 ──── 강간이 만연해 있다는 주장에 대한 언론의 반응

코스(Koss)의 연구는 비교적 빠른 속도로 유명한 사회과학 연구로써 인정받았다. 양질의 경험적 연구와 후대 연구자들에게 연구의 방향을 시사하는 연구들이 드물게 등장하곤 하는데, 코스의 연구도 이 중의 하나로 평가되었다. 성경험 설문(SES)의 초기 연구와 개정된 성경험 설문(SES)의 지표를 사용한 연구들은 미국뿐 아니라 국제적으로도 성폭력 피해를 측정하는 데 널리 활용되고 있다(Dekeseredy & Schwartz, 1998; Lane & Gwartney-Gibbs, 1985; Schwartz & Pitts, 1995).

학술연구들이 실무에 이용되는 경우는 매우 적은 편이지만, 미스(Ms.) 매거진은 엘렌 스위트(Ellen Sweet, 1985)가 집필한 기사에 다시 한번 연구 결과를 게재하였다. 그 당시에도 친숙하지 않은 용어였던 "데이트 강간"이라는 제목 아래 "유행병과 같은 강간과 이를 부정하는 사람들에 대한 이야기(The Story of an Epidemic and Those Who Deny It.)"의 부제로 실린 이 기사는 예일 대학교 2학년에 재학 중일 때 성폭행 피해를 당한 주디의 이야기로 시작된다.

> "우리가 방 안에 들어왔을 때, 그 남자애가 키스했어요. 저는 저항하지는 않 았죠. 오히려 신나있었어요. 그리고 그는 다시 저에게 키스했어요. 좀 더 나아 가려고 할 때, 저는 싫다고 했어요. 그러니 갑자기 조용해지더라구요. 더 이상 저한테 이야기하지 않았어요. 그 남자애는 저를 눕히더니 제 바지를 찢어 버렸 어요. "저한테 이런 일이 일어난다는 것을 믿을 수가 없었어요(p.56).""

그 당시에 데이트강간이라는 개념에 대한 인식이 매우 낮았다는 점을 생 각해 보면, 주디의 반응은 예상할 수도 있는 반응이었다. "이런 종류의 범죄는 묵과되어 왔다. 많은 여성들이 자신이 강간을 당했는지 조차 인식하지 못하고 있다(p.56)"고 스위트(Sweet)는 기술하였다. 주디처럼 경찰에 신고한 사람은 얼 마 되지 않으며, 대부분은 자신을 탓한다. 스위트는 "이런 범죄가 드러나지 않 고, 대학 관계자들, 경찰 및 학생들에게 알려지지 않는다면 이 문제는 계속 지 속될 것이다"라고 덧붙였다. 하지만 과연 어떻게 이러한 침묵을 깰 수 있을까? 학술 연구는 이런 문제를 수면 위로 끌어내는 것에 매우 강력한 무기가 될 수 있다. "설문 결과 하나만으로 데이트 강간 문제를 해결할 수는 없지만, 문제가 표면화되고 대중들이 문제를 인식할 수 있도록 할 수 있다(p.59)."고 연구의 중 요성을 강조하였다. 미스(Ms.)에서 발표된 연구 결과는 알려져 있지 않던 데이 트 강간이 사실은 만연해 있다는 현실을 드러내는 강력한 증거가 될 수 있다고 설명하며, "오늘날 여성의 4명 중 1명은 강간이나 강간 미수 피해를 당하였고, 거의 90% 이상의 피해자들이 가해자와 아는 사이였다(p.58)"며 강조하였다.

로빈 워쇼(Robin Warshaw, 1988) 기자에 따르면 코스(Koss)의 연구는 유명한 책에서 언급되어 더욱 유명세를 얻게 되었다. "나는 강간이라고 말하지 못했다 (I Never Called It Rape)"라는 제목의 책은 미스(Ms.)에서 발표된 연구와 같은 선 상에서 큰 반향을 일으켰고, 강간 피해를 당한 여성조차 자신의 피해사실을 인 식하고 있지 못한다는 것을 밝혀냈다. 강간 통념을 무너뜨리고 여성의 인식을 개선하기 위한 노력이 필요하며, 특히, 피해를 당한 여성이 자기 자신을 비판하기 쉽다는 점은 더욱 이런 노력이 필요하다는 것을 강조한다. 이 책의 커버에는 "드러나지 않았던 데이트 강간과 아는 사람에 의한 강간에 관한 획기적인 연구"라는 설명과 이 책이 "범죄의 예방과 치료의 새로운 지평을 열어 줄 수 있는 새로운 정보와 혜안"을 제공할 수 있다고 적혀 있다. 실제로 워쇼는 이 책이 행동 변화를 촉구할 수 있다고 생각했으며, 그러한 이유로 소제목을 "데이트 강간 및 지인에 의한 강간에 대한 인지, 투쟁 및 극복에 대한 미스(Ms.)의 보고서"라고 지었다.

워쇼(Warshaw)는 "여성 4명 중 1명은 강간 및 강간 미수의 피해자"라는 사실에 크게 주목하였다. 미스(Ms.)에 출판된 내용에서도 스위트(Sweet)는 같은 내용을 강조했었다. 이 연구 결과는 다른 연구뿐 아니라 일상 대화 속에서도 지속적으로 등장하였다. 이 통계 결과는 과학에 근거한 하나의 사회적 사실로 받아들여지게 되었다.

하지만 연구는 무조건 인정받는 것은 아니다. 과학은 "체계적인 의심(organized skepticism)"에 근간을 두고 있다(Merton, 1973). 코스(Koss)의 연구는 지표(measurement)의 신뢰도가 높고, 단순한 의견만을 제시한 것이 아니라 연구 지침에 근거하여 결과를 도출하였으며, 출판되기 이전에 동료 연구자들의 평가 또한 통과하여야 했다. 그럼에도 불구하고, 우리는 이 연구 결과를 비판적으로 바라보아야 한다. 그렇게 함으로써 자신이 가지고 있는 선입관에 순응하는 연구 결과를 무비판적으로 받아들이는 실수를 피할 수 있다. 기존의 연구 결과를 의심하여 보고, 단점을 개선하는 것은 향후 연구에서 더욱 발전된 방식으로 연구가 진행될 수 있도록 해 준다. 우리 연구진 들은 이러한 맥락에서 코스가 사용한 지표보다 더 좋은 성폭력 피해 경험에 관한 지표나 연구가 가능하지 않을까?라고 의심해 보았다.

하지만 안타깝게도 이러한 일은 일어나지는 않았다. 코스(Koss)의 연구는 성폭력 피해를 측정하는 데 있어서 불가침한 지표로써 사용되고 있으며 후발 연구자들은 이 지표를 검증하기 보다는 무비판적으로 사용하고 있는 실정이다. 코스의 연구 결과는 많은 여성들이 남성의 성적인 공격성의 피해자가 되어 오고 있다는 "사실로 알려진" 현실을 잘 반영하고 있다고 여기기 때문에 무비판적으로 수용되기도 한다. 그녀의 연구를 지지하는 사람들은 다른 연구들이나 코스가 사용한 방법들을 검증하는 데 시간을 쓸 필요가 없다고 생각한다. 그들에게는 "4명 중 1명"이라는 연구 결과는 암수 범죄가 지속되고 있다는 사실을 의미하고 있다. 수많은 여성들이 성폭력 피해를 당할 수도 있는 위기에 처해 있고, 누군가는 행동에 옮겨야 할 때이며 시위에 참가하고 여성을 위한 폭력을 막기 위한 프로그램을 시행해야 한다고 생각하는 것이다.

이러한 맥락에서 살펴볼 때, 코스(Koss)의 연구가 객관적으로 행해지지 않았더라면 페미니즘적인 이데올로기로 연구가 편향되었을 수도 있다. 하지만 코스의 정치적 성향과는 상관없이, 이 연구가 가지는 가장 큰 과학적 함의는 "성폭력 피해의 측정"에 관한 초기 단계에서 여성의 성폭력 피해를 측정하는 최선의 도구를 마련하였다는 점이다. 그럼에도 불구하고, 연구에서 발견된 내용과 함의를 비판하는 의견들도 있다.

07 ——————————————— 두 가지 비판

코스(Koss)가 성폭력 피해를 정확하게 측정하고, 이 연구 결과를 통하여 성폭력 피해 실태가 세상에 드러나도록 하였다는 것은 자명한 사실이다. 이 연구가 신뢰받는 가장 큰 이유는 연구에 쓰인 데이터 자체를 반박하기 어렵기 때문이다. 하지만 대학 캠퍼스에 성폭력 피해가 만연해 있다는 연구 결과에 대한 비판을 피하긴 어려웠다. 대표적으로 닐 길버트(Neil Gilbert)와 케이티 로이페(Katie Roiphe)가 그녀의 연구를 비판해 왔다. 코스의 연구 결과와 성경험 설문(SES)을 지지하는 사람들은 이들을 숨겨진 저의가 있는 보수성향의 학자들로 보았다. 우리 저자들은 코스의 연구에 동의하지만, 이들이 지적한 문제들 또한 합리적이고 충분히 다루어야 할 문제라고 생각한다.

7.1. 길버트의 주장: 옹호 연구의 위험성 지적

우리가 문제라고 지칭하는 현상들을 살펴보면 사실 근거가 없는 경우가 많다. 베리 글레스너(Barry Glassner, 1999)는 미국인들은 "이상한 것들을 두려워한다"고 설명한다. 그렇기 때문에 미국인들은 "두려움의 문화"에 사로잡히게 된다고 이야기한다. 이러한 맥락으로 길버트(Gilbert)는 페미니스트들은 성폭력 피해에 대한 두려움을 양산하기 위한 목적으로 자신들이 가진 이념을 이용해 현실을 구성한다고 주장한다. 페미니스트들이 찾아낸 연구 결과는 '옹호 연구(advocacy research)'의 예시라는 것이다. 옹호 연구자들은 자신들이 생각하는 가장 영예로운 형태로 "사회문제를 파악하고, 이 문제에 대한 대중의 경각심을 고취하며, 가능한 해결방안을 제안하는 연구"를 하려고 한다(Gilbert, 1997, p.101). 길버트는 "옹호 연구의 이러한 기준은 1960년대 이후로 훼손되고 있다(p.103)"고 이야기한다. 자신들이 관심 있어 하는 주제에 관심을 불러일으키고자 "감정적인 통계 자료(emotive statistics)"를 사용한다고 덧붙였다. 그는 이러한 통계자료를 사용하는 근본적인 이유는 '숨겨져 있는 문제점'이나 '만연해 있지만 드러나지 않은 문제점'들을 밝혀내기 위한 것이 목적이라고 설명한다(pp.104-105). 길버트는 코스와 같은 페미니스트 연구자들은 이러한 관행의 전형적인 예시라고 이야기한다. 그렇지만 이 연구는 결국에 만연해 있던 '숨겨진 강간' 문제를 밝혀내지 않았는가? 대학교에 재학 중인 여성 네 명 중 한 명이 강간 및 강간 미수 피해를 경험했다고 주장하지 않았는가?

길버트는 범죄피해율이 이처럼 높게 추산된 이유는 측정 전략에 문제가 있었기 때문이라고 지적한다(1997, p.123). 특히 성폭력의 정의와 관련하여 이야기하며, "너무 광범위하게 문제를 정의하였기 때문에 사람이 겪을 수 있는 어려움들을 아무거나 포함할 수도 있다"고 이야기하였다. 그의 설명에 따르면, 페미니스트들은 성폭력 문제를 사회의 불평등에 기인한 사회구조로 발생한, 사회전체에 만연해 있는 문제라고 주장하기 때문에, 성폭력 문제를 감소시키기 위해서는 근본적인 사회 변화가 필요하다는 주장을 하려고 한다. 이어, 그는 "페미니스트들은 문제가 만연화되어 있다"는 관점을 가지며, 이의 근본적인 원인을 성차별(sexism)과 같은 억압적인 사회 현상으로 이해하는 경향이 있다고 설명한다(Gilbert 1997, pp.112-113). 그는 페미니스트들이 "만약 5%의 여성이 아동기에 성추행을 당했다면, 가해자는 일반인들과는 매우 다르다. 만약 절반의 여성이 아동기에 성추행당한 경험이 있다면, 문제는 여성을 착취하도록 지속적으로 남성을 사회화시켜 온 그 방식에 있다"와 같은 방식으로 성폭력 문제를 설명한다고 덧붙였다.

이제 다시 방법론과 관련한 문제로 다시 돌아가 보자. 길버트(Gilbert, 1991; 1992; 1997)의 핵심 주장은 코스(Koss)의 연구는 강간을 포괄적으로 정의하고 있기 때문에, 측정도구가 잘못되었고 따라서 이 지표를 토대로 한 연구 결과도 문제가 있다는 것이다. 이와 덧붙여, 코스의 연구 결과는 무비판적으로 수용되고 있다는 점을 지적하였다. 길버트는 코스의 연구 결과가 미국 사회에 퍼져 있는 가부장적인 관계가 여성에 대한 성적 착취를 양산하고 있다고 주장하는 페미니즘적인 개념을 강화시키고 있다고 보았다. 이러한 점에 덧붙여, 크게 두 가지 점을 지적하며 논의를 마무리지었다.

첫 번째, 성경험 설문(SES)의 문항 중 5개 문항은 강간을 측정하는 데 사용되었다. 이 중 2개 문항은 "주류 및 마약을 사용해서" 강제로 성관계를 시도하거나 성관계를 하였다는 표현을 포함한다(〈표 1.2〉 참조). 코스(Koss)는 오하이오(Ohio)주의 법률을 근거로 설문 문항을 구성하였다. 해당 법률은 "저항을 못하게 할 목적으로 다른 이의 판단력이나 통제력을 상당히 훼손시킬 수도 있는 어떠한 종류의 마약이나 취하게 할 수 있는 물질을 제공하는 것(Koss et al, 1987, p.166)"이라고 명시하고 있다. 코스의 연구에서 44%의 피해자는 이 두 가지 문항에 "예"라고 대답하였기 때문에 성폭력 피해자 수치에 포함되었다.

길버트(Gilbert)는 이 두 문항이 "어색하고 애매하게 구성되었다"고 이야기한다. 상대방의 의도에 관한 내용이 없으며, 응답자가 얼마나 많이 술을 마셨는지, 술이나 마약으로 인해서 응답자가 동의할 수 없었는지에 관한 내용이 포함되어 있지 않았다는 것이다. 가령, 만약 "마약이나 술을 사용해서" 성관계를 한 상황은 어떻게 되는가? 맥주나 와인을 권하였을까? 응답자가 성관계를 하기에 너무 취해 있었던 것인가(Gilbert, 1991, p.59)? 길버트는 "여성이 마약을 받는 조건으로 성관계를 가졌거나, 술을 몇 잔 먹고 긴장이 풀려 나중에 후회할 수도 있는 일에 동의할 수도 있었을 것(1997, p.116)"이라는 예시까지 사용한다.

피해자를 의도적으로 항거불능 상태에 빠트리기 위해서"와 같은 좀 더 명확한 표현을 사용해서 질문했을 수도 있었다고 덧붙였다(1997, p.117). 물론 일부 사람들은 해당 행위가 법률적으로 강간으로 성립하는지를 모른 채 "그렇다"고 응답했을 수 있다는 점을 간과할 수는 없다(Muehlenhard, Simpson, Phelps, & Highby, 1994 참조).

두 번째로, 성폭력 피해를 측정하기 위해서 개발된 지표가 과연 방법론적으로 철저하게 개발되었는지에 관한 근본적인 의문을 제기하였다. 문제의 소지가 있는 분석결과는 크게 두 가지로 요약된다. 첫 번째 성폭력 피해를 당한 것으로 집계된 여성의 4분의 3 정도가 본인이 강간을 당하였다고 생각하지 않았다. 두 번째, 강간 피해자로 집계된 여성의 10명 중 4명은 강간의 가해자로 지목된 사람과 지속적으로 성관계를 맺었다(1997, p.116). 길버트는 대학 수준의 교육을 받은 여성의 상당수가 (1) 강간 피해를 당하였는지 당하지 않았는지를 잘못 해석하고, (2) "강간범"과 관계를 다시 맺을 정도로 무지하고 성적으로 미숙할 가능성은 매우 낮을 것이라고 설명하였다. 오히려 코스의 연구가 크게 잘못되었으며, 상세하게 살펴보면 법률적으로 강간이라고 구성되기 어려운 특성을 가진 상황조차 강간으로 포함하여 피해를 당하였다고 측정하였다는 게 더 납득할 만한 설명이라고 이야기한다.

코스(Koss)는 이러한 비평에 대해서 합리적으로 반박하였다. 코스와 쿡(Koss & Cook, 1993)은 문제로 지적된 설문 문항 두 가지를 제외하고 피해 정도를 측정한다고 하더라도 1년간 강간 및 강간 미수 피해가 있는 경우는 여전히 높다는 점(9.3%)을 강조하였다. 더불어 상당수의 대학생들이 강간의 가해자는 모르는 사람이라고 생각하는 것과 마찬가지로, 강간에 대한 이해도가 매우 낮을 수도 있는 것이 어불성설이라고 생각하지 않았다. 또한, 강간의 가해자와 다시 성관계를 맺는 것은 이전의 성관계에 대해서 자신의 탓을 했거나, 가해자가 다시 강간했기 때문일 수도 있다고 설명하였다. 원래 연구가 실시되었던 1984년과 1985년의 시대적 배경을 생각해 보면, 아는 사람에 의한 강간과 데이트 강간이라는 점에 대한 개념이 소개되기 이전이다. 이 당시의 대학생들의 상당수가 강제적으로 한 성관계의 불법성에 대해서 무지할 수도 있다는 것은 사실 놀랍지 않은 일이다.

7.2. 로이페의 주장: "다음 날 아침"에 대한 비판

로이페(Katie Roiphe)는 1993년에 출판된 책인 "다음 날 아침: 섹스, 두려움 그리고 캠퍼스의 페미니즘"이라는 책에서 코스(Koss)의 연구에 대해서 비평했다. 놀라운 점은 그녀가 하버드 대학교를 1990년도에 졸업하고 얼마 지나지 않아 이 책을 출판했다는 사실이다. 본인이 재학시절 경험한 정치적 정당성(political correctness)에 기반하여 캠퍼스의 페미니즘을 비평적으로 분석을 하였다. 그녀는 격렬한 신보수주의 논쟁과 여성의 자아 효능감과 객체로서의 여성에 대해 재확인하고자 하는 페미니즘이 섞여 있는 다소 특이한 관점으로 대학교 성폭력 문제에 접근한다.

길버트(Gilbert)의 연구 결과를 무비판적으로 수용하면서, 로이페(Roiphe)는 코스(Koss)가 실시한 "미스(Ms.)의 설문"에서 주요 결과인 "여대생의 네 명 중 한 명은 강간 및 강간 미수의 피해자이다"라는 결론을 비판하였다(1993, p.51). 그녀의 설명에 따르면, 연구에서 발표한 통계 수치는 길버트가 지적한 비난을 피할 수 없을 뿐만 아니라, 그녀 자신의 경험에 대해서도 설명하지 못한다고 지적하였다.

> "네 명 중 한 명. 나는 학생식당 앞에 붙어있는 보라색 포스터에 이 문구가 굵은 글씨로 적혀 있던 것을 기억한다. 하지만 이게 맞는 말 같아 보이진 않았다. 만약 성폭력이 정말로 만연해 있다면, 드러나 있지 않은 강간 사건 한두 개쯤은 소문이 났을 법도 하다. 만약 내 친구들 네 명 중 한 명이 강간을 당하는 그런 현실에 처해 있었으면, 정말로 내가 까맣게 모를 수 있을까(pp.51-52)."

과연 어떤 주장을 믿어야 할까? 로이페(Roiphe)는 길버트(Gilbert)의 연구가 "강간이라고 불리는 현상은 명확한 기준이 있는 것이 아니며, 주관적인 수치라는 것을 입증한다"라고 평가하였다. "대학생 네 명 중 한 명이 강간 피해를 당했다는 것은 단순히 주관적 의견일 뿐이며, 수학적이거나 사실에 근거한 내용이 아니다(p.54)"라고 설명한다. "누군가가 강간이라고 정의하는 것은 다른 누군가에게는 그냥 재수 없었던 밤(p.54)"이 될 수도 있다고 덧붙였다. 강간의 정

의에 대한 상이한 시각은 "뜨거운 이데올로기 싸움(p.54)"으로 이어지게 되었
다. 로이페는 강간 피해의 위기(rape crisis)는 객관적인 현실이 아니라, 정치적인
목적을 띤 사람들에 의해서 사회적으로 구성된 것이라고 설명한다. "'누군가'
는 이 강간 피해의 위기(rape crisis)를 '발견'해 냈고, 어떤 이유가 있었기 때문
에 발견했다(p.55)"고 이야기한다.

　　물론 그 '누군가'는 대학캠퍼스에 침투한 "강간 피해 위기를 주장하는 페
미니스트들(p.73)"이라고 설명한다. 로이페(Roiphe)는 "강간은 페미니즘에 있어
서 이기는 패이다(p.56)"라고 설명한다. 특히 페미니스트들은 강간이라는 개념
을 가부장제 속에서 남성이 여성을 통제하기 위해서 사용하는 것이며, 그렇기
때문에 강간은 사회에 만연해 있다고 설명한다. 네 명 중 한 명이라는 통계적
수치를 대학이라는 공간에 적용함으로써, 부가적인 논의를 거치지 않고 대학
당국으로 하여금 여학생의 피해를 줄이는 데 그 목적을 두고 있는 특별 페미니
스트 프로그램을 위한 정책을 조성하도록 할 수 있다. 짧게 말하자면, 강간 피
해 위기를 주장하는 페미니스트들은 '성폭력 피해 수치가 높다'는 주장으로 더
욱 힘을 얻고 있다는 것이다.

　　로이페(Rophie)는 강간 피해가 많다는 주장을 받아들이는 것은 부수적인
문제를 야기할 수도 있다고 지적한다. 실제 피해의 위험보다 더 과장되어 있는
두려움의 문화를 대학가에 확산시키기 때문이다. 또한, 성차별적인 "여성의 신
체, 특히 여성의 순결(p.71)에 대한 시대착오적인 생각"을 정당화한다. 실제로
"목소리를 내지 못한 피해에 힘을 부여한다는 주장들은 결국에는 나쁜 남자를
믿은 순진한 여학생의 이미지로 귀결된다(p.71)"고 설명한다. 로이페는 무고함
이나 보호 장막과 같은 것을 벗어 던지고, '잘못된 결정'과 '다음 날 아침의 후
회'와 같이 자신의 삶에 대해서 스스로 통제하는 여성에 관한 강한 페미니즘을
선호했다.

　　로이페가 강간 피해가 많다는 연구 결과가 '긍정적인 결과보다는 부정적
인 결과를 더 많이 초래하였다고' 주장한 것에 대한 반박은 다른 사람들의 몫
으로 남겨두겠다. 우리가 주목할 내용은 그녀 주장의 일부이지만, 전체적인 주
장의 근간이 되는 강간에 대한 통계는 단순히 '의견'일 뿐 '수학적인 사실이 아
니다'라는 점이다. 하지만 우리는 이 연구 결과가 수학적이며, 성폭력 피해 범

주를 추정하기 위한 방법론에 조금 더 초점을 맞추어 보아야 한다고 생각한다. 뒤에서 구체적으로 살펴볼 내용이지만, 친구가 피해를 당했더라면 자신도 알고 있었을 것이라는 주장은 잘못된 것으로 보일 수 있다. 사실 대다수의 피해자들은 친구들에게 피해사실을 이야기한다. 로이페가 비난하는 내용은 사실 연구 결과 자체에 관한 것이 아니라, 연구 결과가 발표되고 몇 년 뒤에 대학가의 페미니스트 운동에 관한 비판과 섞여 있다.

코스(Koss)가 최초로 성적 경험 설문 지표를 개발할 당시는 미스(Ms.)에서 코스의 연구가 출판된 시기보다 훨씬 이전인 1970년대 후반이다. 이 당시에 페미니즘은 갓 대학교 캠퍼스에 뿌리를 내리기 시작하였다(Koss & Oros, 1982; Koss, 1988a, Koss et al., 2007 참조). 사실 코스는 강간 위기를 주장하는 페미니스트 대열에 들고자 해도 그럴 수도 없었다. 그 당시에는 그런 집단이 아예 존재하지도 않았기 때문이다. 애초부터 연구의 목적은 강간 통계를 의도적으로 과장하려는 것이 아니었고, 법률에 규정된 강간의 정의에 따라 성폭력을 측정할 수 있는 도구를 개발하고자 함이었다. 집계되는 범죄피해 이상으로 암수 강간이 있고, 상당수의 여성이 성폭력 피해를 당했다는 것을 발견할 것이라고는 예측하지 못했을 수도 있다. 1984년에서부터 1985년에 설문에 참여한 학생들은 전국에 분포해 있으며, 이들 중 일부는 페미니즘의 영향이 전혀 닿지 않은 곳에 있었다. 코스가 직접 연구에 참여할 학교를 선정한 것도 아니며, 연구를 수집한 사람이 급진전인 페미니스트들도 아니었으며, 사람들에게 설문에 참여할 것을 촉구하고자 하는 어떤 목적을 가지고 있던 사람들도 아니었다. 코스의 지표와 연구 결과가 엄격한 심사의 대상이 되어야 하고, 명확하고 조직적인 비판을 받아야 함은 타당하다. 하지만 그녀의 연구에 이념적인 요소가 있을 것이라는 가정으로 인해서 성폭력 피해가 우리가 경험한 것보다 더 많이 있다는 핵심적인 결과를 간과해서는 안 된다.

08 ──────────────────────────── 향후 과제

　지금까지 다룬 내용에서 우리가 주목해 봐야 할 점은 크게 세 가지가 있다. 첫 번째, 대학의 성폭력 피해에 관한 연구는 페미니스트들과 이들을 비판하는 학자들(MacDonald, 2008 참조) 사이에서 발생한 문화 전쟁의 맥락으로 이루어졌다. 페미니스트들은 피해 빈도가 높은 것을 예상하고 있고, 비판하는 쪽은 피해율이 더 낮은 것을 더 선호하고 있다. 두 번째, 피해가 어떻게 측정되는지는 매우 중요하다. 특히나 이념에 영향을 받는 논의를 다룰 때, 연구 설계와 측정도구가 얼마나 정교했는지에 따라 연구의 신뢰도가 가늠된다. 하지만 철저하게 연구를 진행하더라도 어느 한쪽은 연구 결과에 만족하지 못할 것이고, 또 다른 한쪽은 비난 받을 것이다. 이 상황에 가장 잘 대응할 수 있는 방어막은 철저한 방법론으로 연구를 수행하는 것이다. 세 번째, 길버트(Gilbert)와 로이페(Roiphe)가 지적한 내용들은 그대로 전부 다 받아들여져서는 안 되지만 그렇다고 무시해서도 안 된다. 주요한 연구라고 할지라도 측정 오류를 양산할 수 있는 요인이 있을 수 있다는 점을 늘 염두에 두어야 한다. 설문 문항에서 사용된 단어가 응답률을 높였을 수도 있다는 것과 같은 문제점이 제기될 때에, 이미 진행된 연구를 옹호하는데 그쳐서는 안되고 향후 연구에 반영하기 위한 방향으로 진행되어야 한다. 실제로 코스(Koss)의 연구에 대한 비판들은 이후 연구들이 발전하는데 기여하였으며(Koss et al., 2007), 우리도 이를 교훈삼아야 한다.

　사실 이 책은 우리 연구진들이 대학에서 발생하는 성폭력 피해를 측정하기 위한 도구를 마련하고자 하는 시도의 부산물이기도 하다. 우리가 코스(Koss)의 연구로부터 많은 점들을 배워 가지만, 이 연구를 통해 "거인의 어깨에서 서서 조금 더 멀리 보려고" 노력하였다. 궁극적으로 우리는 코스의 의견을 지지하는 연구를 하거나 혹은 이 문제를 둘러싸고 벌어지고 있는 문화 전쟁의 어느 한쪽을 옹호하려고 것도 아니다. 우리는 이러한 이념적인 논의를 벗어나 우리의 능력 안에서 최선을 다해 경험적 현실을 반영하는 측정도구를 마련하는 데 우리 연구의 목적을 두고 있다. 우리 연구 결과는 정도에 따라 차이는 있지만 많은 여학생들이 대학가에서 안전하지 못하다는 점을 발견하였다.

　2장에서 우리는 대학생의 성폭력 피해를 측정하는 방법론에 관한 논의를 살펴볼 것이다. 강간을 포함한 다른 성폭력 피해를 측정할 수 있는 새로운 방법들이 어떻게 개발되어 왔는지를 주로 전달할 것이다. 선행 연구들의 연구 결과에 대한 논의도 물론 많이 포함되어 있지만, 우리의 연구 결과가 어떻게 나타났는지를 설명하는 데 중점을 두었다. 3장에서는 대학생의 성폭력 피해의 다양한 특성에 대해서 살펴보고자 하였다. 특히 대학생들의 성폭력 피해의 위험성에 대해서 살펴보고자 하였다. 4장에서는 강간 이외의 성폭력 피해 문제를 살펴보았다. 강제적인 성관계, 원치 않는 성관계 및 신체적 접촉이 없는 성적 학대 등의 범주에 대해서 살펴보고자 하였다. 5장에서는 재범죄피해(revictimization)에 대해서 살펴보았다. 연구 결과에 따르면 일정 기간 동안 두 번 이상 피해를 당하는 경우에 그 피해의 정도가 심각하다고 나타난다. 여성이 처음으로 범죄피해를 당하는 경우와 다시 범죄피해를 당하는 경우의 위험 요인들을 살펴보고자 하였다. 6장에서는 '피해자의 비밀'에 초점을 맞추었다. 피해자가 자신의 피해를 인지하고 있는 지와 피해를 형사사법기관이나 대학 당국에 신고할 의사가 있는지는 중요한 이슈 중의 하나이다. 우리는 얼마나 많은 여성들이 피해를 신고하는지, 반면에 어떤 사람들은 신고하지 않는지, 그리고 그 이유가 무엇인지 살펴보았다. 7장에서는 성폭력 피해는 아니지만 이와 관련 있는 주제인 스토킹에 대해서 살펴보았다. 스토킹은 성적인 집착으로 발생한다는 점과 여성에게 범죄피해의 두려움을 야기한다는 점에서 성폭력 이슈와 유사한 측면이 있다. 8장에서는 연구 결과가 가지는 정책적 함의를 다루어 보았다. 과연 대학을 안전한 공간으로 만드는 것이 가능한 일일까? 만약 가능한 일이라면 어떻게 안전하게 만들 수 있을지에 관한 내용을 다루어 보았다. 마지막으로 9장에서는 한국의 연구자들인 이 책의 번역가들이 한국의 성폭력 연구와 대학가의 성폭력 실태를 검토해 보고, 이 책에서 얻은 점들을 토대로 향후 한국 성폭력 피해연구에 대하여 제안하였다.

CHAPTER

객관적 사실 탐구를 위한
성폭력 피해연구

02

객관적 사실 탐구를 위한 **02**
성폭력 피해연구

이 책을 읽고 있는 독자들의 일부는 대학가에서 벌어지고 있는 성폭력 사안들과 관련이 있을 수도 있지만, 연구를 실시하는 연구자들이 이러한 논쟁에 직접 참여하고 있는 경우는 많지 않다. 성폭력에 관한 논쟁이 뜨거운 이슈가 되더라도, 연구자들은 보통 관찰자로서 이 문제를 바라보곤 한다. 우리 집필진은 성폭력의 문제를 이념 문제로 바라보고 접근하기보다는 측정 가능한 문제로 바라보며 연구를 하고자 한다. 우리는 대학 성폭력 문제를 실증적으로 알아보는 다양한 연구에 지속적으로 참여해 오고 있고, 범죄의 특성, 원인, 예방 및 공공 정책 이슈 등에 대해 연구하고 있다(Fisher, 1995; Fisher et al., 1998). 우리가 성폭력 연구를 하면 할 수록, 성폭력은 캠퍼스에서 발생하는 범죄들 중에 상당히 중요한 범죄라는 것이 점차 명백해지고 있다. 그렇기 때문에 이 이슈는 간과되어서는 안 되는 문제인 것이다.

그렇다면 우리 연구진들은 어떠한 방식으로 이념적인 논쟁을 해결하는 데기여할 수 있을까? 첫 번째, 이념적인 열정이 부족하다는 점으로 인하여 우리의 노력이 의미 있는 것이 아니라고 할 수는 없다. 안타깝게도 성폭력과 관련한 논의에서는 소위 말하는 '두뇌'가 부족하다. 물론, 우리가 어떠한 정치적 성향도 없다는 것을 말하는 것은 아니다. 연구진들은 대부분 진보에 가깝다. 하지만 우리는 성폭력의 실태가 높은지 낮은지를 '확실히' 결정할 어떠한 편향된 견해도 없다. 곰곰이 생각해 보면, 성폭력을 둘러싼 문화 전쟁(culture war)과 관련한 어떠한 학술적 편견도 없다는 점은 오히려 이점이 될 수도 있다. 우리의 발견과 과학적 사고가 어떠한 이념에도 영향을 받지 않았다고 이야기할 수는 없을 것이다. 하지만 우리는 대학가의 성폭력이라는 연구주제에 대하여 사전에 어떠한 방향을 정하지 않았으며, 이전에 있었던 의견에 대해 반박하거나 받아들이려는 어떠한 입장도 가지고 있지도 않다. 오히려 우리는 대학교에서 발생하는 성폭력 사건의 특성이나 종류를 정확하게 추정함으로써 현존하는 논쟁을 잠식시키는 방향으로 기여할 수 있을 것이다.

연구가 진행되어 가면서 연구진들은 새로운 측정 전략(measurement strategy)이 필요하다는 것을 깨달았다. 선행연구들을 꼼꼼히 살펴본 결과, 성폭력 피해를 측정하기 위해서는 크게 두 가지 방법이 있으며, 이 방법들은 개별적으로 사용하는 경우 각각의 장단점이 있다는 것을 확인하였다. 그렇지만 이러한 두 가지 전략을 함께 사용하게 되면, 강간 및 기타 성폭력 피해를 측정하기 위한 새롭고 견고한 측정도구가 될 수도 있는 것을 발견했다.

우리는 코스(Koss)가 사용한 구체적으로 행동을 묘사한 문항(behaviorally specific questions)들이 범죄피해가 될 수 있는 행동을 응답자에게 알려주는 데 필수적이라고 생각하였다. 하지만, 길버트(Gilbert)가 지적한 바와 같이 설문 문항에 "그렇다"라고 응답하는 것이 반드시 강간을 당했거나 성적으로 강요당한 것을 의미하지는 않는다는 바에 동의하였다. 전국범죄피해조사(NCVS)에서는 2단계로 설문을 구성하여, 1단계에서 피해가 발생하였는지를 묻고, 그 다음에 어떠한 종류의 범죄가 발생하였는지를 측정하였다.

설문의 1단계에서 응답자들은 다양한 종류의 성폭력 피해를 당하였는지 여부를 묻는 "스크리닝 문항"에 응답하였다. 이 스크리닝 문항에 '그렇다'라고 답을 한 경우에, 2단계로 넘어가서 발생한 사건에 관한 구체적인 질문을 하였다. 이 단계에서는 사건에 대해 조금 더 자세하게 질문할 수 있었다. 사건이 발생한 당시에 어떤 일이 일어났는지를 측정하기 위한 문항이 포함되었으며, 발생했던 사건이 어떻게 분류되어야 하는지(강간, 성폭력, 다른 종류의 성폭력 범죄인지) 알 수 있도록 질문하였다. 하지만, 전국범죄피해조사(NCVS)에서 사용한 방법도 가장 이상적이지는 않다. 전국범죄피해조사(NCVS)에서 사용한 스크리닝 문항은 성폭력 종류의 일부만을 포함하고 있으며, 성경험 설문(SES)이나 뒤에서 구체적으로 살펴볼 전국여성실태조사(NWS), 전국 여성폭력 실태조사(NVAWS), 전국 여대생 성폭력 피해조사(NCWSV)에서 사용한 설문 문항처럼 '행위를 구체적으로 설명'하고 있지는 않다. 전국범죄피해조사(NCVS)의 문항은 짧게 행동을

묘사한 문항으로 구성되어 있다. 따라서, 코스(Koss)가 사용한 방식과 전국범죄
피해조사(NCVS)에서 사용한 2단계 설문의 방식의 장점이 모두 반영될 수 있도
록 설문을 설계하였다. 즉, 대학생들의 성폭력 피해를 측정하기 위해서 2단계
방법을 사용하였다.

- 1단계: 구체적으로 행동을 묘사하는 문항을 사용해서 응답자들로 하여
  금 자신이 성폭력 피해를 당한 적이 있는지를 상기시키게 한다. 이러한
  문항을 스크리닝 문항이라고 부른다.
- 2단계: 스크리닝 문항에서 "그렇다"라고 응답한 경우에, 사건에 대해
  자세히 묻는 문항을 담고 있는 설문에 참여하도록 한다. 사건 보고서에
  서 물어보는 설문 문항들은 행위를 구체적으로 묘사한 스크리닝 문항들
  은 아니지만, 해당 사건을 성폭력 피해로 볼 수 있을 것인지, 그렇다면
  어떠한 종류의 성폭력에 해당하는지를 측정할 수 있게 하였다.

한 가지 명확하게 하고 싶은 점은, 우리가 사용한 측정도구가 성폭력 피
해연구의 궁극적인 방법이 되어서도 안 되며 가장 좋은 방법은 아니라는 점이
다. 모든 연구는 한계와 측정오류가 있으며, 우리 연구도 예외는 아니다. 우리
의 목표는 가능한 범위 내에서 가장 정확한 데이터를 만들어 내는 것이며, 가
능한 최선의 측정도구를 고안하는 것이다. 과학적 연구는 응당 비평의 대상이
되어야 하며, 신성불가침한 것이 아니다. 오히려, 후대의 연구로 인하여 발전할
수 있는 것이다. 이러한 방식으로, 과학은 더욱 정확해지며 지식은 점점 진리
와 가까워질 것이다. 앞서 말한 연구의 한계점들을 명심하면서, 우리는 성폭력
피해를 측정하는 데 있어서 '돌파구'라고 부를 수 있을 만한 혁신적인 방법론
적인 접근을 하였다고 생각한다. 이 접근 방법은 우리가 전국 여대생 성폭력
피해조사(NCWSV)를 실시 할 수 있도록 많은 혜안을 제공하였다.

2장에서는 성폭력 피해 지표가 어떻게 개발되었는지를 설명할 것이다. 첫
번째로, 전국범죄피해조사(NCVS)의 구성을 살펴볼 것이다. 그 다음에, 전국범
죄피해조사(NCVS)에서 사용한 설문 방법이 코스(Koss)와 동료들이 실시한 연구
의 방법론과 어떻게 융합되었는지를 다룰 것이다. 이 장을 접하는 독자들의 일

부는 연구지표를 자세하게 살펴보는 과정이 다소 지루하게 느껴질 수도 있다. 하지만 성폭력 피해를 측정하는 데 있어서 측정도구가 어떻게 구성되었는지를 살펴 보는 것은 매우 중요하다. 어떻게 물어보는지는 데이터가 어떻게 만들어질 것인가에 영향을 미칠 수 있다. 그리고 "강간의 위기(rape crisis)"가 경시되어 왔던 문제인지, 혹은 사회적으로 구성되거나 이념적으로 만들어진 이야기로 보이게 하는지에 영향을 미칠 수 있다. 이러한 맥락에서 연구방법을 구체적으로 살펴보는 것은 매우 중요하다.

01 ──── 전국범죄피해조사(National Crime Victimization Survey: NCVS)

미국에서 실시되고 있는 범죄피해 조사 중 가장 큰 규모의 조사는 전국범죄피해조사(National Crime Victimization Survey: NCVS)이다. 본래는 전국범죄조사(National Crime Survey: NCS)로 명명되어 실시되던 조사이다. 이 조사는 성폭력 피해 실태의 정보를 다양하게 제공하고 있지만, 미국의 강간 범죄피해 실태를 간과하게 할 수도 있다는 비판을 받아왔었다. 1980년대 후반에서부터 1990년대 초반에 걸쳐서, 성폭력 피해 측정도구의 단점을 개선하고자 전국범죄조사(NCS)에서 전국범죄피해조사(NCVS)로 개선되었다. 1993년부터 새롭게 구성된 전국범죄피해조사를 통해 집계된 강간 및 성폭력 실태 결과가 대중에 공개되었다. 전국범죄피해조사는 사법통계국(Bureau of Justice Statistics: BJS)에서 주관하고 있다. 이전의 전국범죄조사와 마찬가지로, 새로이 구성된 전국범죄피해실태조사는 전국의 가구를 대상으로 한 개인의 범죄피해 및 범죄피해 신고 여부에 관한 조사이다. 다단계 층화 클러스터 샘플을 사용하여 90,000명의 범죄피해실태를 조사하였다(Bureau of Justice Statistics, 1997, 부록 II). 패널 가구를 순환하여 선정하는 방식으로(rotating panel design of housing units) 선정된 가구는 3년 반 동안 설문 샘플이 된다. 샘플이었던 가구가 기간을 채우고 빠져나가게 되면, 새로운 가구가 계속적으로 추가된다. 해당 가구에 거주하는 12세 이상의 가구 구성원은 6개월마다 총 7회에 걸쳐서 인터뷰하게 된다. 첫 번째 인터뷰는 설문에 포함되지 않으며, 2번째 인터뷰를 위한 준비과정의 일환으로 실시된다. 따라서, 각각의 인터뷰 간에는 6개월의 기간(reference period)을 유지할 수 있다. 이와 마찬가지로 3번째 인터뷰는 2번째 인터뷰 이후의 6개월의 기간에 대해서 설문한다. 1번째와 5번째 인터뷰는 직접 만나 대면으로 인터뷰하고, 그 외에는 전화로 인터뷰한다. 전화인터뷰는 컴퓨터를 이용한 전화조사(CATI)라는 컴퓨터를 사용한 자동 설문 기법을 사용하여 진행된다. 최근은 비용문제 때문에 전국범죄피해실태조사의 횟수가 바뀌고 있다(Lauritsen, 2005; Rand & Catalano, 2007 참조). 근간이 되는 연구방법론은 바뀌지 않았지만, 설문 횟수가 변화하였기 때문에 변화 이전에 집계된 실태와 변화 이후에 집계된 실태는 신뢰할 수 있을 만큼 안정적이지 않을 가능성도 있다(Lauritson, 2007).

1.1. 전국범죄피해조사의 범죄피해 측정 방법

전국범죄피해조사는 2단계에 걸쳐 범죄피해를 측정하고 있다. 앞서 살펴본 바와 같이, 응답자들은 범죄피해가 발생하였는지를 측정하는 첫 번째 스크리닝 문항에 응답한다. 그 다음에 범죄가 구체적으로 어떻게 발생하였는지를 구체적으로 묻는다. 스크리닝 문항은 총 7개로 구성되어 있으며, 응답자로 하여금 사건에 대하여 생각해 보고 기억을 되살리는 역할을 한다. 최근 6개월 동안의 범죄피해에 대하여 질문하며, '그렇다' 혹은 '아니다'라고 간략하게 응답할 수 있다(Lyncy, 1996a, 1996b). 스크리닝 문항에 "그렇다"라고 대답하면, "사건에 대하여 간략하게 설명하여 주세요"라고 추가적으로 설문한다. 범죄피해의 횟수나 종류도 물어본다. 스크리닝 문항은 〈표 2.1〉에 제시되어 있다.

스크리닝 문항을 다 물어본 이후에, 설문 조사관은 범죄피해 한 건마다 사건 보고서를 한 부씩 작성하게 된다. 이 사건 보고서는 사건의 특성(사건 발생 일시, 장소, 가해자 특성, 경찰 신고 여부)을 파악한다. 또한, 가해자가 폭행했는지, 공격하려 했는지, 응답자를 협박했는지, 어떤 식으로 응답자가 공격당하고 협박당했는지, 상해가 발생했는지 여부를 설문한다. 요약하자면 사건 보고서는 사건과 관련한 구체적인 정보를 수집하는 것이다.

스크리닝 문항은 응답자로 하여금 피해 사건을 기억나게끔 하려는 목적이 가장 크며, 실제로 범죄피해 여부를 측정하는 것은 사건 보고서(incident report)에 기반하고 있다. 스크리닝 문항에 "그렇다"라고 응답하게 되면, 사건 보고서에도 응답하게 된다. 이때 범죄피해와 관련한 문항에 "그렇다"라고 응답한 경우에만 범죄피해를 당한 것으로 집계된다. 어떠한 방식으로 사건 보고서 문항이 구성되었고, 범죄피해를 구분하였는지는 〈표 2.2〉에 제시되어 있다.

성폭력 피해를 측정하는 설문이나 연구의 대부분은 여러 단계를 거치지 않고, 한 번에 성폭력 피해 여부를 묻고 있다. 피해를 상기시킬 수 있는 "힌트" 질문을 사전에 주지 않고, 바로 성폭력 피해를 질문하는 것이다. 러셀(Russell, 1982)과 코스(Koss)와 동료들(1987)의 연구가 이러하다. 여러 단계를 거치지 않고, 바로 성폭력 피해 여부를 질문하는 방식은 실제로 강간이나 성폭력 피해의 법적인 구성요건에 해당하지 않는 범죄피해까지 포함할 수도 있다는 단점이 있다. 길버트(1987)는 코스(Koss)의 연구가 실제로는 강간이나 강간 미수에 해당하지 않는 행위까지도 집계하였다는 점을 비난하였다.

전국범죄피해조사의 강점 중 하나는 사건 보고서 문항을 통해서 실제 범죄피해에 해당하는지를 확인할 수 있다는 점이다. 범죄피해 여부를 넘어서 사건에 관하여 구체적으로 설문하는 것은 (1) 피해가 실제로 발생했는지와 (2) 어떠한 종류의 범죄가 발생했는지를 조금 더 구체적으로 구분할 수 있도록 한다. 하지만 이러한 강점들에도 불구하고, 전국범죄피해조사에서 사용된 성폭력 피해 측정 문항들의 효용성은 스크리닝 문항이 얼마나 효과가 있었는지와 사건 보고서가 얼마나 사건 피해를 잘 분류하였는지에 달려 있다. 자세한 내용은 이어서 살펴보도록 하겠다.

1.2. 전국범죄피해조사의 성폭력 피해의 측정 1단계: 스크리닝 문항

초기 전국범죄조사(NCS)는 응답자가 공격받은 적이 있는지 혹은 무력으로 협박당한 적이 있는지를 측정하는 스크리닝 문항 4개가 있었다. 공격을 받은 적이 있는지를 폭넓게 물어봄으로써, 강간을 포함한 범죄피해를 상기시킬 수

있다고 설명하였다. 하지만 이러한 문항은 강간이나 강간 미수에 대해서 직접
적이거나 명시적으로 질문하지 않았다는 한계가 있다(Eigenberg, 1990; Koss, 1992,
1993a). 직접적이지 않고, 간접적으로 질문하게 되면 실제 강간이나 강간 미수
피해가 있는 피해자들도 스크리닝 문항에서 자신이 피해자에 해당한다고 응답
할 가능성이 낮다. 그렇기 때문에 전국범죄조사(NCS)는 강간 및 강간 미수 피
해 실태를 더 낮게 집계할 수도 있다(Koss, 1992, 1993a, 1996 참조). 전국범죄조
사(NCS)에서 집계된 강간 피해율은 다른 설문에서 집계된 강간 피해 비율보다
낮게 나타난다(Bachman & Taylor, 1994). 이뿐만 아니라, 전국범죄조사(NCS)는
다른 성폭력 피해를 제외한 강간만을 측정하였다는 점에서도 그 한계가 있다.

　　전국범죄조사(NCS)를 개정하는 데 상당 부분은 스크리닝 문항을 통해서
응답자들이 자신의 범죄피해에 대하여 더 잘 떠올릴 수 있도록 하는 데 주력하
였다(Bureau of Justice Statistics, 1994a; Canter & Lynch, 2000 참조). 다르게 설명하
자면, 성폭력 피해가 있는 사람들이 첫 번째 스크리닝 문항에서 이탈되지 않도
록 하는 것이었다. 스크리닝 문항에서 자신의 범죄피해를 떠올리지 못해서, 2
단계 사건 관련 설문대상에서 제외되게 되면, 실제 성폭력 피해 비율을 집계하
는 단계에 포함되지 않기 때문이다. 전국범죄조사(NCS)에서 전국범죄피해조사
(NCVS)로 바뀌면서, 크게 두 가지가 변경되었다.

　　첫 번째, 성폭력 피해 전반을 직접적으로 물어보는 문항이 포함되었다.
"강간, 강간미수 및 다른 종류의 성폭력"과 "강제로 혹은 원치 않는 성관계"에
대하여 물어보는 문항이 포함되었다. 두 번째, 전국범죄조사(NCS)에서 사용되
었던 문항이 전반적으로 재정비되고, 범죄피해를 상기시킬 수 있는 내용이나
정보가 추가되었다. 스크리닝 문항에 구체적인 힌트를 포함해서, 과거 발생한
범죄사건에 대해서 더 잘 생각날 수 있도록 하여 '잊어버렸기 때문에' 응답하
지 못하여 실제 집계에 반영되지 않는 상황을 줄일 수 있게 되었다.

　　개정된 전국범죄피해조사(NCVS)의 스크리닝 문항은 구체적인 범죄 종류를
제시하고, 여러 가지 힌트 문항을 주는 식으로 구성되었다. 우선적으로 "누군
가로부터 공격당하거나 협박당한 적이 있는지"를 물어본 이후에, "집이나 학교"
와 같은 특정 장소나 상황을 제시하고, 범죄에 사용될 수 있는 도구인 "총이나
칼과 같은 무기"가 제시되었으며, 범죄자의 행동을 묘사하는 "마주보고 협박"

하는 행동을 설명하고, 마지막으로 범죄의 가해자가 될 수도 있는 사람들(예시: 친척이나 가족)을 열거하였다(Bureau of Justice Statistics, 1994a). 이러한 힌트(cues)는 설문이 주관적으로 해석되는 것을 방지하며, 구체적인 설문에 앞서 사건에 대하여 생각해 볼 수 있도록 돕는다.

표 2.1 강간 및 기타 성폭력 피해를 상기시키기 위해서 사용된 『전국범죄피해조사(NCVS)』의 스크리닝 문항들

번호	문항
40a.	(앞에서 이야기한 사건들을 제외하고) ( )년 ( )월 이후로, 누군가에게 공격당하거나, 협박당하거나, 물건을 도난당한 적이 있나요? a) 집에서(마당과 집 포함), b) 친구, 친척, 이웃의 집에서, c) 직장 및 학교에서, d) 창고, 세탁실, 쇼핑몰, 식당, 은행 및 공항에서, e) 차량 이동 중에, f) 길가나 주차장에서, g) 파티, 영화관, 체육관, 공원, 볼링장, 낚시터나 사냥터에서, 혹은 h) 위에 나열한 장소에서 누군가가 당신을 공격하거나 물건을 빼앗으려고 **시도**한 적이 있나요?
41a.	(앞에서 이야기한 사건들을 제외하고) 누군가가 당신을 협박하거나 공격한 적이 있나요? (유선상의 협박은 제외) a) 총이나 칼과 같은 무기를 사용해서, b) 야구 배트, 프라이팬, 가위 및 막대 등을 이용해서, c) 돌이나 물병 같은 것들을 던지면서, d) 잡거나, 때리거나 목을 조르면서, e) 강간, 강간 미수 및 기타 성폭행행위를 하면서, f) 만나서 협박하면서, g) 신체적 무력을 행사하면서. 범죄행위인지 확신하지 않더라도 응답하여 주세요.
42a.	아는 사람이 가해자인 경우에 범죄 행위가 아니라고 생각하는 경우도 있습니다. (앞에서 이야기한 사건들을 제외하고) 누군가가 물건을 훔쳐가거나, 공격하거나, 협박한 적이 있나요(유선상 협박 제외)? a) 직장이나 학교에 있는 사람이, b) 이웃이나 친구가, c) 친척이나 가족이, d) 만난 적이 있거나 과거부터 알고 있던 사람이.
43a.	강제적인 성관계나 원하지 않던 성관계는 털어놓기에 어려울 수 있습니다. (앞에서 이야기한 사건들을 제외하고) 강제적으로 성관계를 맺거나 원하지 않는 성관계를 한 적이 있나요? a) 모르는 사람과, b) 친하지 않지만 아는 사람과, c) 잘 아는 사람과.

출처: Fisher & Cullen (2000); Perkins, Klaus, Bastian, & Cohen (1996, pp.124-125).
참조: 문항 번호는 기본 스크리닝 문항에 사용된 개인 스크리닝 문항의 번호이다.

〈표 2.1〉은 전국범죄피해조사(NCVS)에서 사용된 스크리닝 문항을 보여준다. 해당 문항은 강간 및 기타 성폭력 피해를 상기시킬 수 있도록 위해서 고안되었다. 설문 조사관은 해당 문항을 질문한 이후에, 응답자가 말한 사건에 대하여 "간략이 설명하도록" 하였다. 스크리닝 단계에서 사건에 대하여 설명한

내용은 기록되기는 하였으나 사법통계국(BJS)에서 공개한 자료에는 포함되지 않았다. 〈표 2.1〉의 문항 40a, 41a, 42a, 43a는 전국범죄피해조사(NCVS)에서 사용된 문항 번호이다.

문항 41a, 42a, 43a는 성폭력 관련 연구에서 지속적으로 다뤄지는 문항이다(Bachman & Taylor, 1994; Koss, 1992, 1996). 이 스크리닝 문항에 '그렇다'라고 응답하게 되면, 대인 범죄 사건에 관한 추가 내용을 설문한다(Perkins, Klaus, Bastian, & Cohen, 1996). 우리는 해당 3가지 문항과 함께 협박 피해에 대하여 설문하는 문항 40a도 살펴보고자 한다. 언어적으로 협박하는 것 또한 성폭력의 정의에 포함되기 때문이다(다음 장 참조). 전국범죄피해조사(NCVS)에서도 말로 협박당하여 원치 않는 성관계를 하게 된 경우 또한 강간 및 성폭행 수치에 포함하였다.

스크리닝 문항은 범죄피해를 집계하는 데 있어서 문지기와 같은 역할을 한다. 그렇기 때문에 스크리닝 문항에서 사용되는 표현이나 단어들은 범죄피해를 집계하는 데 있어서 상당히 중요하다. 문항 41a는 강간, 강간 미수 기타 성폭력에 관하여 직접적으로 질문하고 있다. 과거 전국범죄조사(NCS)에서는 포괄적으로 "공격하거나 공격하려고 한 적이 있는지"를 질문하였다. 성폭력 종류를 열거하는 것은 응답자가 성폭력 피해에 대하여 더 잘 떠올리도록 할 수 있으며, 이어지는 본 문항에서 더 구체적으로 응답할 수 있도록 한다.

질문에 대해서 비판하는 사람들은 스크리닝 문항들이 몇 가지 가정에 기반하고 있다는 점을 지적한다. 응답자들은 강간이 어떻게 정의되었는지를 알고 있으며, 자신에게 발생한 일이 강간임을 지각하고 있으며, 이 사건을 강간이라고 정의하여 기억하고 있다고 가정한다. 하지만, 피해를 당하였다고 보고하지 않는 것(underreporting)은 피해자가 자신의 피해를 범죄로 정의하지 않았거나 자신의 경험을 '강간'이라고 묘사하지 않았기 때문이다. 코스(Koss ,1998b)는 강제적인 성관계와 원치 않는 성관계를 경험한 사람의 27%만이 강간이라고 인식하였다고 설명한다. 그렇기 때문에 본인의 경험을 정확하게 강간 피해라고 인식하며 스크리닝 문항에 응답하는 경우는 그리 높지 않을 것이라는 비판이 있다.

사법통계국에서 실시한 설문조사에서는 전국범죄피해조사(NCVS)의 42a 문항을 사용하여, 대인범죄에 해당하는지를 스크리닝하였다. 문항 42a는 강간 및 성폭력 피해를 스크리닝 하는 목적으로 사용될 수 있고, 응답자가 성폭력 당하였다고 응답한 경우에 피해를 더 잘 집계할 수 있기 때문이다. 상당수의 강간 및 성폭력 사건의 가해자가 피해자와 아는 사람이라는 점을 고려해 보면, 문항 42a를 통해서 가해자가 아는 사람일 수도 있다는 점을 환기시킬 수 있다 (Crowell & Burgess, 1996; Koss, 1992). 이 문항의 "공격당했거나 협박당했거나"라는 문항은 강간 및 성폭행을 간접적으로 물어보는 문항이지만, 성폭력일 수도 있는 다양한 사건들을 아우르는 역할도 한다. 이 문항에 해당사항이 있는 경우, 사건 보고 문항을 통해서 발생했던 사건을 집계할 수 있다. 그렇지만 이 문항은 '공격당했거나 협박당했다'는 상황과 원치 않는 성행위와 연관지을 수 있다는 것을 가정하고 있기도 하다(Koss, 1992). 설문 응답자가 성폭행 상황을 떠올리지 못한다면, 이 문항을 통해서 사건 보고 문항에 답하였더라도 강간 및 성폭행 피해 수치에 포함되지 못한다.

전국범죄피해조사(NCVS)의 문항 43a는 응답자들이 성폭력 피해에 대해서 다시 한번 생각해 볼 수 있도록 한다. 응답자들이 자신의 행위를 성폭행이나 강간이라고 직접 명명하지 않았더라도 자신의 경험을 다시 한번 살펴보도록 한다. 이 문항에서는 무엇이 측정되는지를 정의해 주기 때문에 응답자는 설문자가 어떤 피해 유형에 대하여 물어보는 것인지를 알 수 있다. 이 문항은 행동을 구체적으로 묘사하고 있으며, "강제적이었거나 원치 않는 성관계" 혹은 "원치 않는 성행위에 참여하도록 강제되었거나 강요받았는지"에 대하여 2번에 걸쳐서 물어본다. 이 문항에서 사용된 용어는 직접적이지만, 여전히 범위가 넓기 때문에 사건 보고서를 통해서 피해의 종류가 분류될 수 있다. 하지만 스크리닝 문항이라는 점을 고려해 보면 자신의 성폭력 피해를 응답할지 말지 고민하는 응답자들이 설문에 참여하도록 독려하는 기능도 있다. 코스(Koss, 1992)는 문항과 문항의 사이에 상대적으로 피해의 정도가 가벼운 노상범죄들을 포함시키는 방법이 장점이 있다고 언급하기도 한다. 하지만 이 경우 응답자가 자신이 당한 행동이 범죄피해임이 확실하지 않더라도 그 사건에 대해 반응하게 되는 단점이 있기도 하다고 설명한다.

강간이나 성폭행 피해를 당하였다고 분류된 경우를 기준으로 살펴볼 때, 앞서 다룬 4가지의 스크리닝 문항이 과연 얼마나 역할을 잘하였을까? 이 문항들이 전국범죄조사(NCS)보다 더 개선되는 방향으로 개정되었음은 명백하다. 우리의 책에서 두 가지 방법을 직접 비교하지는 않지만 주의해서 살펴볼 필요가 있다. 전국범죄피해조사(NCVS)가 전반적으로 범죄피해율을 높게 집계하고 있으며, 특히 강간 피해를 높게 집계하고 있다는 것은 분명하다(Lynch, 1996a). 따라서 테일러와 랜드(Taylor & Rand, 1995)는 설문을 개정하면서 전국범죄피해조사(NCVS)의 방법을 사용하면 강간의 경우 약 3배(323%), 강간 미수의 경우 약 1배(96%)가 전국범죄조사(NCS)의 설문법을 사용한 설문에 비해서 높게 집계되었다고 설명한다. 이와 유사하게 연구 샘플을 절반으로 나누어 차이가 있는지를 살펴본 결과, 전국범죄피해조사(NCVS) 방법을 사용한 경우 전국범죄조사(NCS)방법을 사용한 경우보다 2.5배(250%) 정도 높게 집계되었다고 설명한다(Lynch, 1996a).

하지만 개정을 한 이후에도 전국범죄피해조사(NCVS)의 4가지 스크리닝 문항으로 인해서 응답자들이 성폭력 피해 경험에 대해서 더 잘 떠올릴 수 있었는지 혹은 별다른 영향을 끼치지 못하였는지에 대해서 확실히 결론내리기는 어렵다. 러셀(Russell)이나 코스(Koss)와 같은 학자들은 행동을 구체적으로 설명하는 문항들은 설문에 참여하는 사람들이 자신의 성폭력 피해 경험을 떠올리도록 한다고 설명한다. 하지만, 과연 얼마나 많은 응답자들이 이 스크리닝 문항을 거쳐서도 자신의 피해를 떠올리지 못했으며, 그렇기 때문에 설문에 포함되지 않았는지는 알 수 없다.

이러한 문제는 성폭력 피해를 측정하는 것에만 국한된 것이 아니다. 예를 들면, 가족들이 나들이를 나가서 과음을 하게 되었고 형제 간에 싸움이 나게 되었다. 말로 싸우다가 격분한 한쪽이 상대에게 주먹을 날리고, "죽여버린다"라고 이야기했다고 하자. 6개월 뒤 다른 상대방이 전국범죄피해조사(NCVS)에 참여하게 되었다. 이 사람은 "피해자"로 인터뷰하게 되고, 문항 40a에 "그렇다"고 응답하게 된다. 하지만 자신의 형이 자신을 폭행했다는 것에는 동의하지 못했을 수 있다. 만약 그렇다면 이 문항에 "아니다"라고 응답을 하게 된다. 만약 질문 문항이 "만약 당신이 아는 누군가가(예시: 형) 당신을 실제로 때리지는 못하였더라도 주먹을 날린 적이 있나요?"였다면, 응답자는 "맞아요! 우리 형이 저를 때리려고 했어요"라고 응답할 수 있다. 이 말은 곧, 상황을 구체적으로 묘사하는 것은 일반적으로 물어보면 측정되지 않았던 점들이 포함될 수 있도록 할 수 있다는 점을 시사한다.

이론적으로는, 2단계 측정법이 사용되면 스크리닝 문항으로 인하여 사건
이 더 많이 포함되는 오류가 발생해야 한다. 사건 보고서를 통해서 더 구체적
으로 질문할 것이고, 발생한 사건이 실제 피해였는지를 판단할 수 있는 과정이
남아 있기 때문이다. 반대로, 스크리닝 문항을 좁게 설정하게 되면 실제 피해
자를 제외하게 될 수도 있다. 스크리닝 문항에서 걸러지게 되면, 어떤 사건이
발생했는지에 대해서 물어볼 수 없게 된다.

1.3. 전국범죄피해조사 성폭력 측정 2단계: 사건 보고서

성폭력피해를 측정하는 과정은 얼핏 보기에는 꽤 복잡해 보이고, 인간의
행동을 측정하는 것은 늘 쉽지는 않다. 전국범죄피해조사(NCVS)와 같은 경우는
2단계에 걸쳐서 성폭력 피해를 측정하였기 때문에 더 복잡해 보일 수도 있다.
이어지는 내용에서 본격적으로 더 살펴보도록 하자.

1.3.1. 강간 피해의 측정법: 강간, 강간 미수 및 협박

강제적인 성관계(forced sexual intercourse)는 누군가가 심리적 압박이나 물
리적 힘을 가해서 성관계를 맺는 것이다. 구체적으로 말하면, 가해자가 강제로
피해자의 성기, 항문, 구강을 통해 성교하는 것을 말한다. 물병과 같은 물체를
통하여 삽입이 이루어졌다고 하더라도, 여전히 강간피해로 여겨진다.

전국범죄피해조사(NCVS)는 강간을 위의 설명과 같이 정의하고 있다. 이
정의는 "강간 개혁(rape reform)"의 요구에 대응하여 정립된 1970년대와 1980년
대의 법률을 토대로 하고 있다. 코스(Koss, 1996)는 전국범죄피해조사(NCVS)에서
사용하고 있는 강간의 정의 중 '심리적 강요(psychological coercion)'라는 개념이
다소 애매하다는 점을 비난한다. '심리적 강요'라는 용어는 신체에 위해를 가
하거나 강간을 할 것이라는 언어적 협박을 의미하는 것이며, 이러한 행위 자체
도 범죄라고 설명한다. 심리적 강요라는 용어를 사용하게 되면 설문에 참여하

는 사람들에게 이러한 행위는 바람직하지만 범죄는 아닌 행동이라는 인상을 줄 수도 있다는 점을 지적한다. 구체적으로 "거짓으로 약속하거나, 헤어지겠다고 하거나, 계속적으로 조르고 압박하는 등 다양한 언어적 방식으로 성관계를 강제하는 상황(p.60)"이라고 생각되게끔 한다.

〈표 2.2〉에서 살펴볼 수 있듯이, 강간 미수에 해당하는 경우는 총 4가지가 있다. 세부적으로 정리된 내용에 국한되지 말고 아래의 내용을 조금 더 읽어보면 도움이 될 것이다. 전국범죄피해조사(NCVS)의 성폭력 측정도구를 검토하는 가장 큰 이유는 설문의 복잡함을 이해하고, 범죄피해를 분류할 수 있는 구조화된 문항을 사용하는 과정을 보여주기 위한 목적이 가장 크다.

표 2.2 『전국범죄피해조사(NCVS)』 사건 보고서에서 사용된 강간 피해 집계 방법

최초 문항	답변	추가 문항				최종 분류
24. 가해자가 당신을 때리거나, 쓰러뜨리거나, 다른 방식으로 공격하였나요?	'네'라고 대답한 경우 →	29. 어떻게 공격당하였나요? 해당하는 경우에 모두 표시해 주세요.[1]			강간으로 분류[2] →	강간
24. 가해자가 당신을 때리거나, 쓰러뜨리거나, 다른 방식으로 공격하였나요?	'네'라고 대답한 경우 →	29. 어떻게 공격당하였나요? 해당하는 경우에 모두 표시해 주세요.	강간 외에 다른 종류의 성폭력 피해가 있는 경우	31. 어떠한 상해가 있었나요? 해당하는 경우에 모두 표시해 주세요.[3]	강간으로 분류[4] →	강간
24. 가해자가 당신을 때리거나, 쓰러뜨리거나, 다른 방식으로 공격하였나요?		27. 무슨 일이 있었나요? 해당하는 경우에 모두 표시해 주세요.[5]	원하지 않는 강제적 신체적 접촉이 있는 경우 →	공격 상황에서, 강제적이나 강압적인 성관계가 있었나요?	강간으로 분류 →	강간
25. 가해자가 공격하려고 시도하였나요?						
26. 가해자가 공격할 것이라고 협박하였나요?						
24. 가해자가 당신을 때리거나, 쓰러뜨리거나, 다른 방식으로 공격하였나요?	'아니오'라고 대답한 경우 →	28a. 가해자가 어떻게 공격하려고 시도하였나요?	원하지 않는 강제적 신체적 접촉 →	공격 상황에서, 강제적이나 강압적인 성관계가 있었나요?	강간으로 분류 →	강간
25. 가해자가 공격하려고 시도하였나요?	'아니오'라고 대답한 경우 →	28b. 어떻게 협박당하였나요? 해당하는 경우에 모두 표시해 주세요.				

최초 문항	답변	추가 문항	최종 분류
26. 가해자가 공격할 것이라고 협박하였나요?	'네'라고 대답한 경우 ↑		

출처: Fisher & Cullen (2000)

참조: 1. 설문 조사자는 응답자가 주관식으로 답변할 수 있도록 설문하였고 응답자의 답변을 주의 깊게 들으며, 설문지에 있는 항목에 체크하였다. 설문 항목에는 강간, 강간하려고 시도, 강간이나 강간 미수가 아닌 기타 종류의 성폭행. 종을 맞음. 종으로 거냐들였지만 종에 맞지 않음. 손에 든 종으로 폭행당함. 칼이나 예기로 찔리거나 베임. 칼이나 예기를 이용한 폭행 미수. 던지 물건에 맞음. 종/칼/예기를 제외한 물건을 이용한 폭행 미수. 폭행당함. 뺨 맞음. 때려눕혀짐. 잡힘. 걸려 넘어뜨려짐. 잡힘. 물림. 밀침 등이 포함되어 있다.

2. 강간을 당하였다고 응답한 경우에, 설문 조사자는 "강제적이거나 강압적인 성관계를 의미하는 건가요?"라고 설문하였다. 만약 '아니오'라고 대답하는 경우에 "그렇다면 어떠한 행위를 말하시는 건가요?"라고 다시 설문하였다.

3. 설문 조사자가 주관식으로 답변할 수 있도록 설문하였고 응답자의 답변을 주의 깊게 들으며, 설문지에 있는 항목에 체크하였다. 리스트에 포함되어 있는 항목들은 해당 없음. 강간 당함. 강간 미수. 강간 및 강간 미수 이외의 성폭력. 칼 및 예기에 의한 상처. 총상. 총알에 의한 상처, 골절 및 치아 손상. 내부 손상. 기절. 열골 및 신체의 명. 자상. 상처. 부음. 치아 손상 등이 같다.

4. 강간을 당하였다고 응답한 경우에, 설문 조사자는 "강제적이거나 강압적인 성관계를 의미하는 건가요?"라고 설문하였다. 만약 '아니오'라고 대답하는 경우에 "그렇다면 어떠한 행위를 말하시는 건가요?"라고 다시 질문하였다.

5. 설문 조사자는 응답자가 주관식으로 답변할 수 있도록 설문하였고 응답자의 답변을 주의 깊게 들으며, 설문지에 있는 항목에 체크하였다. 설문지의 항목에는 다음과 같은 내용이 포함되었다. 해당 없이 물건을 가져가는 것. 무언가를 가져가려고 시도하거나 협박당함. 언어적으로 가해됨. 희롱당함. 노성함. 논쟁됨. 언어를 사용하여 현하지 않는 성적인 접촉을 당함(만지기, 애무 등). 누군가가 집에 강제로 침입하거나 침입하려고 시도함. 누군가가 치에 강제로 타거나 타려고 시도함. 재물에 손상을 입히거나 파괴함. 재물을 손상을 입히거나 파괴당함.

6. 만약 응답자가 "그렇다"라고 답변하면, 설문 조사자는 문항 24를 "그렇다"라고 답변을 수정한 이후에 문항 25, 26, 27번을 지우고 다시 설문하도록 하였다(1열 참조).

7. 만약 응답자가 "그렇다"라고 답변하면 설문 조사자는 문항 24를 "그렇다"라고 답변을 수정한 이후에 문항 25, 26, 28번을 지우고 다시 설문하도록 하였다(1열 참조).

〈표 2.2〉는 전국범죄피해조사(NCVS)가 어떻게 강간의 정의를 조작화하였는지 보여준다. 스크리닝 문항에서 성폭력 피해를 당했다고 응답했을지라도, 이어지는 사건 관련 보고서에서 묻는 4가지 문항에 하나라도 해당하지 않는 경우에는 강간피해로 분류되지 않았다. 문항에 "잘 모른다"라고 응답한 경우에는 강간 피해로 집계되지 않는다.

첫 번째, 맞았거나 공격당한 경험을 묻는 문항 24(〈표 2.2〉 참조)에 해당하는 경우에, 어떻게 공격받았는지에 응답하여야 하고, 강간당한 적이 있는지도 기술해야 한다. 설문에 참여하는 사람은 제한 없이 자유롭게 말할 수 있다(〈표 2.2〉 각주 5 참조). 두 번째, 문항 24에 해당하고, 강간이 아닌 다른 폭력 피해가 있다고 이야기한 경우가 있을 수 있다. 그렇지만 어떠한 상처나 후유증이 있었는지를 물었을 때, 그때서야 강간 피해가 있다고 응답하는 경우가 있을 수도 있다. 세 번째, 신체에 상해를 입은 적이 있는지에 대한 문항(24, 25, 26)에 해당하지 않는 경우, 설문 조사관은 응답자에게 무슨 일이 있었는지를 물어본다. 만약 응답자가 "무력을 동반한 원치 않는 성관계"를 언급하면, "강제적이거나 강요된 성관계를 의미하시는 건가요?"라고 추가 질문하여 명확하게 한다. 만약 응답자가 "그렇다"고 응답하면 설문자는 응답을 "해당사항 있음"으로 변경한다. 그 다음은 이어서 계속한다. 네 번째, 마지막 문항에서도 같은 과정을 반복한다. 만약 응답자가 "원치 않음에도 불구하고 강제적으로 성적인 접촉"이 있었다면, 문항에 해당하는 것으로 수정한다.

하지만 이러한 설문 문항들은 "성관계(intercourse)"라는 용어에 대해서 응답자들이 어느 정도 이해하고 있으며, 어떠한 행위가 여기에 해당되는지를 이해하고 있다는 점을 전제한다. 코스(Koss, 1992)는 "성기의 삽입이 아닌 다른 식으로 강간 피해를 당한 여성이나 항문 성교를 당한 남성의 경우 '성관계'라고 설문하였을 때 그렇다고 응답할 수 있을지 아닐지는 알 수 없다"고 설명한다. 이 주장은 상당히 신빙성 있는 의견이며, 향후 연구에서는 단어의 의미가 다르게 받아들여질 수 있다는 점을 고려한 연구가 필요하다는 것을 의미한다.

전국범죄피해조사(NCVS)는 강간 이외에도 강간 미수나 강간 협박에 대하여 설문조사하였다. 강간 미수는 6가지 방식으로 조작화[1]되었고, 강간 협박은

---

1   역자 주. 조작화는 원문에서는 operationalization이라고 표현되었으며, 객관적으로 측정하기 어

2가지 방식으로 조작화되었다. 전국범죄피해조사(NCVS)에서 사용한 강간 미수의 정의는 강간 협박을 포함하고 있으며, 사법통계국에서 정의한 것을 따랐다. 전국범죄피해조사(NCVS)이전에 강간 미수를 측정하면서 언어적 협박을 포함한 연구는 거의 없다.

　　강간 미수를 측정하기 위하여 조작화 된 6가지 문항 중 4개는 강간을 측정하는 데 사용된 문항과 동일하지만, '공격이 있었거나, 신체적 해를 가할 것을 협박한 적이 있는지'와 '강간 미수가 있었다'라고 직접 응답한 경우를 포함하였다는 점에서 그 차이가 있다. 다른 2가지 문항은 '가해자가 공격하려고 했는지'(문항 25)와 '가해자가 어떻게 공격하려고 했거나 협박했는지'(문항 28a, 28b)를 직접적으로 물어보았다. 만약 응답자가 "말로써 강간하거나 신체적 해를 가할 것이라고 협박"받은 경우에는 강간 미수로 분류된다. "어떤 식으로든 협박한 경우(문항 26)"에 응답한 경우에도 앞의 문항과 유사한 과정을 통하여 강간 미수로 분류된다. 강간 협박을 측정하는 문항은 강간 미수를 측정하는 문항과 같은 방식으로 설문된다. 만약 응답자가 "말로써 협박"하였다고 응답한 경우에 이 유형으로 분류된다. 하지만 전국범죄피해조사(NCVS)에서 이 유형은 강간 미수에 포함된다.

1.3.2. 성폭행의 측정

　　전국범죄조사(NCS)와는 다르게 전국범죄피해조사(NCVS)에서는 성폭력은 강간이 아닌 다른 종류의 성폭력 피해의 종류로 분류되었다. 이 사실은 방법론적으로 함의하는 바가 있는데, 성폭력은 일차원적(unidimensional)행위가 아니며 강간만이 성폭력 피해에 해당하는 것이 아니라는 사실을 많은 연구자들에게 알린 점이다. 사실, 성폭력 문제는 다원적(multidimensional)이고, 다양한 종류의

려운 현상을 측정하기 위해서 측정 가능한 개념으로 다시 정의하는 것을 의미한다. 예를 들면, 키와 같은 경우는 159cm와 같이 객관적으로 측정할 수 있는 반면, '피곤함'이라는 개념은 객관적으로 측정하기 어렵다. 따라서, '피곤함'이라는 개념을 '10분 내에 하품을 5회 이상 하는 행위'라고 측정 가능한 지표를 이용하여 정의하는 것이 조작화의 과정이다.

성적인 공격을 포함하는 개념이다. 강간 개혁(rape reform)을 제창하던 시기에 제정된 법률에 따라 성폭행(sexual assault)은 다음과 같이 정의된다.

> "강간이나 강간 미수와는 구분되는 다양한 종류의 성범죄피해. 가해자와 피해자 간의 원치 않는 성적 접촉이 있는 폭행이나 폭행 미수와 같은 범죄가 대표적인 예시이다. 성폭행은 신체를 만지거나 애무하는 행위를 포함할 수도 있지만, 포함하지 않는 경우도 있다. 말로써 협박하는 행위도 성폭행에 포함된다 (BJS, 1997, p.149)."

전국범죄피해조사(NCVS)에서 조작화한 성폭행은 (1) 심각한 수준으로 성적인 폭행을 가하는 것(sexual attack), (2) 경미한 수준으로 성적인 폭행을 가하는 것, (3) 상해를 입힐 정도로 성적인 폭행을 가하는 것, (4) 무력을 사용하지 않았지만 상대방이 원치 않는 성적인 접촉을 하는 것, (5) 강간이 아닌 다른 종류의 성폭행을 할 것이라 말로써 협박하는 것의 5가지 행위를 포함한다.

응답자들은 강간 문항을 측정할 때와 같은 방식으로 일련의 질문을 받게 된다. 어떤 방식으로 가해자가 공격하였는지, 공격하려고 했는지 혹은 공격한다고 협박하였는지를 묘사하는 내용에 차이가 있다는 점을 제외하고 강간을 측정하는 방식과 방법론적으로는 동일하다. 하지만 성폭행이 조작화된 방식은 강간이나 강간 미수가 조작화된 방식보다 조금 더 복잡하다. 그렇기 때문에, 설문을 하는 과정에서 조금 더 세심함이 요구된다. 예를 들어서 가해자가 공격하려고 했고, 원치 않는 상황에서 성적인 신체 접촉을 하려고 했다고 응답한 경우에, 설문자는 "힘으로 강제하거나 강요하여 성관계를 한 것을 말하는 것인가요?"라고 물어보아야 한다. 응답자가 "그렇다"라고 한 경우에 "가해자가 폭행하였나요"라는 응답을 "그렇다"라고 바꾸고, "그렇다면 어떤 식으로 공격하였나요?"라고 물어보아야 한다. 이때 응답자는 강간, 강간 미수와 같은 상황을 설명하기도 하지만 이를 제외한 다른 종류의 폭행 피해를 의미하기도 한다.

1.4. 전국범죄피해조사(NCVS) 이후의 발전 방향

전국범죄피해조사(NCVS)가 가지는 의미는 크게 두 가지로 정리된다. 첫 번째, 연방정부에서 직접 수집한 설문 통계이기 때문에 매년 발표되며 대중의 관심을 받는다. 이러한 통계수치가 정확한 것은 아니지만, 대중들에게는 정확한 것처럼 받아들여질 수 있으며, 이러한 점은 문제가 될 수 있다. 두 번째, 설문자체가 완벽한 것은 아니지만, 전국범죄피해조사(NCVS)는 유능한 학자들 다수가 함께 연구의 설문을 설계하였다. 이 조사는 성폭력 피해가 발생했는지를 판단하기 위해서는 사건에 대하여 구조적으로 설문되어야 한다는 점을 일깨워 주었다.

연구자의 입장에서 바라보면, 전국범죄피해조사(NCVS)가 가지는 가장 큰 장점은 사건 보고서를 따로 구성하였다는 점이다. 코스(Koss)의 성경험 설문(SES)에서는 스크리닝 문항이나 힌트 문항(cueing questions)만을 사용하였다. 길버트(Gilbert, 1997)는 코스의 설문 문항을 통해서는 '나쁜 행동'과 '범죄 행동'이 구분되지 않고, 실제 범죄 행위에는 이르지 않는 행위들도 성폭력으로 측정하게 된다는 점을 지적하였다. 만약 코스가 좀 더 구체적인 문항들로 구성된 사건 보고(incident report)문항에 대한 설문도 실시하였다면 어떠하였을까? 첫 번째로, 코스는 행동을 구체적으로 묘사한 문항들을 이용하여 강간이나 성폭력 피해를 측정하고자 하였다. 두 번째로, 길버트가 지적한 바와 같이 어떤 사건이 발생했는지를 구체적으로 알 수 있는 추가 설문을 할 수 있다. 코스의 연구와 길버트가 비판한 점은 전국범죄피해조사(NCVS)가 향후 수정·개발되는 데 많은 영향을 주었다.

1.5. 성폭력 피해의 측정: 발전 방향

1990년대부터 연구자들은 코스(Koss)의 연구, 코스와 길버트(Koss & Gilbert) 사이의 방법론에 대한 논쟁, 전국범죄조사(NCS)에 대한 비평 및 새로 구성된 전국범죄피해조사(NCVS)에 대한 연구를 통해서 방법론적인 혜안이 생기게 되었다. 이에 영향을 받은 연구자들이 실시한 연구들은 다음과 같은 특징이 있다. 첫 번째, 성폭력 피해는 강간뿐만이 아닌 성적 강요(sexual coercion)나 원치 않는 신체적 접촉을 포함하도록 개념을 확장하였다. 두 번째, 스토킹과 같이 새로 범죄화된 행위들도 설문에 포함하였다. 세 번째, 전국의 여성을 대상으로 한 대표성이 있는 설문을 실시하였다. 가장 중요한 특성은 법률에서 규정하는 강간 및 기타 성폭력 피해를 토대로 해서 행위를 구체적으로 물어보는 설문을 구성하여 성폭력 피해를 측정하였다는 점이다.

코스(Koss)의 연구는 크게 두 가지 맥락으로 발전되었다. 첫 번째, 성경험 설문(SES)에서 사용된 문항보다 더 자세하게 행위를 묘사하는 문항을 사용하였다. 설문 문항에서 직접적으로 측정하고자 하는 행위를 묘사할 뿐만 아니라, 구체적으로 행위가 어떻게 정의되는지도 설명하였다. 두 번째, 전국범죄피해조사(NCVS)의 장점인 사건 보고(incident report)질문을 사용하였다. 사건 보고 문항을 포함하게 되면, 연구자들이 사건에 대하여 더 구체적으로 이해할 수 있을 뿐만 아니라, 응답자들이 경험한 성폭력 피해의 종류를 분류할 수 있도록 해 준다.

02 전국여성실태조사(National Women's Study: NWS)

전국범죄조사(NCS)와 전국범죄피해조사(NCVS)에서 통계적으로 추정한 강간 사건의 통계치는 미국에서 가장 많이 인용되었다(Lynch, 1996a, 1996b). 그리고 킬페트릭, 에드몬드, 시뮤어(Dean Kilpatrick, Edmonds, & Seymour, 1992)가 실시한 전국여성실태조사(National Women's Study)에서 집계한 강간 피해 수치 또한 많이 인용되어 왔다.

2.1. 연구 설계

전국여성실태조사(NWS)는 3년(1990-1992)에 걸친 종단연구이며, 18세 이상 여성을 샘플로 표집하였다. 총 4,008명의 성인 여성을 확률 표집하였으며, 18세에서 34세의 여성들은 과표집되었다. 킬패트릭(Kilpatrick)과 동료 연구자들은 응답자들의 주요 정신건강 문제들과 알코올/약물 관련 문제 및 소비를 살펴보기 위하여 3번에 걸쳐서 전화 인터뷰를 실시하였다. 1차와 2차 집단에서는 강제적인 강간 사건을 측정하고자 하였는데, 평생 동안 발생한 피해와 최근 12개월동안 발생한 일에 대하여 나누어 살펴보았다. 전문적으로 교육받은 여성 설문 조사원들이 선정되었고, 전문 설문 업체인 슐만 론카 부쿠발라스(Schulman, Ronca, & Bucuvalas: SRBI)가 설문을 감독하였다.

강제적인 강간과 관련하여 첫 번째 인터뷰는 질문이나 응답에 제약 없이 이루어졌으며 두 번째 인터뷰부터는 1차 인터뷰와 관련하여 질문이 조정되었다. 첫 번째 인터뷰에서 응답자들은 자신이 일생 동안 경험한 강간 경험에 대하여 응답하였다. 두 번째 인터뷰에서는 1차 인터뷰를 행한 시점부터 현재까지 발생한 강간 피해에 대하여 설문하였다. 1차 인터뷰시기와 2차 인터뷰시기 간에는 1년의 간격이 있었다. 1차와 2차 인터뷰의 스크리닝 문항에서 사건이 발생했다고 응답한 응답자들은 강간 사건에 대하여 자세히 설명하도록 하는 인터뷰로 이어졌다. 이 문항에서는 피해를 경찰에 신고했는지, 가해자와 어떤 관계였는지 등을 질문하였다. 전국범죄피해조사(NCVS)에서는 구체적인 설문 문항을 이용해서 실제 사건이 일어났는지를 확인하고 사건 피해 유형을 분류한 반면, 전국여성실태조사(NWS)에서는 평생 동안의 범죄피해의 종류와 연간 강간 피해를 따로 측정하였다(〈표 2.3〉 참조). 세 번째 설문에서는 강제적인 강간이나 다른 종류의 성폭력 피해에 대한 정보는 따로 주어지진 않았다. 전체 샘플에 포함된 여성의 85%가 1차 인터뷰에 참가하였었다. 2차에는 1차에 포함된 사람들의 81%가 설문에 참여하였으며(n=3,220), 전체 샘플의 68.9%가 연구에 포함되었다.

2.2. 강제적 성폭력 측정하기

이 연구의 연구진들은 "가장 보수적인 강간의 정의를 사용함으로써, 대부분의 주에서 강간으로 정의되어 있는 행위를 측정할 수 있다"는 점을 강조하였다(Kilpatrick et al., 1992, p.i). 이 연구에서 강간은 "여성의 동의 없이 강제력이나 위협을 사용하여, 피해자의 성기, 입, 항문에 삽입하는 행위가 발생하는 것"이라고 정의하고 있다. 강간 미수는 따로 정의되지 않았기 때문에 전국여성실태조사(NWS)는 강간 기수의 사건만 측정하였다고 볼 수 있다.

킬페트릭(Kilpatrick et al., 1992, p.15)은 강간의 정의를 개념화하기 위하여 4가지 문항을 사용하였다. 구체적으로, 이 문항을 이용해서 "강제적 강간의 주요한 요인을 정확하게 측정할 수 있으며, 강제적인 강간의 필수 요인은 무력의 사용이나 위협, 동의의 부재, 성적인 삽입이다"고 설명한다. 〈표 2.3〉에서 자세히 설명되어 있다. 코스(Koss)의 성경험 설문(SES)과 유사하게, 개별 설문 문항은 구체적으로 특정 행위에 대하여 설명하였다. 전국여성실태조사(NWS)의 48번을 예로 들어 보면, "성인 남성이나 미성년 남성이 당신이나 당신의 주변인에게 상해를 가하거나 상해를 가할 것을 협박해서, 당신이 성관계를 맺도록 한 적이 있습니까?"라고 설문하였다. 일부 응답자들은 이 문항이 애매하기 때문에 응답자들이 피해를 더 보고하거나 덜 보고하는 측정 오류가 발생할 수도 있다는 점을 지적한다. 이러한 오류를 최소화하기 위해서, "성관계(sex)"에 대하여 부연 설명하였다. "이 문항에서 성관계(sex)는 남성의 성기를 여성의 성기에 삽입하는 것을 의미한다"라고 덧붙였다. 구강 성교를 묻는 문항(문항 49. 〈표 2.3〉 참조)에서도 같은 방식으로 명백하게 정의되었다.

성경험 설문(SES)과의 차이도 명확하다. 이 연구에서는 "위협(threat of force)"의 범위를 확장하였다. 응답자를 협박하는 것뿐만이 아니라, 응답자에게 가까운 사람을 협박하는 것도 포함하였다(〈표 2.3〉의 문항 48 참조). 이러한 문항은 성기 삽입과 관련한 문항에만 명시적으로 사용되었으나, 구강성교나 항문성교의 삽입과 관련한 문항에서는 사용되지 않았다. 하지만, '당신에게 가까운 사람을 협박'하는 것과 같은 문항이 사용되었는지에 관한 설명은 따로 나와 있지 않다.

표 2.3   강간 및 기타 성폭력 피해를 상기시키기 위해서 사용된 『전국여성실태조사(NWS)』의
스크리닝 문항들[1]

많은 여성들은 원하지 않는 성적 접촉으로 스트레스를 받기도 합니다.[2] 피해를 겪더라도 모든 사
람들이 항상 경찰에 신고하거나 친구나 가족과 상의하는 것은 아닙니다. 원하지 않는 성적 접촉
을 하는 사람들은 낯선 사람이 아니라, 친구나 남자친구 또는 가족인 경우도 있습니다. 이러한
일은 아동에게도 발생할 수 있으며, 여성의 생애 중 어느 시기에도 발생할 수도 있는 일입니다.
얼마나 오래전에 발생한 일이든지 누가 행동한 일이든지 상관없이 아래에 해당하는 경우가 있다
면 응답하여 주세요.

48.[3]	누군가가 당신이나 당신과 가까운 누군가에게 해를 가할 것이라고 협박하거나 혹은 실제로 해를 가하여 강제적으로 성관계를 하도록 한 적이 있나요? 명확하게 설명하기 위해서 덧붙이자면, 여기에서 말하는 성관계는 남성의 성기를 여성의 성기에 삽입하는 행위를 말합니다.
49.	누군가가 당신에게 해를 가할 것이라고 협박하거나 혹은 해를 가하여 구강 성교를 하도록 한 적이 있나요? 명확하게 설명하기 위해서 덧붙이자면, 여기에서 말하는 구강성교란 남성이 자신의 성기를 당신의 입에 넣는 행위 혹은 남성이 자신의 입이나 혀를 이용하여 당신의 성기나 항문에 삽입하는 행위를 말합니다.[4]
50.	누군가가 당신에게 해를 가할 것이라고 협박하거나 혹은 해를 가하여 당신에게 항문 성교를 하도록 한 적이 있나요?[5]
51.	누군가가 당신에게 해를 가할 것이라고 협박하거나 혹은 해를 가하여 당신의 의지에 반하여 당신의 성기나 항문에 손이나 다른 물질을 삽입한 적이 있나요?
52.[6]	일생 동안 누군가가 당신에게 강제로 성관계(성교, 구강성교, 항문성교)를 하거나 손이나 기타 물질을 삽입한 적이 몇 번 정도 있나요? 아동일 때 발생한 일 또한 포함하여 설명하여 주세요.
53.	앞에서 설명한 사건들 중 18살이 되기 이전에 발생한 일이 있나요?
54.	이러한 사건이 최근 12개월이나 일전의 인터뷰 이후로 발생한 적이 있나요?

출처: Fisher & Cullen (2000), Kilpatrick, Edmunds, & Seymour (1992)
참조: 1. 따로 표기되어 있지 않는 문항은 모두 Rape in America: A Report to the Nation(Kilpatrick, Edmunds, & Seymour, 1992)에서 발췌되었다.
   2. 이 문항은 Lynch(1996b, p.139)에서 발췌되었다.
   3. 이 문항 번호는 Lynch(1996b, Appendix)에서 발췌되었다.
   4. Lynch(1996b)에서는 "남성이나 여성"이라고 성별이 모두 명시되었다.
   5. Lynch(1996b)에서는 "명확하게 설명하기 위하여, 항문 성교는 성인 남성이나 미성년 남성이 성기를 당신의 항문에 삽입하는 것을 말한다"고 설명하였다.
   6. 문항 52부터 54까지 Lynch(1996b)에서 발췌되었다.

전국여성실태조사(NWS)의 연구 결과, 13% 여성이 일생에 한 번 이상 강제적인 성폭력 피해를 경험한 것으로 나타났다(Kilpatrick et al., 1992, p.2). 0.7%의 여성이 최근 1년 동안 성폭력을 당하였다고 응답하였다. 연구자들은 이 결과를 1990년도에 실시한 전국범죄조사(NCS)의 연간 통계와 비교하였다. 이들은 전국여성실태조사(NWS)의 추정치가 전국범죄조사(NCS)의 추정치보다 5.3배 정도 더 높다고 설명하였다(p.2).

하지만 두 연구 결과를 비교하는 것은 주의를 기울어야 하며, 맥락을 고려해 보아야 한다. 첫 번째, 전국범죄조사(NCS)와 전국여성실태조사(NWS)는 '강간의 기수'를 다르게 정의하고 있다. 전국범죄조사(NSC)는 남성의 성기가 여성의 성기에 삽입된 경우 만을 강간으로 규정한 반면, 전국여성실태조사(NWS)는 다른 종류의 삽입이 발생한 경우에도 강간 피해로 규정하고 있다. 두 번째, 전국범죄조사(NCS)는 강간 및 강간 미수를 모두 측정한 반면, 전국여성실태조사(NWS)는 강간 기수 사건만을 설문으로 포함하고 있다. 하지만 전국범죄조사(NCS)는 강간(n=60,710)과 강간 미수(n=63,760) 피해를 구분하여 집계하였다. 세 번째, 전국여성실태조사(NWS)는 18세 이상의 여성만을 대상으로 하고 있는 반면, 전국범죄조사(NCS)는 12세 이상의 여성을 대상으로 하고 있다. 그렇기 때문에, 전국범죄조사(NCS)의 결과를 18세 이상을 대상으로 하고 있는 설문과 비교하여 볼 수 없다. 더욱이 전국범죄조사(NCS)의 보고서에서는 16세부터 19세를 대상으로 한 샘플을 따로 분류할 수 없다. 하지만 전국범죄조사(NCS) 데이터가 공개되어 있기 때문에, 공개 데이터를 사용하여 나이에 따른 피해 빈도를 비교하여 볼 수는 있다. 네 번째, 미국의 강간 보고서(Rape in America)에 인용된 전국범죄조사(NCS)의 강간 피해율은 남성과 여성 모두를 포함하고 있다. 반면에 전국여성실태조사(NWS)는 여성만을 대상으로 한다. 다섯 번째, 전국범죄조사(NCS)와 전국여성실태조사(NWS)에서 측정하는 피해 측정 기간(victimization reference period)을 제한하기 위해서 다른 방식을 사용하고 있기 때문에, 단순히 수치를 비교하는 것은 정확하지 않을 수 있다(Lynch, 1996a, 1996b). 마지막으로, 전국여성실태조사(NWS)는 1년 동안 발생한 피해를 측정하는 반면, 전국범죄조사(NCS)는 6개월간의 피해를 측정하였다.

2.3. 방법론적 함의

전국여성실태조사(NWS)는 앞서 논의한 내용 외에도 성폭력 피해를 측정하는 방법론에 있어서 함의가 있다. 첫 번째, 기존 대학교 몇 군데에서 실시하였던 설문과는 다르게, 전국 성인 여성들을 대상으로 하였다. 코스(Koss)가 언급 한 것처럼(1993b, p.1063), 대학교 기숙사에서 거주하거나 군복무 중인 여성들은 "잠재적으로 강간 피해를 당할 수도 있는 위험도가 높음에도 불구하고" 설문대상에서 제외되었다. 하지만 전국여성실태조사(NWS)가 실시되었을 때, 전국범죄조사(NCS)와는 다르게 일반 미국 국민을 대상으로 한 전국 단위의 연구였다. 전국여성실태조사(NWS)의 2차 설문(wave 2)은 1차 설문(wave 1)에서 실시한 인터뷰 결과를 토대로 실시되었고, 연간 성폭력 피해 수치가 집계되었다. 1차 설문과 2차 설문을 연결지어서 실시하는 것은 응답자가 조사 기간 외에 발생한 사건에 대하여 응답하는 것(telescoping)과 같은 측정 오류를 줄인다(Lehnen & Skogan, 1981, 1984). 전국범죄피해조사(NCVS)를 제외하고는 범죄피해조사에서 패널 조사를 실시하기는 어렵기 때문에, 이러한 방식의 연구방법을 활용한 연구는 거의 없다.

두 번째, 강간과 관련한 설문을 실시하기 이전에 관련 주제에 대해서 설명을 덧붙였다. 예를 들면, (1) 경찰에게 신고하거나 가족이나 친구들에게 털어 놓지 않더라도 성폭력이 발생했을 가능성과 (2) 가해자가 "항상 모르는 사람은 아닙니다. 친구, 남자친구 혹은 가족일 수도 있습니다"와 같은 식으로 가해자에 관하여 환기시키는 문항들을 포함하였다. 이러한 소개글은 응답자가 신고하지 않은 사건은 성폭력 피해가 아니라고 생각거나, 아는 사람에게 당하는 경우에 성폭력이 아니라고 생각하여 자신의 피해를 신고하지 않는 것을 예방하기 위한 목적을 가지고 있다.

세 번째, 강간을 측정하는 4가지 문항에서 사용된 표현과 단어들을 주목해보아야 한다. 전국여성실태조사(NWS)를 개발한 연구자들은 매우 자세하게 행동을 묘사하고자 하였다. 구강 성교(oral sex)를 표현한 문항을 살펴보면, "구강성교는 성인 남성이나 미성년 남성이 자신의 성기를 당신의 입에 넣는 행위나, 당신의 성기나 항문에 상대방의 입이나 혀를 넣는 행위를 말한다"와 같이 구체적으로 표현하였다. 구체적으로 행동을 묘사하여 설문하는 것은 응답자가 측정하고자 하는 특정 행위를 더 잘 떠올릴 수 있게 한다. 이러한 설문 문항을 사용함으로써 연구자들은 측정오류를 줄이고자 시도 하였다.

　　전국여성실태조사(NWS)는 장점이 많지만, 한계점 또한 있다. 첫 번째, 항거불능상태에서 발생한 강간 피해를 측정하지 않았다. 두 번째, 강제력이 동반된 강간 행위만을 측정하였으며, 강간 미수와 다른 종류의 성폭력 피해를 측정하지 않았다. 세 번째, 앞의 응답을 체크하거나 입증할 수 있는 사건 문항을 추가적으로 포함하지 않았다.

03 ──────────────────── 전국 여성폭력 실태조사
(National Violence Against Women Survey: NVAW)

　　1990년대는 여성을 대상으로 한 성폭력 관련 연구의 전성기였다. 1장에서 살펴본 것처럼, 이 이슈는 그 당시에는 새로 "발견된" 문제였기 때문에 연구자들이 여성의 성폭력 피해에 관심을 갖는 것이 당연한 현상이었고, 연구비를 지원받는 것도 어렵지 않았다. 그렇기 때문에, 이 당시에 큰 규모의 연구들이 실시될 수 있었으며, 우리 연구도 이 시기에 실시된 연구의 하나이다. 티아덴(Patricia Tjaden)과 톤네즈(Nancy Thoenness)는 전국 여성폭력 실태조사(NVAW)를 실시하였다. 이번 장에서는 이들의 연구에 대하여 살펴보도록 하겠다.

3.1. 연구 설계

　　전국여성실태조사(NWS)를 기반으로, 전국 여성폭력 실태조사(NVAW)가 실시되었다. 설문을 시작하기에 앞서서, 설문 참여자들은 이들이 참여할 연구가 개인의 안전(personal safety)에 관한 설문이라고 안내받았다. 전국 여성폭력 실태조사(NVAW)는 폭력에 대한 일반적인 두려움에 관한 문항과 일생 및 연간 발생하였던 폭력이나 협박 피해에 대한 문항을 설문하였다. 이 연구의 중점은 가해자의 종류를 파악하는 데 있다. 실제로, 60가지 유형의 가해자가 밝혀졌고 (부모, 배우자, 이혼한 배우자, 사촌, 연인 등), 성폭력 피해의 종류(강간 및 강간 미수 등), 신체적 피해(뺨 맞기, 폭행, 총기류와 관련한 피해) 및 스토킹 피해 등 범죄의 종류가 밝혀졌다.

전국 여성폭력 실태조사(NVAW)는 전국 단위의 연구로써 영어 및 스페인어를 사용하며 미국에 거주하고 있는 18세 이상의 여성 8,000명을 표집한 전국 단위의 대표성이 있는 연구이다(Tjaden, 1996, p.1). 미국 인구조사(센서스)를 기준으로, 무작위 전화 다이얼링 기법(random-digit dialing)을 이용하여 대상이 되는 가구를 추출하였고 샘플에 포함될 여성들이 확정되었다(Tjaden & Thoennes, 1998a, p.14). 한 가구 내에서 1명 이상의 여성이 설문 참여 조건에 포함되는 경우에는 가장 최근에 생일이 있었던 사람을 기준으로 하여 한 명이 무작위로 선발 되었다(Tjaden, 1996, p.2). 인터뷰를 실시하는 사람은 가장 최근에 생일을 맞았던 여성과 통화할 수 있는지를 물어보는 방식으로 샘플을 선발하였다. 전국여성실태조사(NWS)를 실시하였던 회사인 SRBI가 이 설문 또한 실시하였다. 컴퓨터를 이용한 전화 조사(CATI)를 실시하여 SRBI에 고용된 전문 여성 조사관들이 설문을 사전테스트하였다. 설문은 1995년 11월부터 1996년 5월까지 실시되었으며, 설문 참여율은 72%로 나타났다(Tjaden, 1996, pp.3-4).

3.2. 강간의 측정

이 연구에서는 강간을 "피해자의 동의 없이, 강제력을 사용하거나 강제력을 사용할 것이라는 협박을 하여서 피해자의 성기나 항문에 가해자의 성기, 혀, 손가락 및 물체를 삽입하거나, 피해자의 구강에 성기를 삽입하는 행위"로 정의하고 있다. 이 정의는 강간 및 강간 미수 행위 모두를 포함하고 있다. 〈표 2.4〉에서는 전국 여성폭력 실태조사(NVAW)가 어떻게 강간을 측정했는지를 보여주고 있다. 전국여성실태조사(NWS)와는 다르게, 전국 여성폭력 실태조사(NVAW)는 강간 및 강간 미수 모두를 측정하고 있다.

표 2.4 강간 및 성폭력 피해를 상기시키기 위해서 사용된『전국 여성폭력 피해조사(NVAW)』의 스크리닝 문항들

F1.	우리 연구진은 여성들이 겪는 폭력에 대하여 연구하고 있습니다. 이러한 폭력들은 모르는 사람, 친구, 친척 혹은 남편이나 연인에 의해서 발생하기도 합니다. 이제부터 어린시절 혹은 성인이 되어서 겪었을 수도 있는 원하지 않는 성적인 경험에 대하여 질문할 예정입니다. 질문이 불쾌할 수도 있으시겠지만, 모든 분들이 질문을 명확하게 이해하는 것이 중요하기에 직접적으로 질문하겠습니다. 답변하시는 내용은 모두 비밀로 유지됩니다.
	오래전에 일어난 일도 응답해 주세요. 성인 남성이나 미성년 남성이 당신이나 당신에게 가까운 사람을 해하거나 해할 것이라고 협박하여 당신과 성관계를 맺은 적이 있나요? 명확하게 설명하기 위해서 덧붙이자면, 여기에서 성관계라는 것은 남성의 성기를 당신의 성기에 삽입하는 것을 의미합니다.
F2.	누군가 (남성이나 여성 모두가) 무력을 사용하거나 무력을 사용할 것이라고 협박하여 당신이 구강성교를 하도록 한 적이 있나요? 명확하게 설명하기 위해서 덧붙이자면, 구강성교는 성인 남성이나 미성년 남성의 성기를 당신의 입에 집어넣거나, 남성이나 여성이 입을 사용하여 당신의 성기나 항문에 삽입하는 것을 말합니다.
F3.	누군가가 무력을 사용하거나 무력을 사용할 것이라고 협박하여 항문 성교를 하도록 한 적이 있나요? 명확하게 설명하기 위해서 덧붙이자면, 항문성교란 성인 남성이나 미성년 남성의 성기를 당신의 항문에 삽입하는 것을 말합니다.
F4.	누군가가 (남성이나 여성 모두) 당신의 의사에 반하여 무력을 사용하거나 무력을 사용할 것이라고 협박하여 당신의 성기에 손가락을 넣거나 다른 물질을 삽입한 적이 있나요?
F5.	누군가가 (남성이나 여성 모두) 당신의 의사에 반하여 성관계, 구강성교, 항문 성교를 하려고 하였으나 삽입을 하지 못한 적이 있나요?

출처: Fisher & Cullen (2000); Tjaden & Thoennes (1996)
참조: 해당 문항들은 여성 응답자들에게만 질문하였다.

전국여성실태조사(NWS)는 이 연구에서 사용한 설문 문항에 큰 영향을 미쳤다. 첫 번째, 이 설문 모두 시작하기에 앞서 참여자들에게 앞으로 이어질 설문의 특성에 대한 설명을 한다. 두 번째로, 두 설문 모두 평생 동안 발생하였던 일에 대하여 설문하며, "얼마나 오래전에 발생했는지와 상관없이"라는 표현을 사용하여 응답자에게 응답 기간에 대하여 상기시킨다. 세 번째, 두 연구에 포함된 설문 문항들은 행동이 자세히 묘사되었다. 〈표 2.4〉의 문항 F1과 같은 경우 "성인 남성이나 미성년 남성이 당신이나 당신과 가까운 누군가에게 해를 가할 것이라고 협박하거나 실제로 무력을 행사하여 성관계를 맺도록 한 적이 있습니까?"라고 구체적으로 행동을 묘사하였다. 네 번째, 구체적으로 어떠한 행위에 대하여 물어보는 것인지 명확하게 하기 위해서, 응답자들에게 행위 유형도 함께 설명하였다. 가령, 문항 F3과 같은 경우 "항문 성교라 하면, 성인 남성이나 미성년 남성이 자신의 성기를 당신의 항문에 삽입하는 것을 의미합니다"와 같은 설명을 포함하고 있다(Tjaden, 1996, 문항 F1−F6). 티아덴과 톤네즈(Tjaden & Thoennes, 1998a, p.3)는 "이러한 문항은 응답자들이 무엇에 대하여 대답하여야 하는지를 판단할 수 있도록 한다"라고 설명한다.

하지만 전국 여성폭력 실태조사(NVAW)의 설문과 전국범죄피해조사(NCVS)에서 사용된 설문은 상당한 차이가 있다. 전국 여성폭력 실태조사(NVAW)의 설문 문항들은 행동을 구체적으로 묘사하는 다섯 가지 스크리닝 문항을 사용하였다. 그렇기 때문에, 응답자들이 성폭력 피해를 더 잘 떠올릴 수 있다. 그리고, 이들이 사용한 성폭력과 강간의 정의는 대다수의 주에서 채택하고 있는 법률에 부합하였다. 문항을 여러 개 사용하고, 개별 문항들은 구체적으로 설명되었고, 강간 피해에 대하여만 설문하였다. 하지만 전국범죄피해조사(NCVS)의 경우 스크리닝 문항을 통하여 좀 더 일반적인 방법으로 접근되었다. 스크리닝 문항은 일반적인 용어를 사용하여 응답자들이 "강제적으로 혹은 원치 않는" 성관계를 하였는지 설문하였고, 다양한 성폭력 피해를 측정하였으며 이들 중 하나로 강간 피해를 포함하였다. 강간이라는 단어는 전국범죄피해조사(NCVS) 스크리닝 문항에서 직접적으로 사용되었지만, 전국 여성폭력 실태조사(NVAW)에서는 사용되진 않았다. 마지막으로 가장 중요한 점은 전국범죄피해조사(NCVS)는 스크리닝 문항에 기반하여 사건을 분류하지 않고 사건 보고서라는 구체적인 설문을 통하여 사건을 분류하였다(Bachman, 1998b 참조). 우리가 논의하는 바와 같이, 전국 여성폭력 실태조사(NVAW)는 구체적으로 행동을 묘사한 스크리닝 문항을 사용하여 강간 및 강간 미수 피해를 집계하였고 가해자 보고서는 사건의 특성을 파악하기 위하여 사용하였다.

3.3. 강간 피해 측정을 위한 가해자 보고서(perpetrator report for rape)

〈표 2.4〉에서 살펴본 전국 여성폭력 실태조사(NVAW)에서 사용된 설문 문항 5가지가 제시되어 있다. 5가지 문항을 질문한 다음에, 가해자의 유형에 대하여 추가적으로 질문하였다. 전국범죄피해조사(NCVS)에서는 인터뷰를 하는 사람이 각각 사건 관련 보고서를 사건이 발생한 수만큼 따로 물어보았던 것과는 다르게 전국 여성폭력 실태조사(NVAW)에서는 가해자별로 사건에 대하여 자세하게 설명하도록 하였다. 이 보고서에는 응답자들에게 특정 가해자가 강제적으로 성관계했거나 성관계 하려고 한 횟수와, 혹은 손가락이나 다른 물체를 삽입하였거나 삽입하려고 했는지를 여부를 물어보았다. 그 다음에, 이 사건이 언제 발생했는지를 설문하였다. 사건이 한 번만 발생한 경우, 몇 년 전에 발생한 일인지 아니면 최근 12개월 내에 발생한 일인지를 설문하였다. 만약 사건이 두 번 이상 발생한 경우라면 사건이 처음 발생한 것은 언제 였고, 가장 최근에 발생한 것은 언제였는지를 설문하였다. 이때에도, 몇 년 전에 발생한 것인지 혹은 최근 12개월 내에 발생한 것인지를 물어보았다(Tjaden, 1996, Questions J1-J2). 전국여성실태조사(NWS)나 전국범죄피해조사(NCVS)와는 다르게 전국 여성폭력 실태조사(NVAW)는 횡단 연구이기 때문에 이전 설문과 연결되어 설문하는 문항이 없었다.

3.4. 피해의 분류

전국 여성폭력 실태조사(NVAW)에서 설문 조사자는 4가지 종류의 범죄피해에 대하여 질문하였고, 스크리닝 문항을 따로 질문하였다. 〈표 2.4〉에 있는 문항은 응답자가 강간이나 강간 피해를 당한 경험이 있는지를 측정하기 위해서 사용된 문항들이다. 가해자 보고서(the perpetrator report)에서는 강간이 언제 발생했는지 혹은 강간이 발생한 적이 없는지를 설문하였다. 만약 응답자가 나열된 문항 중에 "그렇다"라고 응답하면, 강간 피해자로 집계되었다. 강간과 강간 미수사건은 따로 집계되었다.

전국 여성폭력 실태조사(NVAW)에서는 특정 범죄 행위를 측정하기 위해서 일련의 질문을 한 다음에, 행동을 구체적으로 묘사하여 다시 설문하는 식으로 진행되었다. 이는 코스(Koss)의 성경험 설문(SES)연구와 유사한 면이 있다. 전국 범죄피해조사(NCVS)는 이러한 문항을 사용하는 것의 주된 목적은 "스크리닝 문항"으로써, 응답자들에게 자신에게 특정기간 동안 발생했던 일에 대하여 떠올릴 수 있는 힌트를 주는 것을 주된 목적으로 한다고 설명한다. 그렇기 때문에 전국범죄피해조사(NCVS)에서는 사건 보고서에서 추가적으로 질문하는 것이 실제 피해를 측정하는 데 유용하다고 설명하고 있다.

3.5. 강간 피해 집계 비교

티아덴(Tjaden)과 톤네즈(Thoennes)는 전국 여성폭력 실태조사(NVAW)에서 17.6%가 강간 및 강간 미수 피해를 당한 적이 있으며, 14.8%는 강간 피해를 당하였고, 2.8%는 강간 미수 피해를 당한 적이 있다고 밝혀내었다. 이 수치는 일생동안 발생한 범죄피해의 횟수이다. 전국여성실태조사(NWS)에서는 13%가 평생 동안 강간 피해를 당한 경험이 있다고 응답한 점과 비교할 때, 전국 여성폭력 실태조사(NVAW)의 결과는 이보다는 살짝 높은 것으로 나타났다. 전국 여성폭력 실태조사(NVAW)에서 0.3%의 여성이 설문 조사 전 12개월 동안 강간 및 강간 미수 피해를 당한 적이 있다고 하였다.

티아덴과 톤네즈(Tjaden & Thoennes, 1998a)는 자신들의 연구 결과 수치와 전국범죄피해조사(NCVS)에서의 강간 수치를 비교하는 것은 어렵다고 설명한다. 하지만 바흐만(Bachman, 1998b)은 전국범죄피해조사(NCVS)의 데이터를 다시 분류해서 전국 여성폭력 실태조사(NVAW)의 결과와 비교하고자 시도하였다. 구체적으로, 18세 이상의 여성을 대상으로 한 강간(가해자 1명)의 연간 통계를 비교하였다. 그 결과, 전국 여성폭력 실태조사(NVAW)에서는 여성 0.35%가 강간 피해를 당하였다고 응답한 반면, 전국범죄피해조사(NCVS)에서는 0.16%가 피해를 당하였다고 측정했다는 점을 밝혀내었다. 이러한 결과를 토대로 바흐만은 "강간 피해 수치에 차이가 난다는 사실은 방법론에서의 미세한 차이가 실제 범죄 통계의 집계에는 큰 차이로 이어질 수도 있다는 점을 잘 보여준다"라고 설명하였다.

얼핏 보면 쉽다고 생각할 수도 있지만, 전국여성실태조사(NWS)와 전국 여성폭력 실태조사(NVAW)를 비교하는 것은 복잡하다. 비교하기에 앞서서 이 두 설문의 공통된 특성을 살펴보았다.

- 대학생의 샘플이 아닌, 18세 이상의 여성을 전국적으로 설문하였다.
- 컴퓨터를 이용한 전화조사(CATI) 설문방식에 특화된 SRBI 통계 회사를 통하여 설문하였다.
- 경찰에 신고되지 않거나 아는 사람에 의하여 당한 경우에도 성폭행이 될 수 있다는 점을 상기시키는 안내문을 사용하였다.
- 두 설문에서 사용된 스크리닝 문항이 유사하며, 행동을 구체적으로 묘사하였다.
- 스크리닝 문항과 본 문항에서 범죄가 언제 발생하였는지를 물어보았으며, 이를 통하여 평생 동안 당한 피해 인지 1년 내에 당한 피해 인지를 측정하였다.

그렇지만 두 연구를 비교하는 것은 다음과 같은 차이점으로 인하여 쉽지 않다. 전국여성실태조사(NWS)는 강간 피해에 대하여만 설문하였으며, 전국 여성폭력 실태조사(NVAW)는 강간 및 강간 미수 모두를 집계하였다. 강간 피해만 비교하는 것이 가능하긴 하지만, 전국 여성폭력 실태조사(NVAW)에서는 강간과 강간 미수 각각에 대한 연간 피해율을 보고하지는 않았다. 따라서, 전국 범죄조사(NWS)와 전국 여성폭력 실태조사(NVAW)에서 측정한 성폭력 피해수치는 비교가 불가하다.

3.6. 스토킹

전국 여성폭력 실태조사(NVAW)는 스토킹 피해도 설문하였다. 설문 당시 스토킹이라는 주제는 대중뿐 아니라 법조계의 관심을 받고 있었다. 2010년도까지 전국 단위로 성폭행 피해를 측정한 논문은 전국 여성폭력 실태조사(NVAW)와 우리가 실시한 전국의 여대생을 대상으로 한 연구가 전부이다. 티아덴과 톤네즈(1998b)는 연방 형사정책연구원(National Institute of Justice)에서 개발한 스토킹 근절법(anti-stalking codes for states)을 토대로 스토킹을 정의하였다. 이들은 스토킹을 "특정인에게 지속적으로 시각적이거나 물리적인 접근, 상대방이 동의하지 않은 대화, 언어, 서면 및 기타 방법으로의 협박 등을 하여 합리적인 수준의 두려움을 야기하는 행위"로 정의하였다. 덧붙여서, "전국 여성폭력 실태조사(NVAW)에서는 가해자가 실제 협박을 행동으로 옮기지 않더라도, 피해자가 상당 수준의 두려움을 느끼면 스토킹이라고 정의한다"고 덧붙였다(p.3). 지면 제약상 티아덴과 톤네즈(1998b, p.17)의 스토킹 연구 결과를 구체적으로 다루지는 못하지만, 전국 여성폭력 실태조사(NVAW)에서 주의 깊게 보아야 하는 발견들을 정리하면 다음과 같다.

- 8.1%의 여성이 평생 동안 한 번 이상 스토킹 피해를 당한 적이 있다고 응답하였다.
- 1%의 여성은 최근 12개월 동안 스토킹을 당한 적이 있다고 응답하였다.

하지만 이들은 피해자가 인지하는 두려움의 정도를 기준으로 피해자 여부를 구분하였다. 스토킹은 실제로 범죄피해를 당할 수도 있다는 수준의 두려움을 야기하는 경우에만 범죄로 구성된다. 그렇기 때문에 과연 어느정도로 '두려워 하는' 것이 법률에서 판단하는 두려움의 수준인지, 또한 두려움은 어떻게 측정될 수 있을지에 관한 문제가 발생한다. 연구자들은 여성들이 "매우(very)" 두려움을 느꼈다고 응답하는 경우에만 스토킹 피해를 당하였다고 분류하였다. 만약 "다소(somewhat)" 두려움을 느끼거나 "약간(a little)" 두려움을 느낀 경우까지 스토킹으로 분류하게 되면, 스토킹 피해 비율은 증가하게 된다.

- 평생동안 피해를 당한 비율은 8.1%에서 12%로 증가한다.
- 최근 12개월 동안 피해를 당한 비율은 1%에서 6%로 증가한다.

이 결과는 범죄피해 측정이 어렵다는 점과, 방법론적인 결정들이 연구자들이 측정하는 통계수치에 영향을 미칠 수 있다는 점을 다시 한번 입증한다.

04 ———————————— 전국 여대생 성폭력 피해연구
(National College Women Sexual Victimization Study: NCWSV)

이쯤 되면 독자들도 성폭력 피해의 측정에 대해서 자세히 이해하고 있을 것이다. 이 장에서는 실제 우리 연구자들이 실시한 연구 단계를 구체적으로 설명하고, 대학의 성폭력 피해를 잘 측정할 수 있도록 심사숙고한 과정에 대해서 이야기해 보려고 한다. 우리는 이 연구를 "전국 여대생 성폭력 피해연구(National College Women Sexual Victimization Study: NCWSV)"라고 명명하였다.

우리는 앞선 연구들과 조사들을 통해서, 성폭력과 성적 공격성(sexual aggression)을 측정하는 데에는 크게 두 가지 방법이 있다는 것을 배웠다. 첫 번째, 코스(Koss)의 성경험 설문(SES)이나 킬페트릭(Kilpatrick)의 전국여성실태조사(NWS), 티아덴과 톤네즈(Tjaden & Thoennes)의 전국 여성폭력 실태조사(NVAW) 모두 응답자들이 자신의 성폭력 피해를 잘 떠올릴 수 있도록 상황을 묘사하는 문항을 사용하였다. 그리고 성폭력 피해의 종류에 따라 피해자를 분류하였다. 두 번째, 전국범죄피해조사(NCVS)는 사건 보고서라는 개별 설문을 통하여 피해의 종류와 피해가 발생했는지 모두를 측정하였다.

행동을 자세하게 묘사하는 문항이 가지는 가장 큰 장점은 응답자에게 시나리오와 같은 형식으로 행동을 묘사한다는 점이다. 구체적으로 행동을 묘사하는 문항들을 사용하면, 응답자는 자신에게 발생했던 일들을 더 잘 이해할 수 있고, 과거에 있었던 일을 더 잘 떠올릴 수 있다. 예를 들면, 강간과 관련된 스크리닝 문항을 들으면 강간 피해를 당했던 사람들 대부분이 "그렇다"라고 응답을 하며, 강간미수와 관련된 스크리닝 문항을 들으면 강간 미수사건이 있었던 사람이 대부분이 "그렇다"고 응답할 것이다. 하지만, 이러한 가정은 큰 문제점이 있다. 응답자들이 사건과 관련해서 정확하게 무엇이 발생했는지를 모를 수도 있다는 점이다. 길버트(Neil Gilbert)와 같은 학자들이 이렇게 측정된 성폭력 통계에 대하여 비판하는 이유이다.

　　이러한 한계점은, 전국범죄피해조사(NCVS)와 같이 사건 보고서를 사용하는 것으로 보완될 수 있다. 전국범죄피해조사(NCVS)는 범죄행동과 관련된 일련의 스크리닝 문항에 응답한 이후에, 사건과 관련한 문항에 응답하도록 설계되어 있다. 그리고 사건과 관련된 문항에 응답한 결과를 토대로 발생한 범죄의 종류를 분류한다. 하지만 전국범죄피해조사(NCVS)에서 사용하는 스크리닝 문항이 그다지 행동을 정확하게 묘사하고 있지 못하다는 치명적인 단점이 있다. 우리는 이전에 사용되었던 측정도구들의 장점들 만을 활용하고, 단점들은 받아들이지 않는 식으로 설문도구를 개발하였다. 즉, 코스(Koss)의 연구와 유사하게 행동을 매우 생생하게 묘사하는 문항들을 사용하고, 다양한 종류의 성폭력 피해를 스크리닝 할 수 있도록 하는 문항을 포함하였다. 전국범죄피해조사(NCVS)에서 사용한 2단계 설문법을 이용하여, 스크리닝 문항과 사건 보고 문항을 모두 포함하는 두 가지 방안을 고안하였다. 그 결과, 우리 연구에서는 성폭력 피해를 떠올릴 수 있는 문항들을 먼저 제시하고, 이 문항에 해당하는 경우에 사건 보고 문항에 응답하여, 범죄피해의 종류를 구분할 수 있도록 하는 방법을 고안할 수 있었다(Belknap, Fisher, & Cullen, 1999; Fisher, Cullen, & Turner, 1999; Fisher, Cullen, & Turner, 2000).

4.1. 연구 설계

　　전국 여대생 성폭력 피해연구(NCWSV)는 대학생의 성폭력 피해의 특성과 실태를 살펴보고 성폭력 피해와 관련된 위험 요인들을 검증하고자 하는 목적으로 설계되었다. 1996－1997학년도2에 대학에 재학 중인 학부 및 대학원 여

2　역자 주. 미국의 한 학년도는 가을학기와 봄학기로 구성 된다. 한국에서는 봄학기와 가을학기로 구성되어 당해년도에 한 학년도가 종료되는 반면, 미국의 경우 두 해에 걸쳐서 한 학년도가 이어진다.

학생들 중에서 무작위로 샘플을 선정하였다. 233곳의 2년제 및 4년제 대학교에 재학 중인 4,446명의 학생이 설문에 참여하였고, 2단계 확률 표집 방법을 통하여 설문 대상이 표집되었다(Fisher et al., 1997, 2장 참조).

응답자들에게 전화를 걸기 이전에 설문의 특성과 절차를 설명하는 안내문을 발송하였다. 여성 설문조사원이 전화인터뷰를 진행하며, 문의 사항이 있을 경우 연락할 수 있는 전화번호와 이메일 주소가 제공되었으며, 설문참여는 의무가 아니고 자발적이라는 점이 안내되었고, 비밀유지에 관한 내용도 설명되었다. 안내문을 통해서 설문의 목적은 원치 않는 성폭행 피해의 특성을 연구하기 위함임을 명확하게 고지하였다. 전화설문은 다른 성폭력 피해연구를 담당하였던 SRBI에서 대행하였다. SRBI는 컴퓨터를 이용한 전화조사(CATI)를 사용하고 여성 설문전문가들을 채용하였다. 실제 설문은 2월 말부터 시작하여 5월 초에 종료되었다. 응답률은 84.6%로 나타났다. 설문 조사를 실시하기 이전에 안내문의 내용과 구성, 설문 소개, 스크리닝 문항에 대한 포커스 그룹인터뷰가 신시내티 대학교에서 진행되었다. 1996년도 봄에는 신시내티 대학교에 재학 중인 여대생 100명을 무작위로 뽑아 설문도구를 사전 테스트하였다.

4.2. 성폭력 피해의 측정

기존 연구들은 성폭력 유형의 일부만 다루었다(Kilpatrick et al., 1992; Koss et al., 1987; Muehlenhard & Linton, 1987; Tjaden & Thoennes, 1998a). 하지만 우리 연구는 강간, 성적 강요, 성추행, 협박 및 성폭행을 포함한 12가지 종류의 성폭력 피해를 측정하였다. 우리가 강간 및 강간 미수에 초점을 맞추고 있기 때문에, 아래에서 이야기하게 될 이슈들을 강조하였다. 3장에서 이러한 이슈들을 좀 더 자세히 살펴보도록 하겠다. 이어지는 장에서는 다양한 종류의 성폭력 피해의 측정과 관련된 이슈들에 관하여 논의해 보도록 하겠다.

강간은 법률에서 규정하는 강간행위를 기준으로 정의되었으며, 무력을 사용하거나 협박하여 원치 않는 삽입(기수 및 미수)을 하는 경우를 강간으로 포함하였다. 삽입은 남성의 성기를 여성의 성기에 삽입하는 것, 구강 성교를 강요하는 것, 구강 성교를 받는 것, 성기를 항문에 삽입하는 것, 손가락을 성기에 삽입하는 것, 손가락을 항문에 삽입하는 것, 물체를 성기에 삽입하는 것, 물체를 항문에 삽입하는 것을 말한다.

〈표 2.5〉에 나와 있듯이 성폭력 피해를 측정하기 위해서 행위를 구체적으로 묘사하는 문항 12개를 사용하였다. 표에 나와 있는 숫자는 설문지에 사용된 번호이다. 향후에 구체적으로 살펴보기를 원하는 독자들은 참고할 수 있을 것이다. 설문은 1996년 가을학기부터 설문 당시까지 발생한 일을 묻고 있으며, 전국범죄피해조사(NCVS)가 6개월마다 설문한다는 점을 떠올려 보면, 전국범죄피해조사(NCVS)와 유사한 기간이다.

전국여성실태조사(NWS)와 전국 여성폭력 실태조사(NVAW)에서와 마찬가지로, 설문의 범위를 설명하고, 다양한 상황과 가해자를 떠올릴 수 있게 하고, 상황을 묘사하는 표현을 이용해서 설문하였다. 사용된 설문 문항들은 〈표 2.5〉에 제시되어 있다. 스크리닝 문항에는 몇 가지 주목해 볼 점들이 있다.

- 강간에 관한 문항(문항 7, 8, 9, 10, 12)은 전국여성실태조사(NWS)와 전국 여성폭력 실태조사(NVAW)에서 사용한 문항과 동일하거나 유사하다.
- 강간에 관한 문항(문항 7, 8, 9, 10)은 설문에서 사용된 용어들이 정의되어 있고, 행위를 시각적으로 묘사하였다.
- 강간 미수는 문항 12를 통하여 스크리닝되었다.
- 성적 강요는 문항 18, 19, 20을 통하여 스크리닝되었다.
- 강제추행은 문항 14, 16을 통하여 스크리닝되었다.
- 스토킹은 문항 24를 통하여 스크리닝되었다.

응답자가 위에서 나열한 스크리닝 문항에 "그렇다"고 응답을 하면, 〈표 2.6〉에서 제시되어 있는 것과 같이 다양한 종류의 범죄피해에 대해서 다시 질문 한다. 전국범죄피해조사(NCVS)와 동일하게 사건 하나당 사건 보고서가 하나씩 작성되어야 한다.

표 2.5 강간 및 기타 성폭력 피해를 상기시키기 위해서 사용된『전국 여대생 성폭력 피해연구(NCWSV)』의 스크리닝 문항들

대학생활을 하는 동안, 여학생들은 다양한 종류의 원하지 않는 성경험을 하게 됩니다. 모든 사람들이 항상 자신의 경험을 경찰에 신고하거나 친구나 가족과 상의하는 것은 아닙니다. 모르는 사람과 발생한 일일 수도 있고, 친구, 남자친구, 학교 친구, 교수, 조교, 상사, 직장동료, 학교 밖에서 알게 된 사람이거나 가족이 불쾌한 성경험을 야기한 사람일 수도 있습니다. 이러한 경험은 학교 안팎, 당신의 집, 직장, 공공장소 등 어디에서도 발생할 수 있습니다. 깨어 있을 때도 발생할 수도 있지만, 자고 있거나, 의식이 없거나, 술에 취했거나 혹은 다른 이유로 정확한 판단이 어려운 상태였을 수 있습니다. 이러한 점들을 염두에 두고, 다음 질문에 응답하여 주세요.

지금부터 응답자 분이 겪었을 수도 있는 여러 종류의 원하지 않는 성경험에 대하여 질문할 예정입니다. 1996년 가을학기가 시작한 이후에 발생한 일만 응답하여 주시기 바랍니다. 원하지 않는 성경험이라는 설문 주제의 특성상, 설문에서 사용된 언어가 다소 선정적이고 불편하게 느껴질 수도 있습니다. 하지만, 이렇게 설문함으로써 실제로 불쾌한 경험이 있었는지 정확하게 설문할 수 있습니다. 응답은 간단히 "그렇다" 혹은 "아니다"로 하여 주시면 됩니다.

7.	1996년 가을학기가 시작한 이후로, 누군가가 당신이나 당신과 가까운 사람을 해하거나 혹은 해할 것이라고 협박하여 성관계를 맺도록 한 적이 있나요? 명확하게 설명하기 위해서 덧붙이자면, 성관계는 상대방의 성기가 당신의 성기에 삽입되는 것을 의미합니다.
8.	1996년 가을학기가 시작한 이후로, 누군가가 해를 가하거나 해를 가할 것이라고 협박하여 당신이 구강 성교를 하도록 한 적이 있나요? 여기에서 구강 성교는 누군가가 입이나 혀를 이용하여 당신의 성기나 항문과 접촉하거나 당신의 입이나 혀가 상대방의 성기나 항문에 접촉하는 것을 의미합니다.
9.	1996년 가을학기가 시작한 이후로, 누군가가 해를 가하거나 해를 가할 것이라고 협박하여 당신에게 항문 성교를 하도록 한 적이 있나요? 항문 성교는 상대방의 성기를 당신의 항문이나 직장에 삽입하는 것을 의미합니다.
10.	1996년 가을학기가 시작한 이후로, 누군가가 해를 가하거나 해를 가할 것이라고 협박하여 다른 물체를 이용하여 당신과 성관계를 한 적이 있나요? 정확하게 말하자면, 물병이나 손가락 등을 당신의 성기나 항문에 삽입하는 것을 의미합니다.
12.	1996년 가을학기가 시작한 이후로, 누군가가 앞에서 묘사한 행위들을 시도하였지만 실패한 적이 있나요? 협박을 하였지만 실제 행동으로 이어지지 않은 상황도 포함합니다. 예를 들면, 누군가가 당신에게 성관계, 구강 성교, 항문 성교를 할 것이라고 협박하거나 혹은 시도했지만 실제 삽입으로는 이어지지 않은 경우가 있었나요? 혹은 물체나 손가락을 삽입하려고 했지만 실패한 경우가 있었나요?
14.	앞에서 응답한 내용을 제외하고 응답하여 주세요. 1996년 가을학기가 시작한 이후로, 원하지 않았거나 동의하지 않은 성적인 접촉을 겪은 적이 있나요? 강제적인 키스, 신체 부위를 만지는 행위, 잡는 행위, 애무 등을 포함합니다. 옷 위로 만진 행위라도 이에 해

	당합니다. 행위를 한사람이 모르는 사람일 수도 있지만, 당신이 잘 아는 사람일 수도 있다는 점을 염두하여 응답해 주시기 바랍니다. 1996년 가을학기가 시작한 이후로, 원하지 않았거나 동의하지 않은 신체적 접촉을 당한 적이 있나요?
16.	1996년 가을학기가 시작한 이후로, 누군가가 당신에게 신체적 접촉을 시도하였지만 성공하지 못한 적이 있나요?
18.	지금까지는 무력이나 협박에 의한 성적인 접촉에 관련하여 설문하였습니다. 가끔은 물리력을 동반하지 않는 협박 방식을 사용하기도 합니다. 예를 들면, 요구에 응하는 경우 보상할 것을 약속하거나 계속적으로 말로써 압박하기도 합니다. 1996년 가을학기가 시작한 이후로, 누군가가 자신의 요구를 따르지 않을 경우 불이익을 줄 것이라고 협박(예시: 성적 낮추기, 강등, 해고, 명예 훼손, 따돌림)하여 성관계나 다른 성적 접촉을 하도록 한 적이 있나요?
19.	1996년 가을학기가 시작한 이후로, 누군가가 자신의 요구에 응할 경우에 이익을 줄 것이라고 약속하는 방식(예시: 성적 올려주기, 취직, 승진, 차 태워주기, 수업자료 보여주기, 수업 도와주기 등)을 약속하여 당신이 원하지 않았던 성관계나 성적인 접촉을 하도록 하거나 시도한 적이 있나요?
20.	누군가가 지속적으로 조르거나 압박하여 부담감에 원하지 않았던 성관계나 성적인 접촉을 하거나 시도한 적이 있나요?
22.	앞에서 응답한 내용을 제외하고 응답하여 주세요. 1996년 가을학기가 시작한 이후로, 원하지 않았거나 동의하지 않은 신체적 접촉을 당한 적이 있나요? 경찰이나 다른 당국에 신고한 일일 수도 있지만, 그렇지 않을 수도 있습니다. 모르는 사람이 행위자일 수도 있고, 아는 사람이 행위자일 수도 있습니다. 캠퍼스 안팎 모두에서 발생할 수도 있으며, 의식이 있을 때나 자고 있거나, 술에 취했거나, 의사 판단 능력이 없을 때 모두 발생할 수 있습니다.
24.	누군가가(예시: 낯선 사람, 헤어진 남자친구) 지속적으로 당신을 따라오거나, 지켜보거나, 전화하거나, 편지를 보내거나, 이메일을 보내거나, 다른 방식으로 연락하는 등 집착하는 것처럼 보여 당신이 안전에 대하여 두려워 하거나 염려하게 한 일이 있었나요? 수업 끝나고 기다리는 행위, 집 앞, 직장 등 기타 장소에서 기다리는 행위를 모두 포함합니다.

출처: Fisher & Cullen (2000)
참조: 모든 문항은 "예-아니오"로 응답할 수 있도록 구성되었다. 한 세트의 질문을 한 뒤에(7~10번과 18~20번은 연속해서 물어보았고, 기타 문항은 따로 개별적으로 질문하였음). "1996년 가을학기가 시작한 이후로, 이와 같은 일이 몇 번이나 발생하였나요?"라고 설문하였다.
　스토킹 관련 문항(24번)을 물어본 이후에, "1996년 가을학기가 시작한 이후로, 몇 명이나 이러한 행동을 하였나요?"라고 설문하였다.
　이 표에서 사용된 설문 번호는 실제 설문에 사용된 번호와 일치한다.

4.3. 사건 보고서를 분석하여 강간 측정하기

　　전국범죄피해조사(NCVS)의 사건 보고서의 형식을 기반으로 하여 2가지 종류의 사건 보고서 형식을 고안하였다. 첫 번째 유형은 강간, 성적 강요, 원치 않는 성적 접촉 및 협박을 포함하는 보고서이며, 다른 유형은 스토킹에 관하여 설문하는 문항이다. 첫 번째 유형의 사건 보고서에서 물리적 및 성적 접촉과 강제력의 종류와 정도(기수, 미수, 협박)에 따라서 어떤 종류의 성폭력 피해가 발생하였는지를 측정하기 위한 정보를 수집하였다. 두 번째, 사건에 관한 특성을 수집하고, 피해자의 신고 행태를 이해하기 위하고자 하는 목적으로 설계되었다. 스토킹은 지속적인 행동이기 때문에 성폭력을 측정하는 사건 보고서는 다른 형식을 갖추고 있다. 이와 관련하여서는 7장에서 자세히 논의할 것이다.

표 2.6 전국 여대생 성폭력 피해연구(NCWSV)사건 보고서에서 사용된 강간 피해 집계 방법

최초 문항	답변	추가 문항	답변	추가 문항	네	최종 분류
R12. 성적인 신체적 접촉이 실제 발생하였나요, 시도만 하였나요, 혹은 협박만 하였나요?	실제 발생 →	R13. 사건 당시 발생한 일에 대하여 이야기해 주세요. "네" 혹은 "아니오"라고 응답하여 주세요. 당신은 …[1] (리스트를 읽어 줌)	각주의 답변 1~8에 해당하는 경우 →	R17. 사건 당시 물리력이 동반되었나요?[2] R18. 사건 당시 물리력을 쓸 것이라고 협박하였나요?	네 →	강간
	시도 (미수) →	R15. 다른 종류의 성적인 접촉이 시도되었나요?[3] (리스트를 읽어 줌)	각주의 답변 1~8에 해당하는 경우 →	R17. 사건 당시 물리력이 동반되었나요?[4] R18. 사건 당시 물리력을 쓸 것이라고 협박하였나요?	네 →	강간 미수

출처: Fisher & Cullen, (2000)

참조: 1. 리스트에 포함된 예시: 1) 여성의 성기에 남성의 성기가 삽입되는 것, 2) 여성의 성기에 입을 대는 것, 3) 상대방의 성기에 여성의 입을 대는 것, 4) 여성의 항문이나 직장에 성기를 삽입하는 것, 5) 성기에 손가락을 삽입하는 것, 6) 항문이나 직장에 손가락을 삽입하는 것, 7) 성기에 물체를 삽입하는 것, 8) 항문이나 직장에 물체를 삽입하는 것, 9) 해당 사항 없음

2. R17에 "아니다"라고 응답하는 경우, R18을 질문하였다.

3. 리스트에 포함된 예시: 1) 여성의 성기에 남성의 성기가 삽입되는 것, 2) 여성의 성기에 입을 대는 것, 3) 상대방의 성기에 여성의 입을 대는 것, 4) 여성의 항문이나 직장에 성기를 삽입하는 것, 5) 성기에 손가락을 삽입하는 것, 6) 항문이나 직장에 손가락을 삽입하는 것, 7) 성기에 물체를 삽입하는 것, 8) 항문이나 직장에 물체를 삽입하는 것, 9) 기슴이나 성기를 직접 (옷 안으로) 만지거나, 껴안거나, 애무하는 것, 10) 기슴이나 성기를 옷 위로 만지거나, 껴안거나, 애무하는 것, 11) 키스하거나, 훑거나, 애무하는 것, 12) 다른 종류의 원하지 않는 성적인 접촉, 13) 해당사항 없음

4. R17에 "아니다"라고 응답하는 경우, R18을 질문하였다.

응답자가 실제로 강간 및 강간 미수 피해를 경험하였는지 측정하기 위해서 단일 문항이 아닌 연속 문항을 사용하였다. 〈표 2.6〉에서 살펴볼 수 있듯이, 무엇이 발생했는지를 분류하는 과정은 복잡하기 때문에 한눈에 보면서 이해하기는 어려울 수 있다. 따라서, 전문교육을 받은 조사자가 설문을 실시하였다. 전국범죄피해조사(NCVS)에서와 마찬가지로, 구체적으로 설문 계획을 세우고 전문적인 조사원들을 채용하는 것은 강간 및 강간 미수 피해를 규정하는 기준을 충족하였는지를 살펴보는 것을 확실히 하며, 설문담당자에 따라 설문이 달라지지 않고 동일하게 진행될 수 있도록 한다. 다시 말하자면, 측정 오류를 최소화하기위한 장치인 것이다. 가능한 범위 내에서 최대한 자세하게 이 과정에 대하여 살펴보도록 하겠다.

가장 먼저 응답자가 협박당하였는지, 미수에 그친 것인지 혹은 기수가 되었는지를 물어보았다(〈표 2.6〉의 R12 참조). 그 다음에 '어떤 행동'이 발생했는지에 대하여 설문하였다. 피해의 정도를 협박, 미수, 기수의 3단계로 구분지어서 설문하였다. 사건 자체는 한 번 발생한 것이지만, 사건이 진행되는 동안 피해의 정도가 심해질 수 있기 때문이다.

사건은 하나일지라도, 한 사건 내에서 여러 종류 및 다양한 수준의 성폭력 피해가 발생할 수 있기 때문에 응답자들은 피해의 정도 중 하나를 선택하거나 혹은 모두 해당한다고 응답할 수 있다. 예를 들어, 무력을 동반한 강간이 미수에 그쳤지만, 원치 않는 성적 접촉(가슴이나 엉덩이를 만지는 행위 등) 피해를 당한 경우에는 사건은 하나이지만 두 가지 종류의 피해가 발생한 것이다. 피해의 종류는 한 가지이지만, 피해의 정도는 다양한 경우도 있다. 강제력을 사용하여 성기를 삽입하고, 구강 성교를 강요한 경우에 두 가지 행위가 있는 한 가지 강간 사건이 발생한 것이다.

사건은 하나일지라도 여러 종류의 성폭력 피해가 함께 발생할 수 있기 때문에, 피해 유형별로 사건을 집계하게 되면 실제 발생한 사건보다 더 많이 집계될 수 있다. 이러한 방법론적인 문제를 해결하기 위하여, 단일 사건에서 여러 종류의 범죄피해가 발생한 경우에는 가장 심각한 피해 유형을 기준으로 집계하였다. 코스(Koss)의 연구에서도 같은 방법으로 범죄피해를 집계하였다(Koss et al., 1987, p.165). 이 방법은 위계적 코딩 및 스코어링이라고 알려져 있다.

〈표 2.6〉의 1열에서 볼 수 있듯이, 성적 접촉이 있었는지를 먼저 묻고 어떤 종류의 삽입이 있었는지를 설문하였다. 조사원이 다양한 종류를 읽어 주며 제시하면 응답자는 "그렇다", "아니다"로 응답하였다(〈표 2.6〉 참조). 그 다음에, 물리적 강제력이 사용되었는지 혹은 물리적 강제력을 사용할 것이라고 협박당하였는지 설문하였다(〈표 2.6〉의 R17, R18 참조). 첫 번째로 사건이 발생했을 때 물리적 강제가 있었는지를 설문하였고(R17), '그렇다'라고 응답한 경우에는 강간으로 분류가 되었다. 만약 문항 R17에 '아니다'라고 응답하면 물리력을 사용할 것이라고 협박당한 적이 있는지 설문하였고(〈표 2.6〉의 문항 R18), '그렇다'라고 응답한 경우에 강간으로 분류되었다. 강간 미수 유형 또한 강간 사건을 분류하는 것과 같은 방식으로 설문되었다(〈표 2.6〉의 2열 참조). 하지만, 삽입 미수도 강제추행에 포함된다는 점에서 차이가 있다.

뒤에서 본격적으로 논하기에 앞서서 연구의 주요 결과를 설명하자면 다음과 같다. 2%의 가까운 여대생들(1.7%)은 1996년 가을학기가 시작한 이후로 강간 피해를 당한 경험이 있다. 1%를 약간 넘는 여대생들은(1.1%)은 강간 미수 피해를 당한 경험이 있으며, 강간이나 강간미수를 경험한 학생은 전체의 2.5%에 이른다. 이러한 결과가 의미하는 바에 대해서는 3장에서 본격적으로 논의해 볼 것이다.

05 ─── 코스와 길버트의 논쟁 다시 살펴보기

1장에서 논의된 바와 같이, 길버트(Neil Gilbert)는 코스(Mary Koss)가 사용한 행동 묘사적인 문항들은 강간 피해비율을 정확하게 측정하지 못했다고 비판하였다. 하지만 우리는 코스가 대학교 캠퍼스에서 발생하는 강간에 대해서 전반적으로 정확하게 묘사하였다고 본다. 하지만 코스의 설문에서 "그렇다"라고 응답한 경우가 과연 정확하게 무엇을 측정하였는지를 좀 더 집중해서 보고자 한다. 우리 연구에서는 "그렇다"라고 응답한 경우, 사건에 관한 자세한 설명도 함께 물어보았기 때문에 강간 사건이 실제로 발생하였는지 아닌지를 추가적으로 평가할 수 있었다.

5.1. 강간 피해에 "그렇다"라고 응답한 경우

코스(Koss)의 대학생 성폭력 피해연구, 킬페트릭(Kilpatrick)의 전국여성실태조사(NWS), 티아덴(Tjaden)과 톤네즈(Thoennes)의 전국여성대상폭력조사(NVAW)에서는 행동을 질문하는 문항에 "그렇다"라고 응답한 경우는 실제로 강간 피해를 당하였다고 가정하였다. 우리는 이 방법에 대하여 문제를 제기하였다(〈표 2.7〉참조). 우리의 연구 절차는 간단하다. 우선, "그렇다"라고 응답한 경우를 집계하였다. 그리고 사건 보고서를 통해 강간 피해를 당하였다고 확정이 된 경우가 몇 건이 있는지를 살펴보았다.

스크리닝 문항에서 강간 피해를 당하였다고 응답한 314건의 사건 보고서의 내용을 살펴본 결과, 그들 중에서 25.2%만이 강간 피해를 당하였다는 것을 확인할 수 있었다(〈표 2.7〉참조). 스크리닝 문항에서 강간 피해를 당하였다고 응답한 사람 가운데 절반 가까이가(49.4%) 강간이 아닌 다른 종류의 성폭력 피해를 당한 것으로 분류되었다. 따라서 스크리닝 문항에 "그렇다"라고 응답하는 경우에 무조건 강간 피해가 발생했다고 보기는 어렵다. 스크리닝 문항에 "그렇다"라고 응답을 한 경우에도 실제로 어떠한 성폭력 피해에도 해당하지 않았던 경우가 25.5%가 있는 것으로 나타났다. 18.8%는 사건 관련 문항에 응답하기를 거부하였기 때문에 제대로 측정되지 않았다. 사건 보고서 설문에 참여한 6.7%는 잘 기억이 나지 않거나 사건이 측정 기간 동안 발생한 것이 아니기 때문에 측정에서 제외되었다. 따라서 이러한 사건을 강간으로 간주하는 연구는 법적으로 강간으로 인정되지 않을 수 있는 사건들도 포함할 수 있는 위험이 있다.

사건에 관하여 자세하게 질문하는 과정을 포함하는 것은 강간 사건 발생 비율의 추정치를 크게 바꾼다. 만약 우리의 연구에서 314건의 사건을 모두 강간이라고 집계하였다면, 실제 추정치인 3.53%의 두 배가 넘는 7.6%의 대학생이 강간 피해를 당하였다고 집계하였을 것이다.

표 2.7 『전국 여대생 성폭력 피해연구(NCWSV)』에서 사용한 사건 분류 방법

Q7, Q8, Q9, Q10, Q12	Q14	Q16	Q18, Q19, Q20	Q22	Q24
강간 스크리닝 문항 (n=314)	성적인 특성 관련 스크리닝 문항이 원하지 않거나 동의하지 않은 접촉	성적인 특성 관련 스크리닝 문항이 원하지 않거나 동의하지 않은 접촉 (미수 및 협박)	성적 강제 스크리닝 문항	일반적 스크리닝 문항	스토킹 스크리닝 문항[1]

설문 기간 이전에 발생한 사건(n=1)이거나 사건 관련 내용을 기억하지 못하는 경우(n=20)

사건 보고서 분석 결과 분류할 수 없음으로 결정[2]

강간이 아닌 기타 성폭력 피해로 분류됨

강간으로 분류됨(n=157)

n=21 n=59 n=155 n=79 n=37 n=10 n=23 n=7 n=1

출처: Fisher & Cullen (2000), Fisher, Cullen & Turner (1999)

참조: 강간할 것이라 협박한 행위는 보고서에 포함되지 않는다.

1. 스토킹 사건 보고서에서 가해자가 성적인 접촉을 하려고 했다는 내용이 언급되는 내용이 언급되면 원하지 않는 성관계나 성적인 접촉에 관련할 설문을 할 당시에 해당 사건을 이야기하였는지를 추가적으로 질문하였다. 응답자가 '아니오'라고 하면, 인터뷰어는 해당 사건에 대하여 성폭력 피해 사건으로 인지하고 관련 설문 문항을 질문하였다.

2. 응답자들이 응답하기를 거절하거나 "모른다"라고 이야기하였기 때문에 사건을 분류할 수 없었다.

5.2. 기타 성폭력 피해에 해당하는 경우

이 연구를 진행하면서 길버트(Gilbert)나 코스(Koss)가 예상하지 못했던 다른 문제점이 발견되었다. 애초에 강간 피해를 측정하고자 했던 문항이 아닌 설문에 응답하여 사건 관련 설문에 참여하게 된 경우임에도 강간 피해를 당하였다고 분류된 경우가 있었다. 우리의 설문에서는 12가지의 스크리닝 문항 중 1개라도 해당되면 사건 보고서를 작성하도록 설계되었다(〈표 2.5〉 참조). 어떤 스크리닝 문항에 해당하는지에 상관없이 발생한 사건에 대해서 자세하게 설명하도록 하였는데, 이 과정을 통해서 강간이라고 분류된 경우가 있다.

〈표 2.7〉에서 볼 수 있듯이, 강간 및 강간 미수 사건으로 분류된 사건의 절반에 가까운 49.7%는 강간이 아닌 다른 종류의 스크리닝 문항에 응답하여 설문에 포함된 경우이다. 원치 않는 신체적 접촉(the unwanted or uninvited touching)과 성적 강요(sexual coercion)에 해당하여 설문에 포함된 경우의 23.6%와 14.6%가 강간 사건으로 분류되었다. 이를 통하여 다시 한번 확인할 수 있듯이, 단순히 스크리닝 문항만으로 범죄피해를 집계하거나 사건 보고서 설문을 따로 실시하지 않게 되면, 강간 피해를 정확하게 집계할 수 없게 된다.

이를 통해, 전화인터뷰를 통해서 성폭력 피해를 측정하는 것이 어렵다는 점을 다시 한번 확인할 수 있다. 우리 연구는 기존의 연구자들이 하지 못했던 방식으로 성폭력 피해를 측정하였다는 점에서 의의가 있다. 뒤에서 더욱 구체적으로 범죄피해통계가 어떻게 측정되었는지를 상세하고 투명하게 다룰 것이다.

06 ———————————————————— 연구 비교

마지막으로 다루어야 할 방법론적인 문제가 한 가지 더 있다. 이 문제는 앞서 논의되었던 이슈들과도 관련이 있다. 전국 여대생 성폭력 피해연구(NCWSV)가 진행되는 시기와 같은 시기에 우리는 여대생들을 대상으로 피해를 조사하는 또 다른 국가 차원의 연구를 수행하고 있었다. 전국 여대생 대상 폭력 연구

(National Violence against College Women: NVACW)에서는 강간, 성폭력 피해, 강도, 가중 폭력, 폭력, 강제추행과 관련한 문항을 측정하였고, 연구 응답률은 91.6% 이었다(Fisher et al., 1999).

전국 여대생 대상 폭력 연구(NVACW)는 전국 여대생 성폭력 피해연구(NCWSV) 와 사실상 같은 방법으로 설문을 실시하였다. 샘플 추출 디자인이 같으며, 참 여자에게 안내문을 발송하였으며, 설문 및 조사기간이 동일하였다. 하지만 두 연구는 한 가지 점에서 큰 차이가 있다. 전국 여대생 대상 폭력 연구(NVACW) 는 사법통계국에서 실시한 전국범죄피해조사(NCVS)와 같은 방식으로 피해를 측정하였다. 성폭력 피해를 측정할 때, 우리는 전국범죄피해조사(NCVS)에서 사 용한 모든 스크리닝 문항을 사용하였다. 그리고 나서 사건 관련 보고서에서 구 체적으로 어떠한 일이 있었는지, 다른 종류 범죄의 미수가 있었는지, 어떤 행 동을 하도록 협박당하였는지, 무기를 사용하였는지 등을 질문하였다.

이런 과정을 거쳐서 설문하는 것은 매우 중요하다. 우리는 전국범죄피해 조사(NCVS)에서 사용한 방식과 우리가 사용한 측정방식을 비교할 수 있었다. 우리 연구에서는 행동을 구체적으로 묘사한 설문 문항을 사용한 반면에, 전국 범죄피해조사(NCVS)는 이러한 설문 문항을 사용하지 않았다. 두 연구를 비교한 결과 측정방법은 중요하며, 대학생의 성폭력 피해를 측정하는 데 있어서는 어 떻게 범죄피해를 측정하였는지가 특히나 더 중요하다고 할 수 있다.

두 연구를 비교하면, 전국 여대생 성폭력 피해연구(NCWSV)에서 집계한 강 간 피해율이 전국 여대생 대상 폭력연구(NVACW)연구보다 상당히 높은 것으로 나타났다. 전국 여대생 성폭력 피해연구(NCWSV)의 강간 피해율은 1.93%이고, 전국 여대생 대상 폭력 연구(NVACW)의 강간 피해율은 0.20%인것으로 비교 해 볼 때, 전국 여대생 성폭력 피해연구(NCWSV)에서 집계한 피해율이 약 9.5배 정도 높다는 것을 확인할 수 있다. 강간 미수의 경우, 전국 여대생 성폭력 피 해연구(NCWSV)는 1.60%로 전국 여대생 대상 폭력 연구(NVACW)의 0.18%보다 8.8배 정도 높게 집계하였다(Fisher & Cullen, 1999).

이 결과를 토대로 살펴볼 때, 전국범죄피해조사(NCVS)에서 사용한 측정 방법을 사용하여 설문하게 되면 행위를 구체적으로 묘사하는 문항을 사용하여 설문하는 경우보다 피해 비율이 훨씬 낮게 집계될 수 있다는 것을 의미한다.

전국 여대생 성폭력 피해연구(NCWSV)에서는 전국범죄피해조사(NCVS)에서 사용한 사건 보고 문항을 사용하였다. 코스(Koss)와 선행연구의 학자들이 기존과는 다른 방식으로 성폭력 피해를 측정하고자 한 노력들이 헛되지 않았으며, 성폭력 피해를 측정하기 위해서는 전국범죄피해(NCVS)에서 사용한 2단계 측정 방법을 넘어선 측정 방법 분야의 혁신이 필요하다는 것을 의미한다.

07 ——————————————————————— 결론

성폭력 피해를 측정하는 것은 결코 쉽지 않은 일이며, "설문 연구에서 가장 어려운 것은 방법론적인 문제"라고 일컬어지기도 한다(Smith, 1987, p.185; Fisher & Cullen, 2000 참조). 성폭력은 피해자가 아는 사람에 의해서, 공공 장소보다는 거주지에서, 술과 마약을 사용하여, 한명 혹은 다수의 가해자에 의해서 발생하기도 한다. 성폭력을 측정하려면, 강제력이 얼마나 사용되었는지와 동의가 어느 정도 있었는지를 구분해 내야 하는 것 등과 같은 방법론적인 어려운 점이 있다. 같은 사건이라 하더라도, 사건을 바라보는 당사자가 현실을 어떻게 지각하는지(construction of reality)와 사건이 어떻게 해석되는지에 따라서 사건의 의미는 달라질 수 있다. 또한, 피해자들이 실제로 피해를 당하였음에도 불구하고 피해를 당하였다는 사실을 부인하거나 자신의 피해를 경찰에 신고하지 않거나, 자신의 피해에 대해서 "그렇게 할 정도로 심각하진 않았다(6장 참조)"고 이야기하기도 한다. 실제로 피해자가 자신의 피해를 강간이라고 규정하는지 여부와 경찰에 신고하는지 여부는 실제 범죄가 발생하였는지 아닌지와는 관련이 없다고 주장하는 학자가 있는 한편, 강간이라고 규정하였는지, 경찰에 신고하였는지 등의 여부는 실제 범죄가 발생한 것과 상당히 관련이 있다고 주장하는 학자들도 있다(구체적인 예는 Gilbert, 1997; Koss, 1993a, 1996 참조).

학자들이 가진 정치적 견해가 성폭력 피해를 측정하는 문제에 불을 지피기도 하였다. 어쩌면, 가치가 투영된 관심(value-laden interest)이 없으면, 이 분야는 더 느리게 성장하였을 수도 있다. 그렇게 되면, 오늘날 우리가 가지고 있는 성폭력 피해의 종류와 특성에 관한 이해는 훨씬 더 적었을 수도 있다. 그렇지만 범죄와 피해를 측정하는 문제들이 정치화되는 현상으로 인하여 다수의 학자들이 서로 경쟁하는 상황이 발생하였다. 한쪽의 학자들은 성폭력 피해를 최대한 많이 찾으려고 하는 한편, 다른 한쪽은 최대한 적은 수의 성폭력 피해를 발견하고자 하였다. 이러한 식의 논쟁은 한편으로는 좋은 연구를 양산한다는 장점이 있지만, 자칫 과열될 수도 있다는 우려가 있다.

이번 장에서는 독자들이 성폭력 피해 관련 연구를 둘러싸고 있는 문화 전쟁(culture war)을 넘어서 객관적인 틀과 기준으로 성폭력 문제를 바라볼 수 있도록 하였다. 그렇게 하기 위하여 강간 및 다른 종류의 성폭력 피해를 측정하기 위한 측정도구 및 방법론에 관한 논의를 하였다. 또한 성폭력 피해를 측정하는 측정도구가 어떻게 발전되어 왔는지, 학자들의 노력이 어떻게 연구에 반영되어 연구가 발전하게 되었는지를 설명하였다.

이제 이책을 접한 독자들은 성폭력 피해 통계를 접할 때마다, 성폭력 피해 통계가 어떻게 집계되었는지를 다시 한번 떠올려 보게 될 것이다. 이 장은 성폭력 피해의 측정에 대한 방법론적인 기본서로서 측정도구에 대한 이해도를 높이고 더욱 비판적인 연구분석을 가능하게 할 것이다. "통계는 믿을 게 못 된다"라는 말을 종종하곤 하는데, 통계 결과를 비판적으로 분석하여 현실을 제대로 반영하고 있는 통계 만을 소비하게 되면, 믿지 못하는 통계결과는 필요 없을 수도 있다. 우리 연구의 목적은 독자들이 다양한 측정 전략의 장단점 및 차이를 이해하는 혜안을 갖추도록 돕는 것이다(Fisher & Cullen, 2000 참조).

CHAPTER

캠퍼스 성폭력:

강간

03

캠퍼스 성폭력: 03
강간

■ 과연 대학은 안전한가?

술집들은 정기적으로 할인 행사를 하고, 술을 마시면서 운동경기를 보는 파티가 열리고, 마약이 유통되는 종강파티가 열리고, 문란한 성생활이 공존하고, 학생 연합에서 주관하는 모임에 참여하기도 하는 등의 활동은 대학 문화의 일부로 자리잡아 왔다. 대학교의 종류를 막론하고, 수많은 대학생들은 "상아탑"이라고 불리는 안전하다고 생각되는 대학교 캠퍼스에서 일상생활을 즐기고 있다. 앞서 말한 대학문화를 최대한 즐기며, 인생에서 잊지 못할 시기로 대학생활을 기억할 수도 있다. 하지만 이러한 젊음의 열기는 긍정적인 면만 있는 것은 아니다. 대학교에서 발생할 수도 있는 강간피해가 그 일례이다.

문화 전쟁(culture war) 논쟁의 양측에 있는 사람들 모두 여학생들이 강간피해를 당한다는 사실을 반박하지는 않는다. 하지만, 강간 피해의 위험도와 강간 피해에 관한 현실이 과연 "위기 상황"인지에 관해서는 논쟁의 여지가 있다. 비평가들은 "강간이 만연해 있는 것은 아니다"라고 주장하기도 한다. 혹은 정치적 의견(political correctness)을 만들어 내려는 사람들이 과하게 대응하는 것이라고 주장한다. 하지만 이러한 주장과는 반대로, 대학교에서 강간 사건이 발생한다는 것은 잘 알려지지는 않은 사실이지만 실제로 발생하고 있는 일이라고 주장하는 입장도 있다.

우리는 강간이 과연 위기인가 아닌가와 같은 판단을 하려는 논쟁은 과거의 문화 전쟁이나 '위기' 및 '만연화'와 같은 용어에서는 조금 더 벗어나서 판단되어야 할 필요가 있다고 본다. "나쁜일"들이 '위기'가 되고 '만연화'가 되는 뚜렷한 기준은 없다. 어느 한쪽은 컵에 물이 반이나 차 있다고 할 것이고, 다른 한쪽은 컵이 반이나 비어 있다고 느낄 것이다. 그리고 보기에 작아 보이는 위험 또한 상당한 큰 결과를 초래하는 경우가 있다. 심각한 폭력범죄를 살펴보았을 때, 1년에 발생한 피해빈도는 낮을 수도 있다. 하지만 재학하는 동안을 기준으로 하거나 혹은 학생들 전체를 대상으로 범죄피해를 살펴보면, 이 피해빈도는 높아질 수도 있다. 강간 및 강간 미수도 이와 같은 경우이다. 더불어, 다수의 여성들이 다양한 범죄피해를 당하고 있으며(4장 참조), 반복적으로 성폭력 피해를 당하고 있으며(5장 참조), 스토킹을 당하고 있다(7장 참조). 종합해 볼 때, 이러한 현실은 대다수의 여성들이 남성들은 겪지 않아도 되는 대학을 진학하는 것에 대한 "사회적 비용"을 겪고 있다는 점을 시사한다.

이어지는 논의에서는 여대생들이 겪는 강간 피해에 대하여 깊이 살펴보고자 한다. 가장 먼저, 대학교 입학 전에 강간 피해 경험이 있는 여성이 얼마나 되는지를 탐색해 보았다. 이후에, 얼마나 많은 여성들이 강간 피해를 당했거나 혹은 강간 미수피해를 당하였는지를 살펴보았다. 코스(Koss)의 연구와 성경험 설문(SES) 설문을 활용한 이전 연구들의 결과에 기반한 연구들을 토대로 분석하였다. 이어, 전국 여대생 성폭력 피해연구(NCWVS)의 연구 결과도 제시하였다. 강간 사건에서 마약과 음주의 영향력에 대하여도 살펴보았다. 강간은 마약이나 술에 의하여 촉진될 수 있기 때문에 이 문제는 상당히 중요하다고 할 수 있겠다. 피해자가 성관계에 동의를 할 수 없는 수준에 이르는 경우가 이러한 유형에 해당한다. 강간 피해의 종류와 특징에 대해서도 살펴보았다. 마지막으로 대학교 캠퍼스에서 발생하는 강간피해에 침묵하는 피해자에 대한 이슈에 대해서도 살펴보았다.

01 ──────── 대학 진학 전 성폭력 피해를 당하는 경우

일반인이나 지역사회를 대상으로 한 연구를 살펴보면, 아동기나 청소년기에 성학대를 당한 여성이 성인이 되어서 성폭력 피해를 당할 확률이 더 높다

(Breitenbecher, 2001; Logan, Walker, Jordan, & Leukefeld, 2006 참조). 구체적으로 살펴보면, 과거 성폭력 피해를 당했던 경험이 있는 여학생들이 다시 성폭력 피해를 당할 가능성이 높다는 연구들이 있다(Classen, Palesh, & Aggarwal, 2005 참조). 험프리(Huympherey)와 화이트(White, 2002), 기디즈(Gidycz)와 동료들(1995)의 연구에서는 청소년기에 성폭력 피해를 당하였던 여성들이 대학교를 다니며 성폭력 피해를 당할 가능성이 가장 높다는 것을 밝혀내었다. 1995년 전국 대학 보건 위험 행동 조사(National College Health Risk Behavior Study)에서도 유사한 결과가 나타났다(Brener, McMadon, Marren, & Douglas, 1999). 71%의 여대생들이 18세가 되기 이전에 강제로 성관계를 맺은 경험이 있으며, 청소년기는 특히 강간 피해가 높은 시기라는 것을 밝혀내었다. 특히 성폭력 피해를 당한 여대생들 중의 상당수는 청소년기에 처음으로 강제적으로 성관계를 하게 된 경험이 있는 것으로 나타났다. 이러한 연구 결과를 종합하여 살펴보면, 여대생들은 대학교에 입학하기 이전에 성폭력 피해 경험이 있는 경우가 많으며, 이러한 경험들은 대학교에 재학하면서 발생할 수 있는 성폭력의 가능성을 높일 수도 있다.

주목할 만한 점은, 대학에 입학하기 전에 성폭력 피해를 당하는 것이 흔치 않은 일이 아니라는 것이다. 1980년부터 현재까지 실시된 크고 작은 연구들을 살펴보면, 상당수의 여성들이 대학교에 입학하기 이전에 성폭력을 당한 것으로 나타난다(Smith, White, & Holland, 2003). 코스(Koss)와 동료들(1987)의 연구에 따르면, 4분의 1 정도의 대학생들은 14세경부터 강간 피해를 당하기 시작했다. 참고로, 오하이오 주를 포함한 일부 주에서는 14세가 성관계에 동의할 수 있는 법적인 나이다(의제강간). 14세 이후로, 8%의 여성이 성관계를 원치 않았음에도 불구하고 가해자가 제공한 술이나 마약으로 인해 성관계를 가졌고, 9%는 강제적으로 성관계를 가졌으며, 6%는 원치 않는 항문성교나 구강성교를 하게 되거나 성기가 아닌 물체로 성폭행을 당하였다고 집계되었다.

전국 여대생 성폭력 피해연구(NCWSV)에서도 학기가 시작하기 이전에 발생한 피해 경험에 대하여 설문하였다. 대학교에 입학하기 이전의 성폭력 피해만을 파악하기 위하여, 신입생만을 대상으로 피해를 집계하였다. 그 결과, 7.5%의 학생들이 대학교 입학 이전에 강간당한 경험이 있으며, 8.7%는 강간 미수 피해를 입은 것으로 나타났다. 전체적으로 보면, 12%의 신입생들은 강간 및 강간미수 혹은 두 가지 유형 모두를 대학교 입학 전에 경험한 것이다. 또한 신입생들 중 3분의 1은 대학교 입학 이전에 강제 추행을 당한 경험이 있는 것으로 집계되었다.

하지만 이러한 통계수치는 정확하지는 않을 수 있다. 대학교 이전에 발생한 성폭력 피해는 구체적인 행위에 대한 질문에 "그렇다"라고 응답한 경우를 집계한 것이긴 하지만 그 응답에 대한 각각의 사건 보고서를 작성하지는 않았기 때문이다. 하지만 이러한 점을 유념하여 살펴보더라도, '강간'을 포함한 성폭력 피해를 당하는 것은 대학생과 같은 젊은 여성들에게 드문 일이 아니라는 것은 분명하다. 그리고 이러한 범죄가 초래할 수 있는 결과는 참혹하다(5장 참조).

02 ── 대학교 입학 이후의 강간 피해: Koss의 연구 결과

여성은 아동기에서부터 이들의 청년기에 이르기까지 어쩌면, 인생 전체에 걸쳐서 강간 피해에 노출되어 있다. 젊은 여성은 특히나 강간 피해에 더 노출되어 있다. 티아덴(Tjaden)과 톤네즈(Thoennes)(2006)의 전국 여성 폭력 피해연구(National Violence Against Women Sruvey)는 강간 피해자들 중 젊은 성인 여성이 차지하는 비율이 가장 높다는 점을 밝혀내었다. 전국범죄피해실태조사(The National Crime Victimization Survey)에서도 10대 후반에서 20대 초반의 여성들이 강간 피해의 위험에 가장 많이 노출되어 있는 집단이라는 결과가 나왔다. 다른 나이대의 여성과 비교해 볼 때, 거의 4배 정도 피해비율이 높게 나타난다(Rennison, 1999; Rand & Catalano, 2007 참조). 일반적으로 대학생이 18세에서 24세인 점을 고려하여 보면, 대학시절이 다른 시기에 비해서 성폭력 피해에 더 노출될 수 있는 시기라고 할 수 있다(Fisher et al., 2000). 코스(Mary Koss)는 이러한 주장을 한 최초의 학자들 중의 한명이다.

2.1. 성경험 설문(Sexual Experiences Survey: SES)

코스(Koss)의 성경험 설문(SES)은 전국 단위의 연구에 사용된 성폭행 피해 측정도구이다(자세한 내용은 1장 참조, Koss et al., 1987). 설문에 참여한 여성의 9.3%인 296명은 지난 한 해 동안 강간이나 강간 미수 피해를 입은 것으로 나타났다. 6.5%는 강간 피해를 당하였고, 10.1%는 강간 미수 피해를 당하였다고 응답하였다. 대학생 1,000명 중 168명이 강간 및 강간 피해를 당하였다고 한 것이다. 이들은 강간 발생에 대한 통계도 제시하였는데, 한 명의 피해자가 여러 번 피해 당한 경우가 있기 때문에 더 높은 것으로 나타났다. 1,000명의 학생당 278건의 사건이 발생하였고, 강간은 110.8건, 강간 미수는 167.2건으로 나타났다. 통계를 조금 더 쉽게 풀어서 살펴보아도 강간 위기(rape crisis)라고 부르기에 무리가 있어 보이지는 않는다.

- 여대생 10명 중 1명꼴로 최근 12개월 동안 강간 및 강간 미수피해를 당하였다.
- 여대생 1,000명 중 93명은 강간 피해자이다. 10,000명의 여대생이 재학하는 경우 거의 930명 정도의 피해자가 캠퍼스에 있다는 것을 의미한다.

다시 한번 강조하는 바이지만, 코스(Koss)의 성경험 설문(SES)은 실제 강간 피해의 수치를 부풀게 하는 효과가 있었을 것이라는 점에서 비판을 받고 있다. 이러한 비판을 확인하기 위해서 추가적인 연구가 필요할 것이다. 다수의 연구자들이 여러 대학교에서 성경험 설문(SES)의 설문을 확인하여 강간 피해를 측정해 보는 것도 이러한 노력의 일환이 될 수 있을 것이다. 이어지는 내용에서는 성경험 설문(SES)이나, 이 설문을 수정한 측정 지표나, 유사한 측정 스케일을 사용하여 유사한 결론을 제시한 연구들을 전반적으로 살펴보았고, 이러한 경우 모두에서 대학생에게 강간 미수, 강간 기수 등을 포함한 성폭력 피해는 드문 일이 아니라는 점을 확인하였다.

2.2. 성경험 설문(SES)을 이용한 설문

코스(Koss)의 성경험 설문(SES)이나 이를 변형한 설문들은 코스의 연구가 출판된 이후에 다양한 분야에 걸쳐서 사용되어 왔다. 여러 대학교에서 다양한 샘플을 대상으로 활용되었으며, 평생 동안의 범죄피해를 물어보기도 하고 특정 기간 동안의 범죄피해를 측정하기도 하였다. 주요 연구를 정리하면 다음과 같다.

- 중서부 대학에 소재한 큰 규모의 대학교에 재학 중이며, 심리학 개론 수업을 듣는 여학생들 중 10% 정도는 최근 6개월 동안 강간 및 강간 미수 피해를 당하였다(Gidyz et al., 1995).
- 오하이오 대학교에서 사회과학 관련 수업을 듣는 여학생들 중 19.3%는 대학교 입학한 이후로 강간 당한 적이 있으며, 강간 미수 피해를 당한 경우는 약 10.5% 정도 되는 것으로 나타났다.
- 캔자스 대학교의 심리학 개론 수업을 듣는 여학생들 151명 중 28.1%는 강간 피해를 당한 적이 있다고 응답하였다(평생 기준, Hickman & Muehlenhard, 1997).
- 남동부 및 중서부 지방의 대형 대학교 두곳에서 실시한 성폭행 예방 평가(sexual victimization prevention evaluation)의 일환으로 2달 간격으로 실시된 설문조사에서, 23%의 응답자가 성폭력 피해를 겪은 적이 있다고 응답하였다. 성폭력 예방 프로그램에 참여한 그룹은 프로그램 실시 후 2달 사이에 성폭력 피해를 당한 비율이 12%로 나타났고, 프로그램에 참여하지 않은 대조군에 속한 여성의 경우에는 30%가 성폭행 피해를 당한 것으로 나타났다.
- 남부에 위치한 대형 공립 대학교의 여대생 클럽에 속해 있는 심리학 전공생들을 편의 표집한 190명을 대상으로 설문한 결과, 5개월 반 동안 12.7%가 성폭력 피해를 당하였다고 집계되었다(Combs-Lane & Smith, 2002).
- 중서부에 속한 중간 크기의 공립 대학에서 수업안내문이나 전단을 통해 표집된 339명의 여성 샘플을 대상으로 설문한 결과, 7.7%가 30주 동안 강간 피해를 당한 것으로 집계되었다.

- 마이애미 대학교의 심리학 개론 수업을 수강하는 406명의 여대생은 위기 인지 및 지인에 의한 성폭력에 대한 연구에 참여하였다. 이들 중에서 21.9%는 18세가 된 이후에 강간 피해를 당한 적이 있는 것으로 나타났다(Crawford, Wright, & Birchmeier, 2008).

2.3. 캐나다 연구 결과

드케세레디와 슈와츠(DeKeseredy & Schwartz, 1998)는 이성 교제에서 발생하는 강간의 특징에 대하여 파악하기 위한 목적으로 캐나다에서 전국 단위의 설문조사를 실시하였다(Canadian National Survey). 이들의 연구는 캐나다에서 최초로 실시된 전국 단위의 강간 피해조사 연구이다. 연인으로부터 당한 강간 및 강간 미수 피해의 특징과 실태를 파악하기 위해서 성경험 설문(SES)을 일부 변형한 문항을 사용하였다. 대표성이 있는 1,835명의 샘플은 총 44개의 대학에 등록한 커뮤니티 대학의 학생들과 일반 대학교의 학생들로 구성되어 있다. 주요 연구 결과는 다음과 같다.

- 고등학교를 졸업한 이후를 기준으로, 22.1%의 여학생들은 강간 미수 피해를 당하였으며, 24.4%는 강간 당한 것으로 나타났다.
- 설문을 실시하기 이전 12개월 동안, 10.5%의 여성들은 강간 미수 피해를 당하였다.
- 설문을 실시하기 이전 12개월 동안, 11.4%의 여성들이 강간 피해를 당하였다.

2.4. 다른 피해 측정도구를 사용한 대학 캠퍼스 연구

강간을 측정하면서, 성경험 설문(SES)을 사용하지 않은 연구들도 있다. 이러한 연구들 또한 대학에서 발생하는 강간 실태를 잘 설명한다.

- 파이버트와 투치(Fiebert & Tucci, 1998)의 성폭력 피해 지표(sexual assault scale)는 성폭력 피해의 심각성을 측정하기 위하여 사용되었다. 남부의 8개 주에 위치한 대학교 중 12곳에 재학 중인 674명의 여학생들의 피해를 측정한 결과, 총 10.8%의 여학생들이 최근 6개월 이내에 심각한 수준의 성폭력 피해를 경험한 것으로 나타났다(Mustaine & Tewksbury, 2002).
- 중서부와 동서부에 소재한 큰 규모의 공립학교 중 두 군데에 재학 중인 5,466명의 여학생들을 대상으로 대학 성폭력 실태조사가 이루어졌다. 8.5%의 여성들이 대학교에 입학한 이후로 강제적인 강간을 당한 적이 있고, 3.4%는 강제적 강간 미수를 당한 적이 있다고 응답하였다(Krebs, Linquist, Warner, Fisher, & Martin, 2007).
- 서던 일리노이즈 대학(Southern Illinois University)의 코어연구소(CORE Institute) 의 보고서에 따르면, 대학 53곳에 재학 중인 33,000명의 학부생을 무작위로 추출한 샘플의 2.9%가 한 해 동안 캠퍼스 안팎에서 원치 않는 성적인 접촉을 경험한 것으로 응답하였다. 2004년에는 3.3%였고, 2003년에는 3.5%, 2002년에는 3.4%였다는 점과 비교해 보면 낮은 수치이다 (Core Institute, 2009).
- 미국 대학 보건 협회(American College Health Association)와 국립 대학 보건 협회(National College Health Association)에서 2008년 봄에 실시한 전국 대학 보건 평가 설문(National College Health Assessment survey)결과, 지난 한 해 동안 1.9% 여성이 자신의 의지에 반한 성폭행(삽입이 있는 성행위) 피해를 당하였고, 3.7%는 미수에 그치는 피해를 당한 것으로 나타났다 (American College Health Association, 2008a).

03 ─────────── 전국 여대생 성폭력 피해연구(NCWSV)

코스(Koss)의 연구와 같은 맥락의 성폭력 피해연구들은 미국과 캐나다의 대학에서 강간이 큰 문제라는 점을 강조한다. 하지만, 성경험 설문(SES) 자체는 설문 문항이 부정확하며 강간피해를 실제보다 더 크게 추정할 수 있다고 비판을 받고 있기도 하다. 2장에서 살펴본 바와 같이, 우리가 전국 여대생 성폭력 피해연구(NCWSV)를 실시한 큰 이유 중 한 가지는 코스의 연구가 가지고 있는 방법론적인 한계를 다루고 이를 개선하고자 하였기 때문이다. 우리의 연구가 행동을 자세하게 묘사하는 설문 문항을 코스의 연구와 기타 연구에서 차용하긴 하였지만, 우리는 사건 보고서라는 추가 설문을 연구 설계에 포함하였다. 2단계로 설문을 구성하였기 때문에, 사건을 강간으로 판단하거나 강간이 아니라고 판단되는 경우에는 다른 종류의 성폭력 피해로 분류 할 수 있었다. 사건 보고서를 사용한 연구방법은 사건을 좀 더 정확하게 파악하고자 하는 목적을 가지고 있으며, 전국범죄피해조사(NCVS)에서 사용한 방법이기도 하다.

3.1. 강간 실태: 강간 위기(Rape crisis)가 실존하는가?

전국 여대생 성폭력 피해연구(NCWSV)는 한 가지 사건에서 발생한 성폭력 범죄 중 가장 심각한 성폭력 범죄를 기준으로 집계하였다. 강간 미수 및 강간 피해를 겪은 피해자는 강간 피해자로 집계되었다. 만약 범죄 유형을 하나로 집계하지 않고 여러 개로 집계하면, 강간 미수 피해 비율은 1.3%로 증가하게 된다.

대학원생들을 샘플에 포함시키면 전체적인 피해율은 변화하였다. 대학원생들 중 강간 피해를 당한 비율은 0.8%이고, 강간 미수 사건은 단 한 건도 집계되지 않았다. 대학원생들을 샘플에서 제외하면 강간 피해율은 3%로 늘어나며, 이 중 1.8%는 강간 피해이고 1.3%는 강간 미수 피해이다.

〈표 3.1〉은 1,000명당 피해자 비율을 보여주고 있다. 반복적으로 범죄피해를 당하는 경우가 있으므로 실제 피해자 비율은 통계수치보다 높을 것이다. 따라서 123명의 피해자들 중의 22.8%은 1회 이상 강간 피해를 당한 것으로 해석할 수 있다. 강간 및 강간 미수의 비율은 3.53%로 나타났다.

표 3.1 『전국 여대생 성폭력 피해연구(NCWSV)』에서 집계된 강간 실태

피해 종류	피해자 수	피해자 비율	여성 1,000명당 피해자 비율	사건 수	여성 피해자 1,000명당 피해 비율
강간 (기수)	74	1.7	16.6	86	19.3
강간 미수	49	1.1	11.0	71	16.0
합계	123	2.8	27.7	157	35.3

출처: Fisher, Cullen, & Turner (1999)

우리는 이 결과를 어떻게 해석할 수 있을까? 강간 피해의 "위기"나 강간의 "만연화"와 같은 표현에 대한 비판은 합당한 것일 수도 있다. 대부분의 여학생들이 강간 및 강간 미수 피해를 당하지 않았기 때문이다. 여학생들의 2.8%만이 강간 피해를 당하였다고 집계되었지만, 좀 더 면밀히 살펴보면 그다지 긍정적인 결과만 있는 것은 아니다. 자세한 결과를 살펴보면 다음과 같다.

첫 번째, 전국 여대생 성폭력 피해연구(NCWSV)에 참여한 참여자들은 한 학년도에 발생한 일에 대하여만 응답하였다. 그렇기 때문에, 응답자들은 평균 6.91개월 동안 발생했던 사건에 대해서만 대답한 것이다. 하지만 방학 동안에 발생하는 사건들은 학기 중에 발생하는 패턴과 다를 것이며, 사건이 일 년 동안 비슷하게 발생하는 것이 아니기 때문에 범죄 발생을 1년으로 기준으로 삼아 생각하는 것은 바람직하지 않다. 만약 1년 단위로 환산하여 계산하면, 1년을 기준으로 약 5%(4.9%)의 대학생들이 피해를 당한다고 설명할 수도 있을 것이다. 만약 이러한 패턴이 대학을 다니는 동안 계속되고, 5년 동안 연속적으로 발생한다면 결과는 어떨까? 강간 및 강간 미수의 비율은 20%에서 25%까지 늘어날 것이다.

두 번째, 6.91개월을 기준으로 한 수치에 집중해서 살펴보자. 이 수치는 법률적인 의미의 강간을 규정하지 않는 사건을 제외한 점이라는 점과, 전국 여대생 성폭력 피해연구(NCWSV)에서 스크리닝 문항을 통하여 절반 이상의 여성이 2단계 설문에도 포함되지 않았던 점을 고려해 볼 수 있을 것이다. 우리가 계산한 결과, 우리 연구의 결과는 성경험 설문(SES)을 사용하여 집계한 폭행 피해 수치의 절반 정도에 미친다. 물론, 측정 오류가 있을 수도 있지만, 우리의 연구방

법론이 강간 추정치를 좀 더 높게 집계하였을 가능성이 있다. 하지만, 2단계로 설문을 측정하는 것의 장점은 이러한 상황이 발생하는 것을 막는다.

거짓으로 '강간 피해의 위기'라고 규정하기 위해서 데이터를 잘못 사용하는 일이 없도록 해야 할 것이다. 전국 여대생 성폭력 피해연구(NCWSV)의 결과는 코스의 선행 연구에서 지적한 몇 가지 주요한 사실과 일맥상통한다. 여대생들의 성폭력 피해 비율은 대학 관계자들이나 시민들이 일반적으로 충분히 우려할 만한 수준이다. 뒤에서 자세히 살펴볼 내용이지만, 강간 사건의 피해자들에 대한 관심은 매우 낮다. 그렇지만 '위기'나 '만연화'와 같은 용어를 이러한 맥락에서 사용하는 것은 바람직하지 않을 것이다. 대학생들의 성폭력 피해는 단순한 사회구조적인 문제가 아니라, 설명되어야 하고 직면되어야 하는 객관적인 현실이다. 우리의 주장은 이데올로기적인 것이 아니라 과학에 근거한 것이다.

3.2. 강간이 발생하는 상황

뒤에서 더욱 자세히 살펴볼 예정이지만, 이번 장에서는 강간이 발생하는 맥락에 대하여 살펴보고자 한다.

■ 피해자와 가해자는 아는 사이인가?

대학생을 대상으로 한 연구들에서는 피해자가 가해자와 아는 사이인 경우가 흔하다고 설명한다. 그렇기 때문에 데이트 강간이나 아는 사람에 의한 강간이라는 용어가 나타나게 된 것이다(Crowell & Burgess, 1996 참조). 전국 여대생 성폭력 피해연구(NCWSV)에서도 이와 마찬가지로 피해자와 가해자가 아는 사이인 경우가 가장 많은 것으로 나타났다. 강간 및 강간 미수사건의 가해자의 90%가 피해자와 아는 사이로 나타났으며, 강간의 경우 5.5%, 강간 미수인 경우 2.8%가 가해자가 여러 명인 것으로 집계되었다. 가해자가 1명인 경우만 고려해 보면, 강간 피해자의 6.2%와 강간 미수 피해자의 10.1%가 모르는 사람으로부터 피해를 당한 것으로 나타났다. 대부분이 피해자와 가해자가 아는 사이

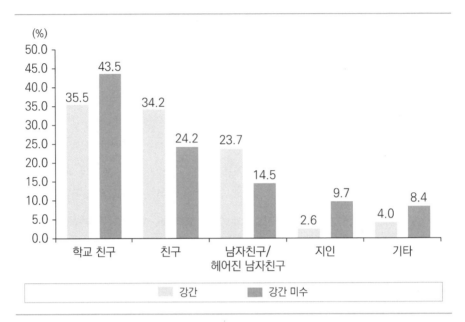

그림 3.1 **피해자-가해자 관계(가해자가 한 명인 경우)**
출처: Fisher, Cullen, & Turner (1999)

었거나 본 적이 있는 사이인 것으로 나타났다.

구체적으로 살펴보면, 가해자들은 같은 수업을 듣는 사이이거나, 친구이
거나 남자친구 혹은 전남자친구로 나누어 볼 수 있다. 강간 사건 가해자의
93.4%가 이 세 집단 중 한 분류에 속하는 것으로 나타났다. 강간 미수의 경우,
82.2%가 이 세 집단 중 한 분류에 속하는 가해자이며, 9.7%는 단순히 아는 사
이에 있는 사람에게 피해를 당한 것으로 나타났다. 대학 교수들이 강간 사건의
가해자로 지목된 사례는 보고되지 않았다.

대부분의 사건이 데이트를 하는 중에 발생한 것이 아니라는 점에 주목해
보아야 한다. 강간 사건의 경우 12.8%가 데이트 중에 발생하였고, 강간 미수의
경우 35.0%가 데이트 중에 발생한 것으로 집계되었다. 데이트 중에 피해를 당
한 경우, 설문 시점에 연인관계를 지속하고 있는 경우는 단 한 건도 보고되지
않았다. 이 연구 결과에 기반하여 크게 두 가지 결론을 내릴 수 있다. 첫 번째,
연인사이가 아니더라도 서로 아는 사이에서 발생하는 경우가 다수이다. 두 번
째, 연인이나 데이트 하는 관계에서 강간이 발생하게 되면 헤어지게 되는 요인

이 될 수 있다.

사건 이전에 피해자가 술을 마셨거나, 약물을 투여하는 경우는 종종 발생한다. 강간의 경우 사건 이전에 피해자가 술이나 약물의 영향을 받은 경우는 절반 정도였고(54.6%), 강간 미수의 경우는 43.6%가 술이나 약물의 영향에 있던 것으로 나타났다. 가해자가 사건 당시에 술이나, 약물 등을 투여한 경우는 더 확연히 드러난다. 피해자의 의사 결정에 영향을 미칠 만한 물질이 전혀 사용되지 않은 강간사건은 전체의 26.2%, 강간 미수의 경우 32.4%이다.

우리가 이 결과만으로 약물이나 술이 성폭력 피해와 어떠한 인과관계가 있다고 말하기는 어렵다. 약물이나 술의 영향으로 피해에 취약하게 되었는지 아니면 남성이 성폭력이 저지를 수 있도록 하는 환경을 만들었는지는 알 수 없다. 단순히 남성과 여성이 어울리는 상황에는 술이나 약물이 있던 경우가 보편적인 것일 수도 있다. 혹은 술이나 약물로 인하여 판단력이나 행동이 통제가 안 되었을 가능성도 있다.

■ 강간은 언제, 어디에서 발생하는가?

강간 사건 대부분은 캠퍼스 밖에서 발생한다. 강간 사건의 66.3%와 강간 미수 사건의 54.9%가 캠퍼스 밖에서 나타난 것으로 집계되었다. 하지만 이 결과는 주의 깊게 해석하여야 한다. 3분에 1에 해당하는 강간 사건이 캠퍼스 내에서 발생했다는 점을 간과해서는 안된다. 전체 사건 중의 10건은 캠퍼스 밖 학생 기숙시설에서 발생하였고, 13건은 피해자의 거주지 근처에서 발생했다. 1건은 남학생들 숙소에서 발생했으며, 2건은 학교 밖 회사밀집지역에서 발생했으며, 파티에서 피해를 당한 경우는 2건으로 나타났다. 이와 대조적으로 전체 사건의 35.1%에 해당하는 20건이 캠퍼스에서는 멀리 떨어진 곳에서 발생했다. 피해자가 휴가를 간 곳에서 피해를 당했거나 피해자의 부모님 집에서 피해를 당한 경우가 이에 해당한다. 전체 사건의 5.8%인 13건의 강간 사건은 방학 동안에 발생한 것으로 집계되었다.

전체 강간 사건의 3분의 2 정도가 캠퍼스에서 일어난 것은 아닐지라도, 강간 피해는 캠퍼스에서 발생했거나 대학교를 다니는 기간 중에 발생하거나 캠퍼스 라이프를 즐기는 중에 발생한 것이 대부분이다. 따라서 대학교에 입학함으로써, 학생들의 생활은 대학교라는 공간과 밀접하게 살아가고 있으며, 사건이 캠퍼스에서 발생했는지 캠퍼스 밖에서 발생했는지를 구분하는 것은 거의 의미가 없다. 정책적인 측면에서 바라볼 때, 대학 당국은 캠퍼스 안에서 발생한 성폭력 사건들뿐만 아니라, 캠퍼스 주변이나 캠퍼스 라이프를 즐기다 발생한 사건까지도 주의 깊게 살펴보아야 한다.

강간이나 강간 미수 사건은 누군가의 거주지에서 발생하거나 거주지의 근처에서 발생하는 것으로 나타났다. 캠퍼스 내에서 성폭력 당한 경우에도 공공장소에서 강간 피해를 당한 경우는 한 건도 보고되지 않았으며, 사적인 장소에서 발생한 것으로 나타났다. 캠퍼스 밖에서 성폭력 피해가 발생한 경우도 이와 패턴이 유사하다. 설문에서 "다른 학교에서" 발생했는지 "학교 밖에서" 발생했는지만을 질문하였기 때문에, 정확하게 어디에서 사건이 발생했는지를 측정하기는 어렵다. 하지만 34건의 강간 사건 중에서 22건은 거주지역(11건)이나 캠퍼스 밖 기숙사(10건), 남학생 숙소(1건)에서 발생한 것으로 집계되었다. 나머지 3건은 파티에서 발생한 것으로 나타났다. 성폭행 사건 대부분은 저녁(6시 이후)에 발생하였고, 강간 및 강간 미수 사건의 대부분은 자정 이후에 발생한 것으로 나타났다.

■ 중요한 점은 무엇인가?

성폭력 사건의 특성을 이해하기 위해서는 설문 결과를 자세히 살펴보는 것이 중요하다. 하지만 숫자만으로 이해하기 어려운 점들도 있기 마련이다. 따라서 우리 연구에서 나타난 결과를 요약하면 아래와 같다.

• 강간 사건의 경우, 가해자가 1명인 경우가 가장 많으며, 아는 사이, 거주 구역, 밤 늦은 시간, 술이나 약물이 있는 상황에서 발생한 경우가 가장 많다.

04 ─────── 대학에 다니는 것 자체가 위험한 일인가?

대학 성폭력 문제를 조금 다르게 접근해 보자. 과연, 막 성인이 되었다는 요인 때문이 아니라 '대학교에 다닌다'라는 요인이 성폭력 피해 가능성을 높일 수 있을까? 안타깝게도, 이 문제에 답을 하기에는 증거가 충분하지도 않으며 증거가 일관적이지도 않다. 우선 전국범죄피해조사(NCVS)를 살펴보면, 1995년부터 2002년까지 18세에서 24세 미만의 남녀는 대학생과 일반인 모두 통계적으로 유사한 강간 및 성폭행 피해 비율을 나타내었다고 설명한다(Baum & Klaus, 2005; Hart, 2003 참조). 해당 기간 동안 대학생들은 평균 0.38%의 강간 피해를 당한 것으로 나타났다. 대학에 다니지 않는 사람들의 경우 평균적으로 0.41%가 강간 및 성폭력 피해를 당한 것으로 집계되었다. 여성의 피해만을 측정한 경우에도 이와 유사한 패턴을 보인다. 10세에서 24세의 여학생인 경우, 연간 성폭력 피해 비율은 0.61%이고, 대학에 다니지 않는 같은 나이대의 여성의 경우에 이러한 비율은 0.79%로 나타났다. 전국범죄피해조사(NCVS)의 연간 사건 발생 빈도를 살펴보면, 오히려 대학교에 다니는 학생들의 피해율이 그렇지 않은 학생들보다 약간 낮게 나타났다.

전국범죄피해조사(NCVS)가 가지고 있는 한계점을 고려해 보면, 이러한 결과는 조심스럽게 해석되어야 한다. 피해 비율은 킬패트릭(Kilpatrick)과 연구진들의 전국 단위 연구에서는 다르게 나타났다(Kilpatrick, Resnick, Ruggiero, Conoscenti, & McCauley, 2007). 이들의 연구에서는 여대생의 경우 성폭력 피해를 당한 비율이 5.2%로 나타났으며, 이러한 수치는 일반인들의 피해수치인 0.9%와 비교하여 볼 때 5배 가량 높은 수치인 것으로 보인다. 대학생 여성과 일반인들 간의 피해비율이 크게 차이나는 것은 강간에 사용된 수단과는 상관없이 꾸준히 나타나는 것으로 보인다. 총 3가지를 기준으로 살펴볼 수 있다.

- 무력을 사용하거나 무력을 사용하겠다고 협박하여 강간한 경우 및 성폭행하여 상해가 발생한 경우(대학생: 1.6%, 일반인: 0.5%)
- 술 및 약물을 사용하여 강간한 경우(대학생: 1.5%, 일반인: 0.2%)

- 술 및 약물의 영향력에 있는 피해자를 타깃으로 하여 강간 한 경우(대학
  생: 2.1%, 일반인: 0.3%).

05 ————————————————— 강간 유형

실제로 강간이 '강제로' 혹은 '무력을 이용하여' 발생하는 경우보다는 피
해자가 술에 취한 상태에서 피해가 발생하거나, 가해자가 의도적으로 약물이나
술에 취하게 하여 강간하는 경우 더 자주 발생한다. 이러한 연유로, 연구자들
이나 검사들 또한 강간의 종류를 구분하여 다루기 시작하였다. 강간 피해를 구
분하는 기준은 원치 않는 성관계를 하기 위해서 사용된 '수단'이다. 크게 두 가
지로 구분하면 강제력을 사용한 강간(forcible rape)와 동의를 할 수 없는 상태
(항거불능의 상태)를 이용한 강간(alcohol- or drug- induced rape)의 두 가지로 구
분할 수 있다. 만약 가해자가 의도적으로 피해자의 항거불능상태를 촉진시킨
경우라면 '의도적으로 항거불능 상태를 초래한 강간(incapacitated rapes)'로 부를
수 있다.

이 장에서는 앞으로 살펴볼 주요 개념에 대하여 실증적 데이터를 사용하
여 설명하고자 한다. 우선, 강간 사건의 공통점에 대해서 살펴본 이후에 차이
점에 대해서도 다루어 보고자 한다. 〈표 3.2〉에서는 앞으로 살펴볼 내용이 요
약되어 있다.

5.1. 강간 사건의 공통점

주에 따라 강간을 규정하는 법률이나 정의가 다소 차이가 있기는 하지만,
많은 주에서는 강간을 '강제력을 사용하거나 강제력을 사용하겠다는 협박이나
피해자의 항거불능(동의 불능)상태로 야기된 원치 않는 성관계'를 의미한다. 구

표 3.2 강제적 강간과 술 및 약물로 야기된 강간 비교

특징	강간 형태		
	강제 강간	술 및 약물로 야기된 강간	
		준강간	술 및 약물 촉진 강간
공통점			
성관계에 대한 피해자의 동의 없음	O	O	O
삽입의 종류			
성기 삽입	O	O	O
항문 삽입	O	O	O
구강 성교(남성성기)	O	O	O
구강 성교(여성 성기)	O	O	O
차이점			
강제력의 사용			
가해자의 물리력 사용	O		
가해자의 물리력 사용 협박	O		
술 및 약물 사용			
피해자가 자발적으로 술 및 약물 사용		O	
가해자가 의도적으로 술 및 약물 제공			O
가해자가 피해자 몰래 술 및 약물 투약			O
가해자가 피해자를 속여 술 및 약물 투약			O

체적으로 상대방의 신체에 삽입이 이루어지는 경우 혹은 삽입을 하려다 미수에 그치는 경우가 강간이나 강간 미수에 해당한다. 법률적인 관점에서 살펴보면, 강간은 합의된 성관계와는 본질적으로 다르다. 피해자가 성관계에 동의할 수 없는 경우에 피해자가 원치 않는 성관계를 하는 경우는 강간에 해당한다. 피해자가 동의를 하지 않는 것은 크게 두 가지 상황일 수가 있다. 첫 번째는, 가해자가 폭력을 사용하거나 눕히는 등 무력을 사용하거나 무력을 사용할 것이라고 협박하는 경우이다. 두 번째는 피해자가 정신적으로 동의를 할 수 없는 상태에 있는 경우이다(한국의 법에서는 이를 '준강간'이라 한다).

5.1.1. 성관계에 대한 동의의 부재

법률적인 관점에서 살펴보면, 동의가 있는 성관계(consensual sexual intercourse)와 그렇지 않은 성관계를 구분하는 중요한 기준 중 하나는 '성관계에 대하여 동의할 수 있는 능력이 있었는가' 하는 점이다(Sclazo, 2007 참조). 이 기준은 강제력에 의한 강간이든 술이나 약물에 의한 강간이든지 간에 상관없이 적용되는 기준이다. 이러한 연유로 연구자들이 강간을 측정하려고 할 때, 법률적인 정의에 기준하여 측정하며 동의에 관한 내용을 주요하게 다루기도 한다. 1장에서 다룬 코스(Koss)의 성경험 설문(SES)이 이를 잘 보여준다. 성경험 설문(SES)에서 강간을 측정하기 위한 지표들을 개발하는 과정 중에, "당신이 원하지 않았을 때(when you didn't want to)"라는 조건 문항을 포함하였다. 전국 여대생 성폭력 피해연구(NCWSV)에서도 "원치 않는 성관계(unwanted sexual experiences)"를 강조하는 스크리닝 문항을 사용하였고, 강간을 측정하는 문항에서도 "강제력이나 위협으로 인하여 성관계를 맺도록 하였다"라는 표현을 사용하여 측정하였다(Fisher et al., 2000).

법률에서는 성관계에 동의를 할 수 있는 나이에 대하여도 규정하고 있다. 성관계가 동의에 의한 것이라고 할지라도, 법률에서 정한 나이에 달하지 않는 사람과 성관계를 할 경우에는 의제강간(statutory rape)이 성립한다. 성관계에 동의할 수 있는 나이는 14세에서부터 18세에 이르기까지 다양하며, 미국의 경우 18세가 가장 보편적인 기준이기도 하다(Rymel, 2004).

5.1.2. 삽입의 종류

과거에는 '남성의 성기를 여성의 성기에 강제적으로 삽입하는 행위(Spohn & Horney, 1992)'를 강간으로 규정해 왔으나, 오늘날 대부분의 주는 더 이상 이 개념을 따르지는 않는다. 1970년대와 1980년대에 걸쳐서 강간 법률 개혁이 이루어진 이후로 강간의 정의는 확장되었다. 이러한 노력으로 인하여, 강간의 정의는 남성과 여성이 성기를 사용하여 성관계하는 것이라는 의미인 '성교(carnal knowledge)'로 정의되었다.

또한, 많은 주에서는 강간에 대하여 성별을 따로 특정하지 않는 법률을 통과시켰다. 강간은 동성 간에도 발생할 수 있으며, 피해자 또한 한쪽 성별이 아닌 남성과 여성 모두 피해를 당할 수 있다는 점이다. 그렇기 때문에, 개인 간에 이루어진 항문성교나 구강성교 모두 성행위로 볼 수 있으며, 강간에서 규정하는 성행위에도 포함된다고 할 수 있다. 성기가 아닌 신체 부위(손가락, 발가락, 입, 혀 등)나 사물(자위기구, 물병, 막대 등)을 사용하는 것도 삽입이 될 수 있다.

주마다 강간에 대한 법률에 차이가 있긴 하지만, 대다수의 연구자들은 삽입을 '성기, 신체 부위, 입이나 혀, 사물 등을 이용하여 성기, 항문, 입으로 삽입하거나 삽입하고자 하는 것'으로 정의하고 있다. 또한, 상대방의 동의를 받지 않았거나 동의를 받을 수 없는 상태에 이루어진 삽입 행위는 강간이나 강간 미수로 구성될 수 있다고 설명한다. 전국 여대생 성폭력 피해연구(NCWSV)에 따르면, 대학생들을 대상으로 이루어진 강간 사건은 손가락을 성기에 삽입하는 행위가 가장 많으며(31.2%), 남성의 성기를 여성의 성기에 삽입하는 행위(29.2%), 구강 성교(21.7%) 순으로 높게 나타났다(Fisher et al., 1999).

5.2. 강간 사건 간의 차이점

강간 사건에서 공통적으로 발견되는 점들도 있지만, 강제적인 강간과 술이나 마약으로 야기된 강간의 차이점도 존재한다(〈표 3.2〉 참조). 가장 큰 차이점은 물리력을 사용해서 동의를 얻었는지 혹은 술이나 약물에 취하게 해서 동의를 할 수 없는 상태에 이르게 하였는지로 구분된다. 술이나 약물에 취하게 해서 동의를 할 수 없게 된 경우라고 하더라도, 의도적으로 술에 취하게 하였는지 혹은 술에 취해 있는 상태를 이용한 것인지에 따라서 두 가지 행위로 구분할 수 있다.

5.2.1. 강제적인 강간(Forcible Rape)

강제적인 강간이라고 하면, 가해자가 물리적인 힘을 행사하거나 물리적 힘을 행사할 것을 협박하여서(신체에 상해를 입힐 것이라고 협박 하는 등) 상대방과 성관계를 하는 것을 말한다. 일반적으로 생각하는 강간의 유형이 강제적 강간이라고 할 수 있으며, 언론이나 방송에서 지속적으로 발생하는 것처럼 묘사되고 있다. 주로 낯선 사람인 강간범이 주차장이나 으슥한 곳에 숨어 있다가 무기를 들고 갑자기 나타나 덮치고, 여성의 옷을 찢으며 끌고 가서 강간하는 모습으로 묘사되곤 한다. 강간 피해가 주로 '강제력'과 '모르는 사람'으로 묘사된다는 점과 대다수의 사람들이 강간 사건에 대하여 떠올릴 때 이러한 장면을 주로 떠올린다는 것에 주목해 볼 필요가 있다. 1장에서 에스트리치(Susan Estrich)의 책에 대한 논의를 상기시켜 보면, 이러한 종류의 성폭력이 '진짜 강간(a real rape)'이라고 분류된다.

하지만 앞서 살펴본 바와 같이, 강제적인 강간이라고 하더라도 아는 사람에 의하여 당하는 것이 대다수이다. 가해자는 강제력을 쓸 것이라고 협박하고, 강제적인 전략(forceful tactics)을 사용해서 저항을 불가능하게 하려 한다(Sorenson, Stein, Siegel, Golding, & Burman, 1987). 대학에서 발생하는 강간 사건의 경우, 무기를 사용하는 것은 극히 제한적이다. 대부분의 경우는 여성을 눕히거나 팔을 꺾어서 상대방이 신체적이나 말로써 저항하는 것을 막으려고 한다. 전국 여대생 성폭력 피해연구(NCWSV)결과, 강간 사건의 84%는 어떠한 무기도 사용되지 않았으며, 강간 사건에서 무기가 사용된 경우는 2건에 불과하였다(Fisher et al., 1999).

5.2.2. 술이나 마약으로 야기된 강간(AD-induced rape)

이 유형은 마약이나 술로 '가능해진' 강간(alcohol- or drug-enabled rape (Krebs et al., 2007)이라고 불리기도 한다. 피해자가 마약이나 술의 영향으로 일시적으로 동의가 불가능한 상태에서 발생한 성관계를 의미하기 때문이다. 무력으로 강제적으로 성관계한 것이 아니라, 성관계에 대하여 동의할 수 없는 물리적인 상태나 정신적 상태를 이용하여 성관계한 것이다. 스스로 술을 먹거나 약물을 사용하였거나, 가해자가 피해자를 속여서 약물에 취하게 한 경우 모두 해당한다.

만약 피해자가 스스로 술을 많이 마시거나 약물을 사용해서 신체적으로나 정신적으로 정확한 판단을 할 수 없는 상태에 이르렀다고 하면, 피해자는 단순히 재미를 위해서 약물을 복용했을 수도 있고, 단순한 호기심에 약물을 투여했을 수도 있다. 그러다가 취하게 되고, 자신의 의지와는 상관없이 발생하는 성관계에 대하여 저항할 신체적이나 정신적 능력이 부족해질 수 있다. 〈표 3.2〉에서 볼 수 있는 것처럼, 이러한 종류의 강간은 항거불능상태의 강간(incapacitated rape)이라고 한다(Kilpatrick et al., 2007; Krebs et al., 2007 참조).

가해자가 의도적으로 피해자의 음료수에 약물을 몰래 넣을 수도 있다. 이 음료수를 먹게 되면 피해자는 신체적으로나 정신적으로나 온전치 못한 상태에 처하게 된다. 가해자는 피해자를 속여서 약물을 먹이기도 한다. 이러한 형태의 강간을 음주 및 약물로 촉진된 강간(alcohol− or drug− facilitate rape, 〈표 3.2〉 참조; Kilpatrick et al., 2007; Krebs et al., 2007)이라고 한다. 술이나 강간 외에도, 정신을 잃었거나 깊이 잠든 상태에 있거나 혹은 신체적 또는 정신적으로 장애가 있는 경우에도 동의를 할 수 없는 상태에 이르렀다고 볼 수 있다.

위의 경우, 피해자가 정신을 잃지 않더라도 자신에게 발생하는 일을 통제하고 완전하게 이해하고 있는 상태라고 할 수 없다. 마약은 피해자의 의사결정 능력을 제한하고, 위험한 상황을 감지하고 가해자에 저항할 수 있는 능력을 감소시킨다. 피해자가 의식을 잃을 수도 있고, 기억력에 영향을 미칠 수도 있으며, 심한 경우에는 피해자가 사망할 수도 있다. 이러한 이유로, 마약을 사용한 경우 성관계에 대하여 적절히 동의가 이루어졌다고 보기는 어렵다. 누군가 잠을 자고 있거나, 정신적으로 혹은 신체적으로 장애가 있는 경우에도 성관계에 대한 적절한 동의가 있기는 어렵다고 볼 수 있다.

5.2.3. 사용되는 약물의 종류

어떤 의미에서 살펴보면, 술을 많이 마시거나 마약을 하는 것은 캠퍼스 라이프의 큰 특징이기도 하다. 하지만, 이 두 가지는 성폭력 피해의 특징이기도 하다. 2005년 코어 알코올 및 약물 조사(CORE Alcohol and Drug Survey) 데이터에서는 83%의 대학생들이 약물이나 술에 영향력이 있는 동안 자신이 원치 않는 성관계를 한 경험이 있다고 응답하였다(Dowdall, 2007).

술과 관련한 강간 피해는 가장 많이 보고되고 있으며, 가장 널리 연구되고 있는 주제이기도 하다(Abbey, Zawacki, Buck, Clinton, & McAuslan, 2004; Logan et al., 2006). 다수의 연구에서 술을 마시거나 특히 취할 정도로 마시는 것은 강간 및 다른 종류의 성폭력 피해와 상관관계가 있다는 것을 밝혀내었다(Dowdall, 2007; Fisher et al., 2000; Testa, VanZile-Tamsen, Livingston, & Buddie, 2006). 대학교에서 발생한 강간 사건의 절반정도는 가해자나 피해자 혹은 모두 술을 마셨거나 약물을 사용한 경우였다(Abbey et al., 1994, Abbey et al., 2004; Testa, 2002, 2004). 이러한 패턴은 전국 여대생 성폭력 피해연구(NCWSV)에서도 유사하게 나타났다(Fisher et al., 2000). 피해자와 가해자 모두 사건이 발생하기 이전이나 사건이 발생하는 동안에 술을 마셨던 것으로 나타났다. 이러한 경우에 여성들은 스스로 술을 마셨고, 성관계에 동의할 수 있는 능력이 없을 정도로 취했을 수도 있다.

술이나 음료가 놓여 있는 파티와 같은 경우, 잠재적 강간범이 몰래 약물을 투약하기에 아주 이상적인 상황이다. 피해자의 판단력을 저해하거나 의식을 잃게 만들 수 있는 약물은 다양하게 존재하며, 이런 종류의 약물은 흔히 '데이트 강간 마약'이라고 부른다. 마약을 사용해서 여성을 무력화 한 다음에 강간한다는 생각은 새로운 것은 아니다. 하지만 강간범이 사용하고 있는 마약의 종류는 매번 변화하고 있다. 법 독극물 협회(The Society of Forensic Toxicologists)는 강간하는 데 사용되거나 강간하기 위해서 피해자를 무력화하는 데 사용된 약물의 내역을 만들었고(Negrusz, Juhascik, & Gaensslen, 2005), 여기에는 의사의 처방으로 살 수 있는 약물과 처방이 없이도 살 수 있는 약물 모두가 포함되어 있다.

아마도 로힙놀(flunitrazepam)이 데이트 강간 약물 중에 가장 잘 알려진 약물일 것이다. 언론에서 상당히 자주 다루었고, 실제로 대학교에서 발생하는 강간 사건에서 자주 사용되고 있기 때문이다. 소량만 사용해서 "루피(roofies)"나 "기억을 잃게 하는 약(forget-me drug)"으로 쓰이고 있으며, 음료와 함께 사용하는 경우에 복용 이후의 일을 기억하지 못하게 할 수 있다. 이 약의 기억상실 효과 때문에, 피해자들은 약을 투약한 이후에 일어난 일들을 기억하지 못할 수도 있다. 강간이 발생했는지 조차 기억을 못 할 수 있으며, 가해자의 신원을 기억하지 못하는 경우도 있다(Zorza, 2001). 하지만 이 마약은 성폭력 사건에서 자주 쓰이는 것은 아니다(fisher et al., 1999; Kilpatrick et al., 2007). 우선적으로 로힙
놀은 미국에서 불법약물이며, 액체랑 섞이게 되면 파란색으로 색이 변하게 되
어 눈에 띄게 된다.

그 다음으로 잘 알려진 약물은 GHB(gamma hydroxybutyric acid)이다. 흔히
"액체 엑스터시(easy ecstasy)"나 "이지 레이(easy lay)(쉽게 성관계 할 수 있다는 뜻)"
라는 이름으로 불린다. GHB는 투명한 시럽과 같은 액체 형태이거나 하얀 가
루의 형태로 유통되고 있다. 짭짤한 플라스틱 맛과 미세한 냄새는 과일 주스나
달달한 술에 섞으면 잘 드러나지 않는다. GHB는 뇌에서 전달되는 물질을 막
기 때문에, 마시게 되면 혼란스러워 하거나, 갑자기 졸립거나, 의식을 잃거나,
어지러워하거나 기억을 잃기도 한다. 피해자가 이러한 증세를 보이게 되면, 가
해자는 피해자의 동의 없이도 손쉽게 강간을 저지를 수 있고, 협박을 거의하지
않을 수도 있고, 저항을 감당하거나 발각될 우려도 적다. 진정제나, 마취제, 진
통제나 재낵스(Xanax-신경안정제) 같은 마약류 의약품(narcotics)들도 강간을 저
지르는 데 사용된 적이 있는 것으로 나타났다.

06 ──────────────── 강간 사건에서 술과 마약의 역할

강간이 발생했을 때, 어떤 식으로 범죄가 발생했는지에 대한 논의가 활발
해지면서, 약물과 음주와 관련된 성폭력 피해에 대하여도 논의가 계속되고 있
다. 주로 무력을 이용해서 강제적으로 성폭행하는 경우에 초점이 맞추어져 있
었기 때문에, 다른 식으로 강간이 발생하는 경우에 대해서는 관심이 크지 않았
다. 우리는 코스(Koss)의 연구를 시작으로 강제력이 아닌 다른 수단을 통해 범
죄가 발생한 경우에 대하여 살펴볼 것이다. 구체적으로 술을 수단으로 강간하
는 경우에 대한 연구들과 술이나 약물을 수단으로 발생한 강간 사건의 실태에
대한 연구들도 함께 살펴보고자 한다.

6.1. 코스(Koss)의 연구

코스(Koss)의 연구는 최초의 연구일 뿐 아니라 성폭력 연구의 토대를 마련하였기 때문에 성폭력 연구의 "클래식"으로 여겨진다. 코스와 연구진들은 성경험 설문(SES)을 사용하여 성폭력 피해를 집계하였는데, 이 연구는 여러 면에서 다시 살펴볼 만한 가치가 있다. 이 연구는 술이나 약물과 관련있는 강간 피해의 특성을 제공한 최초의 연구 중의 하나이다. 이 연구는 아래와 같은 문항을 포함하고 있다.

• 당신이 원하지 않았음에도 불구하고, 상대방 남성이 당신에게 술이나 약물을 주었기 때문에 성관계를 맺은 적이 있나요?

이 문항을 포함시킴으로써, 강간 사건에서 술과 마약이 포함되는 경우를 집계하는 것이 가능해졌다. 아쉽게도 이 연구 이후에는 술과 약물과 관련된 강간 피해에 관한 연구가 많이 이루어지지는 않았다. 이 문항에서 사용된 표현들이나 단어의 문제점을 지적하는 연구자들도 있다. 이 문항은 응답자가 편향된 응답을 할 우려가 있기 때문이다. 실제 강간을 당한 여성이나 강간을 당하지 않은 여성 모두 "그렇다"라고 응답할 가능성이 있는 것이다. 예를 들면, 한 여성이 동의를 할 수 없을 정도로 술에 취한 상황에서 누군가가 그 여성과 성관계를 하였다. 두 번째의 경우, 한 여성이 술에 취해서 다음날 후회할 만한 결정을 하였다. 두 번째 경우가 로이페(1996)가 말하는 "'다음날 아침': 후회할 만한 밤이지만 강간은 아니다'는 의미라는 것이다. 이 문항은 두 가지 경우 모두를 포함하기 때문에, 실제 강간을 정확하게 측정하는 것은 불가능하였다.

그럼에도 불구하고 이 연구는 여전히 중요한 함의를 가진다. 이 설문 결과는 술이나 약물을 사용하는 것은 원치 않는 성관계와 긴밀한 관련이 있으며, 강간일 가능성이 높다는 점을 시사한다.

• 7%가 넘는 여대생들은 술이나 약물을 수단으로 한 강간 피해를 당한다.
• 술이나 약물을 사용하는 것은 강간(2.86%)보다는 강간 미수(4.49%) 피해

의 경우에 더 흔하다.

- 술이나 약물을 수단으로 한 강간이나 강간 미수는 연간 1.24%, 이 중 강간 미수는 0.74%, 강간의 경우는 0.5%이다.

6.2. 하버드 대학교 음주 연구

하버드 대학교의 공중 보건 대학(Harvard School of Public Health)의 웨슬러 (Henry Weschsler)는 로버트 우드 존슨 재단(Robert Wood Johnson Foundation)의 지원을 받아 대학교 음주 연구(College Alcohol Study: CAS)를 실시하였다(자세한 내용은 College Alcohol Study, 2009 참조). 웨슬러와 연구진들은 1997, 1999, 2001 년에 실시한 대학 음주 연구에서 샘플을 표집하였다. 연구에서 추출한 샘플은 전국 단위의 여대생 샘플들 중 가장 큰 규모의 샘플이다(Mohler-Kuo, Dowdall, Koss, & Wechsler, 2004 참조). 119개의 4년제 대학교에서 재학 중인 24,000명에 가까운 여대생들을 표집하였다.

웨슬러(Wechsler)와 동료들은 강간의 법률적 정의에 기반하여 강간과 관련 한 설문을 하였다(Mosler-Kuo et al., 2004). 이와 유사한 문항들은 킬페트릭 (Kilpatrick et al., 2007), 코스(Koss et al., 1987), 티아덴과 톤네즈(Tjaden & Thoennes, 2000)의 연구에서도 사용되었다. 웨슬러의 연구는 힘으로 강제하거나 상해를 입힐 것을 협박하여 자신의 의지에 반하여 성관계를 맺은 경우나, 동의의 의사 표현을 할 수 없을 정도로 취한 상태에서 성관계를 맺은 적이 있는지를 설문하 였다. 설문의 기간은 "개강하고 나서 현재까지"를 물어보았으며, 보통 7개월 동안 발생한 사건에 대하여 설문하였다. 이 연구 결과에서 살펴볼 결과는 크게 3가지이다.

- 1.9%의 여대생이 강제적으로 강간 당하였다고 응답하였다.
- 1% 미만(0.4%)의 여대생이 누군가가 해를 가할 것이라고 협박하는 수법 으로 강간 피해를 당하였다고 응답하였다.
- 이 연구에서 측정한 피해 기간인 7개월은 전국 여대생 성폭력 피해조사

(NCWSV)의 측정 기간과 같다. 이 연구의 강간 피해율은 전국 여대생 성
폭력 피해조사(NCWSV)의 강간 피해율인 1.7%와 매우 유사하다.

웨슬러(Wechsler)의 연구는 얼마나 많은 강간 피해가 술이나 약물에 의해
서 발생했는지를 측정하고자 하였다(Mohler-Kuo et al., 2004). 안타깝게도, 술이
나 약물에 취해 있었는지 아니면 약물을 자발적으로 사용했는지 혹은 누군가
가 주었는지를 설문 문항에서 구분하기는 어렵다. 이 연구에서는 "동의할 수
없는 상태에 이를 정도로 취해있을 때 성관계를 한 적이 있는지"만을 설문하고
있다. 설문 응답기간이 불과 7개월로 설정하였던 것을 고려해 보면, 결과는 상
당히 놀라울 만하다.

- 강제적인 강간을 제외하고, 3년 동안 평균적으로 3.4%의 여성이 동의할
  수 없는 상태에 이를 정도로 취해 있을 때 성관계를 한 적이 있다고 응
  답하였다.
- 1997년도에는 3.6%, 1999년도에는 3.4%, 2000년에는 3.2%로 꽤 지속
  적이게 나타났다.

이 연구는 대학생의 음주에 관한 연구이다. 이 연구에서는 강간을 측정하
기 위해서 세심하게 고려된 문항을 사용하였고, 여전히 상당수의 대학생들이
술이나 약물에 취한 상황을 이용하여 강간 피해를 경험하는 경우가 발생할 수
있다는 연구 결과를 뒷받침한다.

6.3. 약물을 이용한 강간, 항거불능을 이용한 강간, 강제력을 이용한 강간

코스(Koss)의 연구가 발표된 지 20년이 지난 후에, 킬페트릭(Kilptrick)과 동
료 연구진들(2007)은 술과 약물을 사용한 강간 피해의 실태에 대한 전국 단위
의 연구를 수행하였다. 테스타(Maria Testa)와 에비(Antonia Abbey)의 주류소비와

강간에 관한 연구에 기반하여, 킬페트릭과 연구진들은 술 및 약물로 야기된 강간(alcohol - or drug - induced rape: AD-induced rape)에 대하여 연구하였다. 이들은 크게 (1) 술이나 약물로 촉진된 강간(alcohol - or drug-facilitated rape)과 (2) 항거불능상태를 이용한 강간(incapacitated rape)의 두 가지로 구분하여 살펴보았다. 술이나 약물로 촉진된 강간은 상대방의 동의 없이 약물을 주거나 피해자를 취하게 할 목적으로 술을 주는 것을 의미한다. 그리고 상대방이 원치 않는 성적인 행위(구강, 항문, 성기를 통한 성교)를 하는 것을 말한다. 피해자는 정신을 잃었을 수도 있고, 깨어있지만 술이나 약물에 취해 있어서 자신이 무슨 행동을 하는지 모르거나 자신의 행동을 통제할 수 없는 상황을 말한다. 항거불능상태를 이용한 강간은 피해자가 스스로 술을 마시거나 약물을 사용하였지만, 성행위를 원하지 않았음에도 불구하고 삽입이 이루어진 경우를 말한다.

킬페트릭(Kilpatrick)의 연구진도 미국 대학생 명부(the American Student List)를 사용해서 연구에 참여할 대상자들을 추출하였다. 미국 대학생 명부는 미국 대학에 재학 중인 학생 명부 중 가장 크고 가장 많이 활용되는 명부이다. 또한, 이 명부는 피셔(Fisher)와 연구진이 실시한 대학 성폭력 피해 조사에서도 사용되었다. 47개 주의 253개 4년제 대학에 재학 중인 2,000명의 여대생들의 샘플이 구성되었다. 연구 샘플의 평균 나이는 20세(최소 18세부터 67세까지)이고, 대다수가 결혼한 적이 없었고(96%), 연간 소득이 40,000 달러 이상인 고소득 가정에서 온 경우가 가장 많았다(72%). 약 75% 정도가 히스패닉계가 아닌 백인이었고, 히스패닉계가 아닌 흑인이 11%, 히스패닉계가 6%, 아시아계 미국인이 6%, 아메리카 원주민이 1%인 것으로 나타났다.

이 연구에서 사용한 강제적 강간 스크리닝 문항은 전국 여성 폭력 실태조사(NVAWS)에서 사용된 문항과 유사하다(Tjade & Thoennes, 2006 참조), "미국의 강간 보고서(Rape in America: A Report to the Nation)"에서 사용한 문항과도 유사하게 구성하였다(Kilpatrick & colleagues, 1992). 문항에서 3가지 행동을 구체적으로 묘사하였으며 "남성이 무력을 사용하거나 당신이나 당신의 주변 누군가를 해할 것이라 협박하여-성기, 구강, 항문 성교-를 한 적이 있나요?"라고 설문하였다. 4번째 문항에서는 원치 않았음에도 누군가가 손가락이나 물체를 사용하여 성기나 항문에 삽입한 적이 있는지를 설문하였다. 강제적 성관계를 묻는 문항 이외에 음주 및 약물과 관련한 문항 2개를 추가적으로 포함하였다.

첫 번째 문항은 강제로 술을 마신 것은 아니지만 항거 불능 상태에 빠지게 된 상태를 이용한 강간을 물어본다(incapacitated rape). 이 문항에서는 응답자가 원하지는 않았지만 술을 많이 마시거나 약물에 취하거나 정신을 잃어서 원치 않는 성관계를 한 적이 있는지를 물어본다. 두 번째 문항은 가해자가 의도적으로 약물이나 술을 준 적이 있는지를 물어보며, 약물을 이용한 강간(drug facilitated rape)을 측정하였다. 이 문항에서는 누군가가 약물을 주었거나 약물에 취해서 성관계를 한 적이 있는지를 물어본다. 강간관련 스크리닝 문항 중 1개 이상에 해당하는 경우에만 강간 사건에 대한 설문 문항을 물어보았다. 발생한 사건의 특성(강제력의 사용, 협박), 피해자-가해자 관계, 상해 여부, 마약 및 술과 관련성, 의료 치료 여부, 신고 여부 등의 일련의 사항들을 질문한다. 주목할 만한 점은, 전국 여대생 성폭력 피해연구(NCWSV)에 포함되지 않았던 설문 문항들도 포함하고 있다는 점이다. 하지만, 이 질문들은 성관계를 분류하기 위해서 사용된 것이 아니라, 사건의 특성을 묘사하기 위해서 사용되었다.

7개월 동안의 강간 피해를 살펴본 이 연구를 통해 밝혀낸 결과는 다음과 같다.

- 3% 정도의 여대생들이 강간을 당하였다(2.95%).
- 2% 정도가 무력을 동반한 강간을 당하였다(1.9%).
- 2%를 조금 넘는 여대생들이 약물이나 술을 이용한 강간이나 항거불능 상태를 이용한 강간을 당하였다.
- 약물이나 술을 수단으로 한 강간 피해를 당한 경우는 0.95%인 반면, 항거불능상태에서 강간 피해를 당한 경험은 1.2%인 것으로 나타났다.

매년 수많은 학생들이 대학교에 입학하고 졸업하고 있으며, 대학 시절에 경험한 것들은 인생 전반에 큰 영향을 미치곤 한다. 하지만 안타깝게도, 여학생들이 겪는 캠퍼스라이프의 일부에는 강간이나 준강간도 포함된다. 여학생들이 직면하고 있는 성폭력 범죄피해의 위험을 더 정확하게 파악하기 위해서는 약물이나 음주가 어떻게 범죄피해에 영향을 미치고 있는지를 연구해 보아야 할 것이다. 피해자가 자발적으로 약물이나 음주를 했는지 혹은 가해자가 의도적으로 약물을 주거나 취하게 하였는지 여하를 막론하고 이러한 연구는 필요하다.

07 ——————————————————— 결론

길버트(Gilbert)나 로이페(Roiphe)는 강간에 대한 문제가 정치와 관련 지어질 수 있다는 점을 지적하였다. 데이터가 나오기도 이전에 사람들은 자신이 어떤 입장을 취할지 미리 정해진 문화 전쟁 속에서, 한쪽에서는 "강간은 만연해 있다"고 주장하는 한편, 다른 한쪽에서는 "잘못된 결정은 자신이 책임을 져야 한다"고 말한다. 이러한 논쟁 속에서 상당수의 학자들은 대학생들이 직면하고 있는 강간 피해의 위험을 정확하게 구분하려고 노력하고 있다.

그렇지만 강간 피해를 측정하는 방법들 중에 오류 없는 방법은 없을 것이다. 복잡한 사회 현상을 측정하는 것은 매우 어려운 문제이다. 정확하게 측정하는 것은 더욱 어려운 과제이다. 예를 들어, 우리가 실시한 전국 여대생 성폭력 피해연구(NCWSV)에서는 2.8%의 여학생들이 한 학년도 동안 강간이나 강간미수 피해를 당했다고 설명한다. 하지만 솔직히 말하자면, 우리도 이 수치에 어느 정도의 신뢰구간을 설정해야 할지는 확신할 수 없다. 우리가 이 시점에서 확실히 말할 수 있는 것은 작은 비율이지만 간과할 수 없는 수의 여학생들이 대학교에서 강간 피해의 위험에 노출되어 있다는 것이다. 대학캠퍼스에 있는 여학생들을 대상으로 하는 강간 피해 위험의 가능성을 계산한다면, 경종을 울리는 결과일 것이다. 수많은 사회문제들 중 심각한 문제로 일컬어지는 강간 사건은 사건의 빈도가 다소 작더라도 이 문제가 가지는 중요성은 상당하다.

우리는 이번 장에서 강제적인 강간뿐 아니라, 약물이나 술을 이용하여 촉진되거나 야기된 강간 사건도 상당히 많을 수 있다는 점을 발견하였다. 성폭력 분야의 연구들은 아직 초기 단계이며, 통계적으로 엄격하게 강간을 측정해야 할 필요가 있다. 이와 더불어, 술과 마약과 여성이 범죄에 취약해지는 것과의 상관관계를 암시하는 연구들이 많다는 점을 고려해 이러한 부분도 살펴보아야 할 것이다.

　이러한 맥락으로 살펴볼 때, 우리는 대학교는 더 이상 안전한 안식처가 아니라고 이야기할 수 있다. 오히려, 강간과 같은 성폭력 피해의 위험을 가지고 있는 위험한 장소인 것이다. '경각심을 불러일으키기 위한' 수년간의 노력과 강간 예방 프로그램에도 불구하고, 강간 피해가 감소하고 있다는 증거는 찾아보기 힘들다. 연애 상대를 찾으며, 사적인 공간에서 어울리고, 술이나 마약을 사용하는 것이 대학생들의 일상활동 중 일부라는 점을 고려해 볼 때, 강간 사건을 완전히 근절하기는 쉬운 일이 아닐 것이다. 성폭력 피해를 당할 수도 있는 상황은 여기저기에 존재하고, 피해자들을 노리고 있는 범죄자들 또한 산재해 있다. 이렇게 결론지어야 하는 것이 비극적이기도 하지만, 캠퍼스에서 강간 피해가 곧 쉽게 사라지지 않는 다는 사실을 이해하는 것은 이러한 문제에 대응하는 첫걸음일 것이다.

CHAPTER

강간 이외의
성폭력 실태

04

강간 이외의
성폭력 실태

    캠퍼스 안전 문제에 대한 전반적인 관심이 높아지고, 여성의 인권 단체들의 부단한 노력을 통해 강간피해 문제는 정부의 관계 부처뿐 아니라 대학의 실무자들에도 주요한 정책 안건이 되었다. 실제로, 대학캠퍼스의 강간 문제는 주(state)와 국회에서 자주 다루어지고 있다(Carter & Bath, 2007; Sloan & Shoemaker, 2007). 연방의 클레리 법(The Jeanne Clery Disclosure of Campus Security Policy and Campus Crime Statistics Act(20 USC § 1092(f): Clery Act)은 3차 교육기관이 주요한 7종류의 연간 범죄통계를 발표하고 배포하도록 규정하고 있는 법률이다. 이 법률에서는 성범죄를 7종류의 범죄 중 하나로 정하여, 이에 대한 통계도 보고되어야 한다. FBI의 전국 사건 기반 신고 시스템(National Incident–Based Reporting System)과 마찬가지로, 성범죄는 크게 2가지의 카테고리로 구분되어 보고되어야 한다. 첫 번째는 강제성이 있는 범죄(forcible offense)이다. 상대방의 의사에 반하여 강제로 성관계를 가지는 행위로 규정되어 있는 강간이 이 범죄분류에 포함되며, 강제적 수간(sodomy), 도구를 이용한 성폭력, 강제 추행 또한 이 범주에 포함된다. 두 번째는 근친상간(incest)이나 의제강간(statutory rape)과 같은 강제력을 동반하지 않은 성범죄이다.

    학계와 법조계의 관심은 강간에 집중되어 있기 때문에 다른 종류의 성폭력 범죄는 다소 관심을 받지 못하고 있다. 하지만, 강간 사건은 대학 내에서 발생하는 전체 성폭력 문제의 빙산의 일각일 뿐이다. 마치 강간 사건이 대학 성폭력 문제의 전부인 것 같아 보이지만, 다른 종류의 성폭력 피해가 더 많이 발생하고 있는 것이다. 최근의 학술 연구를 살펴보면, 대학생들은 원치 않는 강제적 성관계를 겪는 경우도 많다.

우리는 크게 세 가지 부분에 집중해서 강간 이외의 성폭력 피해의 문제를 살펴보기로 한다. 첫 번째, 강간에 얼마나 많은 관심이 집중되어 있는지를 살펴보고, 대학생들이 겪을 수 있는 다양한 종류의 성폭력 피해를 살펴보는 것이 중요한 이유를 다루어 보고자 한다. 강간 이외의 성폭력 종류 중에서는 피해가 심각한 것도 있지만, 상대적으로 피해가 크지 않은 범죄도 있다. 하지만 범죄의 피해의 정도나 심각성과는 상관없이, 범죄가 발생하게 되면 피해를 당한 피해자들은 대학생활의 일부를 포기해야 하는 상황에 직면하기도 한다. 여학생의 경우, 성범죄피해의 가능성이 적은 남학생들이 걱정하지 않아도 되는 문제를 걱정해야하는 부담을 가지게 된다. 두 번째로, 우리는 이론적인 틀을 갖추어 다양한 범죄피해를 설명하고자 한다. 이렇게 이론적 배경을 통해 범죄를 설명하게 되면 성폭력 피해의 다양한 측면을 구분하여 살펴볼 수 있다. 세 번째, 강간이 아닌 성폭력 범죄의 특징에 대한 연구들을 살펴보고자 한다. 특히, 성적 강요(sexual coercion), 원치 않는 성적 접촉(unwanted sexual contact) 및 신체적 접촉 없는 성 학대(noncontact sexual abuse)를 집중해서 살펴보기로 한다. 2장에서 살펴본 바와 같이, 전국 여대생 성폭력 피해연구(NCWSV)에서는 다양한 종류의 성폭력 피해를 측정해 보았다. 따라서 이번 장에서도 전국 여대생 성폭력 피해연구(NCWSV)의 설문 결과를 함께 제시하고자 한다.

01 ——————————————— 강간 이외의 성폭력

법률에서 규정하고 있는 강간이 아니더라도, 여성들은 다양한 형태의 성폭력 피해를 당한다. 대학생들의 경우, 동의 없는 성관계나 혹은 원치 않는 신체적 접촉을 당하는 형태로 성폭력 피해를 겪는다. '강간이 아닌' 성폭력 피해를 당하는 것이다. 하지만 이러한 성폭력 피해는 강간에 대한 관심과 비교하여 상대적으로 간과되어 왔다. 강제적이지 않았거나, 폭력이 없었거나, 혹은 의사불능의 상태가 아닌 상태에서 발생한 원치 않는 성관계는 '중요하지 않다'거나 '심각하지 않다'고 여겨졌기 때문이다. 강간이 아닌 성폭력 피해를 표현할 수 있는 용어 자체도 부족하다. 배슬리(Basile, 1999)에 따르면, 이런 폭력 피해는 "애매한 범주"에 속하게 되는데, 법률적으로 강간으로 성립하지는 않지만 관련이 없다고 할 수도 없기 때문이다.

강간 이외의 성폭력 피해는 강간이나 강간 미수를 성립하는 법률적 구성요건을 충족시키지는 못하는 성범죄를 말한다. 많은 종류의 성폭력 피해는 이 개념에 속하게 된다. 성적 강요(sexual coercion)의 범주에 속하는 행위들은 지속적인 설득(continual arguments)이나 권력 남용(misuse of authority)과 같은 비물리적인 강제력의 행사로 이루어진 신체적 접촉이나 성기의 삽입을 의미한다. 성기가 직접적으로 삽입되지 않더라도, 피해자가 원치 않는 상태에서 성적인 접촉이 이루어진 경우에는 성폭력 행위에 속한다. 의도적으로 피해자의 신체를 만지는 행위(가슴이나 성기를 애무하는 행위, 허벅지나 목을 만지는 행위, 입술 및 다른 신체 부위에 키스를 하는 행위)나 다른 상대방의 신체에 자신의 신체를 부비는 행위가 이에 해당한다. 가해자들은 말로써 압박하거나, 권력 남용, 협박 및 무력을 사용(actual use of force)하여 성폭력을 저지른다. 신체적 접촉이 없는 성학대 (noncontact sexual abuse)는 성기 삽입이나 신체적 접촉이 없는 행위를 의미한다. 성차별 발언을 하는 것이나, 성적으로 놀리는 것이나, 성생활에 대해서 질문을 하는 행위들이 여기에 속한다. 상대방이 원하지 않았음에도 불구하고 외설물을 보여주는 것이나, 신체를 노출하는 행위, 관음증 등도 여기에 해당된다 (Basile & Saltzman, 2002 참조).

강간이 아닌 다른 종류의 성폭력 범죄에도 주요한 관심을 기울여야 하는 이유는 다음과 같다. 첫 번째, 상당수의 여대생들은 강간이 아닌 다른 형태의 성폭력 피해를 당한다. 이는 결코 새로운 현상이 아니며, 1950년대 "대학 내 남성의 성적 공격성"을 측정한 커크패트릭과 캐닌(Kirkpatrick & Kanin, 1957)의 연구에서도 27%의 여대생들이 강제적으로 성관계를 맺으려는 행위를 제외한 원치 않는 "스킨십(erotic intimacy)"을 경험하였다고 응답하였다. 1,022건의 스킨십 중 73%는 '허리 윗부분의 신체를 만지거나 목을 쓰다듬는 행위'이며, 19%는 '허리 아랫부분을 만지는 행위'가 있었다고 응답하였다.

최근의 연구 결과를 살펴보면, 범죄피해의 양상은 1950년대 이후로 크게 달라지지 않았다. 코스(Koss)와 동료들이 1980년대 실시한 연구를 살펴보면, 여대생의 상당수는 1년 동안 1회 이상의 성범죄피해를 당한 것으로 나타났으며, 40% 정도가 강간이 아닌 성폭력 피해를 당한 것으로 집계되었다. 집계된 피해의 54%는 애무, 키스, 더듬기 등의 원치 않는 신체적 접촉을 당한 것이었으며, 22%의 사건은 가해자에게 협박을 당하는 형태로 피해를 당한 것으로 나타났다.

1990년대에 실시된 두 가지의 성폭력 연구는 이전의 연구들과 일맥상통하는 결과를 보여준다. 1990년대 초반에 실시된 4년간의 종단 연구 결과, 46%의 여성이 강간 이외의 강제적 성관계를 맺었거나 원치 않는 신체적 접촉을 당한 것으로 나타났다(White, Smith, & Humphrey, 2001). 9%의 여학생들이 대학을 다니는 동안 강간을 당하였다는 수치와 비교해 볼 때, 이는 약 5배가 넘는 수치이다. 두 번째, 전국 여대생 성폭력 피해연구(NCWSV)에서는 15%의 여성들이 성폭행 피해를 당했으며, 13%가 한 학년도 동안 강간 이외의 성폭력 피해를 당했다고 집계되었다. 가해자가 무력이나 협박을 사용한 경우와 사용하지 않은 경우 모두를 포함하여, 원치 않는 성적 접촉을 당한 경우는 전체 성폭력 사건의 3분의 2 정도에 해당하는 것으로 나타났다. 전체 사건의 20%는 협박이나 무력을 사용하지 않은 강제적 성관계인 것으로 나타났다.

두 번째, 강간 이외의 성폭력을 당한 피해자들이 강간을 당한 피해자들보다 훨씬 많다(Abbey et al., 2004; Fisher et al., 2000; Koss et al., 1987). 전국에 있는 수백 곳의 3차 교육기관에 재학 중인 대학생들을 대상으로 한 미국 대학 보건협회(American College Health Association)의 설문 조사를 살펴보면, 2000년부터 2008년까지 매년 평균 2%의 대학생들이 강간 피해를 당하였고, 이의 두 배에 해당하는 4%가 강간 미수 피해를 당하였다. 연간 평균 11%가 자신의 의지에 반하는 신체적인 접촉을 당한 것으로 나타났다. 연평균 4%의 여대생들이 자신의 의지에 반하여 성관계를 갖도록 협박당한 것으로 응답하였다(American College Health Association, 2000a, 2000b, 2001a, 2001b, 2002a, 2002b, 2003a, 2003b, 2004a, 2004b, 2005a, 2005b, 2006a, 2006b, 2007a, 2007b, 2008a, 2008b).

화이트(White)와 동료들이 실시한 연구들도 이와 유사한 결과를 보였다(Smith et al., 2003; White et al., 2001). 〈표 4.1〉에서 살펴볼 수 있듯이 대학생이 강간을 당하는 비율 보다는 강간 이외의 성폭력 피해를 당할 가능성이 훨씬 높은 것으로 나타났다. 연간 평균적으로 21.5%의 여자 대학생들이 강간 이외의

성폭력 피해를 당하는 것에 비하여, 이보다는 적은 수치인 7.1%의 여성들이 강
간 피해를 당하는 것으로 집계되었다. 이 결과는 연간으로 따로 살펴보아도 유
사하게 나타난다. 대학교 1학년부터 4학년까지 성폭력 피해 추이를 살펴보더라
도 강간 보다는 다른 종류의 성범죄피해를 당하는 비율이 높은 것으로 나타났
다(〈그림 4.1〉 참조). 대학교 1학년 때에는 29%의 여성이 강간 외 다른 종류의
성폭력 피해를 당하는 반면 11%의 여성들이 강간 피해를 당하는 것으로 나타
났다. 전체적으로 다른 종류의 성범죄피해를 당한 경우는 강간 피해를 당한 경
우보다 15%정도 이상 높은 것으로 나타났다. 그리고, 대학교 4학년 때 이 차이
가 가장 큰 것으로 나타났다. 강간피해자는 3%인 반면, 다른 종류의 성범죄피
해를 당한 경우는 24%인 것으로 나타났다.

전국 여대생 성폭력 피해연구(NCWSV) 또한 이러한 결과와 일맥상통한다.
한 학년도 동안 2.8%의 여대생들이 1회 이상 강간 범죄피해를 당한 것으로 나
타났다. 3.7%는 협박이나 무력 사용이 없는 강제적 성관계가 발생했다고 응답
하였다. 11%는 원치 않는 성관계를 맺은 경험이 있다고 응답하였다. 자신의 성
기를 보여주거나, 여성에게 성희롱 및 성차별 발언을 하는 행위인 신체적 접촉
이 없는 성폭력의 경우가 가장 많은 것으로 응답하였다. 77%의 여학생들이 한

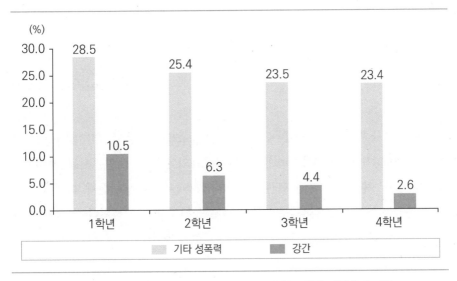

그림 4.1   대학 재학기간 동안 강간 및 기타 성폭력 피해를 당한 여학생의 비율

학년 동안 이러한 종류의 성폭력을 당하였다고 응답하였다.

　세 번째, 강간 및 다른 종류의 성폭력 피해를 당한 사람의 특징은 세심히 살펴보아야 드러난다. 한 커뮤니티 내의 여성 샘플을 대상으로 연구한 결과, 가해자들이 강간을 저지르기 위해서 사용하는 전략과 다른 성폭력 범죄를 저지르는 방식은 차이가 있는 것으로 나타났다(Testa, Derman, 1999). 전국 여대생 성폭력 피해연구(NCWSV)에서도 일상생활과 생활양식에 따라 강간 및 기타 성폭력 범죄피해의 위험성에 차이가 있는 것으로 나타났다(Fisher & Cullen, 1999a). 따라서, 연구자, 정치인 및 대학 관계자들은 강간 피해자와 그 외의 성범죄피해자들의 생활양식이나 일상활동의 유사한 점이나 차별점에 주목해 보아야 한다.

　네 번째, 대학 내의 범죄 예방 활동을 계획할 때, 대학생들은 강간 이외에도 다른 종류의 성폭력 피해를 겪고 있다는 것을 염두에 두어야 한다. 클레리 법(Clery Act)은 FBI에서 규정하고 있는 성폭력 범죄의 빈도만을 측정하고 있다는 점을 주목해 볼 때, 이러한 정책은 현재 시행되고 있는 클레리 법에서 집계하는 범죄 통계를 보완할 수 있는 정보를 제공할 수 있다. 대학생의 성폭력 문제를 다룰 때, 강간 피해에만 집중하는 것은 더 보편화되어 있는 범죄피해를 간과하게 할 수도 있으며, 궁극적으로는 여대생의 삶의 질을 저하시킬 수도 있다.

02 ──────────────────────── 성폭력 피해의 분류

　앞서 3장에서 살펴보았듯이, 삽입이나 성교가 있었는지, 강제력을 행사하거나 협박이 있었는지, 성관계에 대한 피해자의 동의가 있었는지를 기준으로 강간의 성립 여부를 살펴볼 수 있다. 하지만 다른 종류의 성폭력 피해는 제시된 기준들만으로는 정의하기 어렵다. 누군가가 강제로 가슴이나 성기를 만진 것이 범죄피해가 아니라는 말이 아니라, 이러한 행위는 강간으로 분류되지는 않는 다는 것이다.

　신체적 접촉이 있다고 해서 모든 범죄행위가 강간인 것은 아니다. 강제성

의 정도에도 차이가 있을 뿐더러, 단순히 무력을 사용하였는지 협박만을 사용
하였는지에 따라서 달라지기도 한다. 강간 외의 다른 성폭력 피해의 경우도 미
수인지 기수인지를 구분할 수도 있다. 강간 이외의 다양한 종류의 성폭력 피해
를 이해하기 위해서, 3가지 요소를 고려하여 볼 수 있다.

- 접촉의 종류(type of contact)
- 강제의 정도(degree of coercion)
- 행동의 정도(degree of action)

이 기준들을 통해서 행위의 범주를 측정할 수 있다. 법적으로 강간에 해
당되지 않는 경우에도 이 기준들을 통해 다양한 종류의 성폭력 피해가 측정될
수 있다. 이어서는 이 3가지 요소에 대하여 구체적으로 살펴보도록 하겠다.

2.1. 신체적 접촉의 종류

성폭력 피해를 구분하는 첫 번째 기준은 실제 신체적 접촉이 있었는지의
여부이다. 〈그림 4.2〉에서 볼 수 있듯이, 접촉의 정도에 따라 피해의 종류를 구
분하여 볼 수 있다. (1) 가해자와 피해자의 신체적 접촉이 전혀 없는 경우, (2)
피해자 신체의 일부를 의도적으로 만지기 위해서 성적인 접촉을 한 경우, (3) 피
해자의 성기, 항문, 구강을 통해 성교를 한 경우로 나누어서 살펴볼 수 있다.
신체 접촉은 탈의를 한 상태에서 이루어질 수도 있지만, 옷을 입은 상태에서
발생하기도 한다.

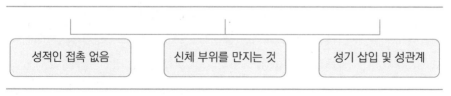

그림 4.2 신체적 접촉의 정도(연속체)

신체접촉이 전혀 없는 경우에도 성폭력 피해가 발생할 수 있다. 피해자에게 성차별 발언을 하거나 성희롱을 하는 등, 신체적으로 접촉하지 않더라도 피해자를 향한 언동을 할 수 있다. 지나친 관심을 보이거나, 눈빛을 보내거나 기대는 행위, 성희롱 및 데이트 신청(Belknap & Erez, 2007)과 같은 성차별적인 행위도 이 경우에 해당한다. 자신의 신체를 노출하거나 음란물을 강제로 보여주는 등의 행위도 물리적 접촉은 없으나 성적으로 괴롭히는 행위에 해당한다.

'피해자의 신체 일부를 의도적으로 만지려는 행위'는 〈그림 4.2〉의 중간쯤에 위치한다. 키스, 만지기, 문지르기 등이 대표적인 예시이다. 특히 성적으로 민감할 수 있는 신체적 부위인 머리, 입술, 목, 손, 가슴, 허벅지, 사타구니, 엉덩이 등을 만지는 행위가 이 분류에 속한다. 가슴 및 성기를 애무하는 행동도 여기에 해당할 수 있다. 또한 상대방의 가슴이나 엉덩이를 의도적으로 만지는 행위나 동의 없이 입이나 볼 등에 입맞춤을 하는 행위도 이에 속한다.

〈그림 4.2〉의 오른쪽 가장 끝부분에는 삽입이나 성교가 해당한다. 가해자의 성기뿐 아니라, 입, 손가락, 자위 기구나 물병과 같은 도구를 사용하여 피해자의 성기, 항문, 입 등에 강제로 삽입하는 행위가 여기에 속한다. 가해자가 자신의 성기를 여성의 성기나 항문에 삽입하거나, 여성이 남성에게 구강 성교하거나, 남성이 여성에게 구강 성교를 하는 행위 모두가 성적인 삽입이나 성교의 예시이다.

2.2. 강제성의 정도

강제성의 정도(degree of coercion)는 가해자가 피해자와 신체적 접촉을 하려는 의도로 취하는 물리적인 행동이나 기술의 강도를 의미한다. 가해자가 피해자와 성적인 접촉을 하기위해서 사용하는 기술이나 강제성에 대한 연구는 지속적으로 이루어져 왔다(Basile & Saltzman, 2002; Thompson, Basile, Hertz, & Sitterle, 2006). 핑케롤과 일로(Finkelhor & Yllo, 1985)는 성적인 강제(coercion)의 의미를 개념화한 초기연구를 실시하였다. 이들의 연구에 따르면, 사회적 강제, 대인 관계적 강제, 물리적 협박, 물리적 강제로 개념을 나누어 볼 수 있다. 첫 번째 사회적 강제는 여성으로서의 역할과 관련한 관습적 및 문화적 기대를 의미한다. 두 번째 대인 관계적 강제는 가해자가 피해자와의 관계가 지속되는 것을 빌미로 직접 협박하는 것을 의미한다. 세 번째 물리적 협박은 실제 물리력을 사용하지는 않으나 사용할 수 있다고 협박하는 것을 말한다. 마지막으로 물리적 강제는 실제로 물리력을 사용하는 것을 의미한다. 후속 연구자들은 이 4가지 종류의 강제성을 조금 더 명확하게 정의하였다. 함비와 코스(Hamby & Koss, 2003)는 강간 이외의 성폭력 피해에 대하여 알아볼 때에는 사용된 강제력의 종류를 명확하게 하는 것이 중요하다고 설명하였다(Koss, 1966 참조). 예를 들면, 심리적 강제는 가해자가 지속적으로 조르거나, 거짓 약속을 하거나 "바람직하지는 않지만 범죄행위는 아닌" 방식으로 피해자를 설득하는 방법을 말한다고 설명하였다(p.244). 스피츠버그(Spitzberg, 1999)는 성폭력 피해에 관한 연구 120개를 분석한 결과, 총 5가지 종류의 성적 강요 행위를 파악하였다. 5가지 종류의 강제는 압박 및 지속, 기망, 협박, 물리적 제압 그리고 물리적 강제 및 상해의 입히는 방식을 통하여 성폭력을 저지르는 것이라고 설명하였다.

〈그림 4.3〉에서는 핀케롤과 일로(Finkelhor & Yllo)가 분류한 강제의 종류, 함비와 코스(Hamby & Koss)의 강제의 정도 및 스피츠버그(Spitzberg)의 성적 강요의 5가지 종류 모두를 고려하여 일직선상으로 표현하였다. 강제의 정도를 표현한 〈그림 4.3〉은 총 5가지 종류의 강제를 보여주며, 심리적 및 감정적 압박을 사용하는 경우에서부터 물리적 강제를 사용하는 것까지 아우르고 있다. 또한, 가해자가 사용하는 협박 및 물리력의 종류를 나타내고 있다. 가해자들은 피해자들이 성관계나 신체접촉을 하게끔 다양한 강제력을 사용하며, 피해자가 가해자의 요청에 의해 행동한 것은 자발적인 것이 아니라 이러한 가해자의 강제력 때문이라고 할 수 있다.

그림 4.3 강제성의 정도(연속체)

강제의 종류에 있어서 주목해 보아야 하는 첫 번째 카테고리는 심리 및 정서적 압박이다. 이 카테고리는 가해자가 말로써 설득하거나 감정에 호소하여 피해자와 접촉하는 행위가 대표적인 예시이다. 계속해서 설득하거나, 조르거나, 채근하거나, 압박하거나 삐지는 등의 방식으로 피해자와 성적인 접촉을 한다. 폭력을 행사할거라는 협박을 하지 않더라도 피해자를 폄하하거나 피해자에게 욕을 하는 방식으로도 피해자에게 행동을 강제하기도 한다. 마치 피해자가 잘못한 것과 같은 감정을 느끼게 해서 성관계를 맺도록 설득하기도 한다. 여자친구에게 계속적으로 성관계와 스킨십에 대해서 이야기해서 좀 더 자주 성관계를 해야 한다고 말로써 설득시키는 것이 하나의 예시이다. 여자친구가 계속적으로 관심이 없다는 것을 표현했음에도 불구하고, 말로써 여자친구를 압박할 수도 있다. 여자친구가 남자친구에게 미안한 감정이 들게끔 감정적으로 압력을 행사하기도 한다.

두 번째는 기망(deception)이다. 가해자가 피해자에게 자신이 실제로는 지키지 않을 예정이거나 마음에 없는 약속을 하고, 감정이 있는 것처럼 보이기도 한다. 가령, 마음이 없으면서 사랑한다고 이야기하거나, 거짓말을 하거나, 거짓된 약속을 하며 성적인 접촉에 대한 동의를 얻을 수 있다. 가해자는 스킨십을 하면 자신이 약속을 지킬 것이라고 믿게 할 수 있다. 교수가 학생에게 가슴이나 성기를 만지는 것을 허락하지 않으면 시험에 통과할 수 없을 것이라고 이야기 하는 경우가 이에 속한다. 혹은 구강성교를 해 주면 시험을 보는 동안 답을 알려주겠다라고 약속하는 경우가 이에 속한다고 할 수 있다.

세 번째 카테고리는 대인 관계에 대한 협박이다. 대인관계 협박은 스킨십을 허락하지 않으면 헤어지거나 다른 사람을 찾을 것이라는 식으로 협박하는 행위가 대표적이다. 사실, 피해자에게 물리적인 폭력을 행사하는 것은 아니다. 대신 스킨십을 하지 않으면 관계를 끝내거나 관계가 안 좋아질 것이라는 협박을 지속적으로 하는 것이다. 직접 말로 하지 않더라도 편지, 문자, 소셜네트워크의 포스팅 등을 통해서 의사를 전달할 수도 있을 것이다. 가령, 데이트를 하는 상대라든지 플라토닉 관계에 있는 친구에게 오늘 스킨십을 하지 않으면 집에 못가게 할 것이라고 이야기 하는 것이 대인관계에 대한 협박의 예시가 될 수 있다. 성관계를 하지 않으면 헤어질 것이라고 이야기를 하며 압박하는 것도 이 유형에 속한다.

다음 단계인 물리력의 사용의 협박은 피해자에게 물리력을 사용하거나 협박하는 것을 말한다. 핀케롤과 일로(Finkelhor & Yllo, 1985)는 "물리적 강제의 협박(threatened physical coercion)"이라고 표현하였는데, 스킨십을 하지 않으면 물리력을 행사할 것이라고 암시하는 것을 의미한다. 물리력을 쓰겠다는 것은 가해자가 자신의 신체를 사용하거나 무력을 사용해서 피해자를 제압할 것이라는 의미이다. 가해자는 칼이나 총을 사용해서 피해자를 협박하기도 한다. 피해자를 때리겠다는 것도 이 유형에 포함되는데, 자신에게 구강성교를 해 주지 않으면 때리거나 머리카락을 뽑을 것이라고 협박하는 것이 하나의 예시가 될 수 있다.

강제력의 정도의 분류 중 마지막 분류는 실제적으로 물리력을 사용하는 것이다. 핀케롤과 일로(Finkelhor & Yllo, 1985)는 물리적으로 강제하는 것을 무력 사용이라고 표현하였다. '무력(physical force)'이라는 용어자체가 의미하는 바와 같이, 가해자는 실제적으로 물리적 힘을 사용하여 피해자들과 접촉하게 된다. 이때, 물리적 힘이라고 하면, 가해자가 팔, 손, 입, 다리와 같은 신체의 일부를 사용하여 해를 가하거나 피해자에게 고통을 야기하는 것을 의미한다. 폭행을 가하지 않더라도, 움직임을 제한하는 행위 또한 물리적 강제에 해당할 수 있다. 간혹 무기를 사용하여 협박하기도 한다.

구체적으로 살펴보면, 가해자가 피해자를 때리거나, 움직이지 못하도록 몸을 움켜쥐거나, 물거나, 머리채를 당기는 행위 모두가 물리적 힘을 사용하는 것이다. 스피츠버그(Spitzberg, 1999)는 핀케롤과 일로와 유사하게 물리적 강제를 정의하였으나, 물리적 제압(physical restraint)와 무력 사용(physical force)은 구분하여 정의하였다. 물리적 제압은 가해자가 힘을 사용해서 팔을 누르거나 다리를 벌리게 하는 것을 의미한다. 이에 반해 물리적 힘을 사용하는 것은 피해자를 때리거나 무기를 사용하여 가해자의 명령에 따르도록 하는 것을 의미한다.

성폭력 피해의 다양한 특성 중 하나로써, 협박으로 강제하였는지 혹은 실제 물리적 힘을 사용하였는지를 구분하여 보고 이해하는 것은 매우 중요하다. 이와 더불어, 강간이 아닌 다른 종류의 성폭력 피해도 제대로 명명하고 단순히 '덜 심각한' 범죄가 아니라 범죄피해의 한 종류로써 인식하는 것이 중요하다.

2.3. 행위의 정도

〈그림 4.4〉에서 확인할 수 있듯이, 성폭력 피해의 정도를 결정하는 세 번째 측면은 행위의 정도이다. 이 그림은 가해자가 협박을 통해서 성적인 접촉이 있었는지부터, 시도는 하였으나 성적 접촉은 하지 못하였는지 혹은 성적 접촉이 있었는지까지를 보여주고 있다.

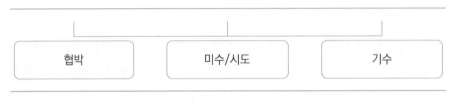

그림 4.4 **행위의 정도(연속체)**

가해자는 실제로 만나서 혹은 전화 등으로 피해자를 협박할 수도 있다. 혹은 문자나 이메일 등을 보내는 방식 등을 통해서 협박할 수도 있을 것이다. 만약 가해자의 행동이 중간에 방해를 받더라도, 여전히 성폭력 가해 미수로 간주될 것이다. 예를 들어, 가슴을 만지려고 손을 뻗는 도중 피해자가 눈치채어 실제로 피해가 발생하지 않았다 하더라도 이는 미수로 여겨진다는 것이다. 신체접촉이 이루어지는 경우에 성폭력이 기수에 이르렀다고 할 수 있다. 성폭력이 기수로 되는 경우는 실제로 피해자의 신체 일부와 접촉이 있었거나, 삽입이 있는 경우이다.

2.4. 성폭력 피해의 분류 체계

앞에서 살펴본 성폭력 피해의 3가지 측면은 강간을 제외한 성폭력 피해의 종류를 명확하게 하고 각각의 경우를 정의할 수 있도록 한다. 성폭력을 강간에만 한정시켜서 바라보는 협의의 관점과 법률적인 정의로만 입각해서 보는 관점은 상당히 제한적이다. 이러한 관점은 피해자가 동의하지 않고 원치 않은 상태에서, 가해자가 협박 및 물리력을 행사하여 성관계를 하거나 미수에 그친 경우만을 포함하기 때문이다.

강간 피해자를 다른 종류의 성폭력 범죄피해자와 구분할 수 있는 특성은 '신체적 접촉의 종류', '강제의 정도', '행동의 정도'의 3가지의 연속선상에서 살펴볼 수 있으며, 이에 따라 구분한 결과 '강제적 성관계(sexual coercion)', '원치 않는 스킨십(unwanted sexual contact)' 및 '신체적 접촉 없는 성폭력(noncontact sexual abuse)'으로 나누어진다. 이어질 내용에서는 대학에 재학 중인 여성들이 겪게 되는 강간 이외의 다른 유형의 성폭력 피해에 대한 연구 결과를 살펴볼 것이다.

03 ——————— 성적 강요(sexual coercion)[1]

반드시 물리력을 쓰거나 협박이 있어야 강제적인 성관계가 발생하거나 삽입이 있었다라고 말할 수 있는 것은 아니다. 성적 강요는 협박이나 물리력을 행사하지 않고 발생할 수도 있는 유형 중의 하나이다. 우선 신체적 접촉의 종류를 기준으로 강간과 비교하여 볼 때, 강제적 성관계는 삽입이나 성관계가 발생하였다는 점에서 강간과 같은 종류의 신체적 접촉이 있다고 볼 수 있다. 강제적 성관계도 미수가 있을 수 있으며, 기수가 있을 수 있다. 하지만 '강제성의 정도'에서 두 범죄피해 유형 간에는 차이가 있다. 강제적 성관계는 물리력이 아니라, 심리적 혹은 감정적인 전략을 사용한다. 또한, 가해자는 다양한 전략을 사용하여 피해자를 설득하거나 이용하여 피해자가 애초에 원하지 않았던 성관계를 맺도록 유도한다.

전국 여대생 성폭력 피해연구(NCWSV)에서는 강제적 성관계를 다음과 같

---

1 역자 주. 성적 강요는 원문에서는 sexual coercion이라고 표현되었다. 이 행위는 무력을 동반하지 않았으나, 의사에 반해 성관계를 하는 개념을 총칭하는 것으로, 문맥에 따라 성적 강요, 성적 강제 혹은 강제적 성관계로 번역하였다.

이 정의하였다(Fisher et al., 2000, p.8).

> "(비 물리적인 수단을 이용하여) 앙갚음을 할 것이라 협박, 보상의 약속, 조르거나 말로 압박하는 방식을 사용하여 상대방이 원치 않는 성관계(삽입)를 하거나 시도하는 것. 여기에서 말하는 삽입은 남성의 성기를 여성의 성기에 삽입하는 것, 상대방의 입에 성기를 삽입하는 것, 상대방의 성기에 입을 대는 것, 성기를 항문에 삽입하는 것, 손가락을 성기에 삽입하는 것, 손가락을 항문에 삽입하는 것 및 물건을 삽입하는 행위 모두를 포함한다."

3.1. 전략

리빙스톤, 버디, 테스타, 벤질탬슨(Livingston, Buddie, Testa, & VanZile- Tamsen, 2004)은 남성이 여성에게 스킨십을 하기 위해서 사용하였던 전략을 연구하여 크게 4가지로 구분하였다. 이 4가지 전략은 (1) 언어적 설득, (2) 지속적 설득, (3) 물리적 설득, (4) 기회 만들기 전략이다. 말로 설득하는 전략은 다시 크게 3가지 종류로 나누어 볼 수 있다. 첫 번째, 상대방에게 상처를 주거나 상대방을 속이는 부정적 설득방법이 있다. 예를 들면, 스킨십을 하지 않으면 헤어질 것이라든지, 다른 파트너를 찾아 성관계를 할 것이라고 이야기를 하거나 상대방을 조르는 방식으로 자신에게 미안함을 느끼게 해서 스킨십을 하는 전략이 있다. 두 번째로 상대방을 칭찬하거나 달콤한 말을 하는 긍정적 설득 방법이 있다. 지키지 않을 약속을 하면서 성관계를 맺도록 유도하는 행위가 이 유형에 해당한다. 마지막 세 번째로 부정적이지도 긍정적이지도 않은 중도의 설득방법이 있다. 중립적인 언어 설득방법은 감정적으로 부담이 되는 방법을 사용하지는 않지만, 계속해서 조르거나 호소하는 방법이다. 이러한 전략을 사용하는 경우 '열 번 찍어서 안 넘어 가는 나무 없다'는 속담과 같이, 계속적으로 조르면 저항도 약해질 것이고 상대방도 포기하고 요구에 응할 것이라는 생각을 기저로 하고 있다. 두 번째 전략인 지속적으로 설득하는 것은 여성이 스킨십에 응할 때까지 계속적으로 설득하는 것을 말한다. 세 번째 전략인 물리적 설득은 키스하는 것과 같이 스킨십을 하거나 강제적으로 눕히는 행위와 같은 물리적 강제가 포함된다. 마지막으로, 기회 만들기 전략은 여성을 홀로 고립시키거나 거짓말로 둘만 있는 상황을 만드는 것이다. 연인관계에 있는 경우나 조금 더 가까운 관계로 발전하고자 하는 경우에 이러한 전략을 사용하곤 한다.

말로 강제해서 성폭행이 발생한 경우를 살펴보면, 언어적 설득 전략을 사용한 경우는 81.6%이고, 지속적인 방법을 사용한 경우는 61.4%로 가장 흔한 전략인 것으로 집계되었다. 물리적 강제와 기회 만들기 전략은 각각 48.2%, 10.5%로 나타났다. 가해자가 말로 설득하는 경우에 부정적인 설득 전략을 사용하는 경우가 49.1%로 가장 높게 나타났으며, 그 다음으로는 긍정적 설득 (19.3%), 중립적/조르기(18.4%) 순으로 높게 나타났다. 절반 정도는 물리적 강제와 언어적 설득방법을 함께 사용하였다고 응답하였다.

3.2. 성적 강요의 측정

코스와 동료들은 성폭력 피해를 연구하기 위해 다양한 유형의 성폭력을 측정하며 강제적 성관계를 체계적으로 측정한 최초의 연구자들 중 한 팀이다. 이들은 강제적 성관계를 "말로써 압박하거나 권력을 남용하여 성관계를 하는 것"이라고 정의하였다(Koss et al., 1987, p.166). 2장에서 논의한 바와 같이 성경험 설문(SES)에서 강제적 성관계를 분류하여서 설문하였다. 〈표 4.1〉에 코스와 연구진들(Koss et al., 1987)이 사용한 설문 문항이 정리되어 있다. 성경험 질문 문항은 말을 통한 강제, 권력 남용, 그리고 무력 사용의 협박의 3가지 수준으로 구분하여 성적인 강요를 측정하였다.

이후의 연구자들은 원래의 성경험 설문(SES)에 사용된 문항을 사용하여 강제적 성관계를 측정하거나(Spitzberg, 1999; Thompson et al., 2006 참조), 일부 수정하여 설문하였다(Jordan, Wilcox, & Pritchard, 2007; Thompson et al., 2006 참조). 브로치와 페트리틱(Broach & Petretic, 2006)의 연구가 수정된 설문 문항을 사용한 연구의 대표적인 예시이다. 〈표 4.1〉에서 살펴볼 수 있듯이, 연구에서 사용된 문항은 가해자가 사용한 강제력의 정도를 측정할 수 있는 문항으로 구성되어 있다. 앞의 두 문항은 '성관계를 해야 한다는 의무를 지어 주거나 성관계를 하지 않는다는 것에 대한 부담을 지게 하는 것'과 '피해자가 가해자를 멈추게 할 수 없을 것이라거나 혹은 소용이 없을 것이라는 생각'을 하는 것을 설문하였다. 마지막 문항은 '가해자가 관계를 끝낸다고 협박하는 것'을 질문하였다.

　　우리의 전국 여대생 성폭력 피해연구(NCWSV)에는 말로 성관계를 강제한 경우를 측정하였고, 〈표 4.1〉에 문항이 나타나있다. 성경험 설문(SES)에서 사용한 것과 같은 언어적 강제를 측정한 것 이상으로, 우리연구는 대학 캠퍼스에서 발생할 수도 있는 강요행위 두 가지를 추가적으로 스크리닝 문항에서 포함하였다. 비물리적인 가해를 할 것이라는 협박과 보상에 대한 약속에 관한 문항을 포함하였다. 비물리적 가해의 전형적인 예시는 교수가 학생에게 자신과 성관계를 하지 않으면 성적을 나쁘게 줄 것이라고 협박하는 것이다. 앞서 살펴본 강요의 연속체 안에서 이는 대인관계 협박(interpersonal threats) 안에 포함될 것이다. 보상을 줄 것이라고 약속하는 것의 예시는 가해자가 자신과 성관계하는 경우에 시험보는 중에 답을 알려주겠다고 하는 것이나 조교가 성적인 대가를 요구하며 성적을 올려주겠다고 약속하는 경우이다. 강요 연속체에서 이러한 행위는 기망(deception)에 속하는 행위이다.

표 4.1　성적 강제를 측정하기 위해 사용된 설문 문항들

강제력의 종류	설문 문항
코스(Koss)와 동료들이 개발한 성경험설문(SES) 문항	
평생동안 아래에서 제시하는 경험을 한 적이 있으신가요?	
언어적 강제	남성이 지속적으로 이야기하고 압박하였기 때문에 원하지 않았음에도 불구하고 성관계를 한 경험
권력 남용	남성이 자신의 권력을 이용하여 압박하였기 때문에 원하지 않았음에도 불구하고 성관계를 한 경험(예시: 상사, 선생님, 수련회 지도자, 관리자 등)
협박 및 무력 사용	남성이 협박하거나 무력을 사용하였기 때문에 원하지 않았음에도 불구하고 성관계를 한 경험(예시: 팔을 꺾거나, 강제로 눕히는 행위 등)

강제력의 종류	설문 문항
브로치와 페트레틱(Broach & Petretic)이 성경험 설문(SES)을 변형하여 사용한 설문 문항	
아래에 해당하는 경험으로 인하여 성관계를 맺은 적이 있나요?	
죄책감/의무	상대방의 리드를 따라야 할 것 같은 생각에 원하지 않았음에도 불구하고 성관계를 맺은 경험
무력으로 저항이 불가하다고 느낌/상대방을 멈추기 불가하다고 느낌	무력으로 상대방을 멈출 수 없었거나, 상대방을 멈추려고 노력하는게 소용없다고 느꼈기 때문에 원하지 않았음에도 불구하고 성관계를 한 경험
관계를 끝낸다고 협박	성관계를 하지 않으면 관계를 끝낸다고 협박하였기 때문에 원하지 않았음에도 불구하고 성관계를 맺음
피셔와 연구진들이 『전국 여대생 성폭력 피해연구(NCWSV)』 스크리닝 문항에서 사용한 문항	
학교에 입학한 이후로, 당신이 원하지 않았음에도 불구하고 누군가가 당신과 성관계를 갖거나 성관계를 하기 위해 아래와 같은 방식으로 시도한 적이 있나요?	
비물리적인 불이익을 강조하여 협박	따르지 않을 경우의 비물리적 불이익(예시: 성적 낮추기, 좌천, 해고, 명예훼손, 따돌림 등)이 있을 것이라 협박
보상의 약속	따를 경우에 보상을 약속(예시: 성적 올려주기, 취직, 승진, 차 태워주기, 강의 자료 보여주기, 수업 관련 도움받기)
언어적 강제	상대방이 계속적으로 조르거나 압박하여 부담감을 느낀 경우

출처: Broach & Petretic (2006); Fisher, Cullen, & Turner (1999); Koss, Gidycz, & Wisniewski (1987)

3.3. 성적 강요의 특징

　　여대생들이 성관계를 강요당한다는 것은 성폭력 피해연구에서도 새로이 등장한 개념이지만, 점차 주목받고 있는 연구주제이다. 대학교 재학기간이 이러한 피해에 있어서 가장 취약한 시기가 될 수도 있다는 연구들은 관련 연구가 급속히 성장하는 데 일조하였다. 애비, 맥오슬란, 로스, 잭워키(Abbey, McAuslan, Ross, & Zawacki, 1999)는 강제적으로 성관계를 맺은 여성들을 대상으로 연구하였는데, "가장 심각한" 성적 피해는 18세에서 21세 사이에 발생한 것으로 나타났으며, 14%는 22세에서 25세 사이에 피해를 당하였고, 7%는 26세에서 28세에 피해를 당하였다고 응답하였다. 범죄피해가 가장 많이 발생하는 나이인 18세에서 25세까지는 주로 대학교에 가장 많이 재학하는 시기이기도 하다.

■ 단일 캠퍼스 연구

최근에 실시된 연구들은 여러대학에 재학하는 대학생들의 샘플을 사용한 것이 아니라 한 군데 캠퍼스를 대상으로 연구를 실시하였다. 물론, 이 연구는 일반화하기는 어렵다는 한계가 있지만 연구들을 종합하여 비교하여 보면 개별적인 연구 결과들이 특이하게 나타나는 것이 아니라는 점을 보여줄 수 있다. 강제적 성관계를 당할 가능성은 대학에 재학 중인 동안 지속적으로 나타나며, 단기간 동안에도 높게 나타난다. 이러한 결론은 2000년부터 한 학교를 대상으로 실시된 여러 연구들을 종합하여 도출하였다.

• 3개월간 한 대학교에 속해 있는 4%의 여성들이 강제적으로 성관계한 경험이 있다(Gidycz, Orchowski, King, & Rich, 2008).
• 8개월 동안 12%의 여성들이 성관계를 맺도록 강요 당하였다(Messman-Moore, Coates, Gaffey, & Johnson, 2008).
• 2년 동안 20%의 여성들이 강제적으로 성관계한 경험이 있다(Kalof, 2000).
• 대학교 입학한 이후로, 9.1%의 여성들이 남성이 강제로 성관계를 하려고 하였을 때 물리적으로 저항할 수 없는 상황이였거나 저항하였더라도 소용이 없었다(Gross, Winslett, Roberts, & Gohm, 2006).
• 대학을 다니는 동안 30%의 여성이 적어도 1가지 종류 이상의 강제적 성관계 피해를 당하였고, 언어적으로 강요당한 여성이 30%이며 권력을 남용해서 강요한 경우는 1.9%로 나타났다(White et al., 2001).

화이트(White)와 동료들이 실시한 연구(2001)는 대학교에 재학하는 전체 기간의 범죄피해가 아닌, 학년별로 구분하여 범죄피해를 측정하였다. 대학교 한 곳에 입학한 신입생 중에서 두 집단(cohort)을 선정하여 매년 추적연구하며, 한 해 동안 경험한 성폭력 피해를 설문하였다. 연구 결과는 〈표 4.2〉에 제시되어 있다. 구체적으로 살펴보면, 거의 16%가 대학교 1학년 때 피해를 당하였다.

표 4.2 화이트, 스미스, 험프리(White, Smith, & Humphrey)가 실시한 여대생의 강제적 성
관계 경험에 대한 횡단 연구 결과

강제적 성관계	학년			
	1학년	2학년	3학년	4학년
비율(%)	15.9	15.2	14.9	14.5
n	222	179	142	108

출처: White & Smith (2001); White, Smith, & Humphrey (2001)에서 발췌하여 변형
참조: 표에 제시된 비율은 전체 샘플 사이즈를 기준으로 계산되었으며, 학년에 따라 샘플 사이즈는 바뀌
었다(1학년=1,378, 2학년=1,178, 3학년=954, 4학년=747).

4학년 때도 이 비율은 유사하게 나타났는데, 응답자들이 1학년에 비하여 성숙
하였음에도 불구하고 유사한 결과가 나타났음은 주목할 만하다.

■ 전국 단위 연구

여대생들이 성관계를 강요당하는 실태는 크게 3가지의 설문에서 조사되었
다. 첫 번째, 2000년부터 미국 대학 보건 협회(American College health Association)
는 대학생들의 성폭력 피해 실태를 파악해 오고 있다. 2000년도에서부터 2007
년까지 실태를 살펴보면, 언어적 협박으로 인하여 강제적으로 성관계를 맺은 경
우는 연 4%에 달하는 것으로 나타났다. 약간의 차이는 있지만, 거의 4% 안팎의
여성들이 강요에 의하여 성관계를 한 경험이 있는 것으로 나타났다(American
College Health Association, 2000a, 2000b, 2001a, 2001b, 2002a, 2002b, 2003a, 2003b,
2004a, 2004b, 2005a, 2005b, 2006a, 2006b, 2007a, 2007b, 2008a, 2008b).

두 번째, 코스(Koss)와 연구진들(1987)은 한 해 동안 11.5%의 대학생들이
강제적으로 성관계를 가졌다는 결과를 발표했다. 11%의 여성들은 언어적으로
협박당했으며, 1% 이하의 여성들이 권력의 남용으로 인한 강제적 성관계를 당
한 것으로 집계되었다.

세 번째, 위에서 언급한 바와 같이 우리의 전국 여대생 성폭력 피해연구
(NCWSV)에서도 여대생들의 성폭력 피해를 조사하였다. 우리는 2단계에 걸친
연구설계를 하였다. 첫 번째로 스크리닝 질문을 하고, 스크리닝 문항을 통하여
범죄피해가 있다고 응답한 경우 사건에 대한 구체적인 질문을 하였다. 전국 여

대생 성폭력 피해연구(NCWSV)에서 강제적 성관계에 관한 빈도가 낮게 나타난 이유가 연구 설계가 이중으로 되었기 때문일 수도 있다. 그럼에도 불구하고, 약 7개월에 걸친 기간 동안 4%의 대학생들이 강제적 성폭력 기수나 미수 피해를 당하였다는 것을 파악하였다.

피해 집계뿐 아니라, 가해자가 어떠한 방식으로 강요하였는지도 연구하였다. 4% 정도의 여성들이 언어적으로 강요당한 것으로 나타났다. 물리적 힘을 사용하지 않은 협박을 당한 경우는 0.5%이고, 보상을 약속받은 경우는 0.2%로 나타났다. 언어적 강요가 가장 흔한 방법 중의 하나인 것으로 보인다. 언어적으로 강요하는 것이 가장 많이 발생했다는 사실은 코스(Koss)의 연구(1987)에서 발견한 사실과도 일맥 상통한다. 물론, 언어적으로 강요하는 것은 성관계의 전위에서 일어나는 것이며 성폭력이 아니라는 비판도 있을 수 있다. 하지만, 전국 여대생 성폭력 피해연구(NCWSV)의 참여자들은 "당신이 원치 않음에도 불구하고 상대방이 지속적으로 졸라대거나 말로써 계속하여 압박하여" 성관계를 맺게 된 적이 있는지에 대해서 응답하였다. 스킨십이 "상대방이 원치 않지만 언어적 강요의 영향으로" 발생하게 된 것이라면, 성폭력 피해가 발생했다고 할 수 있다.

04 ─────────────── 원치 않는 성적 접촉

가해자들은 다양한 방식으로 피해자의 신체를 만지려고 한다. 성기의 삽입이 이루어지지는 않더라도 신체적인 접촉이 발생할 수 있다. 가해자들은 피해자들의 신체를 만지려고 하며, 옷 위로 간접적으로 만지기도 한다. 단순히 만지는 것뿐 아니라, 키스, 더듬기, 애무, 쓰다듬기, 핥기, 빨기와 같은 다양한 종류의 원치 않는 성적 접촉을 하는 것은 추행이라고 할 수 있다.

가해자들은 다양한 수법을 이용해서 피해자를 추행하려고 한다. 무력을 전혀 사용하지 않고 심리적이나 감정적인 방식으로 강요하거나, 속이거나, 피해자와의 관계가 나빠질 수 있다는 점을 이용해서 협박하거나, 혹은 무력을 사용하기도 한다. 이러한 행동은 강제 추행으로 이어질 수도 있지만, 미수에 그치기도 한다.

4.1. 원치 않는 성적 접촉 측정

원치 않는 성적 접촉을 측정할 수 있는 전형적인 방법은 없다. 하지만 우리 연구에서는 가장 유명한 2가지의 측정 전략을 이용해서 강제추행을 측정해 보고자 하였다. 첫 번째는 코스와 연구진(Koss et al., 2007)의 연구에서 사용한 성경험 설문(SES)이고, 가장 널리 쓰이는 측정도구이기도 하다. 〈표 4.3〉에서 볼 수 있듯이, 성경험 설문(SES)에서 사용된 질문들은 "애무"를 하기 위해서 어떠한 강요가 있었는지를 구체적으로 물어보고 있다. 성기 삽입이 이루어진 경우에 강제추행으로 분류되지 않으며, 강간이나 강제적 성행위에 해당한다. 성

표 4.3 원하지 않는 성적 접촉을 측정하기 위한 성경험 설문(SES) 문항

강제나 힘의 유형	문항
코스와 연구진들이 사용한 성경험 설문(SES)	
지금까지 이러한 경험을 한 적이 있나요?	
언어적 강제	남성이 지속적으로 이야기하고 압박하였기 때문에 원하지 않았음에도 불구하고 성행위(성관계를 제외한 애무, 키스 등)를 한 경험
권력 남용	남성이 자신의 권력을 이용하여 압박하였기 때문에 원하지 않았음에도 불구하고 성행위(성관계를 제외한 애무, 키스 등)를 한 경험 (예시: 상사, 선생님, 수련회 지도자, 관리자 등)
협박 및 무력 사용	남성이 협박하거나 무력을 사용하였기 때문에 원하지 않았음에도 불구하고 성행위(성관계를 제외한 애무, 키스 등)를 한 경험 (예시: 팔을 꺾거나, 강제로 눕히는 행위 등)
피셔와 연구진들이 사용한 스크리닝 문항(『전국 여대생 성폭력 피해연구(NCWSV)』)	
학기가 시작한 이후로, 당신이 원하지 않음에도 불구하고 누군가가 성적인 접촉을 시도하거나 성적인 접촉을 한 적이 있나요?	
비물리적인 불이익을 강조하여 협박	따르지 않을 경우의 비물리적 불이익(예시: 성적 낮추기, 좌천, 해고, 명예훼손, 따돌림 등)이 있을 것이라 협박
보상의 약속	성적인 요구를 따를 경우에 보상을 약속(예시: 성적 올려주기, 취직, 승진, 차 태워주기, 강의 자료 보여주기, 수업 관련 도움받기)
언어적 강제	상대방이 계속적으로 조르거나 압박하여 부담감을 느낀 경우

출처: Fisher, Cullen, & Turner (1999); Koss, Gidycz, & Wisniewski (1987)

경험 설문(SES)에서는 (1) 말로써 강요, (2) 권리 남용, (3) 무력을 사용하거나 무력을 사용하기 위해서 협박하는 행위를 포함하고 있다. 말로써 강요하는 것은 정신적 및 심리적 강요를 의미한다. 일부 상황에서 권리를 남용하는 것은 속임수를 사용하는 것으로 분류되는 경우도 있다. 무력을 사용하거나 무력을 사용할 것을 협박하는 것은 물리적 강요의 한 형태이며, 〈그림 4.3〉에서 나타낸 강요의 연속체에서 가장 높은 수준의 강요를 의미한다.

두 번째, 우리 연구에서는 조금 다른 방식으로 강제추행을 측정하였다. 2 단계에 걸쳐서 피해를 측정함으로써, 개별 사건에서 어떠한 행위가 발생했었는지를 구체적으로 확인할 수 있었다. 우리는 스크리닝 문항에 가해자들이 주로 사용하는 강요의 유형을 구체적으로 묘사하였고, 이에 해당하는 응답자의 경우에 사건에 대하여 자세하게 물어보았다. 〈표 4.3〉에서 볼 수 있듯이, 우리 연구의 설문은 성경험 설문(SES)의 문항과 유사한 면이 있으며, 언어적 강요를 포함하고 있다. 스크리닝 문항 중 2 문항은 '무력이 아닌 방식으로 불이익을 줄 것을 협박'하거나 '보상을 약속'하는 식의 강요가 있었는지를 측정하고 있으며, '무력이 아닌 방식으로 불이익을 주는 것'은 대인관계에 대한 협박의 예이며, 보상을 약속하는 것은 속임수의 전형적인 예이다.

전국 여대생 성폭력 피해연구(NCWSV)가 기존의 다른 연구들과 가장 다른 점은 2단계에 걸쳐서 성폭력 피해를 측정하였다는 점이다. 단순히 단일 문항에 '그렇다'고 응답하였기 때문에 피해자로 분류되는 것이 아니라, 사건에서 어떠한 종류의 강제가 있었는지 어떠한 종류의 신체적 접촉이 있었는지에 따라 성추행 피해가 분류되었다. 스크리닝 문항에서 다른 종류의 범죄피해를 당하였다고 응답하여도, 실제 사건의 내용에 따라 피해가 분류되었다.

4.2. 원치 않는 성적 접촉의 특징

여대생을 대상으로 한 연구에서는 상당수의 여학생들이 성추행 피해를 당하는 것으로 나타났다. 단일 대학교를 대상으로 한 연구와 전국의 대학생들을 대상으로 한 연구 모두에서 이러한 패턴은 유사하게 나타난다.

■ 단일 대학 연구

성추행 피해의 특성에 대한 최근 연구들을 살펴보면, 대학생들이 성추행 문제에 지속해서 노출되어 있다는 것은 대다수의 연구에서 공통적으로 발견된 사실이다. 상당 비율의 학생들이 대학교에 재학하는 동안 강제추행 피해를 겪는다. 이러한 비율은 7.9%(3개월 단위의 연구, Gidycz et al., 2008)에서부터 19.6% (6개월 단위의 연구, Banyard, Ward, et al., 2007), 그리고 29.8%(1학년 및 2학년 대상 연구, Flack et al., 2008)까지 다양하게 나타난다. 그로스와 동료들(Gross et al., 2006)은 물리력을 행사하거나 물리력을 쓸 것이라고 협박하여 추행한 경우 만을 한정하여 조사하였는데, 13.3%가 성추행 경험이 있다고 응답하였다.

화이트(White)와 연구진(2001)은 한군데의 대학교에 다니는 여대생들을 설문한 결과, 4년 동안 상당수의 여성들이 성추행당했다는 것을 발견하였다. 45%의 여성들이 대학교에 재학하는 동안 적어도 1회 이상의 성추행을 경험하였다. 〈표 4.4〉에서 볼 수 있듯이, 학년이 높아질 수록 성폭력 피해 경향은 감소하는 것으로 나타났다. 따라서, 신입생일 때 피해를 당하는 경우가 가장 많으며, 27%의 여학생들이 성추행당한 경험이 있다고 응답하였다. 전체 4년 동안 피해 빈도를 살펴볼 때, 22.1%의 여학생들이 성추행당한 경험이 있다고 응답하였다.

표 4.4 화이트, 스미스, 험프리(White, Smith, & Humphrey)가 실시한 여대생의 원하지 않는 성적인 접촉에 대한 횡단 연구 결과

원하지 않는 성적 접촉	학년(%)			
	1학년	2학년	3학년	4학년
무력을 동반하지 않은 원하지 않는 성적인 접촉	26.2	23.4	22.0	22.0
무력을 이용한 성적인 접촉	4.7	3.1	2.6	1.6
총계	27.0	23.9	22.3	22.1

출처: White & Smith (2001); White, Smith, & Humphrey (2001)에서 발췌하여 변형
참조: 표에 제시된 비율은 4년 동안 1회라도 응답을 한 경우를 모두 포함하였다(n=1,407).

■ 전국 단위의 연구

전국 단위의 연구 또한 단일 대학 연구와 유사한 결과를 보인다. 앞서 살펴본 바와 같이, 미국 대학 보건 협회는 지속적으로 대학생의 성폭력 피해를 조사해 오고 있다. 2000년부터 2008년까지, 평균적으로 12%의 여대생들이 성추행을 당한 경험이 있는 것으로 측정되었다. 이러한 결과는 8년 동안 유사한 패턴으로 나타났으며, 가장 낮은 연도에는 10.6%가 가장 높은 연도에는 12.4%가 피해를 당하였다고 응답하였다(American College Health Association, 2000a, 2000b, 2001a, 2001b, 2002a, 2002b, 2003a, 2003b, 2004a, 2004b, 2005a, 2005b, 2006a, 2006b, 2007a, 2007b, 2008a, 2008b). 코스와 동료들(Koss et al., 1987)의 연구 결과를 살펴보면, 27.8%의 대학생들이 1년 동안 성추행당한 경험이 있다고 응답하였다. 언어적 강요로 인한 피해가 가장 흔하게 나타났으며, 무력을 사용한 협박이나 무력을 사용할 것을 협박한 경우는 3.5%와 권한을 남용한 것은 1.6%로 집계되었다.

전국 여대생 성폭력 피해연구(NCWSV)의 연구에서는, 10.9%의 대학생들이 적어도 1회 이상의 성추행이나 성추행 미수 피해를 경험한 것으로 나타났다(해당 년도 학기 시작 이후로 집계한 결과). 주요한 연구 결과는 다음과 같다.

• 7%의 여학생들이 언어적으로 강요되어 성추행당하였다.
• 5%에 약간 못미치는 학생들이 협박당하거나 무력을 동반하여 협박당하였다.
• 0.7%의 여학생들이 가해자가 보상을 약속하는 방식을 통해 성추행당하였다.
• 0.5%는(비물리적으로) 보복할 것이라 협박당하여 성추행당하였다.

05 ──────── 신체적 접촉이 없이 발생하는 성폭력

가해자 피해자 간에 어떠한 신체적 접촉도 없지만, 성폭력 피해가 발생하는 경우도 있다(Basile & Saltzman, 2002). 언어적 또는 시각적 성폭력 피해가 이에 해당한다. 언어적 성폭력은 상대방이 불쾌감을 느낄 정도의 말을 하거나 소리를 내는 것을 말한다. 특정 단어일 수도 있으며, 성차별 발언이나, 휘파람이나 야유와 같은 소리일 수도 있다. 시각적 성폭력은 상대방이 원치 않음에도 불구하고 음란물을 보여주거나 성기를 보여주는 것을 말한다. 또는 음란전화를 하거나, 상대방의 동의 없이 성관계 및 나체 영상을 찍는 행위 모두를 포함한다. 메시지를 보내거나 인터넷상에 게시하는 행위 모두 신체적 접촉 없이 발생하는 성폭력으로 규정될 수 있다.

비접촉적 성폭력을 강요하는 수준 또한 다양할 수 있다(〈그림 4.3〉 참조). 따라서, 언어나 감정적 강요에서부터 실제 무력을 사용하는 행동도 모두 포함한다. 예를 들어, 가해자가 피해자에게 계속해서 음란물을 보게끔 조르는 행위나 강제적으로 얼굴을 못돌리게 해서 음란물을 보도록 하는 행위가 모두 이에 포함될 수 있다.

5.1. 신체적 접촉이 없는 성폭력의 측정

여성들은 성차별 발언, 야유, 모욕, 성희롱과 같은 다양한 성폭력 피해에 노출되어 있다. 하지만, 다수의 연구들을 통해 대학이라는 환경이 대학생들을 언어적 성희롱으로부터 지켜주지 못한다는 사실이 증명되었다(Fitzgerald et al., 1988; Hill & Silva, 2005; Lott, Reilly, & Howard, 1982; Paludi & Paludi, 2003). 우리는 전국 여대생 성폭력 피해연구(NCWSV)에서는 대학생이 겪는 성폭력 피해를 빠짐없이 묘사하고자 하였다. 이에 언어적 성희롱과 관련한 설문 문항 5가지를 포함시켰다. 일반적으로 연구에 포함되는 내용들은 아니지만, "시각적" 성희롱과 관련한 5가지 문항을 포함시켰다. 결론적으로, 우리 연구는 응답자들이 자신의 사적인 성생활이 침해될 수 있는 상황이나 자신의 의지와 상관없이 성적인 자료들에 노출된 상황을 집중적으로 살펴보았다. 이러한 언어적 및 시각적 성희롱과 관련한 문항은 〈표 4.5〉와 〈표 4.6〉에서 제시되어 있다.

언어적 성폭력과 시각적 성폭력을 측정할 때에는 다른 성폭력 피해를 측정하기 위해 사용되는 2단계 설문법을 사용하지는 않았다. 설문도구를 사전에 테스트한 결과, 언어적 및 시각적 성희롱 사건들이 다양한 방식으로 발생하기 때문에 2단계로 설문을 구성하게 되면 설문 참여자들이 수천 가지의 질문에 응답해야 한다는 것을 깨달았다. 이는 비현실적이기도 하고, 실질적으로 실시하기도 거의 불가능하다. 그렇기 때문에, 이 연구에서는 피해가 발생하였는지 발생하지 않았는지 여부에 대해 설문하였다. 만약 응답자가 "그렇다"라고 대답하면, "몇 번 이러한 일이 발생하였는지"를 질문하였고, 캠퍼스 안과 캠퍼스 밖에서 발생한 일 모두 포함하도록 하였다. 이렇게 접근하는 방법이 다른 피해를 측정하기 위해 사용하였던 2단계 설문법과 비교하여 정확도가 부족하다는 사실이 드러났다. 그럼에도 불구하고, 이러한 결과는 대학생들이 겪는 다양한 종류의 언어적 및 시각적 성폭력 피해의 종류를 잘 보여준다는 점에서 그 의의가 있다. 이와 더불어, 우리 연구에서는 한 학기 정도의 기간 안에 발생한 범죄피해를 측정하였다는 점을 다시 주목할 필요가 있다. 6개월을 기준으로 한 발생빈도를 가지고, 1년 안에 발생한 정도를 추측해 보는 것은 어려울 수 있다. 그럼에도 불구하고, 언어적 성폭력 피해를 당한 여성이 상당히 많다는 점은, 성폭력 피해를 전혀 당하지 않는 여성은 거의 없다는 점을 내포한다.

5.2. 언어적 성폭력의 종류

〈표 4.5〉에서 살펴볼 수 있듯이, 언어적 성폭력은 가장 흔하게 나타나는 성폭력 피해의 한 종류이다. 76%의 학생들이 적어도 한 종류 이상의 언어적 성희롱을 겪은 것으로 나타났다. 피해자들은 평균 8회 정도 언어적 성희롱 피해를 당한 것으로 나타났다. 한 학년 동안 54%의 여학생들이 평균 13회 정도 성차별적인 발언을 직접 들은 것으로 응답하였고, 48%의 학생들은 평균 13.9회

표 4.5 한 학년 동안 발생한 언어적 성폭력의 종류

종류	전국 여대생 성폭력 피해연구 (NCWSV)	
	한 학년 동안 발생 비율(%)	피해자 1인당 평균 피해 횟수
직접적으로 성희롱 발언	54.3	13.0
캣콜링	48.2	13.9
음란 전화 및 메시지	21.9	5.0
성관계 및 연애 관계에 대한 사적인 질문	19.0	5.6
성적인 생활에 대한 허위 소문 유포	9.7	2.7
위에서 나열한 언어적 성폭력 중 하나라도 해당	75.6	8.0

출처: Fisher, Cullen, & Turner (1999)

정도 "외모에 대한 야유나 휘파람, 성적으로 불쾌감을 줄 수 있는 소리" 등을 캠퍼스 내에서 들은 경험이 있는 것으로 응답하였다.

다섯 명 중 한 명의 학생은 평균 5회 정도 "음란 전화나 메시지"를 받은 적이 있다고 응답하였다. 또한, 다섯 명 중 한 명의 학생 꼴로, 대화의 목적과 전혀 상관없이 "성생활이나 연애에 대한 질문을 받은 적이 있다"고 응답하였으며, 평균적으로 6회 정도 이런 질문을 받은 경험이 있다고 응답하였다. 10% 정도의 여학생들이 자신의 성생활에 관한 "잘못된 소문"이 퍼진 경험이 있고, 평균적으로 3회 정도 겪은 것으로 응답하였다.

그렇지만 이러한 실태가 대학생이라는 신분으로 인한 언어적 성폭력과 관련이 있는지, 혹은 사회 전반적으로 젊은 여성이기 때문에 겪는 사회적 부담과 관련이 있는 것인지는 명확하지는 않다. 학교 내에서 발생한 범죄와 학교 밖에서 발생한 범죄피해를 비교해 보면, 언어적 성폭력 피해의 빈도에 차이가 나타난다. 절반 정도는 학교에서 발생하였고 절반 정도는 학교 밖에서 발생하였다. 그렇기 때문에, 언어적 성폭행은 대학가에서만 발생하는 문제라고 하기에는 어려운 점이 있다. 따라서, '대학교는 학생들을 성차별 발언, 성희롱 발언, 음란 전화, 불쾌한 질문 및 성생활과 관련한 질문으로부터 보호하지 못한다'라고 주장을 하기에는 어려운 점이 있다.

5.3. 시각적 성폭력

〈표 4.6〉은 5가지 종류의 시각적 성폭력의 빈도를 보여준다. 시각적 성폭행은 언어적 성폭력에 비해서 훨씬 더 적은 빈도로 나타나고 있다. 언어적 성폭력을 당한 여성은 76%인 데 반하여, 시각적 성폭력을 당한 경우는 11%를 약간 넘는 것으로 나타났다. 언어적 성폭력의 경우에는 평균 8회 정도 피해가 있는 것으로 집계되었고, 시각적 성폭력 피해는 평균 2.2회 정도로 집계된다. 6.1%의 여대생들이 자신이 보지 않기를 원하는 음란물을 보게 되었다고 응답하였으며, 피해자들은 평균적으로 3.2회 정도 이러한 피해를 입은 것으로 나타났다. 5%에 가까운 여대생들이 누군가가 자신의 성기를 노출하는(피해자가 원치 않았음에도 불구하고) 피해를 당한 것으로 나타났으며, 피해자들은 평균 2.7회 이러한 피해를 겪었다. 나아가, 2.4%는 본인이 "옷을 갈아 입거나, 옷을 벗고 있거나, 성행위를 하는 동안" 누군가가 훔쳐보았다고 이야기 하였으며, 평균 3회 정도 발생한 것으로 나타났다.

표 4.6 한 학년 동안 발생한 시각적 성폭력의 종류

종류	전국 여대생 성폭력 피해연구 (NCWSV)	
	한 학년 동안 발생 비율(%)	피해자 1인당 평균 피해 횟수
동의하지 않은 상태에서 음란물(사진 등)을 보여줌	6.1	3.2
동의하지 않은 상태에서 상대방이 성기를 보여줌	4.8	2.7
동의하지 않은 상태에서 옷을 벗는 것이나, 나체 상태이거나 성관계하는 것을 지켜봄	2.4	2.9
동의하지 않았음에도 불구하고 당신의 성관계나 나체 상태의 비디오, 음향, 사진 등을 다른 사람에게 보여주는 행위	0.3	1.2
동의하지 않았음에도 불구하고 성관계나 나체 상태의 영상, 음향, 사진을 촬영하는 것	0.2	1.1
위에서 나열한 시각적 성폭력 중 하나라도 해당	11.4	2.2

출처: Fisher, Cullen, & Turner (1999)

다른 종류의 범죄피해는 1% 이하로 상당히 낮은 편이다. 15명의 여성들이 다른 누군가가 자신이 성행위를 하거나, 나체 혹은 반나체로 있는 상태의 사진, 영상, 음성 등을 자신의 동의 없이 공유한 적이 있다고 답하였다. 8명의 여성은 누군가가 자신의 동의 없이 자신이 성관계하거나, 나체 혹은 반나체로 있는 상태를 사진으로 찍거나 녹음/녹화하였다고 하였다.

5.4. 일상생활 속에서 발생할 수 있는 접촉이 없는 성폭력

신체적 접촉이 없는 성폭력은 상대적으로 중요하지 않아 보일 수도 있다. 사람들이 상호작용하고 친밀한 관계를 이어 나가는 사회 속에서, 어느 일방은 성적인 농담을 나누고 싶어 할 수도 있다. 하지만, 여성들에게 가해지는 언어적 성폭력은 단순한 농담이나 의도하지 않은 실수라고 하기는 어려운 수준이다. 하지만 다수의 여성들이 성역할 혹은 자신의 성별로 인하여 차별받거나 피해를 받게 되는 상황에 계속 노출되어 왔으며, 끊임없이 싸워야 했다. 안타깝게도, 대학교에서 자유롭게 논의되어야 할 문제들이 자유롭게 이야기되지 못하는 이 상황 속에서 언어적 성폭력은 지속적으로 발생하고 있다.

이와는 대조적으로 시각적 성폭력은 자주 발생하지는 않는 것으로 나타났다. 그럼에도 불구하고, 이러한 사건이 피해자에게 미치는 영향은 상당하다. 가령, 성관계하는 영상을 몰래 찍거나, 나체 사진을 찍는 행위는 결코 가벼운 행위라고 할 수는 없다. 흔히 발생하는 사건은 아니지만 응답자 중의 7명이 대학교 내에서 몰래 촬영당하였고, 8명은 촬영하는 데에는 동의하였으나 자신의 동의 없이 다른 사람들에게 영상/사진 등이 유포 되었다고 응답하였다. 이러한 행위는 피해자들의 사생활을 침해하는 행위이며, 개인뿐 아니라 대학교의 명예를 해치는 부정적 영향을 야기할 수 있다. 더욱이, 전국 여대생 성폭력 피해연구(NCWSV)는 휴대폰이나 촬영이 가능한 전자기기가 보편화되기 이전에 실시된 연구임을 고려해 볼 때, 이러한 기기를 사용하는 것이 더욱 간편해진 근래에는 휴대기기가 전 세계적으로도 영향을 미칠 수 있을 것이다. 그렇기 때문에, 이러한 유형의 성폭력 피해도 지속적인 연구가 필요하다.

06 ———————————————————————————— 결론

　　대다수의 학자들이 강간문제에만 초점을 맞추었던 것은 충분히 이해할 만한 일이다. 강간은 심각한 문제이며, 대학교에서 발생하는 아는 사람에 의한 성폭력 문제는 오랫동안 알려져 있지 않았던 일이기도 하거니와, 강간 피해가 초래할 수 있는 결과는 상당히 크다. 최근에 점차 많은 연구자들이 강간 문제뿐 아니라 다른 형태의 성폭력 피해에 대해서도 관심을 가지기 시작하였다. 성관계를 하기 위한 목적으로 강요하는 것, 원치 않는 상대방의 신체를 만지는 것, 대면하거나 전화로 성희롱 하는 것, 상대방이 원치 않음에도 불구하고 음란물을 보여주는 것들이 이에 해당한다.

　　우리 연구의 결과가 단순히 정치적 올바름(political correctness)을 말하는 것이라는 비판이 있을 수도 있다. 결국에 '남자는 남자다'라든지, 자연스러운 현상이라고 설명하며 우리 연구를 반박하고자 하는 사람들이 있을 수 있다. 하지만 젊은 사람들은 서툴고, 조잡하고 혹은 집요하고 잔인한 방법으로 성적인 만족을 얻고자 하고 있다. 또한 이들 중 일부는 성적인 만족을 위해 범죄를 저지르기도 한다. 1장에서 논의하였던 케이티 로이페(Katie Roiphe)의 주장은, 여성들은 주체성을 가지고 이 문제를 받아들여야 하며, "재수 없는 날(bad nights)"이었다는 것을 받아들여야 한다는 것이다. 투덜거리거나 피해자처럼 행동하는 것이 해결책이 아니라, 자신의 행동에 대해서 책임을 지고 자기 효능감을 얻어야 한다고 주장한다. 로이페는 남녀관계에서 발생한 일에 성폭력 피해일지도 모른다는 가정을 하고 걱정을 하는 것은 기본적인 인간의 욕구인 성적 욕구를 저해할 것이라고 설명한다.

> "사람들은 항상 다양한 방식으로 서로를 압박하고, 이용하고, 겁주며 관계를 맺기도 한다. 사람들의 상호작용 중에 어떠한 강요도 없는 상호작용은 없을 것이다. 하지만 성관계(sex)는 송태그(Songtag)가 주장하듯이 "특별한 경우"가 될 수 있다. 페미니스트들은 성적인 관계에 있어서 이상적 비전을 추구하고자 한다. 이러한 비전은 어떠한 강제나 힘의 불균형적 관계, 설득, 목적이 없는 성

관계를 말한다(1993, pp.79-80)."

로이페(Roiphe)는 여성이라는 존재를 보호막으로 가리려는 시도는 여성이 가지는 자신의 의지와 자신을 대변하는 삶을 살아야 하는 의무를 박탈시키는 것이 될 수도 있다고 이야기한다. 페미니스트들의 보호막 아래 여대생들은 소극적인 피해자로 절하되고, "가혹한 현실로부터 멍들고, 짓밟히고, 잠식당하며, 원치 않는 스킨십들로 상처받는다"는 것이다.

물론, 성폭력 피해와 같은 새로운 문제가 발견되면, 더 이상 문제가 경시되지 않도록 문제의 심각성에 초점을 맞추려는 과정에서 문제가 과장될 수도 있다. 그렇기에 로이페(Roiphe)의 주장도 일리가 있다. 하지만, 이 책에서 다루고 있는 성폭력 문제는 판타지가 아닌 실제적 현실이다. 20년 전에 실시된 연구이든, 2년 전에 실시된 연구이든, 대학 캠퍼스 한 곳에서 발견한 일이든 전국적으로 실시된 연구이든, 얼마나 많은 질문을 하였든지 간에 상관없이 모두 동일한 결론에 도달한다. 여대생들은 성차별적인 환경에서 생활하고 있으며, 원치 않았으며, 피해를 입을 수 있는 방식으로 그들의 신체나 사적인 공간이 침해당한다는 것이다.

로이페(Roiphe)는 여성은 개별적인 인격체이지만 자신이 규정한 성역할이 이들을 소극적으로 행동하도록 한다고 이야기한다. 이런 주장에서 여성들의 역할은 로이페가 비판하는 페미니스트들의 주장처럼 세상을 바꾸려고 노력하는 것이 아니고 세상에 대처하는 것이다. 로이페의 관점에서 설명하면, 남성은 개별의 인격이나 책임감이 없다고 본다. 이러한 시각은 남성이 자신의 성적인 충족을 위해서는 물리적인 힘을 제외하고는 어떠한 형태의 강요를 하여도 괜찮다는 "진짜 강간" 이상의 것을 내포하고 있다. 이러한 사고 방식에서 보면 남성들은 자유롭게 여성들을 더듬고, 추행하고, 성희롱할 수 있다. 하지만, 이런 행동은 그냥 남자들은 흔히 하는 행동일 뿐이라고 말하는 관점은 남성들이 자신의 의지와 자신의 행동을 살펴보아야 할 책임이나, 도덕적인 실수들을 피해야 하는 책임들을 없애 준다. 이런 관점은 남학생들이 "저는 그냥 남자라서 그래요"라는 손쉬운 변명을 하도록 한다. 그리고 이러한 생각은 '강간 신념(rape myths)'으로 바뀔 수도 있다. 중화의 기술(technique of neutralization)은 규범적인 제약을 약하게 하고 가해자들이 도덕적 책임을 덜어 낼 수 있게 하기도 한다.

로이페(Rophie)가 페미니스트들의 과한 주장들을 바로잡겠다고 하는 것은 대학 캠퍼스에서 남성들은 거의 당하지 않는 성폭력 피해를 여성들은 감수해야 한다는 사실을 무시하고 있는 것이다. 남성들이 당하지 않는 성폭력 피해를 견뎌야 하는 이 상황은 여성들에게 부당한 비용을 지우는 일종의 사회적 불평등이다. 이 사회적 불평등을 정상인 것처럼 보이게 하려는 로이페(Roiphe)의 주장은 가부장주의가 헤게모니적이라는 페미니스트들의 주장을 더욱 강화시킬 뿐이다. 이러한 사회적 맥락에서 살펴보면, 남성이 성적으로 공격성을 가지는 것은 남성에게 주어진 규범일 뿐이며, 여성은 "자연스러운 이 사실을" 받아들여야 한다. 여성의 성폭력 피해에 대해서 살펴보려는 노력은 정치적 올바름(political correctness)을 과하게 해석하는 것이라고 무시될 뿐이었다.

이 주제는 더 이상 정치적인 논쟁의 문제가 아니다. 바로, 성폭력 피해를 견디고, 매일 매일 이런 문제의 영향을 받고 살아가는 대학생들의 삶이 더 큰 문제이다. 우리는 여자 대학생으로 살아가야 하기 때문에 감수해야 하는 이러한 비용을 침소봉대하는 것이 아니며, 이 문제는 결코 간과되어서는 안 된다고 주장하는 것이다. 향후의 연구들은 이전의 연구와 같은 맥락뿐 아니라, 성폭력 피해가 어떻게 여성들의 삶의 질을 감소시키는지를 연구해야 할 것이다.

CHAPTER

반복되는
성폭력 피해

05

반복되는 성폭력 피해

일반적으로 생각하면, 범죄피해를 당하게 되면 피해자는 자신을 보호하기 위해서 경계심을 높이고 다른 보호 조치들을 할 것이라고 생각된다. 범죄피해를 여러 번 당하는 건 매우 흔치 않은 일이기 때문에, 피해를 한 번이라도 당하는 경우에 범죄피해를 다시 당하게 될 확률은 낮아질 것이라고 생각한다. 그렇지만 이러한 일반적인 상식은 잘못된 것으로 드러났다. 1990년대에 연구자들은 재피해(repeat victimization, revictimization)[1]는 생각보다 흔하다는 것을 입증하였다(Farrell, 1992; Farrell, Phillips, & Pease, 1995). 스코겐(Skogan)이 이야기한 바와 같이 "범죄학에서 가장 중요한 업적 중 하나는 일정한 방식으로 재범죄피해가 발생한다"는 것을 밝혀낸 것이다(Brady, 1996, p.3). 이 사실은 범죄 예방정책에도 중요한 함의가 있다. 범죄피해기록을 통해서 재범죄피해를 예측할 수 있다는 것은 정책적으로 중요한 의미가 있기 때문이다. 재범죄피해가 발생하는 경우를 살펴보면 가해자가 명확한 경우가 일반적이다. 그렇기 때문에 이를 예방하는 것 또한 가능하다. 또한 재범죄피해율이 범죄발생율에 비례해서 증가하는 것은 아니기 때문에 집중적으로 개입할 수 있다(Farrell, 1992; Farrell & Pease, 2006; Weisel, 2005).

우리 연구진들은 이전에 성폭력 피해를 당한 여성들이 다시 성폭력 피해를

---

1 역자 주. 일정 기간 안에 여러 번 범죄피해를 당하는 것을 재범죄피해 혹은 재피해(Repeat victimization and revictimization)라고 한다. 이 책에서는 재범죄피해와 재피해를 혼용하여 그 의미의 차이 없이 사용하였다. 특정 범죄피해를 여러 번 당하는 경우에는 재피해(예시: 성폭력 재피해)라고 사용하였으며, 범죄 종류를 특정하지 않고 범죄를 여러 번 당하는 경우를 지칭하는 경우나 개념을 설명하는 경우에는 주로 '재범죄피해'라고 사용하였다.

당할 가능성이 높은지를 살펴보기 위해 전국 여대생 성폭력 피해연구(National College Women Sexual Victimization Study: NCWVS)에서 얻은 데이터를 활용하였다. 앞서 3장과 4장에서 전국 여대생 성폭력 피해연구(NCWVS) 설문을 이용해서 성폭력 범죄피해의 범위와 특성에 대하여 알아보았다. 이 장에서는 한 번 피해를 당한 피해자들에게 "다시" 범죄가 발생했는지를 집중적으로 살펴보았다. 전국 여대생 성폭력 피해연구(NCWVS)의 데이터가 한 학년도(1년)의 범죄피해 경험에 대해서만 설문하였기 때문에, 상대적으로 짧은 시간에 발생한 재피해를 주로 다루었다. 짧은 기간의 재피해 경험만 측정했음에도 불구하고, 재범죄피해는 자주 발생하는 것으로 나타났다.

성폭력 재피해에 대하여 논하기에 앞서 재범죄피해 문제에 대해서 전반적으로 살펴보도록 할 것이다. 재범죄피해는 결코 특이한 현상이 아니며, 집중되어 있고, 짧은 기간에도 반복적으로 발생하며, 같은 종류의 범죄피해가 여러 번 발생하기도 한다. 이어 일반적인 성폭력 재피해의 특성에 대하여 살펴볼 것이다. 성폭력 재피해에 대하여 살펴봄으로써, 대학생들의 성폭력 재피해의 범주, 특성, 원인에 대해서 더 잘 이해할 수 있을 것이다.

본격적으로 살펴보기에 앞서서 몇 가지 개념에 대하여 정리하고 넘어가도록 하자. 범죄 관련 분야에 대해서 연구하는 학자들은 범죄를 두 번 이상 당하는 것에 대해서 다양한 용어를 사용하곤 한다.[2] 두 번째 범죄피해는 (1) 첫 번째 범죄피해와 같은 유형의 범죄피해를 당하는 경우도 있고, 다른 종류의 범죄피해를 당하는 경우도 있다. (2) 첫 번째 피해를 당한 이후에 짧은 시간 안에 발생하거나 혹은 수년 뒤에 발생하기도 한다. 우리 연구에서 재범죄피해(revictimization)라는 용어는 앞의 설명을 모두 포함하는 광의의 개념으로 사용하고자 한다. 그리고 반복 피해(repeat victimization)라는 용어는 특히 짧은 기간 동안 같은 종류의 범죄를 여러 번 당한 경우를 지칭하고자 한다.

---

2 역자 주. 국내에서는 재범죄피해에 대한 논의 및 연구는 매우 부족한 실정이다. 이에 이 책에서는 2회 이상 범죄를 저지르는 행위인 '재범'에 상응하는 개념으로써, 재범죄피해 혹은 재피해로 번역하였다.

01 ——————————————————— 재범죄피해(revictimization)

1.1. 재범죄피해의 특징

전국 단위의 범죄피해를 설문한 연구 결과들에 따르면, 대부분의 사람들은 범죄피해를 당하지 않는 것으로 나타났다. 전국 여성폭력 실태조사(NVAWS)에서는 2.1%의 여성과 3.5%의 남성만이 성폭행을 당하거나 폭행을 당하는 것으로 집계되었다. 티아덴과 톤네즈(Tjaden & Thoennes, 2000)의 연구와 2002－2003년도의 전국범죄피해조사(NCVS) 설문 결과에 따르면 1년 동안 주거침입 피해를 당한 피해자는 3%에 달하는 것으로 확인되었다(Catalano, 2004).

하지만 이 데이터는 실제 현실을 반영하지 않은 것일 수도 있다. 이 통계 수치는 피해자들 중 상당수가 여러 번에 걸쳐서 피해를 당했을 수도 있다는 사실을 반영하지 않고 있다. 실제로 범죄피해는 반복적으로 발생하며, 수많은 연구들이 이러한 주장을 입증하고 있다(Daigle, Fisher, Guthrie, 2007; Weisel, 2005 참조). 2003－2004, 2004－2005년도의 영국 범죄 실태 조사(British Crime Survey)를 살펴보면, 16%와 14%의 주거침입 피해자들이 해당 기간 동안 2회 이상 범죄피해를 당했던 것으로 응답하였다(Nicholas, Povey, Walker, & Kershaw, 2005). 전국 여성폭력 실태조사(NVAWS)의 연구 결과, 강간 피해 경험이 있는 여성은 최근 12개월 동안 평균 2.9회 피해를 당한 것으로 나타났다(Tjaden & Thoennes, 2006). 가해자가 연인이거나 남편인 경우에 재범죄피해를 당할 비율은 더 높아졌다. 피해 경험이 있는 경우, 18세 이후로 평균적으로 1명의 연인이나 남편에 의해서 4.5회 피해를 당하며, 폭행은 평균 6.9회 당하는 것으로 나타났다. 남성의 경우 4.4회 정도 연인이나 부인으로부터 신체적 폭력을 당하는 것으로 집계되었다(Tjaden & Thoennes, 2000). 로리슨과 데이빗 퀴넷(Lauritsen & David Quinet, 2005)의 전국 청소년 설문(National Youth Survey)을 활용한 연구에서는 폭행당한 청소년들의 60% 정도가 반복 피해자(repeated victim)인 것으로 나타났다. 강도 피해자의 61%도 2회 이상 피해를 당한 것으로 집계 되었다.

1.2. 재피해의 집중현상

피해자들의 상당수가 여러 번 피해를 당할 뿐 아니라, 반복 피해는 특정 범죄피해자에게 편중되어 있다. 영국 범죄 조사(British Crime Survey: BCS)의 데이터를 10년 동안 분석한 결과, 재산범죄피해의 68%는 전체 응답자의 6%에 집중되어 있는 것을 확인하였다(Pease, 1998). 주거 침입에 관한 연구들을 살펴보면 이러한 패턴은 두드러진다. 적은 비율의 피해자들이 전체 범죄피해의 상당 부분을 차지하고 있는 것이다(Weisel, Clarke, & Stedman, 1999 참조). 주거 침입 및 훼손에 대한 호주의 경찰 데이터를 분석한 결과를 살펴보아도 이와 유사한 패턴을 보인다(Budz, Pegnall, & Townsley, 2001).

연령을 기준으로 살펴보면, 초기 성인기에 이러한 특징은 두드러지게 나타난다. 바버트, 피셔, 테일러(Barbert, Fisher, & Taylor, 2004)는 영국의 동 미들랜즈 대학(East Midlands)에 재학 중인 대학생들을 대상으로 한 연구에서, 재산범죄피해자의 10%가 전체 재산범죄사건의 56%를 차지한다는 것을 밝혀내었다. 로릿슨과 데이빗 퀴넷(Lauritsen & David Quinet, 1995)의 연구에서도 유사한 결과가 나타났다. 청소년들을 대상으로 한 연구에서는 27%의 청소년들이 전체 절도사건의 84%에 달하는 사건의 피해자이며, 공공기물 파손(vandalism) 피해자의 82%는 전체 청소년의 13%가 차지하는 것으로 나타났다. 종합적으로 살펴보면, 피해자들의 일부가 전체 재산 범죄피해의 상당 부분을 차지하고 있는 것이다.

이러한 현상은 대인범죄피해의 양상에서도 찾아볼 수 있다. 피즈(Pease, 1998)는 설문에 참여한 사람의 3%에 해당하는 응답자들이 대인 범죄피해 사건의 78%에 달하는 사건의 피해자가 되는 것을 확인하였다. 대학생을 대상으로 한 데이글, 피셔 및 컬렌(Daigle, Fisher, & Cullen, 2008)의 연구도 유사한 결과를 보인다. 전국 여대생 성폭력 피해연구(NCWVS)에 참여한 4,000명의 여대생 중에서 1% 미만의 피해자들이 2회 이상 범죄피해를 당하는 것이 나타났고, 이들이 당한 범죄피해는 전체 범죄피해의 28%에 해당하였다(Barberet et al., 2004 참조).

이러한 패턴은 청소년들에게도 나타난다. 로릿슨과 데이빗 퀴넷(Lauritsen & Davis Quinet, 1995)은 18%의 청소년들이 전체의 90%에 가까운 폭행 사건의 피해자가 된다는 사실을 발견하였고, 14%의 피해자가 전체 강도 사건의 86%

에 해당하는 피해를 겪었다고 응답하였다고 설명한다. 범죄피해를 전혀 당한 적이 없는 청소년이 대부분이었지만, 적은 비율의 청소년들이 특정 범죄의 대부분에 해당하는 피해를 반복적으로 경험하였다는 점을 주목해 보아야 한다.

반복 범죄피해에 관하여 살펴본 결과를 요약하면 다음과 같다. 첫 번째, 재범죄피해는 현실적으로 직면한 문제이며, 일부 사람들은 상대적으로 짧은 기간 동안 여러 번 범죄피해를 당한다. 두 번째, 재범죄피해는 집중되어 있다. 대부분의 사람들이 아무런 범죄피해도 당하지 않지만, 일부의 피해자가 전체 범죄피해의 상당 부분을 차지하고 있다. 이러한 패턴은 (1) 여러 문화에서, (2) 대인 범죄와 재산범죄 모두에서, (3) 다양한 데이터와 방법론을 가진 연구에서 공통적으로 나타나고 있다.

1.3. 재범죄피해의 가능성

그렇다면 얼마나 빠른 시간 안에 다시 피해를 당하게 되는 것일까? 대물 및 대인 범죄가 얼마나 빠른 시간 안에 발생하는지 살펴본 연구들은 크게 2가지 패턴으로 범죄 재피해가 발생하고 있다고 보여준다. 첫 번째, 최초의 사건이 발생하고 상대적으로 짧은 시간 안에 두 번째 사건이 발생하게 된다. 두 번째, 최초의 범죄 사건이 발생하고 일정기간 동안은 범죄피해의 위험도가 높아지게 되고, 시간이 지나면서 재범죄피해 위험도는 점차 감소하게 된다.

자택 침입의 경우, 최초의 사건이 발생하고 1개월 이내에 다시 발생될 가능성이 가장 높다. 캐나다에서 실시한 폴비, 루만, 험프리스와 피즈(Polvi, Looman, Humphries, & Pease, 1990)의 연구에 따르면, 최초로 자택 침입범죄가 발생하고 7일 이내에 2차 범죄가 발생하는 경우가 절반에 이른다. 이와 비슷하게, 미국 여러 도시의 경찰 데이터를 분석한 결과는 범죄가 발생한 바로 직후에 범죄피해를 당할 가능성이 가장 높은 것으로 나타났다(Farrell et al., 2002). 로빈슨(Robinson, 1998)은 플로리다주의 탤러해시(Tallahassee)의 경찰 신고 데이터를 분석하였는데, 1주일 내에 다시 자택침입피해를 당한 경우가 25%에 이르고, 1개월 이내에 자택 침입을 당한 경우는 절반 정도에 해당하는 것을 발견하였다.

반복해서 범죄피해를 당할 가능성은 시간이 지나면서 줄어드는 것으로 나타났다. 이 결과는 뒤집힌 2차 함수의 그래프와 유사하다. 캐나다에서 실시한 연구에 따르면, 다시 자택 침입 피해를 당할 가능성은 범죄피해를 당하고 1개월 이내에 12.4배가 더 높은 것으로 나타났다(Polvi et al., 1990, p.10). 1개월 이후부터는 재범죄피해 가능성이 상당히 줄어들어 피해 당할 확률이 2.4배 정도로 줄어든다.

대인 범죄의 경우에도 유사한 패턴으로 나타난다. 재범죄피해를 당할 확률은 시간이 지나면서 급속도로 감소한다. 전국의 여대생을 대상으로 한 연구에 따르면, 절반 이상의 폭행 피해자가 최초로 범죄피해를 당한 이후에 1개월 이내에 다시 피해를 당하는 것으로 나타났다(Daigle et al., 2008). 가정폭력과 인종차별과 관련한 폭행들은 최초로 사건이 발생하고 단기간 안에 여러 번 발생하는 것으로 보인다(Farrell et al., 1995; Sampson & Phillips, 1992). 패럴과 피즈(Farrell & Pease, 2006)는 두 번째로 가정폭력 신고를 한 가정의 35%는 첫 번째 신고 이후 5주 이내에 피해를 당했다는 사실을 밝혀내었다. 샘슨과 필립스(Sampson & Phillips, 1992)는 런던에서 발생한 인종차별과 관련된 폭행은 최초 폭행이 발생하고 몇 주 동안 재피해를 당할 위험이 높지만 14주에서 17주가 지나면 그 피해 가능성은 감소하는 것을 발견하였다.

1.4. 범죄-전환 패턴

최초로 범죄피해가 발생한 다음에 어떤 종류의 범죄가 발생할 가능성이 가장 높을까? 레스(Reiss, 1980)는 전국범죄조사(National Crime Survey, 오늘날의 전국범죄피해조사(NCVS))의 데이터를 사용해서 이 문제를 밝혀보고자 하였다. 레스는 최초 범죄피해를 당한 이후에 발생한 대물 및 대인 범죄의 비율과 빈도를 보여주는 범죄-전환(Crime Switch) 표를 만들었다. 총 두 가지의 경우가 있을 수 있다. 첫 번째 경우는 같은 종류의 범죄피해를 당하는 경우이다. 예를 들면, 첫 번째에 폭행 피해를 당하고, 두 번째에도 폭행을 당하는 경우가 이에 속한다. 이 첫 번째 경우에 해당하는 경우, 특정 범죄에 대한 피해자의 경향성(victim proneness)이 있을 수 있다는 것을 의미한다(Fienberg, 1980 참조). 두 번째 경우는 처음에 발생한 범죄와 두 번째 범죄가 다른 경우이다. 처음에 폭행을 당하고, 두 번째는 강간 피해를 당하는 경우가 여기에 속한다. 이 경우에, 범죄 전환이 발생했다고 본다. 분석 결과, 같은 종류의 범죄가 연달아 발생하는 경우가 가장 많은 것으로 나타났다. 소매치기, 강도, 자택 침입, 폭행을 당한 경우에 이런 성향은 두드러지게 나타났다. 하지만 강간의 경우 범죄 전환이 발생하는 것으로 나타났다. 강간 이후로 발생할 수 있는 가장 흔한 범죄는 소매치기나 폭행으로 나타났다.

02 ———————————————— 성폭력 재피해

이어서 대학생들의 성폭력 피해의 재피해에 대하여 살펴보기로 하겠다. 다른 종류의 대인 및 대물 범죄에서 재피해가 많이 발생한다고 하더라도, 성범죄피해자들은 재피해를 당하지 않을 가능성도 있다. 하지만 안타깝게도, 성폭력도 재피해가 발생한다는 연구 결과가 많으며, 성폭력 피해자들은 재피해에 더 취약한 편이라고 할 수 있다.

2.1. 재피해의 종류 및 특징

성폭력피해자들은 가정폭력 피해자를 제외하고 가장 높은 재피해률을 보인다. 이전 성폭력 피해 경험이 있는 경우에 그렇지 않은 여성보다 35배나 더 피해를 당할 가능성이 높다고 밝혀낸 연구도 있다(Canadian Urban Victimization Survey, 1988; National Board for Crime Prevention, 1994). 아동기, 청소년기, 성인기에 성적 학대를 당한 경우에 재범죄피해를 당할 확률은 상당히 높으며, 이 결과는 대학생, 임상샘플, 군인, 커뮤니티를 대상으로 한 연구에서도 유사하게 나타났다(Breitenbecher, 1999; Classen et al., 2005; Roodman & Clum, 2001 참조). 루드만과 클럼(Roodman & Clum, 2001)이 실시한 메타 연구에 따르면, 재범죄피해는 .59의 효과 지수(effect size)로 영향이 나타나며, 아동기에 성학대 경험이 있는 여성의 15%에서 79%가 성인이 되어서도 강간 피해를 당하는 것으로 나타났다. 이러한 결과는 임상샘플뿐 아니라, 다양한 샘플을 대상으로 한 연구에서도 높게 나타난다. 소렌슨(Sorenson)과 연구팀(1987)은 3,131명의 성인을 대상으로 한 역학 연구를 통해, 성학대를 당하였다고 응답한 447명의 피해자들 중 67%가 2회 이상의 성폭력 피해를 당한 적이 있다는 것을 발견하였다. 랜달과 해스켈(Randall & Haskell, 1995)은 아동 성추행 피해를 당한 여성의 62.4%가 재피해 당한다는 것을 밝혀내었다.

2.2. 발달 단계에 따른 성폭력 재피해

성학대 경험과 재피해의 가능성에는 명확한 상관관계가 있으며, 이러한 관계는 생애 발달 단계에 걸쳐서 변화한다. 다수 연구들이 아동기의 성학대 경험과 성인기의 재범죄피해의 상관 관계를 검증해오고 있으며, 놀라울 정도로 일관된 연구 결과가 나타난다(Classen et al., 2005 참조). 커뮤니티 샘플을 대상으로 한 연구에서는 아동기에 성학대 경험이 있는 경우에 성인기의 성폭력 피해 가능성이 두 배에서 세 배 정도 증가하고 있다(Fleming, Mullen, Sibthorpe, & Bammer, 1999; Wyatt, Guthrie, & Notgrass, 1992). 전국의 성인을 대상으로 한 연구에서는 아동기 성학대 경험이 있는 여성이 현재의 연인이나 남편으로부터 성폭행을 당할 가능성이 6배 정도 높으며, 아동기에 성학대와 신체적 학대를 모두 경험한 경우 성인기에 성폭행 피해를 당할 가능성은 11배나 증가한다는 것을 밝혀내었다(Desai, Arias, Thompson, & Basile, 2002). 또한, 이 외에도 배우자와 연인 이외의 사람으로부터 성폭행 당할 확률도 높다고 밝혀내었다. 러셀(Russell, 1986)은 14세 이전에 성폭행 피해를 당한 여성의 경우, 63%가 강간이나 강간 미수 피해를 당하는 반면 아동기에 성학대를 당한 경험이 없는 경우에는 35%만이 강간이나 강간 미수 피해를 당한다고 분석하였다. 이는 아동기에 피해 경험이 있는 경우 성인기의 성폭력 피해 확률이 2배 정도 더 높아진다는 것을 보여준다. 전국 여성폭력 실태조사(NVAWS)에서는 18세 이전에 강간 당한 피해자의 18%는 성인이 되어서 다시 강간 피해를 당하는 것으로 나타났다. 이 비율에는 다른 종류의 성폭행 피해나 강간 미수 피해를 당한 경우는 포함되지 않고 강간 피해만을 집계한 것이다(Tjaden & Thoennes, 2006).

나아가 아동기의 성학대의 심각성과 성인기의 재피해의 위험성과의 관련성에 대하여 살펴보았다. 코이드와 동료들(Coid et al., 2001)은 원치 않는 성관계(unwanted intercourse) 피해를 당한 여성이 16세 이후 성폭행당하거나 강간당할 가능성이 2-3배 정도 높은 반면, 원치 않는 성관계 외의 성 학대 피해를 당한 경우는 16세 이후 성폭력 피해를 당할 가능성이 3-4배 정도 높아지는 것을 밝혀내었다. 이러한 결과는 인구사회학적인 요인을 통제한 이후에도 유효한 것으로 보인다.

청소년기 및 초기 성인기의 성폭력 피해와 아동기 성학대 경험 간의 관련성을 연구한 학자들도 있다. 험프리와 화이트(Humphrey & White, 2000)는 대학 두 곳에 입학하는 신입생을 대상으로 설문하였다. 13%의 여학생들은 14세 이전에 강간 피해를 당한 적이 있는 것으로 나타났고, 이러한 여성들은 다른 여성에 비해서 대학 첫해 강간당할 비율이 14배 정도 높은 것으로 나타났다. 다른 연구자들은(Noll, Horowitz, Bonnanno, Trickett, & Putnam, 2003)은 14세 이전에 성추행당한 경험이 있는 아동학대 피해자(6세부터 16세. 평균: 11세)들을 추적 종단 연구하였다. 이들은 총 7년에 걸쳐서 3번 연구에 참여하였다. 아동 성학대 피해자들은 피해 경험이 없는 집단과 비교하여 볼 때 성폭행 당할 확률이 2배 정도 높은 것으로 나타났으며, 이후의 발달 단계에서도 계속하여 성폭행에 노출되어 있는 것으로 나타났다.

다른 연구들도 이와 같은 연구 결과들을 뒷받침하고 있다. 보니맥코이와 핀커롤(Boney-McCoy & Finkelhor, 1995)은 10세에서 16세 사이의 청소년 2,000명을 무작위 추출하여 분석하였다. 이들 중 7.6%가 지난 한 해 동안 성폭력 피해를 당하였다고 집계되었으며, 아동기 성학대 피해 경험이 있는 청소년들이 재피해를 당할 가능성이 11.7%가 더 높은 것으로 나타났다. 또한, 이러한 피해는 한 명의 가해자로부터 반복적으로 발생한 것일 가능성은 낮다고 설명하였다. 전국 청소년 보건 종단 연구(National Longitudinal Study of Adolescent Health)에서 7학년부터 12학년을 대상으로 분석한 연구에서는 1차 연도에서는 7%가 강간 피해를 당하였고, 2차 연도에서는 이들 중 8%가 반복해서 피해당하였다는 것을 밝혀내었다(Raghavan, Bogart, Elliott, Vestal, & Schuster, 2004). 이와 더불어, 스몰과 켄스(Small & Kerns, 1993)는 1,149명의 청소년들 중 20%가 지난 한 해 동안 원하지 않는 성관계를 하였고, 이들 중 3분의 1이 강간 피해를 당하였다는 것을 밝혀내었다. 과거의 성폭력 피해 경험의 여부는 원치 않는 성관계를 한 경험이 있는지를 예측하는 요인이 되었다.

안타까운 사실이지만, 여대생들이 반복적으로 범죄피해를 당하는 것은 특이한 현상은 아니다. 여대생들은 한 학년도 동안 1회 이상의 성폭력 피해를 당할 가능성에 노출되어 있다(Gidycz et al., 1995). 구체적으로, 첫 학기의 초반부에 성폭행을 당한 여성의 38%는 이후 해당 학기의 후반부에 성폭행을 당하였다(Gidycz, Coble, Latham, & Layman, 1993 참조).[3] 다른 연구에서도 비슷한 결과를 보이는데, 여대생의 37%가 대학교에 입학한 이후에 2회 이상의 성폭행 피해를 당하였다는 결과도 있다(Gross et al., 2006).

03 — 대학생의 성폭력 재피해: 전국 여대생 성폭력 피해연구
(NCWSV)

전국 여대생 성폭력 피해연구(NCWSV)에서는 학년별로 범죄피해를 얼마나 당하였는지를 측정할 수 있다. 범죄피해가 발생하였다고 응답한 경우에, 각각의 사건에 대해서는 다시 구체적인 문항들을 질문하였다. 따라서 피해자들이 피해를 한 번 당하였는지 혹은 재피해당하였는지를 측정할 수 있었다. 재피해

---

3   역자 주. 본문에서는 쿼터제를 기준으로 설명하여, 1쿼터에 피해를 당한 경우 2쿼터에 피해를 당할 가능성이 증가한다고 하였다. 본 번역서에서는 국내의 실정에 맞추어 1학기의 전반부, 후반부로 설명하였다.

가 발생하는 경우, 재피해사건의 특성을 파악하고 이전 피해와 재피해 사이에 얼마나 차이가 있었는지 측정할 수 있다. 우리는 상대적으로 짧은 기간 동안 발생한 재피해의 범주와 특성에 대한 분석 결과를 설명하고자 한다. 본격적인 논의에 앞서서 여대생들의 재피해에 영향을 미치는 요인에 대하여 간략히 살펴보고자 한다.

3.1. 시간 경과에 따른 성폭력 재피해

4장에서 살펴본 바와 같이, 대학교에 입학한 여학생들의 상당수가 성폭행을 당하고 있다. 현재 재학 중인 학기 이전에 피해를 당한 경험을 살펴보면, 15.1%가 강간 및 강간 미수 피해를 당하였다고 응답하였다. 해당 학년도에 성폭행을 당한 여성들 중 61.5%는 이전에도 성폭력 피해를 당한 적이 있다고 응답하였다. 구체적으로 분석한 결과, 과거의 범죄피해 경험은 현재의 범죄피해를 예측할 수 있는 것으로 나타났다. 피해 가능성을 예측하기 위해 고안된 연구 모형으로 검증하여 보면, 작년에 성폭력 피해를 당한 여성들은 그렇지 않은 여성에 비하여 성폭력 피해를 당할 가능성이 더 높은 것으로 나타났다. 대학교 입학 이전에 성폭력 피해를 당하는 것은 대학교를 다니는 동안 스토킹 피해를 당할 가능성을 높인다는 결과도 나타났다.

3.2. 성폭력 재피해의 특성

〈표 5.1〉은 성폭력 피해를 당한 여성의 비율과 빈도 및 발생한 사건의 비율을 보여준다. 여기에는 강간, 성적 강요, 원치 않은 성행위 및 협박(예시: 강간 협박, 무력을 사용한 협박, 무력을 사용하지 않은 협박) 등이 포함되어 있다. 주목해 보아야 할 연구 결과 및 이전의 연구와 동일하게 나타나는 연구 결과들은 〈표 5.1〉에 정리되어 있다.

표 5.1 성폭행 피해 횟수에 따른 피해자 비율

피해 횟수	성폭력 피해 비율(n=4,466)	피해자의 비율 (n=644)	피해 횟수 (n=1,318)	전체 피해 사건 중 비율	재피해 비율
없음	84.5(3,757)				
1회	8.2(364)	52.9	364	27.6	
2회 이상	7.3(325)	47.1	954	72.4	47.4

- 15.5%의 여성이 한 가지 종류 이상의 성폭력 피해를 경험한다.
- 피해는 피해자들 중 일부에게 집중되어 있다. 그렇기 때문에, 재피해를 당한 피해자들은 전체 범죄피해의 상당 부분을 차지하고 있다.
- 구체적으로 72.4%의 성폭력 피해 사건은 7.3%의 재피해자들이 겪고 있다.
- 결론적으로, 전체 성폭력 사건의 47.7%는 피해를 한 번 이상 당했던 사람들에게 발생한 사건들이며, 이 결과는 피해 경험이 있는 여대생들의 절반 정도가 2회 이상의 피해를 당한다는 것을 의미한다.

〈표 5.2〉는 성폭력 피해의 종류에 따라 구분하여 분석한 결과를 보여준다. 첫 번째, 모든 종류의 성폭력 사건에서 재피해는 자주 나타나는 현상이며, 피해자의 22%에서 25%가 다시 범죄피해를 당한다. 예를 들면 강간 피해의 22%는 재피해인 것으로 집계되었다. 이와 유사하게 성적 강요 및 원치 않는 성관계는 각각 25% 이상이 재범죄피해인 것으로 나타났다. 협박의 경우, 피해자들 중의 32%가 재피해자로 집계되었다.

두 번째, 일부 성폭력 피해자들이 다양한 종류의 성폭력 사건의 대부분을 차지하고 있다. 반복적인 강간 피해자의 23%가 전체 강간 피해 사건의 40%을 차지하고 있다. 무력을 동반하지 않는 성폭력 피해자의 25%는 전체 사건의 44.3%를 차지한다. 반복적으로 협박당한 피해자의 4분의 1 정도는 협박 피해 사건의 47.5%를 차지하고 있다.

3.3. 성폭력 재피해의 흐름

〈그림 5.1〉에서 보는 바와 같이 우리 연구에서는 여러 건의 성폭력 피해 사건 간의 시간을 계산할 수 있었다. 재피해를 당한 경우, 가장 최근에 당한 범죄피해와 그 바로 전에 발생한 범죄피해 간의 차이를 계산하였다. 만약 가장 최근에 발생한 범죄가 3월에 발생한 것이었고, 그 이전에 발생한 범죄는 1월 이 였다면 이 두 사건은 2개월만에 발생한 것이다. 만약 1월 1일에 범죄피해를 당하였고, 1월 15일에 피해를 당한 경우에는 '0개월'만에 피해가 발생하였다고 계산하였다.

표 5.2 『전국 여대생 성폭력 피해연구(NCWSV)』에서 집계된 재피해 비율

성폭력 피해 유형	피해자 비율 (피해자 수)	사건 수	사건 비율(%)	재피해자 비율(%)	재피해 (사건) 수	재피해 (사건) 비율(%)	재피해 피해자들이 겪은 피해 비율(%)
강간	2.8(123)	157	11.9	22.8(28)	34	21.7	39.5
성적 강요	3.7(164)	221	16.8	23.2(38)	57	25.8	43.0
물리력을 사용한 성적 접촉	5.0(221)	296	22.5	22.6(50)	75	25.3	42.2
물리력을 사용하지 않은 성적 접촉	7.2(318)	427	32.4	25.5(81)	109	25.5	44.3
협박	3.4(152)	217	16.5	25.0(38)	69	31.8	47.5
총합	15.5(691)	1,318	100.0	47.3(327)	627	47.6	72.4

연구 결과에서 주목할 만한 점은, 단기간 동안에 범죄 재피해의 위험성이 높아진다는 점이다. 특히, 범죄피해를 당한 달에 범죄 재피해의 위험도가 가장 높게 나타났다. 예를 들면, 48%의 강간 재피해가 같은 달에 발생한다. 성적강요는 36%, 협박은 32%, 물리력을 동반한 원치 않는 성관계는 28%가 같은 달에 발생했다고 나타났다. 물리력을 동반하지 않는 원치 않는 성관계 항목만이 이러한 추세의 예외인 것으로 나타났으며, 그렇다 하더라도 같은 달이 아닌 두 번째 달에 범죄피해의 가능성이 가장 높아지는 것으로 보인다. 이 경우, 강간

사건의 39%는 한 달이 지나고 발생하였으며, 한 달 내에 재피해를 당한 경우는 25%로 이보다는 낮게 나타났다.

강간을 제외한 다른 종류의 성폭력의 경우, 재피해의 가능성은 시간이 흐르면서 점차 감소하는 것으로 나타났다. 무력을 사용한 원치 않는 성관계의 경우, 6개월에 걸쳐서 28%, 23%, 20%, 10%, 10%, 7%, 2%로 꾸준히 감소하는 것으로 보인다. 이러한 패턴에 비추어 보면, 성폭력 재피해의 가능성은 1개월이 지나면 점차 감소하는 것으로 설명할 수 있다. 강간 재피해의 패턴은 이와는 조금 다르게 나타난다. 전체 강간 재피해 사건 중 16건이 같은 달에 발생한 반면, 1개월이 지나고 피해를 당한 경우는 4건, 2개월과 3개월이 지나고 피해를 당한 경우는 각각 6건, 5개월 이후 피해를 당한 경우는 1건으로 나타났다.

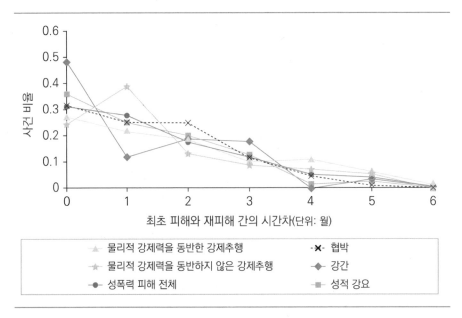

그림 5.1 성폭력 재피해 발생 추이

출처: Daigle, Fisher, & Cullen(2008)에서 발췌 후 변형

3.4. 범죄-전환 패턴

연속으로 범죄피해를 당한 경우에 같은 종류의 범죄피해를 당하였는지, 혹은 다른 종류의 범죄피해를 당했는지 살펴보기 위해서 범죄-전환 패턴 유형을 살펴보았다. 2회 이상 범죄피해를 당한 경우에, 어떠한 조합으로 범죄를 당했는지를 살펴보는 것이다. 조합의 유형은 강간-강간, 강제 성관계-강간과 같은 식으로 분류하였고, 각 경우의 빈도를 측정하였다.

우선적으로 첫 번째 사건과 두 번째 사건의 범죄 종류는 통계학적으로 유의미한 관련이 있는 것으로 나타났다. 어떠한 종류의 피해이든지, 같은 종류의 피해를 연달아 당할 가능성이 가장 높은 것으로 나타났다. 결과를 간략히 살펴보면 다음과 같다.

- 강간 피해를 당한 경우 30%가 다시 강간 피해를 당하였다.
- 성적 강요 피해를 당한 경우의 절반 정도가 다시 성적 강요 피해를 당하였다.
- 무력을 사용해서 성관계를 한 경우의 절반 정도인 43%와 무력을 사용하지 않고 성관계를 맺은 경우의 52%가 같은 종류의 피해를 연속해서 당하였다.
- 협박당한 경우의 36%는 다시 협박을 당하였다.

04 ——————————— 성범죄 재피해의 원인

지금까지 대학생들의 성폭력 피해의 범위와 특성에 대하여 살펴보았다. 범죄를 다시 당하는 것은 흔한 현상이며, 일부 피해자들에게 집중되어 있고, 최초의 범죄피해가 발생한 이후에 빠르게 발생하며, 같은 종류의 성폭력 피해에 지속적으로 노출되기도 한다(Daigle et al., 2008; Daigle et al., 2007; Fisher, Daigle, & Cullen, 2010 참조). 우리는 더 나아가 왜 재피해가 발생하는지를 살펴보고자 한다. 우리는 크게 두 갈래로 범죄의 원인을 살펴보고자 한다. 첫 번째, 위험의 이질성(risk heterogeneity)과 상황 의존성(event dependence)의 두 가지 관점을 비교하며 이론적으로 재피해의 원인을 설명해 보고자 한다. 두 번째, 우리는 전국 여대생 성폭력 피해연구(NCWSV)의 연구 결과를 살펴보고, 연구 결과를 양적으로 분석해 보고자 한다.

4.1. 위험의 이질성(risk heterogeneity): 일상활동/생활양식

위험의 이질성과 관련한 이론들은 피해자가 잠재적 가해자에게 노출되는 위험(risk)을 감수하였기 때문에 피해를 당하게 될 수도 있다고 설명한다. 우리는 개인마다 피해의 위험성이 다르기 때문에 동질성(homogeneity)이라는 용어보다는 이질성(heterogeneity)이라는 용어를 사용하고자 한다. 위험의 이질성은 피해자가 가지고 있는 부주의함이나 위험한 상황에 처하게 하는 성격 등 개인적 성향이 원인일 수 있다(예시: 자기통제력의 부족, 충동성, 모험 추구적 성향). 전국 여대생 성폭력 피해연구(NCWSV)를 포함한 대다수의 연구에서는 이러한 성향을 측정하지는 않았다. 예외적으로 슈렉과 동료들의 연구에서는(Schreck, 1999; Schreck, Stewart, & Fisher, 2006) 이러한 성격적 요인을 측정하였다. 위험의 이질성에는 일상생활이나 생활양식의 차이가 반영되기도 한다. 술집에 가거나 밤에 혼자 길을 걷는 것과 같은 활동은 집에서 가족들과 텔레비전을 시청하고 있는 활동과 비교하여 볼 때 범죄피해를 당할 가능성이 높아 보인다. 개인의 성격이나, 주변 배경 및 일상활동으로 인하여 위험에 노출될 수도 있다.

일상활동이나 생활양식이 범죄피해의 위험에 영향을 미칠 수도 있다는 생각은 1970년대 후반에 발표된 두 연구에 의해서 각광받게 되었다. 로렌스 코헨과 마커스 펠슨(Lawrence Cohen & Marcus Felson, 1979)은 일상활동이론(routine activity theory)을 발표하였고, 마이클 힌델랑, 마이클 갓프레드슨, 제임스 가로팔로(Michael Hindelang, Michael Gottfredson, & James Garofalo, 1978)는 생활양식이론을 발표하였다. 두 연구는 범죄피해에 대하여 매우 유사하게 설명한다. 범죄피해가 발생하려면, 잠재적 피해자는 잠재적인 가해자와 만나야 한다. 범죄자의 입장에서 살펴보면 범죄의 동기가 있다는 것만으로는 충분하지 않으며, 기회가 있어야 범죄를 저지를 수 있다. 피해자의 입장에서 보면, 잠재적 가해자를 만나게 될 때 가해자에게 기회를 노출하게 된다. 중요한 점은, 잠재적 피해자가 잠재적 가해자를 만나게 되는 특징, 즉 피해자들의 일상활동이나 생활양식으로 인해 동기 부여된 가해자에게 기회를 주는 상황을 만든다는 것이다.

이러한 관점은 대표적으로 코헨과 펠슨의 일상활동이론(Routine Activity approach)을 통해서 주로 설명된다(자세한 내용은 Felson, 2002 참조). 이 이론에서는 범죄의 기회를 크게 두 가지를 통해서 설명하는데, 그 자세한 내용은 이어지는 내용에서 살펴보도록 하자. 주목할 만한 점은, 이 이론에서 범죄자의 동기에 대해서는 자세히 설명하지 않았으며, "동기화된 범죄자(motivated offenders)"는 이미 존재하고 있다고 가정하였다. 이론의 가장 핵심은 피해자들의 일상활동이 그들을 범죄자와 같은 시간과 공간에 위치하게 한다는 내용이다. 그리고 이때 범죄가 발생하게 된다. 만약, 피해자들과 범죄자가 같은 시간과 공간에 있지 않는다면, 범죄를 저지를 기회가 없으며 따라서 범죄는 발생하지 않을 것이다.

이들은 '기회'를 만들어 내는 두 가지 요인에 대해서 설명하였다. 첫 번째, 잠재적인 피해자는 표적(targets)으로 설명되었다. 표적은 사람이거나, 물건이나 재산일 수도 있다. 표적마다 매력성(attractiveness)[4]에 차이가 있다. 도둑이 물건을 훔치려 집에 침입했을 때, 노트북은 냉장고보다 더 매력적(attractive)이다. 쉽게 훔치고 이동시킬 수 있기 때문이다. 두 번째, 잠재적인 피해자의 매력성이 높더라도, 보호 능력(capable guardianship)을 갖추고 있다면 피해를 당할 가능성이 낮아질 수도 있다. 도둑이 집에 침입하는 경우에는, 알람 장치를 갖추는 것이나 방범용 개를 키우는 것이 보호 능력을 갖추는 것일 수도 있고, 늦은 밤 길거리를 걸어가려고 할 때에는 친구들과 함께 가거나 경찰관이 동행하는 것이 범죄의 기회를 줄일 수도 있다. 이러한 면에서 살펴볼 때, 위험의 이질성

---

4 역자 주. 일상활동이론에서는 잠재적 피해자의 매력성(attractiveness)을 범죄피해의 주요한 요인이라고 설명한다. 이러한 매력성은 피해자가 가진 성적인 매력이나 외모 등을 의미하는 것이 아니라, 잠재적 가해자가 피해 대상을 적합한 대상으로 여기는 것을 의미한다. 번역서에서는 범죄학 이론에서 설명하는 기본적 개념에 충실하게 하고자 피해자의 매력성이라고 그대로 번역하였다.

(risk heterogeneity)이 가장 높은 경우는 표적이 매력적이지만 보호능력을 갖추지 않은 일상활동을 지속할 때일 것이다. 잠재적인 피해자가 잘 보호되고, 자신이나 재산이 가지고 있는 매력성을 낮추고, 범죄자들로부터 멀리 떨어져 있을 때 위험의 이질성이 가장 낮을 것이다.

앞서 살펴본 것처럼, 이 책에서는 대학 캠퍼스가 왜 범죄가 많이 발생할 수 있는 장소가 될 수밖에 없는지에 대해 일상활동이론으로 설명해 왔다(Cass, 2007; Daigle et al., 2008; Fisher et al., 2010; Fisher, et al., 2002; Fisher et al., 1998; Mustaine & Tewksbury, 1999, 2007; Schwartz & Pitts, 1995 참조). 매력적인 타깃이 잠재적 범죄자들과 자주 만나게 될 때, 그리고 보호자가 없는 상황(예시: 늦은 밤 방에서 둘이 만나는 경우)에서 이러한 만남이 발생하게 될 때 범죄피해의 가능성이 높아지게 된다. 일상활동이론 및 생활양식이론은 대학생의 범죄피해 가능성이 높은 이유를 이렇게 설명한다. 이 책에서는 명시적으로 이론을 설명하지는 않았을지라도, 일상활동이론에 기반하여 범죄피해를 설명하였다. 우리가 7장에서 스토킹 피해를 다룰 때 일상활동이론에 대해서는 다시 한번 구체적으로 논의해 볼 것이다.

일상활동이론을 적용하면 범죄피해의 패턴에 대하여 더 구체적으로 설명할 수 있다. 첫 번째로 일상활동이론은 왜 일부 학생이 다른 학생들보다 범죄피해를 당할 가능성이 높은지를 설명할 수 있다. 보호자 없이 잠재적 범죄자들에게 노출될 수 있는 일상생활(예시: 파티에 가는 것, 다른 사람의 방에 약이나 술에 취해서 혼자 가는 것)은 범죄피해의 가능성을 높일 수 있다. 일상활동이나 생활양식은 위험의 이질성(risk heterogeneity)을 높이는 전제가 된다. 두 번째, 일상활동에서의 위험의 이질성은 왜 '한 번' 피해를 당하는지가 아니라, 지속적으로 피해를 당하게 되는지를 설명할 수 있다. 다시 말하자면, 일상활동은 첫 번째 피해뿐만 아니라, 재범죄피해 또한 설명할 수 있어야 한다. 이전의 범죄피해 경험과는 별개로 하더라도, 범죄자에게 보호자 없이 노출되는 상황이 지속된다면, 범죄피해의 가능성이 계속 높을 것이다.

4.2. 상황 의존성: 첫 번째 피해 사건의 영향

상황의존성(event dependence 혹은 state dependence라고 불리우기도 함)은 왜 재피해가 발생하는지 혹은 발생하지 않는지를 잘 설명할 수 있다. 대다수의 선행연구자들이 일련의 사건들이 상호 연관되어 있을 수 있다는 점에 크게 주목하지 않았기 때문에 이 이론적 관점에 대한 논의가 풍부하지는 않다. 이 이론은 첫 번째 사건과 두 번째 사건에서 공통적으로 존재하는 요인이 피해자의 취약성에 영향을 미친다고 설명한다. 가령, 첫 번째 사건이 발생할 당시 피해자가 가해자에게 반격하였는지 경찰에 신고하였는지, 친구에게 이야기하였는지 같은 행동들이 두 번째 사건 피해에 영향을 미칠 수 있다고 본다. 이러한 요인들은 자신의 피해를 직접적으로 직면할 수 있는 영향이 있는지, 그리고 피해자가 향후의 범죄 위기상황에 대응할 수 있는 자신감이 있는지에 해당한다. 쉽게 말해서 이 이론은 첫 번째 사건에서 발생하였던 상황과 요인들이 향후 범죄피해에도 영향을 미칠 수 있다고 설명한다. 다수의 연구들은 범죄 가해행위가 계속되었는지 혹은 중단되었는지를 설명하기 위해서 상황 의존성(state dependence)이 어떻게 구성되어 있는지를 설명하였는데, 우리 연구에서도 상황 의존성을 중심으로 피해자의 범죄피해가 지속되었는지 혹은 중단되었는지를 설명해 보고자 한다.

05 ─────── 전국 여대생 성폭력 피해연구(NCWSV) 결과

우리 연구에서는 앞서 다룬 이론들을 실제적으로 검증하였다. 우리 연구의 데이터는 사건 각각에 대한 자료를 수집하였다는 점을 가장 큰 장점으로 꼽을 수 있다. 사건에 대한 정보를 수집하고 설문 문항을 개발하는 데 있어서 일상활동이론(routine activity theory)과 상황의존성이론(event dependence theory)을 검증할 수 있는 주요한 요인들을 함께 살펴보았다. 이어지는 내용에서는 첫 번째 사건과 재피해 사건을 구분하여 살펴보았다.

5.1. 성폭력 피해의 원인

우리의 연구 결과는 일상활동 및 생활양식이 성폭력 피해에 영향을 미친다고 설명한다. 범죄자와 물리적으로 가까운 거리에 있고, 범죄에 노출되어 있으며, 범죄의 표적으로 적합한 여성들은 그렇지 않은 일상활동을 하는 여성들에 비하여 범죄피해 가능성이 높다. 〈표 5.3〉에서 살펴볼 수 있듯이, 남성이 주로 있는 장소에 자주 가게 되는 여성(예시: 파티, 남성전용 기숙사, 남성 운동선수들이 주최한 파티 등)이 그렇지 않은 여성보다 성폭행 피해를 당할 가능성이 더 높은 것으로 나타났다. 약물을 사용하거나 과음을 하는 여성들 또한 성폭행 피해를 당할 가능성이 더 높은 것으로 나타났다. 보호자의 부재(lack of capable guardianship) 또한 성폭력 피해의 가능성을 더 높이며, 혼자 사는 여성이 그렇지 않은 여성들보다 성폭행 피해를 당할 가능성이 더 높아지는 것으로 보인다. 호신용품을 휴대하는 여성들이 성폭력 피해의 가능성이 높다고 나타났는데, 이는 선후관계를 바꾸어 성폭력 피해를 당했기 때문에 호신용품을 휴대하게 되었다고 설명하는 것이 더 적절할 것이다.

5.2. 재피해의 원인

우리는 개인의 일상활동이 성폭력 피해 '여부'에 영향을 미친다는 점을 발견하였다. 우리는 더 구체적으로 한 번 피해를 당한 피해자들과 반복적으로 피해를 당한 피해자들을 구분짓는 요인을 실증적으로 탐구하고자 하였다. 우리 연구에서는 재피해의 기간을 대략 7개월로 구성하였기 때문에, 다소 짧은 기간에 발생한 재피해를 다루었다고 할 수 있다. 연구 결과, 피해 여부에 영향을 미치는 일상활동 요인들이 재피해 여부에도 영향을 미치는 것으로 나타났다(구체적인 논의는 Daigle et al., 2008; Fisher et al., 2010 참조). 이러한 연구 결과는 성폭력 피해를 줄일 수 있는 방안에 대하여 시사하는 바가 있다. 첫 번째, 성폭력 피해를 당한 이후 이 피해에 영향을 미쳤던 영향요인들을 제거하고 피해자들이 침묵하게 되는 요인들이 제거된다면, 성폭행 피해를 당하게 되는 여성

이 성폭력 재피해를 당하게 되는 것을 막을 수 있을 것이다. 또한, 성폭력 재
피해가 전체 성폭력피해에서 차지하는 비율이 높기 때문에, 이를 막는 것은 전
체 성폭력 피해율을 상당히 줄이는 방안이 될 것이다.

표 5.3 『전국 여대생 성폭력 피해연구(NCWSV)』에서 나타난 성폭력 피해 가능성에 영향을
    줄 수 있는 요인

동기 부여된 가해자와의 근접성 및 범죄 기회에의 노출
남성들만 있는 장소에 갈 가능성
현재 이성교재 여부
술이 있는 장소에 갈 가능성
피해 적합성
약물을 남용할 가능성
보호 요인
호신 용품을 들고 다니는지 여부
혼자 사는지 여부

출처: Fisher, Daigle, & Cullen(in press)에서 변형

우리 연구에서는 일상활동 요인 이외에 상황적 요인을 살펴보았다. 최초
의 사건에서 발생하였던 일이 어떻게 재피해를 예측할 수 있었는지를 설명하
고자 하였다. 구체적으로 피해를 당한 이후에 경찰에 신고했는지, 신고 이후
자신의 피해를 경찰 외 다른 사람에게 설명했는지, 가해자가 가까운 사이였는
지 혹은 모르는 사람인지 등을 살펴보았다.

첫 번째 사건이 발생했을 때 자신을 보호할 수 있는 행동을 취하였는지의
여부가 다시 범죄피해를 당할지 안 당할지 예측하는 요인이 되었다. 첫 번째
성폭력 피해 당시에 자신을 보호하기 위한 행동을 취했던 여성들이 그렇지 않
은 여성에 비해서 다시 피해를 당할 가능성이 매우 낮게 나타났다. 논리적으로
생각해 보면, 피해를 방어하였고, 방어가 성공적이였다면, 이 여성은 자신을 보
호할 수 있는 방법을 알게 되었고 자신이 성폭력 피해로부터 덜 취약하다고 생
각하게 될 것이다. 이렇게 생각하는 것이 향후의 피해 위험을 낮출 수 있을 것
이다. 가해자의 측면에서 생각해 보면, 여성이 자신을 방어하지 않는 경우에

그 피해자를 대상으로 가해하는 것이 더 수월하다는 것을 학습하게 할 수도 있다. 방어 행동을 취하지 않는 여성들은 자신이 범죄에 더 취약하다고 생각할 수 있기 때문에, 위험한 상황이 발생하는 경우에 자신을 방어하는 행동을 할 가능성이 낮을 수도 있다. 가해자들은 이런 피해자를 타깃으로 할 수 있을 것이다.

자신을 보호하는 행위를 하는 것이 재범죄피해의 가능성을 줄일 수도 있다는 점은 향후 범죄 예방 프로그램을 개발하는 데 중요한 역할을 한다. 일반 대중들이 위험 상황을 인지하고 어떻게 대응하는지에 대한 방안을 학습함으로써, 최초의 피해와 재범죄피해를 감소시킬 수 있다. 성폭력 피해여성이 위기 상황을 어떻게 인지하고 위기상황을 피하기 위해서 어떠한 행동 패턴을 보이는지에 관한 선행 연구들을 살펴보면, 피해 여성들은 위기 상황을 파악하지 못하는 경우가 많다는 것을 발견하였다. '아는 사람에 의한 강간 가상 시나리오(hypothetical acquaintance rape scenario)'를 살펴본 연구에서 성폭력 피해자들은 그 상황을 늦게 파악하고 대비할 가능성이 높은 것으로 나타났다(Messman-Moore & Brown, 2006). 재피해를 당하는 여성들은 피해를 효과적으로 막을 수 있는 시간적 시점을 넘겨서도 위험한 상황에 남아있을 수 있다. 그렇기 때문에 위기 상황을 인지할 수 있는 단서나 자기 방어 행동을 언제 어떻게 해야 하는지에 대한 교육이 필요하다.

06 ——————————————————————— 결론

안타깝게도 범죄는 반복해서 일어난다. 가끔은 계속해서 발생하기도 한다. 재피해는 대학교에 재학 중인 여성의 성폭력 피해를 이해하는 데 있어서 매우 중요한 요소이다. 한 번 피해를 당한 피해자들 중의 일부는 다시 피해를 당하고, 이들이 전체 성폭력 피해사건의 상당 비율을 차지하고 있다. 선행연구들 또한 유년기의 범죄피해는 성인기의 범죄피해를 예측할 수 있다는 것을 보여준다. 선행연구들이 장기간에 걸친 재피해를 연구한 반면, 우리 연구는 한 학년도 내에 반복하여 발생한 범죄피해를 측정하였다. 전국 여대생 성폭력 피해연구(NCWSV)의 데이터를 분석한 결과, 재피해는 상당히 자주 발생하며 범죄피해를 당한 이후에 짧은 시간 내에도 발생하는 것으로 나타났다.

　　이 연구 결과는 범죄학적인 함의 이외에도 실질적으로 범죄를 예방하는 데 있어서 중요한 의미가 있다. 성범죄를 피하기 위해서 개인적으로 노력하는 것은 효과가 있는 일이긴 하지만, 대학생들에게는 그들의 일상적인 활동을 바꾸어야 한다는 것과 같기 때문에 어려운 일일 수도 있다. 하지만 피해가 발생하게 되면, 피해자의 위험요인을 파악하고 이후의 피해를 막기 위해서 개입할 여지가 있다. 따라서 성폭력의 원인을 탐색하는 연구자들은 재피해에 대해 더 깊은 관심을 가지고 그 원인과 예방방안을 모색해 보아야 한다.

CHAPTER

피해자의 비밀:
피해를 인지하고 신고하기

06

피해자의 비밀: 06
피해를 인지하고 신고하기

아래에 제시된 두 가지 상황에 대해서 생각해 보도록 하자.

상황 1 당신은 혼자 집으로 걸어가는 길이고, 누군가 갑자기 앞에 나타나 총을 꺼내 들고 지갑을 내놓으라고 한다. 두려운 마음에 지갑을 내어 주었지만, 다른 피해 없이 물건만 내어 주었다는 사실에 안도한다. 당신은 '범죄'가 발생했다는 사실을 명확하게 알고 있다. 경찰에 신고하게 되면, 경찰은 당신이 하는 진술을 믿을 것이고 신고 접수도 받을 것이다. 부모님이 "그러게 밤에 혼자 다니지 말라고 했잖아"와 같은 잔소리를 하실지라도, 부모님에게 말하는 것을 크게 걱정하지는 않을 것이다. 강도를 당한 것은 당신의 잘못이 아니기 때문이다.

상황 2 당신은 술집에서 한 남자를 만났고, 함께 그 남자의 집으로 갔다. 그 남자를 알기는 하지만 그렇다고 잘 아는 사이는 아니다. 오며 가며 몇 번 정도 본 적이 있고 친구들과 있는 모습도 봤다. 괜찮은 사람처럼 보였다. 술을 몇 잔 마시고, 그 남자가 당신에게 다가왔다. 스킨십이 오갔고, 그 남자는 계속해서 스킨십을 조금씩 더 원하기 시작했다. 당신은 "하지마. 나는 그러고 싶진 않아"라고 이야기했지만, 그는 그 말을 들으려 하지 않았다. 그는 마치 당신이 하는 말이 들리지 않는 것처럼 행동했다. 마침내 당신은 그 남자를 밀치면서 "그만해"라고 이야기했지만, 그 남자는 여전히 스킨십을 계속하면서 옷을 벗기려고 한다. 너무 갑작스레 일어나는 상황이라 기억이 흐릿하다. 갑작스럽게 그가 성관계를 시작하였다. "무슨 일이지? 범죄인가? 강간인가? 무언가 잘못된 것 같은데, 경찰에 신고할 정도로 심각한 일인가?"라는 생각이 들기 시작했다. 만약 당신이 경찰에 신고한다고 하더라도 경찰이 이 신고를 접수할 지는 확실하지 않다. 당신은 부모님에게 말하거나 학교 당국에 이야기하고 싶진 않을 것이다. "네가 자초한 일"이라는 비난을 듣고 싶지는 않기 때문이다. 직접적으로 말하진 않더라도 부모님은 당신이 도대체 어떻게 그 정도까지 술을 마시고, 술집에서 만난 "거의 모르는" 남자의 방까지 따라갈 수 있었는지를 의아해 할 것이다. "따라가면 무슨 일이 일어날 수 있다는 걸 몰랐니?"라고 물을 수도 있다. 경찰에 신고하지 않더라도, 당신은 여전히 '당한 것 같은' 기분이 들 것이다. 친구에게 이 이야기를 털어 놓으면, 친구는 당신을 이해해 줄 수도 있다. 친구들은 당신이 이 일을 잊어버리도록 도와줄 수도 있을 것이다.

위에서 기술한 두 가지 상황은 강도 피해와 같은 전통적인 범죄피해와 아는 사람에 의한 강간과 같은 성폭력 사건의 피해 이후 나타나는 상황들을 잘 보여준다. 첫 번째 상황에서, 행동의 옳고 그름에는 의심의 여지가 없으며, 강도는 명백하게 범죄행위이다. 착한 행위자(무고한 피해자)와 나쁜 행위자(범죄자)는 명백하다. 피해자는 강도사건을 신고해야 하며, 범죄자는 형사 처벌을 받아야 한다는 것에 대해서 반기를 드는 사람은 거의 없을 것이다.

하지만, 두 번째 경우의 범죄는 조금 더 복잡하다. 비윤리적인 행동을 가늠하는 기준이 애매하다. 합법적이고, 친밀하고, 즐거운 순간이 갑자기 불법적이고, 폭력적이고, 더 이상 즐겁지 않은 순간으로 바뀐다. 가해자로 지목된 사람은 자신을 강간범이라고는 생각하지 않을 것이고, 설령 자신이 강간을 저질렀다는 사실을 직면하더라도, 피해자가 동의했다거나 의사소통이 제대로 안 되었다고 주장할 것이다. 피해자는 당혹스러울 것이다. 자기 자신을 의심하고 탓하느라 자신이 피해를 당했다고 생각하지 않을 수도 있다. 자신에게 일어난 일이 무엇인지를 정확하게 인지하고 경찰에 신고할 만한 용기를 가지는 것이 어려울 수도 있다. 믿을 수 있는 친구들로부터 도움을 얻는 것이 이들에게는 가장 최선의 선택일 수도 있다.

요약하자면, 아는 사람으로부터 강간을 당한 피해자가 "무엇이 발생했는지"를 이해하고, 어떻게 대응하는지는 다른 범죄피해를 당한 피해자들이 행동하는 것과는 큰 차이가 있다는 것이다. 1장에서 논의한 에스트리치(Estrich, 1987)의 진짜 강간(real rape)에 관한 논쟁을 다시 한번 살펴보자. 낯선 사람이 무력을 사용해서 공공장소에서 누군가를 성폭행한 경우, 상황을 해석하는 데 있어서 모호한 점은 거의 없다. 이런 상황에서 강간은 확실히 '강간'이고, 누군가가 지어낸 것이 아니다. 하지만, 아는 사람에 의한 강간은 범죄자로 여겨지지 않았던 사람에 의해서 예상치 못하게 피해를 당했다는 특징이 있다. 강간이나 다른 종류의 성폭력 피해를 이해하고 인지하는 것은 당연한 일이 아닐 수도 있고, 오히려 어려운 일이 될 수도 있다. 경찰이나 학교 당국에 신고하는 것은 과하게 반응하는 것처럼 비추어질 수 있고, 신고할 만한 일이 발생했다고 여겨지지 않을 수도 있다.

실제로 범죄피해를 당하더라도, 자신의 성폭력 피해를 정확히 인지하고 스스로 경찰에 신고하는 비율은 낮다. 1장에서 설명한 바와 같이, 피해를 인지하지 못하거나 신고하지 않는 것은 사실 범죄가 발생한 적이 없다는 증거로서 사용되어 왔다. 예를 들어 길버트(Gilbert, 1991, 1995, 1997)는 대학 수준의 교육을 받은 여성이 자신의 경험을 강간이라고 규정하지 않는다면, 적어도 그 경험이 법률적인 의미의 강간은 아닐 수도 있다고 주장해 왔다. 그렇지만 범죄를 인지하고 신고하지 않는 것 자체가 심각한 문제 현상이라고 주장하는 학자들도 있다. 실제 피해가 발생했는지 그리고 피해자가 자신의 피해를 인지하고 신고했는지 연구하는 것은 방법론적으로 견고한 설계가 필요하다. 우리 연구진은 전국 여대생 성폭력 피해연구(NCWSV)를 실시하며 측정도구에 관한 전략을 세우고, 이 전략에 기반하여 체계적으로 피해를 측정하고자 하였다.

이번 장의 초반부에서는 피해의 인지(acknowledgement)에 대해서 살펴볼 예정이다. 이와 관련한 실태와 신고를 저해하는 요인들에 대하여 다루어 보았다. 후반부에서는 피해의 신고에 대하여 논의해 보았다. 또한 피해 신고의 실태, 중요성, 신고의 사유 및 신고를 저해하는 요인에 대하여 설명하였다. 이 연구에서 가장 주목할 만한 점은 대학생들은 피해를 당한 경우에 경찰이나 대학 당국에 사실을 알리지는 않지만, 상당 수의 피해자가 친구와 같은 친밀한 누군가에게는 피해에 대하여 이야기한다는 사실이다.

01 ———————————————————————————————— 피해의 인지

성폭력 피해자에게 강간을 당한 적이 있는지를 직접적으로 물어보게 되면, "그렇다"고 말하는 경우는 거의 없다는 사실은 연구로 입증되어 왔다. 이러한 피해자들을 '피해를 인지하지 못한 피해자(unacknowledged rape victim)'라고 부른다. 강간을 당한 적이 있는지를 물어봤을 때, '그렇다'고 확실하게 말하는 경우에는 '피해를 인지한 피해자(acknowledged victim)'라고 한다. 코스(Mary Koss)의 초기 연구와 관련하여 논의된 바와 같이, 피해자의 피해를 측정하는 방법은 매우 중요하고 이를 어떻게 해석하는지도 중요하다. 전국 여대생 성폭력 피해연구(NCWSV)는 기존의 연구들의 논의를 확장하고자 하였다. 코스(Koss)의 연구와 전국 여대생 성폭력 피해연구(NCWSV)의 주요 연구 결과는 다음과 같다.

1.1. 코스(Koss)의 성경험 연구

성경험 설문(SES)을 사용해서 전국 단위의 대학생을 대상으로 실시한 코스(Koss, 1988b)의 주요 연구 결과 중 하나는 강간피해자의 상당수는 자신이 강간을 당하였다는 것을 인지하지 못한다는 점이다. 실제로 73%의 피해자가 피해를 인지하지 못한 피해자(unacknowledged victims)인 것으로 집계되었다.

이 연구 결과를 정확하게 해석하기 위해서는, 설문에 참여한 사람들이 어떻게 설문에 참여하게 되었고, 어떻게 범죄피해가 측정되었는지와 같은 방법론적인 문제를 면밀히 살펴보아야 한다. 2장에서 자세히 다루어 본 코스(Koss)의 연구 결과를 다시 살펴보면, 응답자는 10가지의 특정 행위에 관한 문항에 응답했다. 해당 문항들은 4가지 종류의 성경험을 측정하고 있으며, 14세 이후부터 응답 시점에 이르기까지의 경험에 대해 응답하도록 안내되었다. 해당 설문에서 성폭력 피해를 당하였다고 응답한 경우에는 강간 피해자로 분류되었다. 이후에 피해를 당하였다고 응답한 여성들에게 "경험을 다시 되돌아보면, 상황을 어떻게 묘사하시겠습니까?"라고 다시 질문하였다. 참가자는 '강간 피해자라고 생각한다', '강간 외의 다른 범죄피해자라고 생각한다', '심각한 오해로 벌어진 일의 결과라고 생각한다', '나는 피해자라고 생각하지는 않는다' 중에서 선택하여 답변할 수 있다. '자신이 강간피해자라고 생각한다'고 응답한 여성은 피해를 인지한 피해자라고 분류되었고, 그 외의 답변을 선택한 사람은 피해를 인지하지 못한 강간피해자로 분류되었다.

　　다른 연구자들도 이와 같거나 유사한 방식으로 피해 인지 여부를 측정하였다. 대부분은 "강간을 당한 적이 있습니까?"라는 질문으로 시작하였다. 질문은 경험에 대해서 우선적으로 묻고, 이 경험이 "14세 이후부터 지금까지"에 해당하는지 다시 물은 이후에 "평생 동안"의 경험을 다시 물어보았다. 3분의 1에서 4분의 3 정도의 강간 피해자들이 자신이 강간을 당했다는 사실을 인지하지 못하는 것으로 나타났다(Bondurant, 2001; Botta & Pingree, 1997; Frazier & Seales, 1997; Kahn, Mathie, & Torgler, 1994; Layman, Gidycz, & Lynn, 1996; Pitts & Schwartz, 1993). 피해 인지에 대한 연구 결과의 수치가 다양하게 나타난다는 점은 연구방법론을 다시 한번 살펴보아야 할 필요성을 제기한다. 첫 번째, 각각의 연구는 한 곳의 대학교에서 추출한 적은 수의 샘플을 이용해서 연구 결과를 도출하거나, 코스(Koss)의 연구처럼 대표성 있는 큰 사이즈의 샘플을 이용하였다. 두 번째, 성경험 설문(SES)은 14세 이후의 성경험을 측정하였지만, 피해 인지를 측정한 문항은 '평생 동안' 피해를 당한 적이 있는지를 설문하였다. 따라서 응답자가 성폭력 피해 경험이 있다고 응답한 경우, 그 피해가 14세 이전에 발생하였는지 아니면 14세 이후에 발생하였는지 구분할 수 없다.

1.2. 전국 여대생 성폭력 피해연구(NCWSV)

　　우리의 전국 여대생 성폭력 피해연구(NCWSV)는 더 정확한 방식으로 피해 인지 여부를 측정하였다. 2장에서 설명한 바와 같이, 우리의 연구 프로젝트는 스크리닝 문항을 추가하여 사건에 대해서 질문하는 2단계(two-step)로 구성되었다. 이런 방식으로 설문을 구성하게 되면 사건에 대해서 더욱 자세하게 질문할 수 있다는 장점이 있다. 사건에 관한 문항에는 사건을 인지하였는지 측정하는 문항도 포함되어 있다. 기존의 연구와는 다르게 응답 항목에 기간을 설정하거나 한 번이라도 피해를 당한 경험이 있는지를 물어보지는 않았다. 그렇지만, 개별 사건에 대해서 "이 사건을 강간이라고 생각하십니까?"라고 질문하였다.

우리 연구에서도 여러 문항을 이용하여 성폭력 피해를 당한 여성을 따로 분류할 수가 있었다. 스크리닝 문항에서 피해가 있다고 응답하고, 사건 관련 문항에서 '무력이나 협박을 이용하여' 성기를 삽입한 경우에 성폭력 피해를 당하였다고 분류하였다. 강간 미수 피해자 또한 따로 분류할 수 있었으며, 최종적으로 강간으로 정의된 사건의 비율을 추산할 수 있었다. 다음의 〈그림 6.1〉은 우리 연구의 주요 결과이다.

- 강간 피해자의 절반 이상이 강간을 인지하였다.
- 강간 미수는 강간으로 인지될 가능성이 낮다. 전체 강간 미수의 2.8%만이 강간으로 인지되었다.
- 강간 및 강간 미수 피해를 함께 추산하여 볼 때, 26.8%가 강간으로 인지되었다.

주목할 만한 점은 실제 강간이 아님에도 불구하고 강간으로 인지한 비율은 3.4%로 매우 낮게 나타났다는 점이다. 〈그림 6.2〉는 실제 강간 피해자가 아닌 경우임에도 강간으로 인지한 비율을 보여준다. 강제적 성관계(sexual coercion)의 경우 8.1%가 강간으로 인지하는 경우가 높은 것으로 보인다. 강제적 성관계의 정의 자체가 삽입이나 삽입하려고 시도하는 것을 의미하기 때문에, 실제 삽입이 없는 성폭력 피해보다 강간으로 인식하는 경우가 더 높다는 것은 주목할 만하다. 강제적으로 성관계를 한 경우에는 2.7%가, 무력을 동반하지 않은 성관계는 1.4%가, 협박을 동반한 경우는 3.7%가 강간으로 인식되었다.

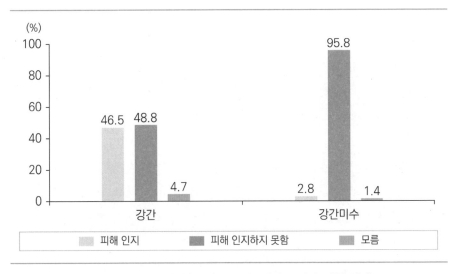

그림 6.1 『전국 여대생 성폭력 피해연구(NCWSV)』 결과 - 강간 피해 인지

출처: Fisher, Daigle, Cullen, & Turner(2003b)에서 발췌 후 변형

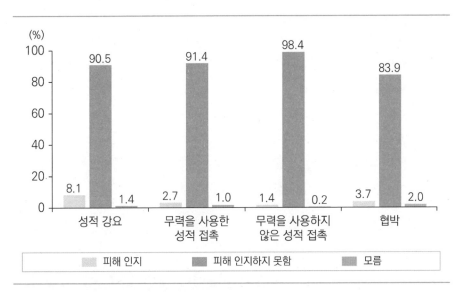

그림 6.2 『전국 여대생 성폭력 피해연구(NCWSV)』 결과 - 성폭력 피해 인지

출처: Fisher, Daigle, Cullen, & Turner(2003b)에서 발췌 후 변형

　　전국 여대생 성폭력 피해연구(NCWSV)에서 강간으로 규정하지 않은 행위가 강간으로 인지되는 경우가 매우 적다고 나타난 점은 매우 중요하다. 전국 여대생 성폭력 피해연구(NCWSV)에서 사용된 성범죄 측정 방법에 신뢰감을 더해 주기 때문이다. 우리 연구에서 강간으로 정의되지 않은 사건들을 피해자가 강간으로 인지하는 경우가 많았다면, 전국 여대생 성폭력 피해연구(NCWSV)가 실질적으로 강간을 측정하였는지에 대한 의구심이 생길 수도 있다. 따라서 이 연구 결과는 2단계 측정 전략이 신뢰할 만한 것이라는 것을 입증한다.

　　나아가, 연구 결과는 대학생들이 불편한(uncomfortable) 성적인 행위를 강간으로 정의하지는 않는다는 점을 시사한다. 코스(Koss)의 연구를 비판하는 주장을 하는 사람들이 근거로 제시하는 것처럼, 우리 연구진들은 무분별하게 강간이라는 프레임을 사용하여 과하게 주장을 펼치는 정치적 정당성(political correctness)이 대학가에 퍼져 있다는 증거를 찾지는 못하였다. 오히려, 피해자들은 분별력이 있는 것으로 보인다. 강간 피해를 당한 경우에도 절반 정도만이 자신이 강간 피해를 당하였다고 생각하였다. 즉, 실제로 강간이라고 정의된 상황에서 강간이라고 인지하는 사람의 비율이 가장 높게 나타났다.

　　마지막으로, 같은 방법론을 사용하였을 때 강간 피해를 당한 응답자들 중 절반은 피해를 인지하였지만, 절반은 강간 피해를 인지하지 않았다는 점을 주목해 보아야 한다. 강간으로 정의된 행동과 그렇지 않은 행동은 '행위적으로' 다르지 않을 수 있다. 오히려 같은 피해를 당할 지라도 다르게 해석되고 인지될 수 있다는 것을 시사하고 있다. 따라서 어떤 사건이 강간으로 인지되고, 어떤 사건이 그렇지 않은 지를 살펴보는 것은 충분히 의미가 있을 것이다.

02 ──────────── 피해를 인지하지 못한 피해자는 어떻게 사건을 인식할까?

　　법률적인 정의에 해당하는 강간 피해를 당했음에도 불구하고, 여전히 자신이 강간을 당했다고 생각하지 않는 경우가 있다. "피해를 인지하지 못한 피해자는 강간을 어떻게 규정하는가?"라는 질문은 코스(Koss)의 연구를 통해서 답을 찾아볼 수 있다. 코스(1988b)의 연구는 강간 피해 여성의 상당수가 자신을 '심각한 오해'의 피해자라고 생각한다는 것을 밝혀내었다. 강간피해자의 절반 정도가 이렇게 생각한다고 응답하였고, 15%는 강간 피해가 아닌 다른 유형의 범죄피해자라고 하였으며, 10.6%는 자신은 어떠한 범죄피해도 당하지 않았다고 생각했다.

이후에 실시된 연구에서도 이와 유사한 패턴이 나타났다. 자신을 피해자라고 생각하지 않는 피해자들의 45%에 해당하는 응답자들 중 62.5%는 피해를 '오해'라고 표현하였다(Layman et al., 1996; Littleton, Axton, Breitopf, & Berenson, 2006). 리틀턴(Littleton)과 동료 연구자들은 피해를 인지하지 못한 피해자들 중 11%는 자신의 경험은 '유혹당해서 속은 것(seduction)'이라고 표현할 수 있다고 하였고, 45%의 정도는 피해를 어떻게 표현해야 할지 모른다고 하였다. 레이맨과 동료들(Layman et al., 1996)의 연구에서는 피해를 인지하지 못한 피해자들의 15% 정도가 자기 자신이 성범죄가 아닌 다른 종류의 범죄피해를 당했다고 생각한다고 하였다. 이러한 결과는 여대생들이 강간을 어떤 식으로 보는 지에는 상당히 개인차가 존재한다는 점을 시사한다. 개인차가 있긴 하지만, 피해자의 대다수는 자신에게 발생한 일을 강간이라고 명명하지 않더라도 '무언가가 잘못되었다'라고 생각하고 있다는 점도 주목할 만하다.

03 ─────────────────────────────── 피해를 인지할 때의 결과

강간 피해를 당하게 되면 감정적, 심리적, 사회적인 스트레스를 경험하는 경우가 종종 있다는 것이 여러 연구에서 밝혀졌다. 범죄가 발생하는 경우, 범죄를 인지하게 하는 것이 피해자에게 도움이 될 것이라는 연구(Gidycz & Koss, 1991)는 피해자들이 자신의 경험을 피해로 정의하지 않고 피해사실을 받아들이지 않으면 피해로부터 완전히 회복할 수 없다고 설명한다. 이러한 관점에서 보면, 피해를 인지하지 못한 피해자들은 자신의 피해를 인지하고 정의하는 회복

과정을 시작하지도 않았기 때문에 장기적 관점에서 살펴볼 때 심리적인 예후가 더 좋지 않을 수 있다. 그렇기 때문에 범죄피해의 인지가 회복에 어떠한 영향을 미치는지에 관한 연구들의 필요성이 강조되어 왔다.

그럼에도 불구하고 피해자가 자신의 경험을 강간이라고 규정하고 인지함으로써 얻는 것이 무엇인지는 아직까지도 명확하지 않다. 어떠한 연구자들은 범죄피해를 인지하는 것이 심리적 적응을 개선시킨다고 하고(Botta & Pingree, 1997), 다른 연구자들은 자신이 겪은 피해를 강간이라고 규정하는 것은 외상 후 스트레스 장애(Post–traumatic stress disorder: PTSD)증상과 관련이 있다는 것을 밝혀내어(Layman et al., 1996) 오히려 부정적인 효과가 나타난다고 설명하기도 한다(Kahn et al., 2003). 이어지는 논의에서 자세히 살펴보도록 하자.

3.1. 긍정적 효과

많은 사람들이 피해를 인지하는 과정이 피해회복을 위해서 필수적이라고 이야기하지만, 긍정적인 효과가 있다는 것을 입증한 연구는 얼마 되지 않는다. 보타와 핀그리(Botta & Pingree, 1997)는 피해를 인지한 피해자들이 그렇지 않은 피해자들보다 강간 이후 심리적 적응 면에서 더 나은 결과를 보인다고 밝혀내었다. '대응(coping)'과 관련하여, 대학생 피해자들 중 자신의 강간 사실을 인지한 피해자들은 공정한 사회(just world)에 대한 신념이 높은 것으로 나타났다(Littleton et al., 2006).

3.2. 부정적 효과

피해를 인지한 피해자들은 강간 피해로 인한 스트레스를 감당하기 어렵다고 생각해서, 실제로 여러 가지 대응 방안이 있음에도 불구하고 아무런 대응을 하지 않기도 한다. 피해자들은 단순히 자신이 처한 상황이 없어지거나, 끝나기를 바라기도 하고 강간에 대한 생각이나 감정을 억누르기도 한다. 피해자들이 피해를 인지한 이후 이런 식으로 대응한다는 점은 피해를 인지한다는 것이 반드시 피해자들이 강간 피해로부터 야기되는 스트레스를 적극적으로 다루는 대응 전략의 실천으로 이어지지 않는다는 것을 시사한다. 피해를 인지하게 되면 피해자들은 자신의 경험을 받아들여야 하는데, 이것이 늘 즉각적인 피해의 회복으로 이어지지는 않는다. 칸(Kahn, 2003)은 피해를 인지하는 것은 부정적인 감정과 관련이 있다고 설명하였다. 하지만, 이 연구는 인과관계의 방향성에 대해서 다루지는 못하였다. 따라서 피해를 인지하는 것이 부정적인 감정 반응을 야기할 수도 있지만, 부정적인 감정이 피해를 인지하게 할 수도 있고, 혹은 상호 영향을 미칠 수도 있다.

피해를 인지한 피해자들이 더 큰 외상 후 스트레스장애 증상(PTSD)을 보인다는 연구들도 있다(Layman et al., 1996; Littleton et al., 2006). 피해를 인지하게 할 정도의 강간 사건인 경우, 무력을 동반하는 경우가 더 많거나 피해자들 또한 저항하는 경우가 많다는 점으로 인하여 외상 후 스트레스 장애 증상을 보이는 것일 수도 있다. 피해를 인지하였기 때문이 아니라 피해 자체의 중대성으로 인하여 스트레스 증상을 보이게 될 수도 있다는 것이다. 이 연구에서 주목할 만한 점은, 피해를 인지하지 못한 피해자들도 피해를 당하지 않은 사람들과 비교해 보았을 때, 상대적으로 외상 후 스트레스 장애 증상을 더 많이 보인다는 점이다. 이러한 연구 결과는 피해를 인지하지 못한 피해자 또한 강간에 의해서 영향을 받았음을 시사한다.

3.3. 미미한 효과

피해를 인지하는 것이 피해 이후의 적응에 긍정적이거나 혹은 부정적인 영향을 미친다는 연구 결과들을 살펴보았지만, 피해 인지 여부가 미치는 영향이 거의 없다는 연구들도 있다. 가령, 성추행이나 성폭행으로 자신의 경험을 정의하는 것은 신체에 관한 걱정, 심리적인 스트레스, 약물 남용, 학교 활동 및 학업 저하에 부정적인 영향을 미치지 않는다는 연구도 있다(Hearned, 2004). 피해를 인지한 피해자와 그렇지 않은 피해자들 모두 비슷한 수준의 정신적 스트레스, 공정한 사회에 대한 신념, 및 자아 존중감을 가지고 있는 것으로 나타났다(Littleton et al., 2006).

맥뮬란과 화이트(McMullan & White, 2006)는 여자 대학생들을 대상으로 한 5년간의 종단연구 데이터를 활용하여, 피해를 인지하는 것이 피해자들의 정신건강, 성생활, 음주, 태도에 어떠한 영향을 미치는지를 파악하였다. 연구 결과, 자신의 경험을 강간으로 정의하는지 정의하지 않는지는, 이들의 정신건강, 성관계 파트너의 수, 음주 행위, 성역할에 영향을 미치지 않는 것으로 나타났다. 즉, 자신의 피해를 강간이라고 규정하는지 혹은 규정하지 않는지는 장기적 관점에서 볼 때, 피해자의 활동에 큰 영향을 미치지 않는다고 볼 수 있다는 것이다.

이러한 연구 결과는 '피해를 인지하지 못한 피해자가 자신을 피해자로 생각하는가'에 대한 이슈에 대한 측정도구의 논쟁에 있어서 의의가 있다. 길버트(Gilbert), 로이페(Roiphe)를 포함한 연구자들은 "피해를 인지하지 못한 피해자들은 강간 피해자가 아니기 때문에, 피해를 인지한 피해자들이 겪는 문제나 부정적인 문제들은 거의 겪지 말아야 한다"고 이야기한다. 이들이 말하는 강간 피해자들은 '진짜' 피해자들이다. 그러나 위에서 살펴본 연구 결과에 따르면, 피해를 인지하지 못한 피해자와 인지한 피해자들 간에 다양한 측면에서 차이가 없다는 사실은 사건의 유형이 다른 피해 경험 간에도 차이가 없다는 사실을 시사한다.

피해를 인지하는 것과 그 결과에 대한 연구 결과를 종합하자면, 피해를 인지했기 때문에 사건에 대한 결과가 달라지기보다는 강간이라는 경험으로 인하여 문제가 발생하는 것으로 보인다. 강간 피해를 당한 여성은 비피해자 집단과 비교하여 볼 때 인지 여부에 따라 큰 차이가 나타나지 않는다는 연구 결과가 있으며(McMullin & White, 2006), 이는 피해의 인지 여부는 "성폭력 피해를 경험하였는지 그렇지 않았는지를 결정할 수 있는 유효한 기준이 될 수 없다"라는 주장을 뒷받침한다(Harned, 2004, p.1090).

04 ——————————————————— 피해의 인지와 관련된 요인

피해의 인지에 영향을 미치는 요인을 파악하기 위해 피해자의 개인적 특성과 피해 상황을 아우르는 요인들에 대한 실증적 연구가 이루어지고 있다. 이와 관련된 전국 여대생 성폭력 피해연구(NCWSV)에서 실시한 연구 결과와 관련된 연구들은 이어질 내용에 정리되어 있다(Fisher et al., 2003b).

4.1. 개인적 요인

'진짜 강간'과 관련한 강간 스크립트(rape script), 이전 피해 경험, 인구사회학적 요인들은 강간 피해 인지에 영향을 미치는 것으로 나타났다. 〈표 6.1〉은 선행연구를 통해 드러난 피해 인지 영향 요인을 정리한 것이다.

■ 강간 스크립트(Rape Script)

일반적으로 스크립트는 우리가 현실을 해석할 수 있도록 도와주는 역할을 한다. 우리는 상황에 맞는 정상적인 행동이 무엇인지에 대한 개념을 갖추고 있다. 그렇기 때문에, 어떤 상황이 발생하면 우리는 그 상황을 "조직화된 인지 체계(organized cognitive schemas)"에 적용하곤 한다(Kahn & Mathie, 2000, p.383). 조직화된 인지 체계는 무슨 일이 발생했는지를 인지적으로 처리하기 위하여 인간이 가지고 있는 체계이다. 강간 스크립트는 강간이 "어떻게 보이는지" 혹은 강간이 어떻게 구성되어 있는지에 대해서 생각하는 것을 말한다. 여성이 성폭력을 경험하면, 자신이 가지고 있는 강간 스크립트에 상황을 대입하여 비교한다. 대학생들은 주로 "진짜 강간"으로 알려져 있는 것과 같은 강간 스크립트를 가지고 있다고 알려져 있다. "진짜 강간"은 신체적 피해를 동반하고, 매우 빠른 속도로 성기 삽입이 이루어지고, 무기를 가지고 있는 낯선 사람에 의해 낯선 장소에서 발생하는 강간이다(Estrich, 1987; Williams, 1984 참조). 자신의 피해가 강간이라고 인지하지 않는 다양한 이유 중 하나는, 자신이 가지고 있는 강간 스크립트와 실제 자신의 경험이 유사하지 않기 때문이다(Parrot, 1991).

표 6.1 대학생들의 강간 피해 인지

다음과 같은 경우 강간 피해를 인지할 가능성이 높음
• 피해자가 이전에 성폭력 피해를 당한 경우*
• 피해자가 나이가 많은 경우*
• 신체적 피해가 동반된 경우*
• 무기가 사용된 경우*
• 피해자가 사건이 발생하는 동안 저항한 경우*
• 가해자가 무력을 사용하였거나, 무력을 사용할 것이라고 협박한 경우*
• 성기의 삽입이 있는 경우*

출처: Fisher, Daigle, Cullen, & Turner (2003b)
* 『전국 여대생 성폭력 피해연구(NCWSV)』에서 통계적으로 유의하게 나온 요인들이다.

3장에서 살펴본 바와 같이 대학생의 피해는 대부분의 경우 가해자가 무기를 가지고 있지 않고, 심한 신체적 상해가 발생하지 않으며, 아는 사람에 의해서 피해를 당할 가능성이 가장 높다. 가해자의 공격 또한 빠르지 않을 수도 있다. 여성이 자신에게 발생한 일이 무엇인지 이해하려고 할 때, 자신이 가지고 있는 강간 스크립트를 참조하게 되고 자신의 경험과 강간 스크립트가 일치하지 않을 경우 일반적인 강간으로 보이지 않는다는 결론을 내리게 된다. 피해를 인지하지 못한 피해자와 피해를 인지한 경우를 비교하여 볼 때, 피해를 인지하지 못한 피해자의 강간 스크립트는 더 폭력적이거나 모르는 사람이 가해자인 경우가 더 높다(Kahn et al., 1994). 강간 스크립트와 관련된 특징들은 강간 피해를 인지하는 요인으로 작용할 수 있다(Bondurant, 2001).

강간 스크립트는 강간 통념과 유사하다. 강간 통념은 강간에 대한 '편향된 고정관념'이거나 혹은 강간, 피해자, 가해자에 대한 잘못된 신념을 의미한다(Burt, 1980, p.217). "여성이 원했다", "여기저기 남자들이랑 자고 다니는 여자들만 강간을 당한다", "강간범들은 제정신이 아니고 섹스에 굶주려 있다"와 같은 강간 통념은 남성과 여성 모두가 강간 피해를 정당화하거나 혹은 부인하는 데 이용된다(Burt, 1980). 이는 강간의 특징 과도 관련지어서 설명할 수 있다. 강간 통념에서는 강간 피해를 당하면 멍이 들거나 살이 찢어지는 것과 같은 상처가 있을 것이라고 생각한다. 이런 강간 통념을 가지고 있는 남성은 자신이 강제적으로 성행위를 하더라도 이 강간 통념을 이용하여 "상대방 여성이 폭력적인 피해를 당하지 않으면 강간이 아니다"라고 생각할 수도 있는 것이다. 강간 스크립트와 강간 통념 모두 강간을 좁은 의미로 해석하고 있으며, 피해자를 비난하고 있고, 강간이 피해자에게 어떻게 개념화되는지에 영향을 미친다(Peterson & Muehlenhard, 2004). 펄슨과 뮬렌하드(Person & Muehlenhard)는 강간 통념을 수용하는 것은 피해 인지에 영향을 미치는 요인들과 상호작용효과가 있다는 것을 밝혀내었다. 피해자의 강간통념에 대한 수용도가 높을수록, 자신의 피해를 강간으로 인지하게 될 가능성이 낮아지는 것으로 나타났다. 특히 두 가지 종류의 강간 통념이 피해 특징과 상호작용이 있는 것을 밝혀내었다. 첫 번째, 행동이나 말투에서 성적인 맥락의 장난을 치는 사람은 강간을 당할 만하다는 강간 통념을 수용하고, 자신의 행동 또한 성적으로 장난을 치는 것으로 보였다고 생각하는 여성이 강간 피해를 인지할 가능성이 낮아진다. 두 번째, 여성이 저항하지 않으면 강간이 아니라고 생각하고, 자신이 신체적으로 저항하지 않았을 때 자신의 피해를 강간이라고 인지하는 경우가 낮은 것으로 나타났다.

■ 과거 피해 경험

안타깝게도 대학에 입학하기 전에 혹은 대학 재학 중에 성폭력을 당한 경험이 있는 여성은 다시 성폭력 피해를 당할 가능성이 높다(Daigle et al., 2008). 그렇기 때문에 이들은 성폭력 피해에 대응하는 방식이 다를 수도 있다. 피해의 인지와 관련해서 과거 피해 경험이 있는 경우 성폭력 피해를 강간이라고 규정할 가능성이 커진다(Fisher et al., 2003b). 이 연구 결과는 범죄피해를 경험하는 것은 여성이 강간 피해의 정의 중 '불법적인 속성'에 민감해지도록 한다는 점에서 주목할 만하다.

다수의 대학생들은 다른 사람의 범죄피해 경험에 대해서도 인지하고 있으며, 이는 자신이 피해자가 되는 경우 자신의 경험을 어떻게 정의할 수 있을지에 영향을 미친다. 이 "간접 피해"는 여성으로 하여금 강간 피해를 인지하게 하고 강간이라고 규정하게 하는 데 도움을 준다. 보타와 핀그리(Botta & Pingree,

1997)의 연구 결과, 친구가 모르는 사람으로부터 강간 피해를 당한 경우, 그렇지 않은 경우보다 피해를 인지하게 되는 가능성이 높다는 점을 밝혀내었다. 우리의 연구에서도 간접 피해를 측정하였으나, 강간의 인지와 통계적으로 유의한 정도의 연관은 밝혀지지 않았다.

■ 인구사회학적 특성

나이와 인종과 같은 인구사회학적 특성이 강간 피해의 인지에 미치는 영향에 대해서도 연구하였다. 인종은 유의한 영향을 미치지는 않았지만, 나이는 영향이 있는 것으로 나타났다. 전국 여대생 성폭력 피해연구(NCWSV)에서도 나이가 많을수록 강간을 더 잘 인지하는 것으로 나타났다. 보타와 핀그리(Botta & Pingree, 1997)의 연구와 칸과 동료들(Kahn et al., 2003)의 연구에서도 유사한 연구 결과가 나타났다.

4.2. 상황적 요인

■ 피해자-가해자 관계

'진짜 강간'의 고정관념에 비추어 볼 때, 아는 사람에게 피해를 당하는 경우보다 모르는 사람으로부터 피해를 당하는 경우에 강간을 더 잘 인지하게 될 가능성이 높다고 가정해 볼 수 있다. 전국 여대생 성폭력 피해연구(NCWSV)에서는 피해자-가해자 관계가 영향을 미치지 않는 것으로 나타났지만, 대학교 여성을 대상으로 한 다른 연구에서는 영향이 있는 것으로 나타났다(Kahn et al., 2004). 코스(Koss, 1985)의 연구는 피해자가 가해자에 대해서 잘 알지 못하고, 연인 관계가 아닐 때 피해를 가장 잘 인지하는 것으로 나타났다. 피해자와 가해자가 피해 이전에 친밀한 관계가 있었을 때, 자신의 피해를 강간이라고 규정하는 가능성이 가장 낮다는 것 또한 밝혀졌다.

■ 피해의 심각성

범죄 상황에서 상해가 발생하는지 혹은 무기가 사용되었는지와 같은 피해 상황 자체의 심각함의 정도는 피해 인지에 영향을 미친다. 신체적 상해가 발생한 경우가 그렇지 않은 경우보다 자신의 피해를 강간으로 정의할 가능성이 더 높다는 연구들이 있다(Bondurant, 2001; Fisher et al., 2003b). 이와 유사하게, 사건에서 무기가 동반 되는 경우에도 강간으로 정의할 가능성이 높아진다(Bondurant, 2001; Fisher et al., 2003b). 주목할 점은, "진짜 강간"으로 정의될 수 있는 전형적인 성폭력 피해의 경우에는 무기가 없고 신체적 피해도 없더라도 더 잘 인지된다는 점이다. 이런 점은 피해자는 강간 스크립트를 자신에게 발생한 상황을 정의하기 위한 해석의 틀로 사용한다는 점을 알 수 있다는 것을 시사한다.

■ 약물 남용

앞서 살펴본 것처럼, 대학에서 발생하는 성폭력은 가해자나 피해자의 음주나 마약 사용과 관련이 있다. 이와 같은 약물 남용이 강간의 인지에 영향을 미칠 수도 있다고 생각되어 왔지만 연구 결과에 따르면 피해자의 음주나 마약 사용 여부는 강간 인지와 관련이 없는 것으로 나타났다. 코스(Koss, 1985)의 연구에서는 피해자와 가해자 둘 중 한 명이 마약을 사용하는 것은 피해의 인지에 영향을 미치지 않는 것으로 나타났다. 우리의 연구에서도 피해자나 가해자 일방 혹은 쌍방의 음주 혹은 마약 남용은 유의한 영향을 미치지 않는 것으로 드러났다. 성폭력 피해의 상황에서 음주나 마약이 동반되는 것은 다소 흔한 경우이며, 그렇기 때문에 피해의 인지에 영향을 미칠 수 있는 잠재적 영향이 줄어드는 것으로 해석할 수 있다.

■ 피해자의 대응

피해자가 어떻게 행동하였는지는 피해자가 상황을 어떻게 정의할 것인지 구성하게 된다. 일반적으로 행위를 중단시키기 위하여 저항했던 피해자들은 사건을 피해로 규정할 가능성이 더 높다(Layman et al., 1996). 실제로, 피해를 인지한 피해자들이 물리적인 힘을 사용했거나 말로써 설득하여 피해를 중단시키려고 했을 가능성이 더 높다(Bondurant, 2001). 우리의 연구에서도 말로 강력하게 저항하는 경우에 강간을 인지하게 되는 가능성이 높아지는 것으로 나타났다. 울맨(Ulman, 1997)은 어떻게 저항했는지가 중요한 게 아니라, 저항의 정도가 피해의 인지에 영향을 미친다고 설명하기도 하였다.

■ 가해자의 행위

사건이 진행되는 동안 가해자가 어떻게 행동하였는지에 따라 향후 피해자가 사건을 어떻게 정의하는지에 영향을 미치기도 한다. 가해자가 무력을 사용하였는가와 사건에서 성기 삽입이 있었는지 모두가 영향을 미친다. 첫 번째, 우리 연구에서 살펴볼 수 있듯이, 가해자가 무력을 사용하거나 협박을 하는 경우에 여성이 사건을 강간이라고 여길 가능성이 높아지며, 다른 연구에서도 이러한 결과가 입증되었다(Bondurant, 2001; Kahn et al., 1994). 성관계를 하는 동안 무력을 사용하는 것은 성폭력의 인지에 영향을 미치는 것으로 나타났다(Botta & Pingree, 1997). 무력의 종류와 그 영향에 대하여 살펴본 결과, 무력을 동반해서 협박당하는 경우, 팔을 꺾거나 강제로 눕혀지는 경우, 폭행당하는 경우에 여성이 자신의 경험을 강간이라고 규정할 가능성이 높아지는 것으로 나타났다(Layman et al, 1996).

무력을 사용한 것 외에도, 가해자가 성기 삽입을 하였는지 혹은 시도하였는지도 피해의 인지에 영향을 미치는 것으로 나타났다. 성기가 삽입되는 경우에 피해를 인지할 가능성이 높아졌다. 패터슨과 뮬랜하드(Peterson & Muehlenhard, 2004)는 여성이 실제로 성관계라고 생각했는지가 피해의 인지에 어떤 영향을 미치는지 연구하였다. 이들은 다수의 사람들은 손이나 기구를 통해서 관계를 맺는 것은 성관계로 여기지 않는다고 가정하였다. 그렇기 때문에 실제 성기가 삽입되는 경우가 아니라면, 동의가 없었을지라도 강간으로 여기지 않을 것이라고 설명하였다. 연구 결과, 법률적인 의미에서 강간 행위에 해당할지라도, 자신이 겪은 행위를 성관계로 규정하지 않는다면, 사건 자체를 강간이라고 규정할 가능성이 적어지는 것으로 나타났다.

피해를 인지하는 것은 성폭력 피해를 당한 이후에 어떤 선택을 할지에 영

향을 미친다는 점과도 관련지어서 생각해 보아야 한다. 강간 사건을 실제 강간
으로 규정하는지 혹은 다른 종류의 범죄로 규정하는지는 경찰 신고 유무 등을
포함한 사건 이후에 주변의 도움을 받는 절차에도 매우 중요한 요인이다.

05 ─────────────────── 경찰에 성폭력 피해 신고하기

캠퍼스 내에서 성범죄가 많이 발생하고 있지만, 여학생들 대부분은 피해
를 당하더라도 경찰에게 알리지 않는다(Fisher, Daigle, Cullen, & Turner, 2003a).
전국 여대생 성폭력 피해연구(NCWSV)의 결과에 따르면 피해자가 경찰에게 자
신들이 겪은 피해사실을 알리는 경우는 매우 드문 것으로 나타났다.

- 피해자들 중 경찰에 신고한 비율은 2.1%이다.
- 다른 유형의 성범죄보다 강간 피해를 당한 경우, 경찰에 신고하는 비율
  이 높다.
- 강간의 경우도 신고율이 5% 이하이다.
- 원치 않는 성적 접촉 피해의 경우 1.4%만 신고한다.
- 성적 강요 행위의 경우 신고사례가 없다.

이러한 결과는 피해자는 그들의 피해사실을 경찰에게 알리기를 원치 않는
다는 것을 보여준다. 전국의 대학생을 대상으로 한 다른 연구에서도 결과는 비
슷하게 나타났다(Fisher et al., 1998; Koss et al., 1987; Sloan, Fisher, & Cullen, 1997).
코스(Koss, 1989)에 따르면 강간 피해자 중에서 피해사실을 경찰에 신고한 비율
은 5%에 불과했다. 피셔와 동료들(Fisher, 1999)의 연구에서도 마찬가지로 신고
를 하지 않은 비율이 높게 나타났다. 강간의 86.7%, 강제추행의 85.7%와 원치
않는 성적접촉의 대부분(97.7%)이 경찰에 신고되지 않은 것으로 나타났다. 전국
범죄피해조사(NCVS)의 조사 결과에서도 강간과 강제추행의 피해를 당한 대학
생 중 12%만이 경찰에 신고를 한 것으로 나타났다(Hart, 2003).

이러한 연구 결과들을 자세히 살펴 볼 필요가 있다. 이 결과들은 대다수의 성범죄피해자들이 피해사실을 알리지 않는 것은 정치적으로 편향된 연구 혹은 대학 캠퍼스 내의 성범죄연구에만 국한되지 않는다는 것을 보여준다. 전국범죄피해조사(NCVS)의 연구는 전미인구조사국(U.S. Census Bureau)이 미국 사법통계국(Bureau of Justice Statistics)을 대신하여 관리하고 있어 그 대상이 광범위하다. 따라서 연구방법이나 연구대상 표집방법에 상관없이 대학생들은 성범죄 피해사실을 경찰에게 알리지 않는다는 연구 결과는 일관적이다.

최근에는 마약이나 술의 영향이 있는 상태에서 성폭행 피해를 당한 여성들이 자신들의 피해를 신고하는지에 관한 연구가 진행되었다. 이 연구의 결과에 따르면 술이나 마약에 취해서 의사판단을 할 수 없는 상황에서 성폭행 피해를 당한 피해자는 강제적으로 성폭행을 당한 피해자에 비해 경찰에 신고할 확률이 낮다(Krebs et al., 2007). 사실, 전국의 여대생들을 대상으로 한 킬패트릭과 동료들의 연구에서는 마약이나 알코올을 사용한 이후에 준강간 피해를 당한 여대생 중 10%만이 경찰에 신고하였으며 강제 강간 피해자의 경우에는 18%가 경찰에 사건을 신고한 것으로 나타났다.

여대생뿐만 아니라, 다른 집단에서도 모든 유형의 폭력 사건들의 절반 가량은 경찰에 신고되지 않는다는 결과가 나타난다(Hart & Rennison, 2003). 대학생을 대상으로 한 연구에서도 대학생들이 피해자인 폭력사건의 경우 신고율이 25-34%로 낮게 나타난다는 것을 보여준다(Hart, 2003; Sloan et al., 1997).

성폭력 피해는 여전히 가장 적게 신고되는 유형 중 하나로 남아 있다. 구체적으로, 1992년부터 2000년 동안 실시한 전국범죄피해조사(NCVS)에서 강간은 63%, 강간 미수는 65%, 그 밖의 성폭력은 미수와 기수를 포함하여 74%가 경찰에 신고되지 않은 것으로 나타났다(Rennison, 2002). 다른 형태의 성폭력 범죄피해도 함께 고려하면 신고율은 훨씬 더 낮아진다(Russell, 1982). 이런 관점에서 볼 때, 여대생들이 경찰에 성범죄피해를 신고하기 꺼려 하는 것은 놀라운 일이 아니다.

06 ———————————— 피해신고의 중요성

　　여성이 자신의 피해 사실을 경찰에 신고하는 것은, 피해자가 공식적인 형사사법 시스템에 발을 들이고 수사과정을 진행하는 첫걸음을 내딛는 것이다. 비록 모든 범죄자가 체포되는 것은 아니지만, 피해자의 신고가 없는 한 가해자가 체포될 가능성은 없다고 할 수 있다. 가해자가 체포되거나 형사 재판을 받는다면, 같은 범죄자가 재범을 저지르는 것을 막을 수 있다. 하지만 피해자가 신고조차 하지 않는다면, 같은 범죄자로 인한 범죄가 예방되기는 어려울 것이다(Bachman, Paternoster & Ward, 1992 참조). 5장에서 살펴 보았듯이, 여대생의 경우 두 번 이상의 성범죄피해를 당하는 경우도 있다(Daigle et al., 2008). 만약 같은 범인에 의해 반복적으로 성범죄피해를 당한다면, 여성들은 신고하는 것이 무의미하다고 생각할 가능성이 있다.

　　피해자가 자신의 피해를 인지하지 못할 경우에 피해자들이 활용할 수 있는 서비스가 제공되지 않을 수도 있다는 점에서도 피해신고는 중요할 수 있다. 전국범죄피해조사(NCVS) 자료를 활용해서 강간 및 기타 성폭행 피해자를 연구한 결과, 경찰에 피해 신고를 한 여성이 신고를 하지 않은 여성보다 범죄로 인한 피해의 치료를 위해 의사의 진료를 받을 가능성이 더 높은 것으로 나타났다(Rennison, 2002). 게다가 피해자들은 경찰이 사건을 조사하면서 제공하는 서비스로부터 도움을 받을 수도 있다. 예를 들어, 검찰과 경찰은 피해자들이 형사사법처리의 과정을 진행하는 것을 도와주고, 피해자 보상과 같은 다른 서비스들에 관한 정보를 제공하기도 한다(Frazier & Burnet, 1994). 안타깝게도, 이런 서비스의 혜택들은 경찰의 신고 접수와 연결되어 있기 때문에 피해자들이 경찰에 신고하는 첫 번째 단계를 거치지 않으면 이런 서비스가 있다는 것조차 알지 못하게 된다. 예를 들어, 피해자가 경찰에 신고하지 않는다면 국가 피해자 보상 프로그램에서 제공하는 경제적 보상을 받을 수 없다. 마지막으로, 신고를 하지 않으면 캠퍼스 내에서 성범죄가 발생했다는 것을 관계자들이 알지 못한다. 이런 상황은 학교 내에서 제공하는 상담과 다른 지원서비스를 제공받을 기회도 없어지는 것을 의미한다.

앞서 살펴본 여러 가지 이유들 때문에 피해를 당한 경우 경찰에 신고하는 것은 중요하지만, 여전히 피해자들은 신고하기를 꺼려하기도 하고, 사건 이후 절차에 대해 불만족하기도 한다. 실제로, 캠퍼스 성폭력 연구에서는 법 집행기관에 신고한 성폭행 피해자 중에서 신고 처리 방식에 만족한 피해자는 절반도 되지 않았으며, 17%는 신고한 것을 후회한다고 말하기도 했다(Krebs et al., 2007).

07 ——— 왜 여대생들은 성범죄피해를 신고하지 않는가?

여학생들이 피해를 당하고도 신고하지 않는 이유에 대한 연구가 진행되어 왔다. 이에 대한 연구들은 크게 두 가지 접근방법으로 분류된다. 전국범죄피해조사(NCVS)에서는 두 가지 연구방법을 모두 사용했지만 대부분의 연구는 한 가지 접근방법에 집중되는 경향이 있다. 첫 번째, 여성들에게 왜 피해를 신고하지 않았는지 직접 질문할 수 있다. 이러한 접근은 피해자들의 생각을 알 수 있다는 장점이 있다. 이렇게 피해자들의 인지 과정을 이해하는 것은 신고를 막는 요인, 즉 "생각 오류"를 알아낼 수 있기 때문에 중요하다. 피해자가 왜 신고를 하지 않았는지를 잘 이해할 수 있다면, 신고를 장려하기 위한 시도들도 더욱 전략적이고 성공적일 수 있다. 피해자에게 직접적으로 질문을 하는 이 접근방법의 단점은 피해자들이 응답한 내용이 실제로 신고를 하지 않기로 결정하는 데 영향을 준 이유인지, 아니면 신고하지 못한 이유를 합리화하여 설명한 것인지를 구분하지 못한다는 것이다. 두 번째 접근방식은 피해자, 범죄자, 사건 및 맥락의 특성을 측정하여 피해신고를 하는 데 가장 큰 영향을 미치는 요인을 분석하여 연구하는 것이다. 이어서 이 두 가지 접근방식에 대해 각각 설명할 것이다.

7.1. 전국 여대생 성폭력 피해연구(NCWSV)

전국 여대생 성폭력 피해연구(NCWSV)에서는 성범죄피해를 입었지만 경찰에 신고하지 않은 여성들에게 신고하지 않은 이유를 설문하였다. 피해자들은 신고를 하지 않은 이유를 선택지에서 고를 수 있었다. 연구자들은 피해자들에게 "왜 그 사건을 경찰에 신고하지 않았나요?"라는 질문을 하고 답변 중 해당하는 이유들을 모두 고르도록 하였다. 선택지들은 범죄피해신고와 성폭력 피해신고에 대한 선행연구에 기반하여 구성되었다. 응답지에 보기를 직접 제시하는 방법의 장점은 설문조사에서 응답자들이 신고하지 않기로 결정하는 데 영향을 준 이유들을 모두 고려할 수 있다는 것이다. 하지만 피해자들이 자신만의 이유를 생각하지 않고 응답지의 보기에 있는 이유들 중 하나를 서둘러 선택할 수도 있다는 단점도 있다.

〈표 6.2〉는 응답지에 제시된 보기들이며 강간 피해를 신고하지 않은 이유들을 많이 응답한 순서대로 보여주었다. 이 표에는 강간 미수에 대한 대응도 포함되어 있다. 성적 강요와 성적 접촉의 경우에도, 강간 사건의 신고 양상과 상당히 유사하다는 점을 깊이 살펴봐야 한다.

표 6.2   경찰에 신고하지 않은 이유

이유	강간 (%)	강간 미수(%)
신고할 정도로 심각하지 않아서	65.4	76.5
다른 사람에게 알려지는 것을 원하지 않아서	46.9	32.4
범죄라고 생각하지 않았거나 해를 가하려고 한 행동이 아니라고 생각되어서	44.4	39.7
가족들에게 알려지는 것을 원하지 않아서	44.4	32.4
증거가 부족하다고 생각되어서	42.0	30.9
가해자가 보복할까 봐	39.5	25.0
경찰이 심각하지 않다고 생각할 것 같아서	27.2	33.8
귀찮아서	25.9	13.2
경찰이 잘 대해 줄 것 같지 않아서	24.7	8.8
신고하는 법을 몰라서	13.6	7.4

출처: Fisher, Cullen, & Turner (1999)

가장 보편적인 이유는, 피해자가 그 사건이 "신고를 할 정도로 심각하지 않다"라고 생각하기 때문이다. 강간 피해자의 3명 중 2명과 강간미수 피해자 4명 중 3명이 이 이유를 선택했다. 또한, 강간과 강간미수 두 가지 유형의 피해에서 44.4%, 39.7%의 피해자가 범죄가 완전히 저질러진 것은 아니라고 생각했거나 그 사건이 해를 입힐 의도가 분명하지 않았기 때문에 신고하지 않았다고 응답하였다. 그러나 피해자들이 왜 이렇게 생각했는지는 명확하지 않다. 한 가지 가능한 해석은 많은 사건들이 비교적 경미하게 인식되었거나 강간의 수준으로 느껴지지 않았다는 것이다.

또 다른 해석은 피해자들이 강간죄의 구성요건에 대해 제대로 교육받지 못했다는 것이다. 심지어 성범죄 사건이 강제적으로 발생하였거나 동의가 없는 채로 발생한 경우에도 해당된다. 게다가 그들이 피해 사건을 심각하게 인식해서 범죄자를 신고한다고 하더라도 피해자들은 경찰에 신고하는 일이 범죄자와 피해자 모두에게 개인적으로 대가가 따르는 일이라고 생각하기도 한다. 우리는 다음 챕터에서 이 문제들에 대해 살펴볼 것이다.

경찰에 신고하지 않기로 결정함에 있어서, 피해자들은 가장 '합리적'으로 보이는 선택을 한다고 생각할 것이다. 경찰에 신고를 하는 것이 "가치 있는 일"인가?라는 질문에 대해, 〈표 6.2〉에 나타난 피해자들이 신고를 하지 않은 또 다른 이유를 잠재적 비용의 측면에서 보여주고 있다. 전체 강간 사건 피해자의 절반 가까이는 가족(44.4%)이나 다른 사람(46.9%)이 알기를 원치 않는다는 것을 신고하지 않은 이유로 지목한 것은 주목할 만하다. 같은 이유를 선택한 강간미수 피해자는 전체의 약 3분의 1이었다. 이것은 수치심에 대한 우려로 사건을 신고하지 않았다는 견해에 대한 신빙성을 부여하고 있다.

또 다른 답변은 성범죄 사건이 일어났다는 증거가 부족하다는 것이었다. 강간 피해자 중 약 4분의 1은 경찰의 부정적인 반응을 두려워했다. 그들은 경찰이 부정적으로 자신을 대하거나, 경찰이 그 사건이 충분히 심각하다고 생각하지 않을 것이라고 생각했다. 게다가 강간 피해자 5명 중 2명과 강간미수 피해자 4명 중 1명은 가해자로부터의 보복이 두려웠다고 진술했다. 이러한 이유들로 인하여 피해자들은 성범죄 사건을 경찰 관계기관에 신고하고 그들의 피해에 대한 조사를 진행하는 데 의욕을 잃게 될 수도 있다.

7.2. 경찰 신고에 대한 다른 연구 결과들

여대생들의 성범죄피해를 조사한 다른 연구들도 있다. 신고를 하지 않은 이유들은 전국 여대생 성폭력 피해연구(NCWSV)에서 여대생들이 제시한 이유들과 상당히 유사하다. 예를 들어, 남동부 대학에서 행해진 톰슨, 시터를, 클레이 및 킹그리(Thompson, Sitterle, Clay, & Kingree, 2007)의 연구를 살펴보면, 성적으로 피해를 입었지만 신고하지 않은 여대생들 중 79.9%는 자신의 피해가 신고할 만큼이나 심각하다고 생각하지 않는다고 답했다. 신고하지 않은 것에 대한 다른 이유로는 경찰이 연루되는 것을 원치 않거나 아무도 알기를 원하지 않는다고 하였다. 그리고 신고를 하는 것에 대해서 수치심이나 부끄러움을 느낀다고 말했다. 특이한 사실은 성폭행 피해자들의 4명 중 1명 이상이 신고하면 그들이 당한 피해가 자신들의 잘못으로 비추어질 것이라고 생각했다는 것이다.

수치심에 대한 우려는 킬패트릭(Kilpatrick)의 전국 단위의 연구(2007)에서도 분명히 나타났다. 그들은 여대생의 절반 이상이 가족이나 다른 사람들이 알기를 원하지 않기 때문에 신고하지 않았다는 것을 확인했다. 피해 사실을 공개하지 않은 또 다른 이유는 여성들이 증거가 부족하다고 믿었거나 범죄자나 다른 사람들에 의한 보복을 두려워했기 때문이다. 이러한 이유들은 강제적으로 강간을 당한 여성들과 마약 또는 알코올을 이용한 강간과 같은 준강간을 경험한 여성들에게서 모두 비슷하게 나타났다.

여대생의 성범죄피해신고를 조사하는 연구의 대부분은 성범죄피해자들이 신고를 하는 비율이 낮다는 점에 초점을 맞추고 있다. 여대생들이 성범죄가 아닌 다른 범죄피해를 당한 경우 신고하지 않는 이유를 조사한 연구도 일부 있다. 피셔와 컬렌(Fisher & Cullen, 1999)은 여대생의 범죄피해율과 신고율을 조사한 전국 단위의 연구를 통해 중요한 사실을 발견하였다. 이들의 분석에 따르면 강도 피해자들이 형사사법기관과 접촉하지 않은 가장 큰 이유는 그 사건이 신고할 정도로 심각하다고 생각하지 않았기 때문이다. 가중 폭행을 당하거나, 단순 폭행을 당한 사람들도 같은 이유로 자신의 피해를 신고하지 않았다. 강력범죄피해자들도 사건이 발생했다는 증거가 부족하고 경찰이 충분히 중대하다고 생각하지 않을 것으로 판단해 신고하지 않았다고 말했다는 점에 주목하여 살펴보면,

중요한 점이 드러난다. 피해자들이 강력범죄를 신고하지 않는 공통적인 이유는 이번 사건이 '충분히 심각하지 않다'는 판단에서 비롯됐다는 것이다. 한마디로 이런 이유는 성범죄피해를 경험한 여대생에게만 국한된 것은 아니라는 것이다.

전국범죄피해조사(NCVS)의 결과에 따르면 강력범죄피해자들은 그 사건이 범죄가 아닌 개인적인 문제라고 생각하였거나, 신고할 만큼 중요하지 않다고 판단했기 때문에 피해 신고를 하지 않은 것으로 나타났다(Hart & Rennison, 2003). 전국범죄피해조사(NCVS)에서 강간과 성폭력 피해 여성 피해자들이 신고를 하지 않는 이유 중 가장 빈도가 높게 나타난 이유 또한, 사건이 사적인 문제라고 생각했다는 것이었다(Bachman, 1998a). 또한 남성 대학생을 포함한 피해 대학생들 모두 경찰에 신고하지 않은 이유 중 하나로 사건에 관련된 사람들을 개인적으로 알고 있기 때문이라고 말했다(Hart & Rennison, 2003).

7.3. 피해를 신고하는 이유

연구자들은 피해자들이 신고를 하지 않는 일반적인 이유를 찾기 위해 연구를 하지만, 일부 연구자들은 반대로 접근하였다. 즉, 피해자들이 경찰에 신고하는 이유는 무엇인가?라는 질문으로 연구를 한 것이다. 전국범죄피해조사(NCVS)의 조사 결과를 통해 강간이나 성폭행 피해자만이 아닌 일반적인 범죄의 피해자들이 어떤 이유로 피해사실을 경찰에 신고하는지 어느 정도 이해할 수 있다. 일반적으로 강력범죄피해자들은 향후 폭력사태를 예방하거나 사건을 일단 저지하기 위해 경찰에 신고한다. 다른 이유로는 가해자를 처벌하고 싶거나 다른 사람을 보호하려는 욕구 때문이었다(Hart, 2003; Hart & Rennison, 2003). 약물이나 알코올을 이용한 준강간 사건의 피해자들도 이와 유사한 이유로 신고를 한 것으로 보인다. 킬패트릭 외 연구진(Kilpatrick et al., 2007)의 연구에서는 적은 비율이기는 하지만 실제로 경찰에 신고한 여성은 다른 사람에 대한 범죄를 예방하고, 가해자를 처벌하고, 자신이 겪은 일이 범죄라고 생각했기 때문에 그렇게 했다고 설명했다. 폭력적인 강간을 당한 피해자들이 경찰에 신고한 주된 이유는 자신을 포함한 다른 사람의 범죄피해를 예방하기 위해서였다. 또한 자신의 피해가 범죄라고 생각했기 때문이고, 사건 발생 후 도움을 받기 위해서 등의 이유 때문이었다.

7.4. 시사점

위의 연구 결과들은 왜 대부분의 여대생들이 그들의 성범죄피해에 대해 신고하지 않는 이유에 대한 세 가지 시사점을 가진다. 첫째, 전국 여대생 성폭력 피해연구(NCWSV)에서 절반에 육박하는 많은 피해자들은 단순히 피해사실을 개인적인 비밀로 유지하기를 원했다. 그들은 부모나 다른 사람들에게 그들에게 무슨 일이 일어났는지 알려지는 것을 원치 않았다. 이는 수치심이나 성적인 문제를 알리고 싶어하지 않는 마음이 경찰에 피해 사실을 알리는 것에 장애요인으로 작용한다는 것을 시사한다. 둘째, 신고하지 않은 많은 여성들은 그 사건이 범죄라고 확신하지 못하거나 만약 확신한다 하더라도 그 범죄가 저질러진 증거를 제시할 수 있을지 확신하지 못했다. 이는 피해자들이 경찰에 신고한다 하더라도 형사사법절차를 감당할 수 없을 것이고 만약 법적 절차를 진행한다 하더라도 그것은 시간낭비일 것이라고 생각한다는 점을 시사한다. 셋째, 가장 두드러지는 시사점은 사건이 "신고할 만큼 심각하지 않았다"는 판단이 신고를 하지 않는 이유로 가장 많다는 점과 관련이 있다. 이 결과는 문제가 되는 행위가 사소한 것이었기 때문에, "실제" 범죄에 해당하지 않는다는 견해에 신빙성을 실어 줄 위험이 있다. 그러나 이러한 판단은 다음과 같은 이유로 인하여 타당하지 않다. 첫 번째, 강도 범죄의 피해를 당한 대학생들 역시 "심각하지 않아서" 피해 신고를 하지 않았다고 밝힌 연구에 비추어 볼 때, 실제로 심각한 범죄피해를 당한 경우라도 신고할 정도로 심각하지 않다고 생각하는 경우가 있다(Fisher & Cullen, 1999). 두 번째, 우리는 피해자들이 말하는 "심각함"이 무엇을 의미하는지 좀 더 깊이 조사할 필요가 있다. 심각하다고 생각되는 것은 부상으로 인한 고통이나 무기의 존재 여부와 관련된 것으로 보이지만, 아는 사람에 의한 강간은 전형적으로 이러한 특징이 없다. 세 번째, 여대생들은 그들의 피해가 심각하지 않다고 말한 것이 아니라 신고할 정도로 심각하지 않다고 말했다는 것이다. 이 심각성에 대한 판단 기준에는 경찰에 성범죄피해 신고를 하는 데 드는 비용, 즉 사생활의 노출, 수치심이 들 수도 있는 상황들, 부모님과 해결해야 하는 다양한 쟁점들, 가해자를 신고했을 때 발생할 수도 있는 친구들의 따돌림, 캠퍼스를 떠나 대학을 중퇴해야 할 가능성, 대학 징계 위원회 또는 법정에서 증언해야 하는 행위 등이 포함된다. 이런 점들을 고려해 보면, 성범죄피해, 특히 눈에 보이는 신체적 부상이 없는 피해의 경우에는 더욱 법적으로 가해자를 신고할 만큼 심각해 보이지 않을 수 있다.

08 ——————————— 신고에 영향을 미치는 요인들

피해자가 신고를 한 이유를 이해하는 두 번째 접근법은 피해자가 신고하는 요인에 대한 경험적 연구를 실시하는 방법이다. 성폭력 피해사례가 경찰에 신고되는 이유에 대한 연구는 사건, 가해자, 피해자, 정황 등을 조사하는 데 초점이 맞춰져 있다. 이러한 사항은 〈표 6.3〉에 제시되어 있으며, 다음에 이어지는 논의에서 더 자세히 검토한다.

8.1. 사건의 특성 요인

앞서 언급했듯이, 여대생들이 경찰에 성범죄피해 신고를 하지 않은 이유로 가장 많이 언급한 이유 중 하나는 그 사건이 경찰에 신고하는 것을 정당화할 만큼 심각하지 않았다는 것이다. 따라서 범죄의 위해성 측면에서 더 심각한 사건들은 덜 심각한 사건들보다 경찰에 신고 될 가능성이 높다는 점을 확인해 보아야 할 필요가 있다. 전국 여대생 성폭력 피해연구(NCWSV) 결과는 특히 두 가지 요인이 여대생의 성범죄피해 신고와 관련이 있다는 것을 보여준다. 첫째, 범인이 무기를 소지한 사건들은 무기가 없는 사건보다 경찰의 주목을 받기 쉽다. 둘째, 강제성이 동반된 강간 사건은 그렇지 않은 성범죄 사건보다 신고될

표 6.3 경찰에 신고할 가능성을 높일 수 있는 요인들

사건 관련 요인
무기 사용*
피해 인지*
상해
죽음이나 상해에 대한 두려움

가해자 특성
모르는 사람에게 피해당함*
가해자와 피해자의 인종이나 민족이 다름*

피해자 특성
히스패닉이 아닌 아프리카계 미국인 *
사건에 대한 기억

상황요인
캠퍼스에서 발생*
음주 여부
행동에 영향을 미칠 만큼 취함

출처: Fisher, Daigle, Cullen, & Turner (2003a)
* 『전국 여대생 성폭력 피해연구(NCWSV)』 통계적으로 유의하게 나온 요인들

가능성이 더 높다.

킬패트릭(Kilpatrick et al., 2007)외의 연구에서도 강간을 당한 여대생들이 신체적인 부상을 입었을 때 경찰에 신고할 가능성이 더 높은 것으로 나타났다. 게다가 이 연구에서는 물리적 강제력이 동반된 강간들이 다른 강간들보다 더 자주 신고된다는 것을 발견했다. 비슷한 이유로 피해자가 강간으로 인식한 경우에 피해자가 강간으로 인식하지 않은 사건보다 신고될 가능성이 더 높았다. 범죄의 심각성과 관련된 또 다른 요인은 피해자가 성폭행 중 사망이나 상해에 대해 두려움을 인지했는지 여부였다. 피해자가 두려움을 느끼면, 피해를 신고할 가능성도 높아진다.

피해자가 인지한 범죄의 심각성이 신고에 영향을 미친다는 것은 강간 신화(rape myth)와 '진짜 강간'의 구분에 근거를 두고 있다. 진짜 강간으로 여겨지는

범죄는 사람이 없는 공공장소에서 급격한 공격에 의해 발생하는 강간을 말한다. 또한 진짜 강간은 낯선 사람에 의해 저질러지고, 피해자가 상해를 입는다고 여겨진다. 이 '진짜 강간'의 시나리오와 일치하는 강간은 법률과 일치하고 진짜 강간으로 느껴지기 때문에 피해자에 의해 신고될 가능성이 더 높아진다.

8.2. 가해자 요인

연구 결과에 따르면 (1) 여대생이 성범죄피해를 당했을 때 가해자로 추정되는 사람은 피해자가 아는 사람일 가능성이 높고 (2) 여대생은 피해 사실을 경찰에 거의 신고하지 않는 것으로 나타났다. 이런 점들을 종합해 보면, 피해자와 가해자와의 관계가 여성이 경찰에 자신의 피해 사실을 신고하기로 결정하는 데 기여할 수도 있다는 것을 알 수 있다. 전국 여대생 성폭력 피해연구(NCWSV)에서는 낯선 사람이 저지른 사건이 더 많이 신고되었다. 피해자가 "문제를 일으키는" 사람에 대해 알고 있을 때는 나서는 것을 꺼릴 수도 있는 것이다. 이러한 꺼림칙함은 또한 낯선 사람이 저지른 사건들에 대해 사람들이 더 "믿어 줄 것"이고 따라서 더 입증될 가능성이 높다는 생각에서 비롯된 것일 수도 있다.

피해자의 신고 결정에 영향을 미칠 수 있는 또 다른 요인은 가해자가 피해자와 다른 인종인지 여부이다. 전국 여대생 성폭력 피해연구(NCWSV)는 이 요인이 신고 결정에 실제로 영향을 미치는지에 대해 조사했다. 성범죄피해를 당한 여대생들은 가해자와 피해자가 인종이나 민족성이 다를 때 신고할 가능성이 더 높았다.

8.3. 피해자 특성 요인

사건의 특성과 가해자의 특성이 여대생이 경찰에 신고하기로 한 결정에 영향을 미치지만, 피해자의 개인적 요인도 신고에 영향을 미친다. 피해자의 인구통계학적 특성뿐 아니라 피해자가 피해에 대하여 얼마나 기억하는지도 신고에 중요한 영향을 미친다.

■ 인종

피해자에 대한 연구는 최소한 부분적으로라도 피해자의 인종과 연관되어 있다고 여겨져 왔지만, 연구에서는 결과가 일정하게 드러나지는 않는다. 일부 연구는 백인 여성들이 더 많이 신고할 가능성이 있다는 것을 보여주지만(Hart & Rennison, 2003), 또 다른 연구에서는 아프리카계 미국인이 강간을 신고할 가능성이 높다는 것을 보여주었다(Feldman-Summers & Ashworth, 1981). 여대생의 경우 인종은 신고의 가능성과 연관이 있는 것으로 보인다. 실제로 전국 여대생 성폭력 피해연구(NCWSV)에서 히스패닉이 아닌 아프리카계 미국인의 여대생을 대상으로 한 사건은 피해자가 백인인 사건보다 경찰에 신고될 가능성이 높았다.

■ 사건에 대한 기억

피해자가 피해상황 자체에 대한 구체적인 내용을 얼마나 잘 기억해 낼 수 있느냐도 경찰에 신고하기로 결정하는 데 한몫을 하고 있다. 킬패트릭과 동료(Kilpatrick et al., 2007)는 여대생들을 대상으로 한 연구에서 피해 사건을 매우 잘(extremely well) 기억하고 있다고 답한 여대생(22%)이 잘(very well) 기억하고 있는 여대생(6.7%)보다 신고할 가능성이 높다는 사실을 발견했다. 그렇기 때문에 일어난 일에 대한 정확하고 철저한 묘사를 할 수 있다는 자신감은 여대생의 피해 신고 결정에 영향을 미치는 것으로 보인다. 하지만 다른 요인이 통제되었을 때 사건에 대한 기억의 영향력은 사라지는 것으로 나타났다.

8.4. 상황적 요인

성범죄피해가 일어나는 장소나 사건 당시에 또 다른 어떤 일이 있었는지와 같은 상황은 잠재적으로 피해자의 신고 결정에 영향을 미친다. 여대생이 어디서 성폭행을 당했는지, 술이나 마약이 관련되었는지 등이 경찰에 신고하는 데 영향을 미친다는 연구 결과가 있다.

■ 사건 위치

앞서 언급했던 '진짜 강간'에 대한 견해에 근거하여 사건이 발생한 장소는 피해자의 피해 신고 결정에 영향을 미칠 수 있다. 앞서 언급된 진짜 강간은 낯선 곳에서 낯선 사람에 의해 저질러지고 상당한 신체적 부상이 동반되는 것이다(Estrich, 1987). 이에 따라 피해자의 거처가 아닌 밖에서 일어나는 사건들은 경찰에게 더 많이 신고될 수 있다. 이러한 상관 관계를 뒷받침하는 전국 여대생 성폭력 피해연구(NCWSV)결과를 보면, 캠퍼스에서 발생한 사건 중 피해자의 거처 밖(예시: 교실, 다른 사람의 기숙사 방, 동호회)에서의 사건들은 경찰에 신고 될 가능성이 더 높았다.

■ 알코올 및 약물의 사용

앞에서 논의한 바와 같이, 가해자가 사용하였거나 피해자가 사용하였거나, 혹은 두 당사자 모두가 사용한 경우에 상관없이 술과 마약은 대학생의 성범죄 피해에 영향을 미친다. 술과 마약이 성범죄피해에 연루될 경우, 피해자들이 경찰에 신고할 가능성이 낮아질 수 있다. 그러나 전국 여대생 성폭력 피해연구(NCWSV)에서는 알코올과 약물 사용이 피해 신고와 관련이 없는 것으로 밝혀졌다. 이와는 대조적으로, 킬패트릭 외(Kilpatrick et al., 2007)의 연구에 의하면 술을 마신상태에서 사건이 발생하였을 때, 여대생은 강간당한 사실을 신고할 가능성이 적다는 사실을 발견했다. 마찬가지로, 너무 취했거나 행동을 통제하기 어려운 상황에 처한 여성들은 자신을 더 잘 통제하고 있다고 생각하는 사람들보다 사건을 신고할 가능성이 낮았다(Kilpatrick et al., 2007). 이렇게 낮은 신고 가능성은 피해자가 자기를 탓하거나 그들이 술이나 약을 먹으면 자신의 피해 사실에 대해 더 과실이 있다고 느끼는 것이 원인일 수 있다.

09 ———— 다른 사람들에 알리는 것: 친구에게 이야기하기

피해자의 대부분은 경찰 기관에 성범죄피해 신고를 하는 것을 선택하지 않는다. 그렇다고 여성들이 자신의 경험에 대해 침묵하고 있는 것은 아니다. 사실, 대다수의 여대생들은 공식적인 형사사법제도 밖에 있는 다른 사람들에게 말할 가능성이 있다. 이어질 내용에서, 그들이 누구에게 말하고 그렇게 함으로써 발생할 수 있는 결과들을 구체적으로 살펴보도록 하자.

9.1. 피해자들은 누구에게 이야기하는가?

전국 여대생 성폭력 피해연구(NCWSV)에서는 여대생들에게 그들이 경험한 각각의 사건에 대해 최근 1년 이내 경찰 외에 다른 누군가에게 말했는지 아니면 경찰에게 알렸는지에 대해 물었다. 누군가에게 이야기했다고 말한 여대생들에게는 그들이 그 사건을 누구에게 공개했는지에 대해서도 물었다.

이 연구에서도 경찰에 신고된 사건은 5%도 안 되었다. 하지만 〈표 6.4〉에서 보듯이, 거의 70%의 성범죄피해 사건에서 피해자들은 경찰 이외의 누군가

표 6.4 경찰 외의 다른 대상에 알린 경우

신고	비율	명
경찰 외에 다른 대상(사람)에게 이야기함	69.9%	919
이야기한 대상		
친구	87.9%	808
가족	10.0%	92
남편, 남자친구 및 연인	8.3%	76
기타 다른 사람	3.3%	30
직장상사	1.7%	16
상담소	1.0%	9

출처: Fisher, Daigle, Cullen, & Turner (2003a)

에게 그 사건에 대해 이야기했다. 강간 및 강간미수 사건의 약 3분의 2의 피해자들이 그 사건을 경찰 외의 다른 누군가에게 털어놓았다. 누군가에게 이야기한 유형을 보면 성적 강요(62.9%)와 성적 접촉(74.1%)이 비슷하게 높았다. 특히, 〈표 6.4〉에서 보듯이 누군가에게 피해사실을 알린 피해자들 중 87.9%가 친구에게 이야기한 것으로 밝혀졌다. 피해자가 사건에 대해 알린 또 다른 사람들은 동거인, 부모, 그리고 가족이라고 말했지만, 이 총계는 모두 10% 미만이었다. 피해자들이 대학 관계자, 기숙사 사감 또는 교내 지원 서비스센터에 거의 알리지 않았다는 것은 주의 깊게 생각해야 할 내용이다.

여대생의 신고와 관련된 이러한 연구 결과는 다른 연구자들이 대학생과 일반인들의 표본으로 신고에 대해 조사했을 때 발견한 결과와 유사하다. 그들의 연구에 따르면, 성범죄피해자의 대다수는 친구에게 성범죄피해사실에 대해 말했다(Dunn, Vail-Smith, & Knight, 1999; Golding, Siegel, Sorenson, Burnam, & Stein, 1989). 친구, 친척 혹은 동거인들도 종종 사건을 알리는 대상이 되었다(Ahrens, Campbell, Ternier-Thames, Wasco, & Sefl, 2007; Feldman-Summers & Ashworth, 1981; George, Winfield, & Blazer, 1992).

전국 여대생 성폭력 피해연구(NCWSV)에서도 여대생이 자신의 피해 사실을 다른 사람(경찰을 포함하지 않음)에게 이야기할 가능성을 높인 요인에 대하여 연구하였다. 아래의 다섯 가지 요인은 경찰에 신고하는 것 대신 다른 사람에게 이야기할 가능성을 높인다.

- 사건이 협박이 아니라 신체적 접촉과 관련이 있다.
- 피해자가 부상을 입었다.
- 가해자는 피해자가 아는 사람이다.
- 피해자는 사건 발생 전에 약물 및 술을 사용하고 있었다.
- 가해자는 사건 발생 전에 약물 및 술을 사용하고 있었다.

가해자에 대한 사실을 주목하여 보면, 낯선 사람에 의해 발생한 사건은 경찰에 신고될 가능성이 높은 반면 지인에 의한 피해는 피해자의 지인이나 아는 친구에게 알려질 가능성이 높다.

9.2. 다른 사람에게 알린 결과

　　여대생들이 친구들에게 피해사실을 털어놓는 이유는 그들로부터 지지를 얻고 싶어서이다. 피해자들은 다른 사람들로부터 특별한 도움을 청하기보다는 일반적인 지지를 얻기 위해 이야기를 털어놓는다. 사실, 피해자들은 그들이 가장 도움이 된다고 생각되고 지지를 받을 수 있는 곳을 찾게 된다(Biaggio, Brownell, & Watts, 1991; Golding et al., 1989). 피해자들이 지원이나 지지가 필요함에도 불구하고, 많은 연구는 강간 등 다른 성범죄피해자들이 항상 도움을 받을 수 있는 결정을 하지 않을 수도 있다는 것을 보여준다. 피해사실을 공개하는 것은 피해자에 대한 비난을 야기할 수도 있다. 일부 피해자들의 경우에는 전반적으로 도움이 되지 않거나 부정적인 반응을 경험하였다는 연구도 있다. 성인(Ahrens et al., 2007; Golding et al., 1989)과 여성 청소년(Ageton, 1983)의 표본을 사용한 연구들은 피해자들의 39%가 그러한 부정적인 반응을 경험하였다는 결과를 발견하기도 했다. 여대생들을 대상으로 한 연구에서는 자신이 데이트 상황이나 지인에게 당한 강간에 대해 주변에 이야기했을 때 주변인들의 반응이 항상 긍정적인 것은 아니었다는 것을 보여준다. 실제로 일부 연구대상자들은 피해자 비난이나 피해 행동이 발생한 상황의 정당성이나 피해자의 행동에 대한 의문을 제기하는 등의 대응을 경험했다고 인정하였다(Dunn et al., 1999). 피해자를 지지하지 않는 이런 명백한 부정적인 반응은 안 좋은 결과를 가져오게 된다. 실제로, 이런 부정적인 반응은 강간 피해자들의 심리적 안정에 부정적인 영향을 미치기도 한다(Ullman, 1999).

　　사회적 지지 요인 또한 피해자의 경찰 신고 결정에 영향을 미칠 수 있다. 친구, 가족 그리고 피해자가 피해사실을 이야기한 주변의 다른 사람들은 피해 여성에게 신고에 대해 무슨 조언을 해 줄까? 안타깝게도 일부 연구 결과는 여대생들이 그들의 주변인들로 경찰에 신고하라는 조언을 받는 경우는 거의 없다는 것을 보여준다(Pitts & Schwartz, 1993). 마약 또는 술과 관련된 강간 또는 준강간의 경우, 누군가로부터 신고하도록 조언을 받았다고 말한 여대생은 40.7%에 불과했다. 중요한 것은 강요를 당해 강간의 피해를 경험한 여성도 누군가에게 피해 사실에 대해 털어놓은 후 경찰에 신고하도록 권유받은 경우는 겨우 절반을 넘었다(Kilpatrick et al., 2007)는 점이다. 피해자가 도움을 요청하거나 신고를 결심했을 때, 피해자들은 남들이 신고하는 것이 아닌 자신들이 경찰에 스스로 직접 연락할 가능성이 높다는 것이 다른 연구에서 밝혀지기도 하였다. 피해자가 직접 신고한다는 점을 감안할 때, 주변인들이 신고를 독려하지 않는다면 피해자가 신고를 하지 않을 가능성도 높게 나타난다(Burgess & Holmstrom, 1975).

한 연구에서는 대학생들을 대상으로 피해자가 남자일 경우와 여자일 경우, 피해자가 술을 마신 경우와 마시지 않은 경우로 묘사된 시나리오형 질문지를 사용하여 그 상황에 경찰에 신고하도록 피해자를 독려할 가능성을 조사했다. 연구 결과, 21세 이상 여학생들이 신고를 장려할 가능성은 모든 범죄유형에서 남성 학생이나 21세 미만의 여학생이 신고를 독려할 가능성보다 높게 나타났다. 피해자가 술을 마시지 않았다는 시나리오에서 응답자들은 피해자가 경찰에 신고하도록 제안할 가능성이 가장 높았다. 피해 사건 유형이 성폭행일 때, 응답자들은 가해자가 그녀의 남자친구라고 묘사된 경우보다 낯선 사람일 때 경찰에 신고하는 것을 제안할 가능성이 더 높았다. 21세 미만의 남학생들은 성폭행 피해자가 술에 취해 있었다는 시나리오에서 경찰에 신고를 제안할 가능성이 현저히 낮았다. 성별과 음주 여부의 요인 간 상호 작용 효과도 나타났다. 여학생들은 피해자가 술을 마셨고 사건의 가해자가 피해자의 남자친구로 묘사된 경우에 경찰에 신고하는 것을 제안할 가능성이 가장 적었다(Ruback, Menard, Outlaw, & Shaffer, 1999). 이러한 연구 결과는 대학생들에게 연인이나 아는 사람이 성폭력을 할 수도 있고, 술을 마셨다고 성폭행의 범죄가 아니게 되는 것은 아니라는 점을 가르쳐 주어야 한다는 점을 시사하고 있다. 학생들이 음주행위나 연인이 관련된 사건의 피해자를 "진짜" 피해자로 인식하게 되는 경우 성범죄피해를 당한 대학생들은 주변인들로부터 경찰에 신고하라는 조언을 받을 수 있고, 그렇게 되면 더 신고하기 쉬워질 것이다.

압도적으로 많은 수의 여대생들이 적어도 한 사람에게 자신의 성범죄피해 경험에 대해 이야기한다는 사실에도 불구하고, 일부 여대생들은 침묵을 지키고 있다. 비록 연구의 주요 초점이 맞춰진 것은 아니었지만, 이들이 침묵하는 이유에 대한 이유도 조사되었다. 그 결과, 최소한 두 가지 핵심 요인이 확인되었다. 술이나 약물을 사용한 것은 피해 여성이 누군가에게 자신이 피해를 입었다

고 말할 가능성을 줄이는 것으로 보인다(Pitts & Schwartz, 1993). 일부 여성은
본인을 탓하게 되는데 이럴 경우, 부분적으로라도 자신이 피해에 대한 책임이
있다고 인식할 수 있기 때문에 다른 사람들에게 털어놓는 것을 저해할 수 있다
(Koss, 1985; Pitts & Schwartz, 1993).

10 ——————————————————— 결론

　20여 년 전에 실시된 코스(Koss)의 연구에서 여대생들의 대부분이 자신들
이 당한 성범죄를 강간으로 생각하지 않고 법률에서 규정하고 있는 범죄로 여
기지 않아서 그들의 피해 사실을 경찰에 신고하지 않는다는 점이 드러났다. 좀
더 최근에 이루어진 연구들을 살펴보면 거의 변한 것이 없는 것처럼 보인다.
오늘날의 캠퍼스에서도 일부 소수의 피해자들 만이 그들이 강간당했다는 것을
인식하고, 경찰 관계자들에게 성범죄피해사실을 신고한다.

　이러한 연구 결과들은 어떤 의미에서 피해자들이 두 개의 '비밀'을 가지고
산다는 뜻으로 볼 수 있다. 첫째, 자신이 겪은 일을 범죄로 인정하지 않는 것
은 자신만의 비밀이라고 할 수도 있다. 자신에게 뭔가 심상치 않은 일이 일어
났지만, 그 사건을 어떻게 해석해야 하는지는 제약을 받고 있다. 피해자들이
'진짜 강간'이라는 접근에 대해 제약을 받고 있는 한, 자신들의 성범죄피해를
법적인 의미에서 강간이라는 범죄로 규정하는 것에 대한 지식이 부족하다. 둘
째로, 다른 사람으로부터의 비밀이다. 여학생들은 경찰에 사건을 신고하지 않
음으로써, 그들의 피해 사실을 사법 당국 관계자들로부터 비밀로 유지하고 그
사건에 대해 알아야 할 부모, 친구, 대중으로부터 비밀로 유지하려고 한다.

　피해자 스스로가 피해를 인정하지 않고 경찰에 신고하지 않는 것은 여학
생들이 경험하는 사건들이 범죄피해가 아니라 사소한 사건들, 즉 남성과의 과
한 스킨십 혹은 그 다음날 아침에 정신을 차려보면 후회하게 될 일라고 인식이
될 수도 있다는 점에서 주의 깊게 다루어져야 한다. 이러한 피해자들을 간과하
여서는 안 된다. 특히 전국 여대생 성폭력 피해연구(NCWSV)에서는 응답자를

강간 피해자로 분류하는 것에 대해 방법론적으로 보수적인 접근법을 사용하였다
(즉, 사건 보고서의 질문에 적절히 답변하지 않는 한 그 사건은 강간으로 간주되지 않았다).
그럼에도 불구하고 강간 피해자들의 거의 절반이 그들의 피해 사실을 강간으
로 인지하였고, 그들 중 약 70%가 그 사건을 친구들에게 털어놓은 것은 긍적
적이라고 할 수 있다.

　비록 우리가 전국 여대생 성폭력 피해연구(NCWSV)에서 이 문제를 연구하
지는 않았지만, 강간이나 다른 성폭행에 대한 비밀을 다른 사람들과 공유하는
것이 항상 주변인의 사회적 지지와 심리적 안정을 높이는 쪽으로 귀결될 것이
라는 것은 분명하지 않다. 피해 사실을 인지하는 것과, 신고가 가져오는 유익
하거나 부정적인 영향이 이런 결정의 형성에 어떤 영향을 미치는지에 대해서
도 훨씬 더 많은 연구가 필요하다. 그러나 우리는 피해 사실을 인지하고 경찰
에 신고함으로써, 피해자 스스로의 의지로 공개적으로나 장기적인 방식으로(경
찰에 신고하는 방식으로) 해결되어야 하는 일이 될 수도 있다는 점을 간과해서는
안 된다. 비밀을 드러내기 위해서 피해자들은 타인으로부터의 비난뿐만 아니라
스스로를 비난하는 극복하기 어려운 상황에 처할 수 있다. 스스로 타인에게 강
간이나 성범죄피해에 대해 공개하더라도, 다른 사람의 지지나 응원을 받지 못
할 경우에는 오히려 부정적인 결과를 초래할 수 있기 때문에 중요하게 고려되
어야 한다.

CHAPTER

스토킹

07

■ 여대생의 스토킹 피해

1990년대까지는 스토킹에 대한 관심이 적은 편이었다. 그러나 많은 학자들이 수년간 노력한 끝에, 스토킹이 사회적 문제로 인식되기 시작하였고 스토킹이라는 단어는 일상생활에서도 자주 쓰이게 되었다(Lowney & Best, 1995). 국립 피해자 센터(National Victim Center)와 같은 범죄피해 지원 기관 및 교육기관, 그리고 스토킹 피해자들도 스토킹 문제에 대한 대중의 인식을 높이는 데 기여하였다(Monahan, 1998). 이 시기에 언론은 할리우드 스타들과 같은 공인들과 관련된 스토킹 사건에 대해 대대적으로 보도했다. 무엇보다 가장 주목할 만한 것은 모든 미국 연방의 입법기관들이 스토킹 행위를 불법화하려는 움직임을 보였다는 점이다(Marks, 1997; McAnaney, Curliss, & Abeyta-Price, 1993).

1990년, 캘리포니아주에서 첫 스토킹방지법이 통과되었다. 이 법안은 1989년 레베카 샤이퍼(Rebecca Schaeffer)에 집착하며 스토킹을 하던 팬이 그녀를 살해했던 사건과 오렌지 카운티에서 발생했던 전 남자친구나 배우자에 의해 스토킹 피해를 겪던 5명의 여성이 살해된 사건(McAnaney et al., 1993)에 대한 강력한 대응의 필요로 통과되었다. 이 사건들은 미국 연방과 주 지역의 정치인들이 스토킹에 관심을 가지게 하였고, 입법기관들은 뒤이어 스토킹 방지에 대한 후속 법안들을 쏟아 내기 시작했다(McAnaney et al., 1993). 1990년대 말까지 미국 연방의 모든 50개 주와 워싱턴 D.C.는 스토킹 방지법을 제정하게 되었다(Marks, 1997). 비록 법률 학자들이 주 법령의 합헌성에 대해서 문제를 제기하고 이러한 법령의 위헌성에 대한 논의도 있었으나, 미국 법원은 대체적으로 이 법을 지지하게 되었다(U.S. Department of Justice, 1996).

이러한 대중의 관심에도 불구하고, 스토킹의 범위, 성격, 위험 측면에 대한 체계적인 연구는 뒤쳐져 있었다. 그 당시 콜맨(Coleman, 1997, p.421)이 언급한 내용 중 "스토킹에 대한 경험적 연구가 거의 이루어지지 않았기 때문에 스토킹에 대한 내용들은 대부분 입증되지 않았다"는 설명은 오늘날까지도 여전히 문제로 남아 있다. 스토킹에 대한 이러한 견해를 반영하여, 당시 미국 연방 형사정책연구원(National Institute of Justice)의 이사였던 제러미 트래비스(U.S. Department of Justice, 1996, p.91)는 "스토킹의 발생 원인에 대한 정보들은 어렵기도 하지만 거의 없다"고 언급했는데, 이러한 정보부족은 스토킹과 싸우기 위한 예방 전략의 개발을 어렵게 하였다.

스토킹에 대한 관심이 증가하고 있는 것에 비하여 아직 그에 대한 연구는 부족한 상황이다. 이에 비추어 우리는 스토킹의 범위, 특성, 원인에 관한 문항을 전국 여대생 성폭력 피해연구(NCWSV)에 포함시켰다. 관련 연구는 앞으로 이어질 스토킹에 대한 논의에서 설명한다. 전국 여대생 성폭력 피해연구(NCWSV)는 아마도 한동안은 여대생의 스토킹에 대한 가장 체계적인 분석으로 남아 있을 것으로 보인다. 따라서 이 연구에서 수집된 데이터로 밝혀진 내용들은 더욱 가치가 있을 것이다.

이 연구에서 우리는 스토킹을 성폭력의 한 형태로 분류하였다. 스토킹은 주로 성별에 대한 고정관념에 근거하여 남성들이 여성을 남성에게 복종해야 하는 존재로 바라보기 때문에 발생한다. 우리는 또한 스토킹이 접촉, 친밀감, 그리고 성관계를 위한 욕구와 관련이 있는지를 연구하고자 하였다. 우리는 그밖에도 다양한 동기가 스토킹의 원인이 될 수 있다는 것도 알고 있다(관련 예시는 Holmes, 1993; Meloy, 1996 참조). 물론, 여성을 통제하거나 여성에게 권력을 행사하려는 생각은 성희롱과 강간과 같은 정통적인 성폭력 범죄 행위의 원인이 되기도 한다. 스토킹의 정의는 대부분 피해자가 신체적 위협을 받거나 안전에 대한 위협을 느끼는 것을 포함하기 때문에, 스토킹은 특히 여성을 대상으로 하는 범죄라고 생각할 수 있다(Tjaden & Thoennes, 1998b).

마지막으로는 여학생이 경험하는 스토킹 피해가 얼마나 많은가를 연구하고자 한다. 가장 먼저 왜 대학 캠퍼스가 스토킹이 발생하기에 충분한 기회를 제공하는지 조사함으로써 분석을 시작한다. 다른 형태의 성폭력이나 성별에 기초한 피해와 유사하게 여대생들은 남성과 비교하여 상대적으로 높은 비율로 스토킹 피해를 경험하게 된다는 것을 보여준다. 다시 말하면, 대학 캠퍼스가 젊은 여성들이 젊은 남성들과 폭넓게 교류하는 영역을 제공하는 한, 여학생들이 남성들에 의해 스토킹의 대상이 될 위험에 처할 가능성이 높다는 예측은 타당한 것이다. 이어서 우리는 선행연구들과 전국 여대생 성폭력 피해연구(NCWSV)에서 나타난 스토킹에 대한 분석 결과를 검토할 것이다. 조사의 데이터는 우리의 가설을 뒷받침하게 될 것이며, 우리는 스토킹의 유형과 피해자들의 스토킹에 대한 반응을 분석할 것이다. 이어질 논의에서 나타나는 중요한 시사점은 상당수의 여학생들이 대학 시절에 스토킹 피해에 직면하고 있으며, 이로 인하여 피해와 관련한 비용이 발생하고 있다는 사실이다.

01 ─────────────────────────── 스토킹과 기회

다양한 연구를 통해 밝혀진 결론을 크게 두 가지로 요약하면 다음과 같다. 특정한 사람들이 범죄피해에 더 취약하다는 것과 특정한 사람들이 일탈이나 범죄 행위를 저지를 가능성이 더 높다는 것이다. 인구사회학적 요인들과 생활 양식 및 일상활동이 범죄피해와 가해 행위 모두와 관련이 있다는 점은 다양한 연구에서 지속적으로 입증되고 있다(Cohen, Kluegel, & Land, 1981; Hindelang et al., 1978; Lauritsen, Sampson, & Laub, 1991; Miethe & Meier, 1994). 중요한 것은 대학생들을 대상으로 한 연구에서도 인구사회학적 특성뿐만 아니라 학생들의 생활 방식과 일상적인 활동이 스토킹 피해의 취약성과 스토킹의 기회를 만드는 것으로 보인다는 점이다. 다음에서 이러한 요인들이 어떻게 여학생들의 스토킹 피해의 가능성을 높이는지에 대해 구체적으로 살펴보도록 하자.

1.1. 대학생들의 특성

지난 10년 동안, 연구자들은 스토킹 피해자와 스토커의 인구사회학적 특성을 연구하였다. 인구사회학적 특성 중에서 나이와 성별은 특히 중요하게 고려되는 요인이다. 일반인들을 대상으로 한 연구에 따르면 스토킹 피해자의 절반이상이 18세에서 29세 사이인 것으로 나타났다(Hall, 1998; Tjaden & Thoennes, 1998b). 노블스와 동료들(Nobles, Fox, Piquero, & Piquero, 2009)은 여대생들이 최초로 스토킹 피해를 당하는 평균 연령은 20세라고 보고했다. 여성과 남성 모두 스토킹 피해를 경험하지만, 같은 피해를 당하게 되어도 여성은 훨씬 더 큰 위험에 처하게 된다. 예를 들어, 티아덴과 톤네즈(Tjaden & Thoennes, 1998b)는 스토킹 피해자 중 78%가 여성이라는 것을 발견했다. 쿠파흐와 스피츠버그(Cupach & Spitzberg, 2004)는 스토킹이 얼마나 많이 발생하고 있는지에 대한 전국적인 추정치를 8개 연구를 활용하여 계산했다. 그들은 평균적으로 거의 15%의 남성들과 약 9%의 여성들이 그들이 다른 사람을 스토킹했다고 응답했다는 것을 밝혀냈다. 비록 남성 피해자가 존재하기는 하지만, 이 책자에서는 앞서 말한 것과 같이 여성들의 스토킹에 국한해서 다룰 것이다. 하지만 우리가 남성 스토킹 피해자가 있다는 것을 축소시키려는 것은 아니라는 것을 알아 두기 바란다.

일반 인구를 대상으로 한 연구 결과를 보면 특히 젊은 남녀, 다시 말해 대학생의 나이대에 스토킹 당하거나 스토킹 가해자가 되기 쉽다는 결과가 주로 나타난다. 2004년을 기준으로 고등교육 이후의 대학교 및 전문대학교 등의 기관에 등록한 전업학생 중 77.4%가 25세 미만이었고, 등록한 전체 학생의 57.2%가 여성이었다(National Center for Education Statistics, 2005). 또한 스토킹 피해자가 되거나 가해자가 될 가능성이 과음을 포함한 알코올 소비와 불법 마약 사용에 의해 높아질 수 있다는 설명을 덧붙인다. 약물 오남용은 종종 대학생들의 모임이나 활동에서 발생하기 때문에, 대학에 다니면서 스토킹 피해나 가해와 연관될 가능성은 높아 보인다(Dowdall, 2007).

1.2. 캠퍼스 환경

　대학 캠퍼스 내에서 이루어지는 수업과 다양한 모임 환경에서 만나게 되는 젊고 미혼인 여성과 남성들의 일상활동은 잠재적인 스토킹 피해자와 가해자 모두에게 범죄 발생의 가능성을 열어 준다. 그러나 이런 단순한 상황적 설명을 넘어, 스토킹의 또 다른 특징을 이해해야 한다. 다른 범죄와 달리 스토킹 행동은 일시적으로 일어나는 사건이 아니라 행동이 반복해서 연속되는 과정이다. 따라서 스토커는 다음과 같은 요건을 충족해야 한다. 첫째, 물리적 또는 전자기기 등을 이용하여 피해자에게 주기적으로 접근해야 한다. 둘째, 스토킹 행위가 일정 기간 이상 지속되어야 한다. 대학교 캠퍼스의 상황은 이 요건이 충족하기에 손쉬운 환경이다.

　스토커의 관점에서 살펴보면, 기숙사와 주차장을 포함한 캠퍼스와 캠퍼스 내 시설에 접근하는 것이 비교적 쉽다. 특히 스토커가 학생인 경우는 더욱 쉽다. 대학 캠퍼스의 경계는 공원과 같은 장소이거나 혹은 공공 도로의 연장선상이기 때문에 호수나 바다, 강과 같은 물리적 경계가 없는 경우라면 대학교에 출입하기는 상당히 쉽다. 대학 캠퍼스는 일반적으로 휴일 없이 개방되어 있으며, 학생, 교직원, 관계자뿐만 아니라 일일 방문객들에게도 집이 되기도 하고 학습 공간, 직장, 여가 장소로서 활용되고 있다.

　캠퍼스 내에 존재하는 이 다양한 종류의 사람들은 낮이나 밤의 모든 시간 동안 건물에서 건물 또는 기숙사에서 기숙사로 쉽게 드나들 수 있다. 특히 수업이 진행되고 있는 학기 중에는 캠퍼스 내의 건물들이 계속해서 잠금장치를 작동하는 일은 드문 상황이다. 심지어 사용하는 학생이나 학교 측에서 문의 잠금장치를 작동시켜야 하는 기숙사 같은 건물들조차도 문을 열어 놓고 다니거나 잠겨 있다 하더라도 눈에 띄지 않게 드나들 수 있도록 유지되고 있다. 캠퍼스 주차장도 비교적 접근이 용이하다. 캠퍼스 내에 드나드는 사람들이 많기 때문에 주차 구역은 제한 없이 입장이 가능하고, 방문자도 요금을 내면 주차를 할 수 있다. 또한 차량을 이용하지 않을 경우에는 경비원의 눈에 띄지 않거나 CCTV에 의해 촬영되지 않는 주차 구역에서 자유롭게 다닐 수도 있다.

　학생들의 학업이나 취업 준비와 같은 다양한 활동들은 그들이 쉽게 소통하고 또 서로를 쉽게 찾아낼 수 있는 여건을 형성한다. 첫째, 학생들은 보통 같은 교실에서 10주 내지 15주 동안 같은 시간에 수업을 듣는다. 비록 학생들이 수강하는 수업은 학기마다 바뀌지만, 그들의 일정은 재학기간 동안 어느 정도 예측이 가능하다. 예측 가능한 수업 스케줄과 더불어 캠퍼스와 강의실 및 건물에 접근이 쉽다는 사실은 누군가를 관찰하거나, 건물 밖이나 안에서 누군가를 기다리거나, 누군가에게 메모나 물건을 남길 수 있는 무한한 기회를 제공한다.

둘째, 많은 학생들이 대학 소유의 주택이나 대학과 제휴된 주택에 살고 있으며, 학교에서 지정한 구역에 차량을 주차한다. 학교에서 쉽게 구할 수 있는 안내 책자나 온라인 안내 사이트에서 학생들의 이메일 주소, 전화번호 등을 쉽게 찾을 수 있다. 이런 정보를 얻는 것은 학교의 주요 웹사이트로 가서 온라인 안내 사이트에서 특정인을 검색하고 화면에 결과가 나타나기를 몇 초간 기다리기만 하면 될 정도로 쉽다. 많은 학교들이 모든 학생들에게 이름을 기반으로 전자우편 계정을 만들어 주기 때문에 웹사이트가 없어도 학생의 이메일 주소를 알아내는 것은 그리 어려운 일이 아니다. 대부분의 학교들이 학생 주차장을 따로 지정해 놓은 점을 감안하면 특정한 학생이 캠퍼스에서 어디에 주차하는지 찾는 것도 쉽다. 스토커들은 이렇게 알아낸 연락처나 이메일 주소와 위치정보를 이용하여 수업 시간에 누군가를 따라가고, 교실이나 자동차 밖에서 기다리고, 이메일, 소셜 네트워킹 사이트 또는 우편 서비스를 통해 연락하고, 선물을 보내거나, 피해자의 재산을 손상시킴으로써 피해자에게 접근할 수 있다.

셋째, 학생들은 수업이 아니더라도 캠퍼스에서 많은 시간을 보낸다. 캠퍼스는 스토커가 쉽게 피해자를 감시할 수 있는 공간이다. 예를 들어, 많은 학생들이 도서관과 같은 학교 건물에서 일을 하거나 교내의 조교로 일을 하며 학업과 일을 병행한다. 대학생들의 이러한 일상활동으로 인하여 대학생들은 스토킹 피해에 취약해진다. 학생들은 또한 캠퍼스에서의 규칙적인 레크리에이션 활동에 참여하는데 이런 활동은 종종 또 다른 스토킹에 대한 좋은 환경을 제공하게 된다.

1.3. 학생들의 생활양식과 일상활동

앞서 살펴본 바와 같이 대학 캠퍼스의 환경은 젊은 미혼 남성과 여성들의 스토킹의 기회를 증가시킨다. 이와 더불어 학생들의 생활양식이나 일상활동은 스토킹 기회를 증가시키는 데 기여하는 추가적인 요인이다. 첫째, 스토킹은 피해자에게 접근하는 행동뿐만 아니라 낮이나 밤에 피해자를 추적하는 행동을 하는 것도 포함한다. 대학에 재학 중인 학생들은 학기 중 일주일에 7일, 24시간 내내 캠퍼스 시설을 제한 없이 이용할 수 있다. 시설을 이용하기 쉽다는 점은 대부분의 학생들이 비교적 유연하고 자유롭게 시간을 보내는 사실과 결합하여 스토킹이 발생하기 쉬운 상황을 만든다.

둘째, 연구자들은 대부분의 스토킹이 데이트 관계에서 발생한다고 설명한다. 아무런 관계가 아닌 상태지만 일방적으로 한 명이 관계를 발전시키기 원하는 경우에서부터 관계가 지속되는 기간 동안, 또한 관계가 끝난 후까지 스토킹이 발생한다(Williams & Frieze, 2005). 스토킹 연구를 살펴보면 대부분의 스토킹 사건에서 피해자와 가해자는 배우자 혹은 이전 배우자, 친밀한 파트너(현재/과거 동거했던 파트너, 데이트 상대, 여자/남자친구 포함) 또는 지인 등으로 나타나 피해자와 가해자 간에 관계가 있었다는 것을 밝혀냈다(Davis & Frieze, 2000). 여성 스토킹 피해자들의 가장 유력한 가해자는 현재 또는 이전의 친밀한 파트너(결혼, 동거 또는 데이트의 상대)인 반면, 남성은 낯선 사람이나 지인에게 스토킹당할 가능성이 가장 높았다(Tjaden & Thoennes, 1998b).

셋째, 대학생들은 인터넷과 휴대전화와 같은 통신기술을 많이 사용하는데, 이는 스토킹을 하려는 잠재적 가해자가 밤낮 구분 없이 반복적으로 쉽게 접근할 수 있는 기회를 제공한다. 해리스 인터랙티브(Harris Interactive, 2001)가 실시한 2001년도 인구여론조사에서는 표본 중 대학생의 100%가 인터넷을 사용하는 데 비해 전체 일반 인구의 인터넷 사용 수준은 3분의 2에 불과하다고 보고했다. 학생들의 인터넷 사용 시간은 일주일에 평균 6시간에서 11시간 정도였고, 대학생 10명 중 9명은 매일 또는 자주 이메일을 주고받는다고 보고하였다. 게다가, 해리스 인터랙티브가 실시한 360 대학 청소년 탐색적 연구(360 Youth College Explorer Study)는 여자 대학생의 82%와 남자 대학생의 74%가 휴대폰을 소유하고 있으며, 간단한 문자(남성의 42%, 여성의 43%)를 사용할 가능성이 있으며, 휴대폰을 소지한 학생의 60%가 휴대폰을 사용하여 메시지를 주고받는 것으로 나타났다. 전자기기와 통신 시장의 마케팅 연구자들만이 그러한 기술을 자주 사용하는 대학생들의 생활양식을 기회로 인식하는 것은 아니다. 스토커 또한 새로운 기술을 이용하여 쉽고 빠르게 그들이 선택한 피해자의 전화나 컴퓨터 사용을 감시하고, 몰래카메라나 위성위치확인시스템을 이용하여 피해자를 찾아다니거나, 이메일이나 휴대폰을 통해 피해자를 추적할 수 있다(Spitzberg & Hoobler, 2002).

넷째, 대학 시절은 다른 학생들과 친구, 교수, 직원, 방문객들을 포함한 다양한 개인들을 일상생활 속에서 만날 수 있는 많은 기회를 제공한다. 친구를 만들고, 우정을 쌓고, 데이트를 시작하고 그런 관계를 유지하게 되고, 성적인 관계를 체험하는 것은 대학생들에게 흥미 있는 사회 활동이다. 그러나 이러한 각각의 활동들은 또한 앞으로 발생할 스토킹의 기회가 될 수도 있다. 스피츠버그와 레아(Spitzberg & Rhea, 1999)는 관계적 이동성(관계의 종료를 뜻하기도 함)이 대학 시절에 가장 높을 수 있다고 주장한다. 텍사스의 한 공립대학에서 기본 커뮤니케이션 과정에 등록한 학생들의 샘플을 바탕으로 진행된 그들의 연구는 학생들이 고등학교 때부터 평균 5명의 사람들과 사귀었다는 것을 보여주었다. 또 다른 연구들은 스토킹의 많은 부분이 대학생들의 데이트관계라는 맥락 안에서 일어난다는 것을 보여준다(Cupach & Spitzberg, 2004).

요컨대, 젊음과 생활 방식에서부터 캠퍼스 환경에 이르는 다양한 대학생들이 가지는 특징들은 스토커들이 그들의 피해자를 쫓아다닐 수 있는 기회를 많이 제공한다. 휴대전화, 메신저, 인터넷 등 기술은 쓰려고 마음만 먹으면 쉽게 쓸 수 있다. 이러한 점들을 모두 고려해 보면, 여학생들이 스토킹 피해자가 될 위험이 큰 이유가 쉽게 이해될 수 있을 것이다. 이어질 내용에서 여대생들에게 발생하는 스토킹의 실태에 대한 연구를 살펴볼 것이다.

02 ──────────────── 스토킹의 실태에 관한 연구

　　중요한 사회적 이슈로 스토킹이 논의되기 시작한 것은 약 20년 전이지만, 대학생들을 포함한 그 실태를 기록한 연구는 많지 않다. 그래도 일부 양질의 연구들이 발표되기도 하였다(Fisher & Stewart, 2007). 크게 두 연구를 살펴보면 스토킹의 실태를 이해하는 데 도움이 될 것이다. 첫째, 여대생들에게 발생하는 스토킹의 실태와 성향에 대해 통찰력을 제공하는 대학생들을 대상으로 한 연구가 실시되었다. 둘째, 티아덴과 톤네즈(Tjaden & Thoennes, 1998b)는 지금까지의 연구 중에 가장 포괄적으로 조사하여 미국 여성들 사이의 스토킹에 관한 전국 단위의 자료를 수집했다. 앞으로 나올 내용에서 이 연구들을 검토할 것이다. 함께 살펴보겠지만, 많은 경험적 연구들이 젊은 여성들이 캠퍼스 안팎에서 모두 스토킹당할 위험이 높다는 것을 암시하고 있다.

2.1. 대학생들의 스토킹에 대한 연구

　　수많은 연구들을 통해서 여대생이 스토킹을 당해오고 있다는 것이 입증되어 왔다. 구체적으로, 여대생의 12-40%가 일생 동안 스토킹 당한 적이 있다고 보고하였다(Fisher & Stewart, 2007; Jordan et al., 2007; Nobles et al., 2009). 여대생은 데이트 관계나 혼인 관계가 끝난 이후에 발생하는 스토킹으로부터 벗어나지 못한 채로 계속 스토킹을 당하는 경우도 많은 것으로 나타났다. 데이트 관계를 최근에 끝낸 9%에서 34% 사이의 여대생들은 그들의 전 파트너가 그들을 스토킹했다고 보고했다(Coleman, 1997; Logan, Leukefeld, & Walker, 2000; Roberts, 2002).

　　이어서 살펴볼 세 개의 연구를 통해 스토킹에 대해서 구체적으로 살펴보고, 추가적으로 논의해 보도록 하자. 물론 방법론적인 한계가 있겠지만 이들 연구에서는 여대생의 스토킹 피해가 흔하게 발생하고 있다고 공통적으로 결론내리고 있다. 첫째, 심리학과 여학생들 141명을 대상으로 한 콜맨(Coleman, 1997)

의 연구에서, "파트너와 헤어진 후 당신의 전 파트너가 당신에게 반복적이고 원치 않는 관심을 가졌던 적이 있는가?"라는 질문에 대해 29.1%가 "그렇다"고 답했다. 게다가 9.2%의 학생들은 이런 반복적인 관심이 악의적이거나, 신체적으로 위협적이었거나, 두려움을 유발했다고 말했다. 이 연구는 샘플 수가 작고 대표성이 약하다는 점, 스토킹 피해 경험의 기간에 대한 설명이 부족한 점, 그리고 이전 남자친구 또는 파트너 이외의 다른 남성들에 의한 스토킹 측정을 하지 않았다는 점 등의 명백한 한계를 가지고 있다. 그럼에도 불구하고, 10명 중 거의 3명의 여성이 '반복적이고 원하지 않는 관심'을 받았고, 10명 중 1명은 그들의 안전을 위협하는 관심을 경험했다는 결과는 최소한 스토킹이 흔치 않은 일은 아니라는 것을 시사한다. 콜먼의 연구 결과는 또한 스토킹 피해자의 인구학적 프로필에 대한 정보를 제공하고 있는데 스토킹 피해를 당할 가능성이 높은 사람의 특징을 요약하면, 백인, 20대 초반(평균 23세), 아버지의 교육 수준이 "대학교 졸업 이상", 어머니의 교육 수준이 "고등 학교 이하"인 경우다.

둘째, 머스테인과 튜스버리(Mustaine & Tewksbury, 1999)는 1996년 가을에 9개 학교의 사회학과정과 형사사법과정에 등록한 861명의 여학생을 대상으로 한 피해 조사의 결과를 발표하였다. 최근 6개월간의 피해사실을 조사하였을 때, 표본에 있는 여학생들 중 10.5%가 연구자가 "스토킹"이라고 정의한 행동의 피해자라고 응답하였다. 다변량 분석결과에서 스토킹 피해의 위험성이 생활 양식 및 일상활동과 관련된 몇 가지 척도와 관련이 있다는 것을 발견했다. 쇼핑몰에서 자주 쇼핑을 하고, 캠퍼스 밖에서 거주하며, 일을 하고 있고, 불법 마약을 사고, 공공장소에서 술에 취한 경험이 있는 여학생들은 스토킹 피해의 위험성이 더 높게 나타났다. 호신용품이나 휴대용 주머니칼을 들고 다니는 여학생들 역시 스토킹 피해를 더 자주 경험했지만, 이는 스토킹 피해 경험으로 인해 나타난 행동일 가능성이 높다.

셋째, 조던과 동료들(Jordan et al., 2007)은 남동부에 위치한 규모가 큰 공립 대학에 등록한 1,010명의 여학생을 대상으로 스토킹 연구를 실시했다. 그들의 연구 결과에 따르면, 표본에 있는 여학생의 18.8%가 대학시절에 스토킹을 당한 경험이 있었다. 게다가, 11.3%가 지난 1년 동안 대학 내에서 스토킹을 당한 경험이 있다고 응답하였다. 마찬가지로 이러한 연구 결과들은 여대생들 사이에 스토킹이 심각하다는 것을 보여준다.

이 연구에서 조던(Jordan et al., 2007)은 스토킹에 대한 추가적인 정보를 수집하였다. 추가 조사에 따르면 표본에 있는 여성들 중 절반은 스토킹 피해 경험으로 인해 다소 겁을 먹고 있다고 응답했다. 스토킹의 유형을 살펴보면 원치 않는 전화만을 거는 방식과 같은 단일 유형의 추적 행위와 원치 않는 전화와 몰래 뒤쫓는 행위 등이 결합된 복합 유형의 추적 행위가 거의 동일한 비율로 나타났다. 또한 피해자의 43.6%는 아는 사람에게 스토킹당했다고 보고했고, 이들 중 15.7%는 친밀한 파트너에게 스토킹당했다고 보고한 반면, 40.7%는 낯선 사람을 가해자로 신고했다. 친밀한 파트너에 의해 스토킹을 당한 사람들 중 85.2%는 스토킹이 피해자와 가해자 사이의 어떤 관계가 끝난 후에 발생했다고 밝혔다. 나머지 사람들은 그들이 관계를 지속하고 있는 중일 때와 관계가 끝난 이후에 모두 스토킹 당했다고 말했다. 56%의 피해자들은 단지 스토킹만 당했을 뿐이라고 답했지만 나머지 피해자들은 대학에 재학 중인 동안 스토킹 이상의 피해를 당한 것으로 보고되었다. 특히, 25.8%는 스토킹과 함께 강간 및 성폭행을 당했고, 10.5%는 스토킹과 함께 신체폭행과 강간 및 성폭행을 당했으며, 7.7%는 스토킹과 함께 신체폭행을 당했다고 보고하였다.

2.2. 전국 여성 대상 폭력 피해 조사(NVAWS)

티아덴과 톤네즈(Tjaden & Thoennes, 1998b)의 조사 연구는 아마도 스토킹에 대한 가장 영향력 있는 연구로 자리매김할 것이다. 이 연구는 전국 여성 폭력 피해 조사의 일부로 스토킹에 대해 조사하였다. 제2장에서 언급되었듯이, 이 조사는 1995년과 1996년에 실시되었고, 18세 이상의 여성 8,000명을 대상으로 했다. 이 연구에서 스토킹의 실태와 관련하여 보고한 것은 다음과 같다.

• 여성 중 8%는 일생에 적어도 한 번은 스토킹을 당했었다.
• 최근 12개월간 스토킹 피해를 경험한 여성은 전체의 1.0%이다.

그러나 이러한 결과는 이 연구의 조작적 정의에 따라 나타난 결과이다. 스토킹 피해자로 간주하기 위해서 응답자는 다음의 조건을 충족시켜야 했다. (1) 염탐하거나 몰래 전화를 거는 행동과 같은 스토킹 행위를 설명하는 8가지 질문 중 하나 이상에 "예"라고 대답해야 했다. (2) 이러한 행동이 두 번 이상 발생했다고 응답해야 한다. (3) 또한 이러한 행동들로 인해 응답자가 "매우 공포스럽다", "몸에 해를 끼칠까 두렵다"라는 느낌을 받았다고 대답해야 했다. 하지만 이는 스토킹을 매우 제한적으로 정의하였기 때문에, 스토킹의 피해가 미미한 것처럼 집계 되었다. 이 연구에서 정의한 스토킹은 1990년대에 통과된 스토킹 법령에서의 스토킹 범죄에 대한 정의를 따른 것일 것이다. 여성들이 실제로 경험하는 스토킹의 상당 부분은 이러한 제한적 정의에서는 고려되지 않게 된다. 따라서, 티아덴과 톤네즈가 스토킹에 대한 정의를 완화하여 단지 "다소" 또는 "조금"의 두려움을 느끼는 여성들까지 포함시켜 연구를 진행하였을 때, 그 결과는 스토킹이 훨씬 더 광범위하게 발생한다는 것을 보여준다.

- 일생 동안 스토킹 피해를 경험할 확률은 8%에서 12%로 급증하였다.
- 최근 12개월간 스토킹 피해를 경험한 수치가 1%에서 6%로 증가하였다.

이러한 결과는 심각한 스토킹 사건은 상대적으로 드물지만 덜 심각한 사건이 훨씬 더 흔하게 발생한다는 것을 내포한다.

스토킹 피해 경험에 대한 연간 피해율(1%)와 평생 피해율(8%)의 차이도 주목해 보아야 한다. 일부 여성들은 한 번 이상 피해를 당하기도 하며, 하나의 스토킹 사건이 장기간에 걸쳐 지속될 수도 있다. 일 년 동안 피해를 당하는 사람은 1%이지만, 평생 동안 한 번 혹은 여러 번 스토킹 당하는 여성들이 왜 8%가 되는지를 설명하기는 다소 어렵다. 젊은 여성들 사이에서 스토킹 피해가 집중적으로 발생한다는 사실이 이러한 수치를 부분적으로나마 설명할 수 있다. 전체 여성 스토킹 피해자 중 52%가 18세에서 29세 사이였고, 또 다른 22%는 30세에서 39세 사이였다. 즉, 여성들은 비교적 젊은 나이에 피해를 당하는 경향이 있고, 그 이후에는 피해 경험이 확연히 줄어든다. 또한 출생 연도에 따라 이러한 스토킹 빈도에 차이가 있을 가능성이 있다. 즉, 특정 시기에 태어나서 비슷한 생활 방식을 갖고 성장한 같은 나이대의 여성들이 스토킹 피해를 당하는 데 특히나 취약할 수 있다(Cohen & Felson, 1979). 이 수치를 해석할 때, 설문 응답과정에서 발생할 수 있는 오류도 간과해서는 안 된다. 지금까지 발생했던 피해에 대하여 응답할 때 피해자들은 사건에 대해서 제대로 기억하지 못할 수도 있다. 특히, 응답자들은 "별것 아니었던" 사건이라고 생각되는 것들을 걸러내고 더 심각한 스토킹만 보고할 가능성이 높다.

티아덴과 톤네즈는 스토킹을 제한적으로 정의하였고, 이를 이용하여 설문한 데이터를 이용하여 스토킹 피해자와 사건을 분석하였다. 제한적 정의를 사용하였기 때문에, 실제 발생한 사건의 본질은 더 심각할 가능성이 있다. 그들이 발견한 사실은 다음과 같다.

- 23%의 피해자들만이 낯선 사람들에게 스토킹을 당했고, 신체적 피해를 입었다고 보고한 피해자는 절반도 되지 않는다.
- 전 남편이나 파트너에게 스토킹당한 여성들은 신체적 폭행이나 성폭행을 당했을 가능성이 높다.
- 스토킹 피해를 당한 여성의 55%가 스토킹 사건을 경찰에 신고했다.
- 스토킹 피해자들은 피해를 당하지 않은 여성들보다 안전을 염려하고 자기 방어를 위해 무언가를 들고 다닐 가능성이 더 높았다.
- 여성의 30%가 스토킹으로 인해 부정적인 심리적, 사회적 결과를 경험하였다.

호주에서 자발적으로 스토킹 피해연구에 참여한 100명의 스토킹 피해자를 대상으로 한 임상연구의 결과도 이와 유사하게 나타난다. 이 연구에서는 58%의 응답사례에서 스토커가 피해자에게 공공연하게 위협을 가했고, 7%의 피해자들이 성폭행을 당했다고 보고했으며, 34%가 스토커에게 물리적으로 폭행당했고, 스토킹 피해 경험으로 인해 피해자들은 사회적(예시: 생활습관 변화), 심리적 피해(예시: 외상 후 스트레스 장애 증상)를 경험하였다고 집계되었다(Pathé & Mullen, 1997).

마지막으로, 연구진들은 스토킹 위험을 증가시킬 수 있는 피해자 특성 요인에 대해 일부 요인만을 분석하였다. 스토킹이 젊은 여성들과 미국 인디언/알래스카 원주민들에게 더 흔하게 발생했고 아시아 여성들에게는 덜 발생했다고 밝혀내었다. 그러나 그들은 생활습관 요인이 잠재적으로 스토킹 위험에 어떻게 영향을 미치는지에 관한 분석결과는 제시하지 않았다(Mustine & Tewksbury, 1999).

03 —— 전국 여대생 성폭력 피해연구(NCWSV)의 스토킹 분석

앞서 강조했듯이 캠퍼스에서의 성범죄피해에 대한 연구에서 연구방법론은 매우 중요하다. 메리 코스(Mary Koss)의 연구에서 개발한 성경험 설문(SES)방식은 인위적으로 피해자 통계를 늘릴 수 있다고 비판받고 있다. 우리는 이러한 비판의 옳고 그름을 판단하는 것을 넘어서, 우리의 연구 결과가 이러한 비판에서 자유롭고, 연구 결과를 자신 있게 해석할 수 있기 위해서는 피해를 정확하게 측정하여야 한다는 점을 견고히 하였다.

이런 맥락에서, 전국 여대생 성폭력 피해연구(NCWSV)에서 사용된 방법론은 과거 연구들에 비하여 상당 부분이 발전되었다고 평가할 수 있다. 또한 대학 캠퍼스에서 스토킹의 실태와 성격을 조사하기로 결정했을 때, 어떻게 이런 유형의 피해자를 측정할 것인가에 대해 신중하게 생각해야 한다는 뜻이 반영된 결과이기도 하다. 스토킹을 측정하기 위한 척도를 만들기 위해, 스토킹에 대한 선행연구(Tjaden, 1997)와 스토킹에 대한 다양한 주 차원의 법률적 정의를 조사했다. 앞에서 언급한 바와 같이 스토킹의 법적 정의는 주마다 다르다. 그러나 대부분의 주에서 스토킹의 피고를 기소하고 유죄를 선고하려면, 합리적 의심을 넘어서는 세 가지 요소가 입증되어야 한다. (1) 행동이나 행동 방침, (2) 실재로 존재하는 위협, (3) 피해자에게 공포를 유발하려는 범죄 의도의 세 가지가 그것이다. 첫째, 행동방침에는 행동 양식을 나타내는 일련의 행위들이 포함된다. 이러한 행위는 구체적으로 사소한 일처럼 보이는 행동(예시: 동의하지 않은 일방적인 연락 또는 숨어서 기다리는 행동)부터 더 심각한 유형의 행동(예시: 괴롭힘)까지 다양하다. 둘째, 스토커가 상당한 두려움을 느끼게 하는 방식으로 위협을 줄 것처럼 하거나, 위협을 가하는 행동을 해야 한다. 위협을 주기 위한 행위는 글을 쓰거나 말을 하는 것에만 국한되는 것은 아니다. 예를 들어, 스토커는 죽은 동물을 피해자의 문 앞에 놓는 방법을 사용할 수도 있다. 셋째, 스토커는 피해자에게 공포를 유발하려는 범죄 의도를 보여야 한다(U.S. Department of Justice, 1996).

전국 여대생 성폭력 피해연구(NCWSV)에서는 스토킹 사건을 "같은 사람이 집착적으로 보이는 행동을 반복하고, 그 행동이 피해자를 두렵게 하거나 자신의 안전에 대해 걱정을 하게 만드는 행위"로 정의하였다. 스토킹의 실태를 측정하기 위해, 연구 조사자가 응답자에게 다음과 같은 질문을 하였다. 대학생들은 가을에 학기가 시작된 후 설문에 참여하였다.

> "낯선 사람에서부터 전 남자친구를 포함하는 다양한 사람들이 여러분을 반복적으로 따라다니거나, 지켜보거나, 전화를 하거나, 편지를 쓰거나, 이메일을 보내거나, 여러분이 안전을 두려워하거나 걱정하게 만드는 어떤 다른 방법으로 여러분에게 접근한 적이 있습니까?"

응답자가 이 질문에 "예"라고 대답하면, 응답자는 다음과 같은 후속 질문을 받게 된다.

> "가을에 개학한 이후로 얼마나 많은 사람들이 이렇게 행동하였습니까?"

그런 다음 각 응답자는 스토킹 사건에 대한 추가 질문을 받았다. 제시된 기간 동안 한 명 이상이 자신을 스토킹했다고 응답자가 보고한 경우, 인터뷰 진행자는 스토킹 사건별로 별도의 사건 보고서를 작성했다. 예를 들어, 두 명의 다른 사람이 한 응답자를 스토킹 한 경우, 두 개의 개별 스토킹 사례가 필요한 것이다. 인터뷰 진행자는 가장 최근의 스토킹 사건에서 시작해서 후속 질문에 표시된 모든 스토킹 사건에 대한 보고가 완료될 때까지 시간 순으로 질문하였다.

스토킹 사건과 그 사건이 피해자에게 미치는 영향에 대한 자세한 정보를 수집하기 위해 스토킹 사건의 세부사항에 대한 설문지를 개발했다. 스토킹 형태

(예시: 밖에서 기다리거나 내부에서 기다리거나, 멀리서 지켜보거나, 원치 않는 편지나 카드를 보내거나), 스토킹 지속 기간(예시: 일, 주, 월, 년), 빈도(예시: 하루에 한 번 이상, 적어도 하루에 한 번, 일주일에 두 번에서 여섯 번, 한 달에 2-3번, 한 달에 2번 미만) 및 스토킹 위치(예시: 캠퍼스, 캠퍼스 밖 또는 캠퍼스 내 도서관, 캠퍼스의 다른 건물, 거주지, 직장)을 설문하였다. 스토커가 피해자에게 실제로 위협을 가하거나 또는 해를 입히려는 어떤 위협이나 시도를 했는지 그리고 응답자가 부상(예시: 자상, 내상, 멍 또는 정신적, 심리적인 충격 등)을 어느 정도 입었는지, 그리고 스토커의 특징(예시: 피해자와 관계)에 대해서도 물었다. 마지막으로, 우리는 경찰에 스토킹을 신고하는 관점에서 응답자의 신고 행위에 대해 물었다. 사건이 경찰에 신고되지 않았다면 인터뷰 진행자는 응답자에게 왜 경찰에 신고하지 않았는지 설문하였다. 또한, 응답자가 그 사건에 대해 다른 사람에게 이야기했는지 그리고 그 사람이 누구인지를 물었다(예시: 가족 구성원, 룸메이트, 친구, 피해자 서비스 센터). 마지막으로, 응답자에게 스토킹의 결과로 다른 조치를 취했는지를 물었다(예시: 스토킹한 사람을 피했고, 그 사람이 등록한 강좌를 취소하고, 심리 상담을 요청하고, 민사소송을 제기하고, 호신용품을 구입하는 행동 등). 우리 연구에서는 여대생이 경험하는 스토킹의 실태, 성격, 반응 등을 자세히 묘사할 수 있는 충분한 자료를 수집하였다. 이렇게 수집된 자료의 내용은 이어서 계속 살펴보도록 하겠다.

04 ———————————————————— 스토킹의 실태

린치(Lynch, 1987)는 다양한 사회적 환경과 영역에서 어떻게 피해의 행태가 달라지는지 살펴보는 것이 중요하다고 강조하였다(Fisher et al., 1998; Mustaine, 1997). 대학 캠퍼스가 독특한 영역인 만큼, 우리는 피해자의 특징이 다른 사회적 영역의 피해자와 다를 것이라고 예측한다. 앞서 이야기했듯이, 여대생은 젊은 남성들(사회적, 성적 관계를 추구하며 살고 있는)과 강의실에서나 다른 여가 장소에서나, 낮과 밤, 공공 장소와 사적인 장소에서 자신을 보호해 줄 사람들 없이 정기적으로 접촉하는 생활 패턴을 가지고 있는 것이다. 일상활동이론에서는 동기가 있는 범죄자들이 있는 상황에 매력적인 범죄의 대상이 자신을 보호할 수 있는 어떠한 보호자도 없이 노출될 때 범죄피해 가능성이 높아진다고 설명한다. 이런 맥락에서, 대학 캠퍼스 내에서의 스토킹 비율이 높아질 것이라는 예상이 가능해진다.

사실, 전국 표본에서 확인된 여대생의 스토킹 피해 실태는 전체 여성 인구에서 보고된 것보다 훨씬 더 높으며(Tjaden & Thoennes, 1998b), 여학생에 대한 비교 연구에서 보고된 것과 더 유사하다(Mustain & Tewksbury, 1999). 구체적으로, 우리는 아래와 같은 연구 결과를 도출하였다.

- 표본에 포함된 여성의 약 13.1%는 학기가 시작된 이후 한 번 이상 스토킹을 당했으며, 스토킹의 평균 기간은 6.9개월이었다.
- 스토킹을 당한 사람 중 12.7%가 스토킹을 두 번 경험했고 2.3%는 스토킹을 3번 이상 경험했다.
- 4,446명의 여학생의 표본에서 스토킹을 경험한 사례는 696건이었고, 이것은 여학생 1,000명당 156.5건의 사례이다.
- 스토킹 피해자는 581명으로 여학생 1,000명당 130.7명꼴이다.
- 스토킹 피해자 수가 스토킹 사건 발생 사례보다 적었는데, 여성의 15%에 해당하는 상당수는 스토킹을 두 번 이상 경험했기 때문이다.
- 스토커 특성 연구(Meloy, 1996)와 일치하는 결과로, 스토킹 가해자의 대부분이(97.6%)가 남성이었다.

스토킹 피해가 높게 집계된 것은, 연구가 잘못 설계되었거나 어떠한 방법론적인 오류가 있었기 때문은 아닐 것이다. 우리는 누군가의 관심이 집착처럼으로 보이고 피해자의 안전을 두려워하거나 걱정하게 만드는 방식으로 반복해서 발생한 사건들 만을 스토킹으로 포함하도록 정의했다는 것을 유념해 보아야 한다. 게다가 연구진들은 스토킹 피해자들의 연령이 불균형적으로 젊은 층에 집중되어 있는 경향이 있다는 것을 발견했다. 대학 캠퍼스가 가지는 독특한 위험 외에도, 대학생들이 대부분 젊다는 점은 여학생들의 스토킹 피해를 설명하는 데 도움이 될 것이다.

05 ─────────────────────── 스토킹의 특징

이 섹션에서는 전국 여대생 성폭력 피해연구(NCWSV)에서 드러난 스토킹의 특징에 대하여 살펴보도록 하자. 스토킹 행동 유형, 스토킹의 빈도 및 지속시간, 그리고 스토킹이 일어나는 장소, 그리고 피해자와 범죄자 사이의 상호작용을 구체적으로 살펴볼 것이다.

5.1. 스토커의 행동

■ 스토커의 행동 유형

스토커들은 어떻게 피해자를 스토킹할까? 〈표 7.1〉에는 여성을 스토킹하기 위해 가해자가 사용하는 추적 패턴들을 제시한다. 스토커들은 피해자의 관심을 끌기 위해 물리적으로 존재하지 않는 수단을 사용했다. 즉, 스토커들은 눈에 띄지 않게 활동하였다는 뜻이다. 스토킹 사건의 4분의 3 이상이 전화 통

표 7.1 스토킹 방식

방식	비율
전화	77.7%
기다림	47.9%
멀리서 지켜봄	44.0%
따라옴	42.0%
편지 보냄	30.7%
이메일 보냄	24.7%
선물 보냄	3.3%
갑자기 나타남	4.9%
기타	10.9%

출처: Fisher, Cullen, & Turner (1999; 2002)
참조: 응답자가 여러 답변을 중복하여 선택하였기 때문에, 비율의 총합은 100%를 넘는다.

화, 10건 중 3건은 편지, 4분의 1은 이메일 메시지와 관련되어 있었다. 오늘날에는 문자 메시지가 흔히 사용될 것으로 예상할 수 있다. 스토커들은 종종 피해자들의 눈에 띄기도 했다. 거의 절반의 스토킹 사건에서 스토커가 피해자를 기다리는 모습이 목격됐고, 10건 중 4건은 피해자를 따라가거나 멀리서 피해자를 지켜보았다. 스토커는 또한 피해자와 여러 차례 접촉하기도 하였다(Meloy, 1996). 평균적으로, 각각의 스토킹 사건은 〈표 7.1〉에 제시된 스토킹 형태 중 2.9개의 행동을 동반한다.

■ 스토킹의 지속시간과 빈도

스토킹 사건이 평균적으로 얼마나 지속되었는지를 계산하는 것은 데이터에 속해 있는 이상치들로 인해 복잡해진다. 예를 들어, 7명의 피해자가 하루 동안 스토킹당했다고 보고할 수도 있고, 1명의 피해자가 10년 동안 스토킹 당했다고 보고할 수도 있기 때문이다. 이상치 케이스를 포함하여 계산한 스토킹 사건의 평균 기간은 146.6일이었고, 스토킹 사건의 지속 기간의 중간값(Median)은 60일이었다. 어쨌든 대학생들이 겪는 전형적인 스토킹 사건은 짧지 않고 오히려 2개월 정도 지속되었으며, 마지막으로, 조사를 하고 있는 당시에도 18.1%의 사건에서 스토킹 사건은 여전히 진행 중인 것으로 응답하였다.

스토킹의 빈도는 또한 얼마나 자주 스토킹 행동이 발생했는지에 의해 평가될 수 있다(〈표 7.2〉 참조). 따라서 스토킹 피해자들에게 "이 기간 동안, 이 사건들이 얼마나 자주 일어났는가?"라는 질문을 하였다. 특히 응답자 10명 중 4명은 일주일에 2~6회 정도, 나머지 4분의 1은 매일(13.3%) 또는 매일 2회 이상(9.7%) 발생하였다고 응답하였다. 이 결과를 종합해 보면, 피해자의 거의 3명 중 2명은 스토킹이 반복될 뿐만 아니라 그들의 삶에 지속적으로 스토킹이 존재하고 있다고 응답했다는 것을 알 수 있다. 대조적으로, 표본의 3분의 1가량 만이 스토킹 사건이 일주일에 한 번 또는 그 이하로 발생했다고 진술했고, 이러한 피해자 중 4% 미만이 스토킹 사건이 한 달에 두 번 미만으로 발생했다고 보고했다.

표 7.2 스토킹 빈도

스토킹 빈도	비율
하루에 1회 이상	9.7%
하루에 1회 정도	13.3%
일주일에 2회에서 6회 정도	41.0%
일주일에 한 번	16.3%
한달에 2회에서 3회	14.0%
한달에 2회 이하	3.9%
기타	1.8%

출처: Fisher, Cullen, & Turner (1999; 2002)

■ 스토킹이 발생하는 장소

스토킹 사건의 3분의 2 이상이 캠퍼스 내에서 또는 캠퍼스 안팎 모두에서 발생했으며, 스토킹 사건의 31.4%는 캠퍼스 밖에서만 발생했다. 대부분의 경우 피해자들은 그들의 거주지에서 스토킹을 당했다. 전화를 통해서나 이메일을 통해서, 강의실에서, 직장에서 또는 어떤 장소를 오가는 중에서 피해를 당한 경우도 많은 것으로 보고되었다.

5.2. 피해자-가해자 상호작용

■ 그들은 서로를 알고 있을까?

다른 유형의 성범죄피해와 마찬가지로 여학생들은 낯선 사람들보다는 아는 사람에게 스토킹을 당한다. 실제로, 피해자 5명 중 4명은 스토커를 알고 있다고 응답했다. 스토커가 누구인지 알려진 사건 중 절반에서, 응답자는 스토커가 그들이 "잘 알고 있는 사람"이라고 진술했다. 또한 스토커가 누구인지 알고 있는 사건에서는 피해자와 가해자가 서로 관련이 있거나 과거에 아는 사이 였다. 스토커의 10명 중 4명 이상이 남자친구 또는 전 남자친구였다. 스토커의 약 4분의 1은 같은 강의를 듣는 친구이고, 10명 중 2명은 친구나 지인(각각 9.3%와 10.3%), 20명 중 1명은 함께 일하는 동료였다. 여대생은 대체적으로 대학 교수나 대학원 조교, 고용주나 담당직원 또는 관계자에 의해 스토킹을 당하지는 않았다.

■ 피해자들은 신체적 피해를 받았는가?

스토킹 사건의 대다수는 신체적 위협을 당했거나 지속적인 부상과는 관련이 없는 것으로 보인다. 그러나 사건의 15.3%에서 피해자는 스토커가 그들을 위협하거나 해치려 했다고 보고했다. 부상의 유형과 관련하여 30.3%의 사건에서 스토킹 피해자들은 일종의 정신적 또는 신체적 피해를 입었다. 피해를 수반하는 사건의 95.1%에서 응답자들은 그들이 "정신적으로나 심리적으로 부상당했다"고 말했다. 게다가, 사건의 1.5%는 "칼이나 날카로운 것에 찔린 상처", 1%는 "뼈가 부러졌거나 이가 빠지는 상처", 1.5%는 피해자가 "의식을 잃은 상태"를 경험하였고, 14.8%는 "타박상, 멍, 자상, 긁힘, 붓기 또는 이가 부러지는 부상"을 당했다고 보고하였다. 마지막으로, 사건의 10.3%에서 스토커가 "강제적이거나 성적인 접촉을 시도했다"고 보고했다는 점에 주목할 필요가 있다.

이 연구의 스토킹 피해사례 조사 문항은 스토킹 피해를 당했다고 주장하는 사람들이 말하는 피해 중 특히 정신적 피해를 측정하도록 구조화되지 않았다는 것을 고려해야 한다. 스토킹 피해자를 대상으로 진행된 이전의 임상연구 및 자기 보고 연구는 스토킹이 일련의 부정적인 심리적 및 정신적 문제를 일으킨다고 결론지었다(Hall, 1998; Pathé & Mullen, 1997). 스토킹 피해를 당하면 자신의 사생활을 통제할 수 없다는 두려움, 분노, 스트레스의 감정이 만연할 수 있다(Davis & Frieze, 2000). 대학생들에 대한 연구는 이러한 실태를 잘 보여준다. 웨스트럽, 프레무, 톰슨, 루이스(Westrup, Fremouw, Thompson, & Lewis, 1999)는 여성 피해자들이 스토킹으로 인해 상당한 부정적인 심리적 영향을 받았다고 밝혀냈다. 스토킹 피해자들은 괴롭힘이나 강요를 당하는 피해 학생 집단보다 더 많은 심리적 증상들을 보고했다. 스토킹의 피해자들은 괴롭힘을 당하거나 강요를 당하는 그룹에 비해 상당히 높은 수준의 외상 후 스트레스 장애 증상을 호소하였다고 나타났다. 비제레거드(Bjerregaard, 2000)는 여성 피해자들이 남성 피해자보다 상담을 받을 확률이 높다는 사실을 발견했다. 그러나 전국 여대생 성폭력 피해연구(NCWSV)결과, 스토킹 피해자 중 단지 3.9%만이 상담을 신청했다. 스토킹 피해를 당한 여성들 중 거의 6%는 스토킹으로 인해 타인에 대한 신뢰도가 떨어지거나 더 냉소적이 되었다고 말했다.

06 ─────── 누가 스토킹의 위험에 처해 있는가?

지금까지의 내용에서는 대학에 재학 중인 학생들의 스토킹의 위험성이 왜 높은지에 대해 논의하였다. 앞에서 살펴본 것처럼, 대학 캠퍼스는 스토킹을 용이하게 하는 사회의 한 영역인 것으로 생각된다. 그러나 대학에 다니는 모든 여학생들이 똑같이 스토킹의 위험에 처해 있는 것은 아니다. 그렇다면 스토킹 당하는 학생과 그렇지 않은 학생들을 차별화하는 요인은 무엇인가? 그들의 생활양식이나 일상활동이 스토킹의 위험성을 증가시키는 하나의 원인으로 작용하는 것처럼 보인다. 전국 여대생 성폭력 피해연구(NCWSV)에서 분석된 스토킹 피해의 요인은 다음과 같다.

- 술이 제공되는 장소에 자주 출입하는 여성(범죄에 노출됨)
- 혼자 사는 여성(보호자의 부재)
- 데이트 관계 중인 여성, 특히 데이트 기간이 1년 미만인 경우(동기가 부여된 범죄자와 근접)

술이 제공되는 파티, 술집 또는 클럽에 자주 갈수록 잠재적 가해자와 마주칠 확률이 높아지게 된다(Schwartz & Pitts, 1995). 혼자 사는 여성은 '적당한 대상'이라는 요건을 갖췄기 때문에 스토커로부터 더 취약할 수 있다. 즉, 스토커가 피해자에게 보이는 집착적 행동을 목격할 수 있는 사람이 적기 때문에 스토커가 느끼는 장벽이 낮아지게 된다. 데이트는 누군가와 친밀해지거나 사귀는 사람에 대해 시간이 지날수록 집착할 수 있는 수단으로 작용할 수 있다(Meloy, 1996). 스토킹의 특징에 관한 선행연구들을 살펴보면 스토킹의 가해자와 피해자가 서로 친밀한 관계일 때, 스토킹을 당할 가능성이 높아지는 것으로 나타났다(Meloy, 1996; Tjaden & Thoennes, 1998b). 그러나 결혼이나 동거가 스토킹 피해자가 될 확률을 낮췄다는 점 또한 주목해야 한다. 결혼을 하거나 동거를 하는 것은 보호자 역할을 증가시키고(함께 거주하는 파트너가 있음), 보호자가 없는 다른 집단에 비하여 피해 가능성을 낮춘다.

이전 챕터에서 살펴본 연구 결과를 포함한 여러 성범죄피해의 연구 결과(Crowell & Burgess, 1996년)와 일관되게 과거에 성범죄피해에 시달렸던 여성들은 스토킹 피해자가 될 가능성이 더 높았다. 왜 이런 상관관계가 존재하는지에 대한 확실한 자료는 없지만, 핀커롤와 아스디지안(Finkelhor & Asdigian, 1996, p.6)의 연구에서 제시된 "표적의 적합성(target congruence)"이라는 개념에서 약간의 통찰력을 얻을 수 있을 것이다. 일상활동이론에서 설명하는 범죄피해의 요인 중 '표적의 매력성' 개념의 연장선상에서, 핀커롤와 아스디지안은 "개인적 특성"이 "일상적인 활동과는 무관하게 피해에 대한 취약성을 증가시킬 수 있다고 지적한다. 이러한 특징들은 범죄자들의 요구, 동기 또는 반응성과 어느 정도 일치하기 때문이다(p.6)"고 설명하였다. 그 일치성은 피해자가 가지는 취약성에 의해 악화될 수 있다. "어리고, 신체적으로 약하고, 정서적으로 결핍되고, 심리적으로 문제를 가지고 있는 것은 범죄에 대해 저항하거나 억제시킬 수 있는 피해자의 능력이 약해지는 전형적인 상황을 형성한다(p.67)." 이러한 맥락에서, 이전에 성범죄피해를 당한 경험이 있다면 남성과의 관계에서 여성의 취약성이 증가되고, 스토킹을 하려는 남성을 단념시킬 수 있는 능력이 감소하게 될 것이다. 물론 이러한 추측들은 추가적인 경험연구로 뒷받침되어야 할 것이다.

연구 결과를 살펴보면, 스토킹의 위험은 그룹에 따라 다르다는 것이 밝혀졌다. 첫째, 스토킹은 대학원생이나 다른 유형의 학생들보다 학부생들 사이에서 더 높게 발생한다. 학부생들은 다른 유형의 학생들보다 더 다양한 사회적 상황에 놓이게 되므로 여성에 대한 성범죄를 저지르려는 사람들에게 자신을 노출할 가능성이 증가된다. 또한 학부 여학생은 보다 예측 가능한 스케줄(예시: 오전 11시 정치학 강의, 12시 20분 형사재판 수업, 오후 3시 30분부터 시작되는 취업준비,

오후 5시에서 6시 30분 사이의 저녁 식사, 오후 7시부터 자정까지 도서관에서 공부하는 시간)을 가지게 된다. 따라서 대학원생이나 다른 성인 학생들보다 그들은 스토킹하기 더 용이한 대상이 된다. 게다가, 그들은 자주 파티에 참석하고 술집에 가며 다른 학생들보다 데이트를 더 많이 할 수도 있다. 그 결과 그들은 다양한 유형의 취약한 상황에 처하게 되고, 여성을 대상으로 성폭력을 저지르려는 사람들에 대한 노출이 증가하기 때문에 스토킹을 당할 위험이 높아질 수 있다. 둘째, 작은 마을이나 시골 지역에 위치한 학교에 다니는 여성들은 스토킹 당할 가능성이 더 높았다. 우리는 그런 지역에 위치한 학교들이 더 안전할 것이라 예측했다. 그러나 작은 마을이나 시골에서 학교를 다닌 여학생들이 좁은 지리적 지역에서 벗어나지 않고 생활하며 사회화되어 그런 이유로 그들이 더 스토킹의 위험이 높을 가능성이 있다.

07 ───────── 피해자들은 어떻게 대응하는가?

대학생들이 스토킹 당했을 때, 그들은 어떻게 반응하는가? 우리는 이 문제를 크게 두 부분으로 나누어 논의할 것이다. 첫째, 우리는 피해자들이 스토킹에 대처하기 위해 추가적인 조치를 취하는지 여부를 조사하고, 구체적으로 어떤 유형의 조치를 취하는지 알아보았다. 둘째, 우리는 피해자들이 스토킹 피해에 대해 누구에게 알리는지 조사하였다.

7.1. 피해자의 대응

스토킹 사건의 거의 4분의 3(73.1%)에 달하는 피해자들은 자신들이 스토킹을 당하고 추가적인 조치를 취했다고 보고했다. 이러한 조치의 유형은 다양했으며 〈표 7.3〉에 제시되었다. 이 조사 결과를 통해 몇 가지 결론을 내릴 수 있다. 조치를 취한 사람들이 가장 많이 사용한 전략은 스토커를 피하거나, 피하려고 노력하는 것이었다(43.2%). 두 번째로 많은 응답자가 사용한 전략은 스토커에게 정면으로 대응하는 것이었다(16.3%). 비록 높은 비율(사건의 5% 미만)은 아니지만, 피해자들은 발신자 추적 장치의 설치, 거주지 보안 시스템 추가, 거주지 이동, 또는 수강 취소와 같은 조치를 취했다고 응답하기도 하였다. 응답자들이 스토킹에 대응하기 위해 법적 조치를 활용하는 비율이 매우 낮았다. 따라서 스토킹 사건의 4% 미만에 해당하는 피해자가 접근 금지 명령을 신청했고, 응답자 중 2%만이 형사 고발했으며, 사건 중 1%가 조금 넘는 응답자가 민사소송을 제기했다. 피해자들은 또한 해당 기관에서 이용할 수 있는 공식적인 징계 절차를 이용하는 경우가 많지 않았다. 오직 3.3%의 응답자가 해당 기관에 불만을 제기하거나 징계를 요구하였다고 응답하였다.

7.2. 스토킹 사건 신고

전국 여대생 성폭력 피해연구(NCWSV)는 스토킹 피해자들이 스토킹 사실에 대해 경찰에 신고하거나 누군가에게 알렸는지에 대해서도 조사했다. 전체 사건의 83.1%는 경찰이나 캠퍼스 사법기관에 보고되지 않았다. 신고된 사건만을 살펴보면 캠퍼스 내에서 발생한 스토킹은 캠퍼스 내 경찰이나 보안 센터에 가장 자주 신고되었고, 캠퍼스 밖에서 발생한 스토킹은 경찰에 가장 자주 신고되었다. 스토킹 사건의 16.9%만이 신고되었지만, 이는 강간 미수의 신고율보다는 더 높은 수치이다.

신고를 하지 않은 이유는 앞의 제6장에서 강간 및 기타 성범죄피해사례에 대해 밝혀진 것과 유사했다. 사건이 신고할 만큼 심각하다고 생각하지 않는 것(72%), 사건이 범죄 혹은 해를 끼치려는 의도를 가진 행위로 명백히 판단되지 않는 것(44.6%) 그리고 경찰이 심각하지 않게 생각할 것이라고 느껴져서(33.6%) 등이 포함되었다. 또한 피해자들의 응답 중에는 증거가 충분하지 않기 때문에(24.4%), 가족(9.0%)이나 다른 사람(8.5%)이 알게 되는 것을 원치 않기 때문에, 사건 신고 방법을 몰랐기 때문에(10.8%), 보복이 두렵기 때문에(15.3%) 신고를 하지 않았다는 응답도 있었다.

또한 거의 모든 사건(93.4%)에서, 응답자들은 그들이 스토킹 당하고 있다고 누군가에게 털어놓았다. 가장 많은 빈도 순으로 보면, 친구(69.5%)에게, 부모(32.1%)나 다른 가족(15.2%)에게, 또는 룸메이트(21.9%)에게 피해 사실에 대해 알렸다. 일부 스토킹 피해자들은 기숙사 사감(3.2%)이나 대학교수나 대학 관계자(3.5%)에게 자신이 스토킹을 당하고 있다고 털어놓았다.

표 7.3　스토킹 당한 이후 피해자가 취한 예방 전략

전략	비율
회피 전략	
스토커를 피하거나 피하려고 노력함	43.2%
문자 메시지나 이메일을 확인하지 않음	8.8%
이사함	3.3%
스토커가 수강하는 수업이나 가르치는 수업을 취소함	1.4%
민사소송함	1.2%
일을 관둠	0.8%
대학을 옮김	0.4%
전공을 바꿈	0.2%
직면 전략	
스토커와 직면함	16.3%
자기방어(호신) 전략	
발신자 번호 표시 신청함	4.9%
거주지 방범 시스템 개선함	4.1%
누군가와 함께 다니기 시작함	3.9%
무기를 구매함	1.9%
호신술 수업을 수강함	0.4%
법률 전략	
접근금지 명령 신청	3.9%
대학에 사안을 신고하거나 징계를 요청함	1.9%
형사 절차를 진행함	1.9%

출처: Fisher, Cullen, & Turner (1999; 2002)
참조: 응답자가 여러 답변을 중복하여 선택하였기 때문에, 비율의 총합은 100%를 넘는다.

08 ──────────────────────────────────── 결론

안타까운 현실이지만, 많은 여대생들이 스토킹 피해를 당하고 있다. 보고된 바와 같이, 전국 여대생 성폭력 피해연구(NCWSV)에 참여한 여대생의 13.1%는 대학에 재학하는 동안 스토킹당한 경험이 있다. 이 연구의 기준이 된 기간은 평균 6.9개월이었기 때문에, 여대생들이 캠퍼스에서 여름을 보낸다면 스토킹의 연간 발생률은 더 높아질 것이다. 현재 평균 5년 정도인 대학교 이상의 교육을 받는 과정에서, 620만 명이 넘는 여대생들 중 상당수의 학생들이 스토킹을 경험하게 될 것으로 보이며, 일부는 반복적으로 스토킹을 경험한 것으로 추산해 볼 수 있다(Snyder, Dillow, & Hoffman, 2009; U.S. Department of Education, 2003).

스토킹이 여대생들이 겪고 있는 성범죄피해의 흔한 형태라는 주장은 성범죄피해가 심각하다는 주장이 이데올로기적으로 고무된 사회의 현실적 구축이라고 생각하는 좀 더 보수적이고 반여성주의적인 비평가들의 세밀한 검증을 받게 될 것이다. 이들은 스토킹은 위험한 범죄가 아니며 심각한 결과를 초래하지 않는 다는 주장을 하려고 할 것이다. 스토킹 사건의 약 85%가 피해자들에게 위협적이거나 신체적 해를 입히려 하지 않았기 때문이다. 게다가, 10건 중 8건 이상이 경찰에 신고되지 않았는데, 주된 이유는 스토킹이 "신고할 만큼 심각하지 않다"는 것이었다. 대부분의 주에서 스토커가 명시적으로 위협하거나 객관적으로 판단해 보았을 때 스토커의 행동이 위협적이어야 한다고 규정하고 있기 때문에, 신고되지 않는 스토킹 사례가 많다는 것은 스토킹 자체가 범죄로서 구성되지 않을 수 있음을 시사하는 데 이용될 수 있다(U.S. Department of Justice, 1996).

우리의 연구 결과는 스토킹이 대학가에 만연하다는 점을 잘 드러내기도 한다. 그렇지만, 이러한 연구 결과는 주의를 기울여 해석되어야 한다. 우리는 연구를 설계할 때, 연구자들이 성범죄피해를 측정하기 위한 개념적 정의를 하는 과정에서 '주요 개념을 광범위하게 정의하면 편견이 있을 수 있다'는 길버트(Gilbert, 1997)의 우려를 극복하기 위해 노력했다. 우리는 스토킹 행동이 "반복적", "집착적"이며, 피해자로 하여금 "자신의 안전을 두려워하거나 걱정하게 만들었다"는 것을 구체적으로 묻는 스크리닝 문항을 고안하였다. 우리는 이 정의에 기반하여 두려움이나 우려를 양산하지 않을 행동들과 무례하거나 성가신 행동임에도 불구하고 반복되지 않는 사소한 주의를 끄는 행동을 배제하려 노력했다. 물론 응답의 오류에 대한 가능성은 있지만 우리의 측정방법은 스토킹으로 간주되는 행동의 패턴을 잘 고려하여 반영하였다고 생각한다.

이러한 점을 고려함으로 인하여, 스토킹 사건의 성격을 설명할 때 신뢰도가 높아진다. 보고된 바와 같이, 피해자들은 대체적으로 2개월 동안 스토킹을 당했는데, 이들 중 3분의 2는 가해자가 일주일에 적어도 2−6번 정도 어떤 식으로든 접촉했다는 것을 보여준다. 다시 말하면, 우리는 스토킹 사건의 어떠한 행위들이 법률을 위반하는 행위인지를 설명하기가 어렵다. 스토킹 행위가 피해자들의 안전에 대한 두려움이나 우려를 야기하더라도, 이 행위가 합리적인 관점에서 "위협적"으로 보일지의 여부를 식별하기 위해서는 더 자세한 정보를 수집해야 할 것이다. 그렇지만, 사건에 대한 지속 기간과 접촉 빈도를 함께 측정함으로써 응답자들이 스토킹이라는 행동에 대하여 잘못 이해하는 오류를 줄이고, 이에 대한 비판 또한 줄일 수 있다.

사실 스토킹은 반복적으로 발생하는 행동 패턴이기 때문에 다른 성범죄와 비교하여 살펴보면, 측정에 관련한 방법론적 오류를 범할 가능성은 낮은 편이다. 우리는 1회성으로 누군가가 쫓아온 사건을 모두 스토킹으로 구분한 것이 아니다. 만약 그랬다면 그 행동이 정말 스토킹인지, 아니면 그저 여학생의 관심을 끌기 위한 어색한 시도인지 분간하기 어려웠을지도 모른다. 그러나 이러한 행위가 계속해서 반복되고 지속되었다면 여성 피해자가 무슨 일이 일어나고 있는지 모르거나 그들이 스토킹당했다고 잘못 보고할 가능성은 낮아진다. 따라서 우리는 이 연구에서 보고된 스토킹의 실태가 측정 오류로 인하여 높게 측정된 것이 아니라고 자신할 수 있다.

단순히 응답자들이 스토킹이 "충분히 심각하지 않다(일반적인 성범죄피해의 신고에서도 6장에서 다룬 문제)"라는 논리로 피해 신고를 하지 않았다고 응답하였기 때문에 스토킹 사건이 사소하고 단순한 것이라고 가정하는 것은 신중히 해석하여야 하는 문제이다. 스토킹 사건이 경찰을 부를 만큼 심각하지 않다고 말하는 것이 그 사건이 심각하지 않거나 달리 중요한 문제가 아니라고 말하는 것은 아니다. 피해사실을 경찰이나 캠퍼스 당국에 신고하는 것은 그러한 행동이 초래하는 비용(예시: 시간, 법원에 가는 것에 대한 불안한 예상, 사건의 알려짐)과 균형을 이루어야 한다. 또한 피해사실을 신고할 경우, 피해자들은 대학 캠퍼스 내에서 동료 학생들이 "외면"하거나 "그 사건에 대해 수군거리는 것"과 같은 상황을 극복해야 할 것이다. 가장 주목할 만한 사실은 5건 중 4건은 피해자들이 스토커를 알고 있었다는 것이다. 스토커를 알고 있는 상황에서 스토킹 피해사실을 신고하기 위해서는 학교 친구 또는 전 남자친구가 체포되어야 할 만한 충분한 이유가 될 수 있는 신체적 위해가 임박한 상황이 있거나 이미 상해가 발생하여야 할 수도 있다. 이러한 견해와 일맥상통하게, 우리의 연구대상이 된 피해자들은 스토커를 알면 스토킹 피해를 신고할 가능성이 적었고, 스토킹이 더 오래 지속되거나 피해자가 실제로 부상을 당하면 스토킹 피해사실을 신고할 가능성이 더 높았다.

피해자들이 공식적으로 사회적 통제력를 행사하기 위해 관련 기관에 신고하는 경우는 많지 않았지만, 이 연구의 데이터를 살펴보면 피해자들은 피해에 대처하기 위해 "자율적 도움"을 요청했다는 것을 알 수 있다(Black, 1983; Smith & Uchida, 1988). 예를 들어, 피해자들이 스토킹이 너무 경미해서 순전히 사적인 문제로 처리했다는 증거는 찾을 수 없다. 대신, 10건 중 9건 이상의 사건에서, 응답자들은 그들이 아는 사람(대부분의 경우 친구, 가족, 룸메이트)에게 스토킹 피해 사실에 대해 털어놓았다고 말했다. 가까운 사람들에게 이야기를 털어놓으면서, 그들은 스토킹에 대처하는 것을 도와줄 사회적 지지를 찾고 있었던 것으로 보인다. 게다가, 스토킹 사건의 거의 4분의 3 정도는 어느 정도의 조치를 취했다. 대부분 이 조치들은 스토커를 피하는 행위이지만, 일부 피해자의 경우 스토커와 직접 대면하는 것을 선택했다.

이러한 논의를 종합하면, 우리의 연구 결과에 나타난 스토킹의 실태가 방법론적으로 만들어 낸 인공적 산물이 아니며, 대부분의 스토킹 사건(물리적으로 해를 끼치지 않더라도)이 그 사건에 대응하기 위해 피해자가 어떠한 행동이라도 한다는 것을 알 수 있다. 그러나 보수적이고 반여성주의적인 비판이 옳고, 대부분의 스토킹 피해자들이 보고하는 사건은 비교적 경미하며, 생명에 위협을 가하거나 범죄로 인정될 수준이 아니고, 대부분 그냥 남성들의 짓궂은 행동일 뿐이며, 따라서 지속적인 사회적 관심을 받을 이유가 없다고 가정해 보자. 이러한 가정이 위험한 것은 페미니스트가 성범죄피해가 급속히 확산되고 있다고 주장하는 것을 타파하기 위해 사적인 공간이나 공공장소에서 여성의 삶을 침해하는 남성들의 행동을 일반화하게 되는 오류를 범한다는 것이다. 즉, 왜 여성이 자신의 삶에 침입하는 그러한 행동이 지나치게 강박적이지 않았다는 이유로 견뎌야 하는가?의 문제로 이어지게 된다. 스토킹이 여성이 단지 스토커를 피하거나, 친구에게만 그 사실을 알릴 정도이거나 주기적인 불안을 느끼게 하지 않을 정도의 자연스러운 행동이라 할지라도, 이 정도의 피해는 감수되어야 하는 문제인가? 왜 "남자들이 나쁜 행동을 하는 것"에 대해 동정심을 가져야 하는가?라는 의문이 남는다.

우리는 옳지 않은 행동에 노출된 시민에게는 성별에 차이 없이 헌법상의 권리가 있다는 것을 인정한다. 형법이 보다 극단적인 형태의 스토킹만을 규제하는 역할을 하는 것도 법적 현실이라고 인정할 수 있다. 그러나 대학 캠퍼스에서 관계자들은 스토킹이 여학생들의 삶의 질을 저하시키는 문제라는 사실에 대해 진지하게 고민해야 할 것이다. 우리의 연구에서 발견한 스토킹의 비교적 높은 피해 실태는 이러한 형태의 성범죄피해가 무시되어서는 안 된다는 것을 암시하고 있다. 따라서 대학은 스토커의 집착으로 인해 일상생활에 지장을 받는 여대생들을 보호하기 위해 포괄적인 전략을 고안해야 될 때이다.

CHAPTER

안전한
캠퍼스 만들기

08

안전한
캠퍼스 만들기

■ 성범죄 예방

"그래서 강간이었을까?" 신시내티 인콰리어(Cincinnati Enquirer)(Kurtzman, 2009, p.F1)에 실린 특집기사의 헤드라인이다. 특집기사에서는 신시내티 지역의 한 여대생이 동기 학생에게 강간을 당했다는 사건을 다루었다. 추운 겨울 밤, 그녀는 술을 좀 마신 상태에서, 혼자 파티에서 나오는 중이었다. 가해자로 지목되는 남성은 그녀를 집까지 태워 주겠다고 제안하여 차에 탔지만, 그녀의 집으로 가기 전에 그의 차를 길에 세웠다. 당사자 여성의 말에 의하면, 그는 그녀에게 키스를 하기 시작했고 그들은 차량의 뒷좌석으로 넘어가게 되었다. 그때 그가 여학생의 어깨를 짓누르며 욕을 하고, 닥치라고 말하며 그녀의 바지를 찢고 힘으로 제압했다. 그녀는 자신에게 일어나는 그 상황에 대한 공포로 몸이 얼어붙었고 마비된 것 같았다. 그때 지나가는 경찰차 한 대가 그를 멈추게 했고, 그는 차를 몰고 파티로 돌아가 사라졌다. 당사자는 제정신이 아니었다. 얼굴은 눈물 범벅이 되었고, 구토가 나왔다. 결국에는 어두운 거리를 따라 혼자 집으로 달려갔다. 그 사건이 발생한 지, 2시간 후에 그 사건을 대학경찰에게 신고했다. 그 학생에게 그 사건은 강간 사건이었다. 하지만 가해자로 지목된 학생은 그 행동이 합의에 의한 행동이었다고 주장했다. 형사적인 추가 고발 조치는 없었지만 그는 대학으로부터 징계를 받고 다른 대학으로 옮겼다. 결과적으로 여학생은 정신적 충격을 받고 휴학하였고, 그 다음 해에 학교에 돌아왔지만 이전과 같은 생활을 하기는 어려웠다.

이 이야기는 아는 사람으로부터 당한 강간과 대학 캠퍼스에서의 성범죄피해 문제가 지속적으로 발생하고 있다는 사실을 보여준다. 20년 이상의 연구, 신문과 잡지의 보도, 전문가들의 활동, 그리고 대학 캠퍼스에서의 여러 가지 프로그램이 실시되었음도 불구하고, 여학생들의 성폭행 피해 위험이 줄어들었다는 증거는 거의 없다. 피해자들은 여전히 피해자임을 입증하기 위해 고군분투하고 있으며, 가해자로 추정되는 사람들은 동의에 의한 행동이었음을 주장하고 있다. 이런 사항들은 여학생들을 위한 안전한 환경을 만드는 어려운 과제가 지속적이고 효과적으로 해결되어야 할 문제로 남아 있다는 것을 암시한다. 이러한 맥락에서, 이번 챕터에서는 여대생을 보호하기 위한 예방 방안을 제시한다. 성범죄의 피해가 발생할 수 있는 기회를 줄이는 상황적 범죄 예방전략을 토대로 여대생을 보호하는 최선의 방안에 대하여 논의해 볼 것이다. 이 문제를 직접 다루기 전에, 우리는 이 책에서 주로 다루었던 두 가지 주제에 대해 다시한번 정리할 것이다.

01 ———————————————————————— 두 가지 주제

1.1. 이데올로기를 넘어서: 연구방법론의 중요성

여대생 및 일반인 여성의 성범죄피해에 대한 인식은 1980년대부터 높아지기 시작하였다. 지인으로 부터의 강간, 데이트 강간, 기타 성범죄피해에 대한 일종의 '발견'은 여학생의 보호와 관련된 문제에 대해서 대중의 지지를 얻고자 한다. 이러한 일련의 캠페인들은 여학생들이 성범죄피해자가 되는 이유가 사회에서의 성적 불평등이 대학이라는 작은 사회에 함축되어 나타난다고 주장하는 페미니스트들로부터 시작되었다. 안타깝게도 이 문제는 문화 전쟁으로 포장되었는데, 캠퍼스와 그 너머에 있는 삶에 대한 페미니스트적 해석을 거부한 사람들이 페미니스트 학자들과 여성운동가들의 주장은 성범죄피해를 확대하고 실제 발생하고 있는 상황보다 심각해 보이도록 하고 있다고 공격했기 때문이다. 그들은 페미니스트 성향의 연구자들이 성범죄피해, 특히 강간 사건의 실태에 대한 추정치를 인위적으로 부풀리기 위해 데이터를 편향되게 해석하였기 때문에 연구의 방법론에 결점이 있다고 주장했다. 비판을 하는 사람들은 여성주의자들이 과학이 아닌 이데올로기에서 영감을 얻은 여성 옹호적 연구를 한다고 비난했다. 이러한 반페미니즘 학자들은 현존하는 조사를 비판하면서도 경험적 연구 결과를 제시한 메리 코스(Mary Koss)와 같은 학자의 주장을 반박하기 위한 그들 스스로의 연구를 거의 하지 않았다는 것은 아이러니한 일이다.

코스의 연구를 비판하는 학자들은 방법론적 선택이 연구 결과에 영향을 준다는 점을 강조해서 반박하였다. 어떤 분야든 연구에 사용되는 방법론은 정체되어서도 안 되고 가능하면 계속해서 발전해야 한다. 연구자들은 성범죄피해에 대해서 과거에 사용되었던 것보다 더 정교한 측정을 통해 새로운 연구가 진행되어서 이데올로기적인 논쟁에서 배제되기를 바랄 것이다. 더 나은 방식으로 성범죄를 측정할 수 있게 되면, 방법론적으로 잘못된 연구의 결과를 토대로 한 주장을 비판하고 연구에서 제시된 결과를 경험적 현실에 더 가깝게 포착하여 신뢰도를 높이는 데 도움이 된다. 우리의 전국 여대생 성폭력 피해연구(NCWSV)에서는 이념보다는 과학이 진리의 통로라는 믿음을 바탕으로 하였다. 우리의 결과는 여대생들에게는 성범죄가 매우 중요한 문제라는 점을 강조한 기존의 연구와 일맥상통한다. 따라서, 코스(Koss)와 그녀의 주장을 따른 사람들의 의견은 옳다는 것이 실증적으로 입증되었다. 물론, 우리는 우리의 연구를 포함한 어떤 연구도 신성불가침한 것은 아니라는 것을 안다. 이후에 더 정교한 연구 설계를 사용하고 전국민을 대상으로 한 대표성 있는 연구가 실시되어야 할 것이다. 여학생들이 이끄는 삶, 즉 그들의 안전, 대학과 대학 너머에서 삶의 질에 대해 더욱 조사해 보아야 할 것이다.

1.2. 감춰진 불평등: 여학생으로 산다는 것

전국 여대생 성폭력 피해연구(NCWSV)와 그 외의 연구들을 토대로 보면, 대학 캠퍼스가 여대생들을 성범죄피해로부터 보호하지 못하고 있다는 것은 명확하다. 또한 여대생들이 강간과 성폭행, 스토킹, 그리고 언어폭력을 포함한 다양한 형태의 성범죄피해의 대상이 되고 있다는 증거는 점점 더 많이 제시되고 있다.

전국 여대생 성폭력 피해연구(NCWSV)의 핵심 결과 중 몇 가지를 검토하여 이러한 성범죄피해의 정도를 파악할 수 있다. 분석 결과, 학기가 시작된 이후 조사에서 제시한 7개월 동안에 연구에 참여한 여대생의 1.7%가 강간 피해를 당하였다고 보고하였고, 강간 미수의 피해는 1.1%로 나타났다. 강간 또는 강간미수 경험이 있는 응답자가 전체의 2.8%로 나타난 것이다. 이러한 통계에 따르면, 대학에 다니는 동안 40명의 여학생들 중 약 1명 정도가 한 학기에 한 번 정도 강간 피해의 위험을 경험하는 것이다. 하지만 이 수치는 잘못 이해될 가능성이 있다. 실제로 강간 범죄피해는 장기간에 걸쳐 또는 더 많은 집단을 대상으로 집계하면 수치의 차이가 있을 수 있기 때문이다.

약 반년(7개월)의 기간을 기준으로 조사한 피해자 수치를 1년의 기간으로 연장한다면, 대략 20명의 여대생 중 약 1명이 이 기간 동안 강간 및 강간 미수 피해를 당하는 것으로 보인다. 만약 이 수치가 여학생들이 일반적으로 대학 학위를 취득하는 데 드는 기간인 4년으로 확대된다면, 여대생들 중 5분의 1에서 4분의 1이 강간 피해를 경험하게 된다는 것으로 추산할 수 있다. 이러한 수치를 특정 대학 단위의 인구기준으로 계산하게 되면 한 대학에서 연간 백 명은 아니더라도 수십 명의 여학생들이 1년 혹은 몇 년 동안 피해를 당하는 것을 알 수 있다. 이러한 관점에서, 연구에서 드러난 성범죄피해율은 물리적으로 안전한 교육환경을 보장하고 지적으로 성숙한 학생을 육성하고자 하는 대학 관리자들에게 중요한 정책적 쟁점을 시사한다.

둘째, 여대생들은 강간뿐만 아니라 다른 형태의 성범죄피해를 경험할 가능성도 있다. 조사에서 측정한 강간을 포함한 주요 성범죄 12가지 유형의 피해자들 중, 15.5%는 반년 동안 최소 1건의 피해를 경험했다. 무력의 유무에 따라 분석해 보면 조사 대상자의 약 8%는 가해자가 물리력을 사용하거나 물리력을 사용할 것이라고 협박하여 성범죄피해를 입었고, 11%는 가해자가 위협이나 물리력을 사용하진 않았지만 원치 않는 성적 행동의 피해 대상이 되었다.

성범죄피해 중 언어적 형태와 시각적 형태를 더 구체적으로 살펴보겠다. 피해자의 동의 없이 누드사진이나 포르노사진을 보여주는 사례들이 발생했지만, 시각적 피해율은 높지는 않았다. 피해자 수치는 2.4~6.1%에 이른다. 이와 대조적으로, 언어적 피해는 여대생들 사이에서 흔하게 발생하였다. 여학생의 절반은 성차별적인 발언과 성적으로 불쾌한 희롱적 발언과 야유를 경험했고, 5명 중 1명은 음란 전화를 받았거나, 성생활에 대한 불쾌감이 드는 질문을 받은 경험이 있으며, 10명 중 1명은 자신의 성생활에 대해 헛소문이 퍼진 경험이 있었다. 일부 사람들은 이러한 행위가 주로 경미하며 나쁜 일이긴 하지만 민주주의 사회에서 용인될 수 있는 수준이라고 간주하기도 한다. 그렇지만 이러한 피해가 장기적으로 발생한다면 대학 캠퍼스에서 여대생들의 삶의 질에 영향을 미칠 수 있다는 점을 다시 한번 되새겨 보아야 한다. 다시 한번 말하지만, 이러한 문제들은 캠퍼스 관리자들이 능동적으로 다루어야 할 문제들이다.

셋째, 성범죄피해 중 스토킹은 비교적 널리 퍼져 있는 것으로 보인다. 자료에 따르면, 조사대상이 된 여대생들 중 13.1%가 한 학기 동안 스토킹 당했다는 것을 나타냈다. 이 수치는 조사기간이 길어지고 모집단을 전체 대학생으로 하여 예측할 경우에 더욱 높아질 것이다. 따라서 교육 기관에서 종사하는 관리자들은 이러한 점을 염두에 두어야 한다.

연구의 한계와 데이터가 주는 시사점에 대한 해석의 차이가 있지만, 우리는 다음과 같은 결론을 도출하였다. 여대생들은 성차별적 발언과 성적 괴롭힘 발언을 반복적으로 접하고, 음란한 전화를 받고, 스토킹이나 다른 어떤 종류의 강제적인 성적 접촉을 경험할 가능성이 높으며, 누군가가 자신과 성관계하기 위해 무력을 사용하는 일이 발생할 수도 있다는 위험 속에 살고 있다. 그렇기 때문에 성범죄피해가 여대생들의 삶에 만연해 있다는 것은 의심의 여지가 없다. 이러한 연구 결과들을 종합해 살펴보면, 여대생들은 캠퍼스뿐 아니라 캠퍼스 밖에서도 성폭력 피해에 지속적으로 노출되어 있다. 그렇기 때문에 여학생들은 남학생들이 감수하지 않아도 될 사회적 비용을 감수하게 된다. 피해의 경중과는 상관없이 성범죄피해는 삶의 질을 떨어뜨리는 요인이며 이로 인한 사회적 비용 또한 높다.

게다가 이 비용의 상당 부분은 대중에게 보이지 않는 채로 남아 있다. 피해자들이 사건이 발생했을 때 종종 친구들에게 이야기하곤 하지만, 그들은 좀처럼 그들의 피해사실을 관련 기관에 신고하거나 도움을 구하지 않는다. 이러한 사실은 범죄피해자들은 이들을 대상으로 하는 서비스를 거의 받지 못하며 대학 당국 또한 범죄에 대응할 능력이 거의 없다는 것을 의미한다. 그러므로 대학 당국은 여대생들이 겪을 수도 있는 범죄피해의 결과와 그 영향을 염두에 두고, 가능한 범위 내에서 능동적으로 예방할 수 있도록 노력하여야 할 것이다.

02 ——————— 성범죄 예방을 위한 세 가지 접근법

여대생들이 안전하게 생활할 수 있는 공간을 만드는 것은 쉽지 않은 일이다. 피해자들은 피해를 당하지 않는 대학생들과 비교하여 크게 다르지 않은 일상활동을 영유하고 있기 때문이다. 게다가 성범죄를 예방하는 활동은 비용이 들어가는 일이다. 대학들은 예산을 들여 프로그램을 만들고 보안 요원을 고용해야 하고 때로는 법적 조치를 취해야 한다. 잠재적 피해자들은 자신이 이러한 비용을 고스란히 부담하여야 한다. 즉, 여성이라는 이유만으로 남학생들은 걱정하지 않아도 되는 행동을 줄여야 한다는 훈계를 받기도 한다. 이것은 '피해자 비난'일까, 피해를 예방할 수 있는 현실적인 방안일까? 안타깝게도 만병통치약 같은 해답은 존재하지 않으며, 어떠한 방식을 취하든 기회 비용이 생길 수도 있다는 점을 고려하여 신중히 생각해 보아야 한다.

이어지는 내용에서는 3가지의 성범죄 예방 접근법에 대하여 살펴보도록 하자. 다양한 접근 방법들은 기존의 연구에 근간을 두고 있다. 학자들이나 실무자들은 각 이론 및 연구 모델의 일부를 수용하여 활용할 수도 있다. 이러한 접근방식은 어떻게 성범죄를 예방할 수 있을지에 대한 명확한 아이디어를 제공하며, 효과적인 예방방안이 제시될 수도 있다. 세 가지 접근 방법에 대하여 살펴본 이후에, 여학생들이 안전할 수 있는 공간을 만들기 위한 수단으로 피해자의 기회 축소를 강조하는 접근방식을 제시한다. 우리는 이 후자의 접근방식이 여대생들의 성범죄피해 예방을 위한 가장 효과적인 정책 방안을 제공할 것이라고 생각한다.

2.1. 보수적 접근

앞서 메리 코스와 같은 페미니스트 학자들이 증명하는 내용들을 비난하는 사람들에 대하여 설명하였었다. 이렇게 논평한 학자들이 모든 사회적 이슈에 대해 정치적으로 우파가 될지는 명확하지 않다. 그러나 그들의 공통점은 적어도 대학 캠퍼스에서 성범죄피해에 관한 문제에 있어서는 반여성주의자라는 것이다(Gilbert, 1997; MacDonald, 2008; Roiphe, 1993).

물론 강간에 대해서는 개입할 가치가 있는 심각한 성범죄라는 데 모두 동의한다. 그러나 보수주의자들은 성범죄피해의 정도에 대해 다른 시각을 가지고 출발한다. 로이페(Roiphe, 1993, p.54)는 "강간이 끔찍한 것이라는 것은 누구나 동의한다", "하지만 우리는 강간이 무엇인지에 대해서는 동의하지 않는다. 누군가에게는 강간일 수도 있는 일이, 다른 누군가에게는 그저 재수 없는 밤의 하나일 수도 있다고 여겨질 수 있는 애매한 부분이 있다"고 말했다. 보수주의자들의 입장에서는 대학 캠퍼스에서 일어나는 성범죄행위는 그저 '재수 없는 일' 중 하나일 것이다. 젊은 시절에 연애를 하고 사랑을 나눈다는 것은 때로는 오해가 있기도 하고, 술이나 약물에 영향을 받아 후회할 만한 결정을 하기도 하며, 서투른 표현으로 얼룩지기도 한다. 보수주의에서는 페미니스트들이 남녀 간의 연애를 범죄화하려고 하는 것이라고 이야기한다. '감옥에 갈 수도 있는 일이다'라고 겁을 주며, 건전한 관계만을 유지하도록 하려고 하는 것이라고 설명한다.

"재수 없는 밤"이라고 강간 사건을 보는 시각은 모르는 사람에게 심하게 폭행당한 것과 같은 "진짜 강간" 사건만이 강간이라고 보는 관점을 내포하고 있다(Estrich, 1987). 코스와 같은 학자들이 정의한 강간 중에 이들이 말하는 '진짜 강간'에 속하는 사건은 극히 일부에 지나지 않는다. 그렇기 때문에 이러한 관점을 통해서 문제를 바라보면 상당수의 강간 사건을 간과할 수밖에 없다. 결정적으로, 이러한 관점에 따라 정책을 마련하게 되면, 극히 일부에 달하는 사건들에 자원을 집중하는 것이 되기 때문에 좋은 정책적 방향이라고 보기는 어려울 것이다. 길버트(1997)는 "페미니스트들이 수행한 애드보커시 리서치(advocacy research)를 실제 문제를 축소하는 것처럼 보이지 않게 하면서 비평할 수 있는 것은 쉬운 일이 아니다(p.142)"라고 이야기한다. 그렇지만 현실은 이념보다 더욱 중요하고 연구는 현실을 반영하여야 한다. 길버트는 "일부 연구만이 사회적 문제에 대하여 정의하고 있는 반면, 대부분의 연구들은 단순히 도덕적인 패닉을 야기하려고 한다. 이러한 종류의 애드보커시 연구들에 기반한 정책들은 효과적이지도 않거니와 공정하지도 않다(p.142)"고 덧붙였다.

그렇다면 대학 캠퍼스의 성범죄피해는 어떻게 접근하여야 하는가? 보수주의자들은 세 가지 제언을 한다. 첫째, 그들은 강간이 널리 퍼져 있다는 생각이 틀렸다는 것을 알리는 것이 중요하다고 주장한다. 이것은 페미니스트 이념에 대한 거부이기도 하고 이 문제에 대한 그들의 기득권을 유지하기 위한 생각이 반영되어 있다. 둘째, 실제 강간 사건이 발생하면 피해자들은 경찰을 불러야 한다고 주장한다. 이 말은 대학 관계자들은 성범죄를 저지르고 판결하는 일에 참여해서는 안 된다는 것이다. 이 일은 형사사법제도에 맡기는 것이 낫다는 주장이다. 그리고 셋째, 여성은 자신의 안전 및 웰빙에 대해 책임을 져야 하며 원치 않는 성관계를 갖기 쉬운 상황에 자신을 두지 말아야 한다고 설명한다. 맥도날드(2008, p.5)는 이 점을 직설적으로 설명하면서, 페미니스트들(그녀의 표현에 따르면 "강간 기업가")이 여대생들에게 아래와 같은 조언을 해 줄 수도 있음을 이야기하였다.

> "무엇보다도 그들은 여학생들이 성관계의 가능성이 있는 상황으로 자신을 이끌지 않도록 설득할 수 있었다. 술에 취하지 말고, 남자와 잠자리에 들지 말고, 옷을 벗지 말고 또한 옷을 벗기게 두지 않는 방법이 있다. 일단 당신이 그렇게 대처하면, 강간범들은 많은 복잡한 이유로 그 절차를 중단하려 할 것이다. 이 충고에 주의를 기울이면 캠퍼스의 강간 문제는 하루아침에 사라질 것이다."

맥도날드(Mac Donald)의 연구에는 주목해야 할 요소가 있는데, 성범죄인지 아니면 단순한 절도를 당하는 것인지 혹은 노트북을 잃어버리는 것인지와 상관없이 위험한 일상생활들이 범죄피해를 당할 가능성을 높인다는 것이다. 그러나 이런 맥락에서 이해하기 어려운 점은 맥도날드와 같은 보수주의적 학자들은 남성들을 단지 침묵하는 파트너로 취급한다는 점이다. 그들의 틀에 박힌 견해에 따르면, 남자들은 성관계가 가능한 상황이 됐을 때 성관계를 가지기 위해 충동을 느끼도록 진화된 무리이다. '여자가 술에 취해 벌거벗었을 때 남자는 무엇을 해야 하는가'라는 말이 있듯이 말이다. 이들의 설명에 따르면 남성들은 상습적이고 반복적으로 폭력을 행사하지만 성적 행동에 대한 어떠한 책임을 지지 않는 존재로 묘사된다. "재수 없는 밤"은 있지만 "나쁜 남자"는 없는 것이다.

우리는 여대생들의 성범죄피해의 정도와 심각성은 숨겨야 하는 문제라고 생각하지 않는다. 국가 차원의 연구와 다른 연구들에서 나온 현존하는 자료들이 강간과 다른 형태의 성범죄피해가 허구가 아니라 해결해야 할 경험적 현실이라는 것을 보여준다고 믿고 있다. 안타깝게도 보수적 성향의 연구자들은 여학생들의 성범죄피해의 위험을 줄이는 안전한 공간을 어떻게 만들 수 있을지에 대해 살펴볼 능력이 거의 없다.

2.2. 페미니스트적 접근

여성주의 학자들은 대학 캠퍼스에 강간이 전염병처럼 번지고 있다고 믿으면서, 여학생들에게 성범죄피해로 야기되는 위험과 싸우기 위한 다면적이지만 단일화된 노력을 할 것을 촉구한다(Belknap & Erez, 2007; Warshaw, 1988 참조). 이러한 다양한 노력은 크게 세 가지로 분류될 수 있다.

첫째, 페미니스트들은 캠퍼스의 전통 문화가 바뀌어야 한다고 주장한다. 캠퍼스 밖에 팽배한 가부장적인 가치는 대학 캠퍼스에도 깊이 물들어 있다고 본다. 특히나 오랜 기간 이어져 온 남성 중심 동아리들이 전통문화를 장려하고 피해자를 양산하는 행위를 지속해 오고 있다는 점이 캠퍼스의 가장 큰 문제 중 하나이다(Schwartz & DeKeseredy, 1997). 그렇기 때문에, 학생과 교직원이 다양한 유형의 성범죄피해의 특징을 안내하고, 성폭력이 부적절하다는 것을 밝히는 강간 인식 세미나를 개최하는 것이 필수적이다. 여성을 비하하며, 성폭력에 대한 책임을 완화시키는 강간신화와 같은 인식은 반드시 변화의 대상이 되어야 한다. 학생들은 자신의 신체가 침해당하지 않고, 자유롭게 생활할 권리가 있다. 이와 더불어, 문제 행동에 대해서 책임질 수 있는 문화와 정책의 기반을 만드는 것이 중요하다.

둘째, 페미니스트들은 여학생들이 보호받아야 한다고 주장한다. 예를 들어, 저녁 시간에는 자동차나 기숙사 건물까지 안전하게 걸어갈 수 있도록 에스코트가 제공되어야 한다. 여학생들에 대한 범죄자의 접근을 예방하기 위해서는 거주지의 출입키 카드나 보안관제 시스템이 필요하다. 긴급연락전화가 설치된 콜 부스는 캠퍼스에 전체적으로 설치하여야 하며 특히 캠퍼스 내 주차장이나 공원의 산책로와 같은 "핫 스팟"에 전략적으로 배치되어 피해자가 도움을 요청하면 캠퍼스 경찰이나 보안 경찰이 쉽게 응답할 수 있도록 되어야 한다. 어두운 곳에서 발생할 수 있는 위험을 예방하고 잠재적으로 범죄를 저지르려는 잠재적 범죄자가 숨을 곳이 생길 수 있는 가능성을 막기 위해 추가 조명이 필요할 수 있다. 학생들이 공격을 피할 수 있도록, 호루라기나 호신 용품을 소지하고 이러한 용품을 사용하라고 촉구하는 것이 정당화될 수 있어야 한다. 가해자의 신체적 공격을 막기위해, 학생들은 언어적으로나 물리적으로 자신을 방어할 수 있는 방법을 배울 기회가 필요하다.

셋째, 페미니스트들은 성범죄피해자들을 도와주어야 한다고 말한다. 모든 학생들은 사생활의 비밀을 보장하는 심리 상담과 의료 서비스가 캠퍼스 안에서 제공된다는 사실을 알아야 한다. 피해자를 보호하는 사람들은 필요하다면 언제든 그들을 도울 수 있어야 한다. 특히 학교 내에서는 더욱 그래야 한다. 대학에서는 기숙사 담당 조교를 포함한 캠퍼스 경찰과 보안 요원들에게 성범죄피해 발생에 효과적으로 대응하는 방법을 교육해야 한다. 공식적인 형사사법 조치가 취해지지 않았거나 아직 사법절차가 진행되지 않았기 때문에 가해자가 아직 캠퍼스에 남아 있을 경우에도 성범죄피해자들은 가해자로부터 보호되어야 한다. 요컨대, 피해자들이 경험한 피해를 최소화할 수 있는 의료 및 사회적 지원과 법적인 보호를 적절히 제공하고, 이러한 서비스가 지속될 수 있도록 하는 문화가 구축되어야 한다. 피해자들이 계속해서 대학을 다니고 교육을 받을 수 있도록 하기 위해서는 이러한 지원이 필요하다.

이러한 다면적인 접근은 전국적으로 대학 캠퍼스의 성범죄피해에 대한 인식을 개선시켰다. 중요한 쟁점은 이런 계획들이 성범죄의 발생률을 감소시키기 위해 실제로 어떤 역할을 하며 효과가 있는지의 여부이다. 특히 중요한 것은,

대학에서 학생들에게 발생할 수 있는 첫 번째 사고를 예방하는 것이다. 많은 학생들이 이미 성범죄의 피해를 당하고 대학에 오게 되며 또 재피해를 당할 위험이 높아지기 때문이다.

　캠퍼스의 성범죄 방지 프로그램은 캠퍼스의 문화를 바꾸는 것을 목표로 한다. 대부분의 프로그램은 대학생이 술에 취한 상황에서 발생한 성폭력 사건도 강간이 될 수 있다는 것처럼, 강간의 범위가 얼마나 다양한지에 대해서 교육을 시킴으로써 인식과 지식을 높이도록 고안되었다. 프로그램들은 사람들에게 널리 인식되어 있는 강간 신화와 강간에 대한 태도를 바꾸려고 한다. 또한 많은 프로그램에는 피해자와 가해자의 특성, 강간과 관련된 위험, 강간피해자의 건강에 관한 문제, 형사사법과 보건지원시스템의 이용 가능성 등 다양한 주제들이 포함되어 있다(Lonsway et al., 2009).

　피셔, 데이글, 컬렌(Fisher, Daigle, & Cullen, 2008)은 교육 프로그램들을 리뷰하였는데, 이러한 프로그램들의 결과가 일정하지 않기 때문에 범죄피해 감소에 실질적인 효과가 있는지는 알기 어렵다고 설명한다. 한편, 이들의 연구는 이러한 교육 프로그램의 긍정적인 결과를 잘 정리하였다(자세한 내용은 Breitenbecher, 2000 참조). 그렇지만 긍정적인 효과는 범위가 매우 제한적이다. 이러한 프로그램들은 남성들이 아니라 여성 참여자들 사이의 지식의 증가나 태도 변화에 중점을 두고 있고 태도 변화에 있어서 장기적인 안정성이 결여되어 있다는 점에서 비판의 여지가 있다(Lonsway et al., 2009 참조). 태도가 개선되더라도 단기적으로만 지속되며, 프로그램이 완료된 후 2-5개월 이내에 프로그램 참여 이전의 수준으로 되돌아간다(Breitenbecher, 2000 참조). 태도의 변화가 강간 피해나 가해에 영향을 미쳤는지 혹은 태도의 변화로 인하여 강간 피해가 감소하였는지를 살펴본 연구는 거의 찾아보기 어렵다(Lonsway et al., 2009 참조).

　대학생이 거주하는 기숙사 건물의 접근을 제한하고 캠퍼스에서 발생한 일에 대해 즉각적인 법률적 조치를 하는 것은 성범죄피해를 예방하기 위해 대학교에서 대응하는 주된 방법이었다. 특정 상황에 대처하고 있는 이러한 캠퍼스의 전형적인 대응방법은 '쉬운 해결책'일 뿐이다. 왜냐하면 성범죄피해에 대한 이런 가시적인 대응은 낯선 가해자들에 대한 학생들의 두려움을 덜어내려 하는 것이지만, 실제 성범죄의 가해자는 잘 알고 있는 사람인 경우가 일반적이다. 대부분의 대학들이 경험적 연구에 바탕을 둔 이론적 모델을 근거로 하기보다는 단지 형식적인 방안을 만드는 방향으로 대응방안이 만들어지기 때문에 효과적인 대응방안을 고안하지 못하는 것은 당연한 일이기도 하다(Yeater & O'Donohue, 1999).

　　캠퍼스의 전반적인 대응 방법의 효과는 의문스럽다. 그 이유는 다음과 같다. 첫째, 이러한 프로그램의 효과를 평가한 연구는 거의 없으며, 수행한 연구는 연구 설계(예시: 통제 그룹이나 패널 설계의 결여)의 측면에서 명확하지 않았다(Cass, 2007; Fisher et al., 1998). 둘째, 관련 연구의 대부분은 단일 캠퍼스에서 시행했던 단 하나 또는 몇 개의 전략만 조사하였다(Day, 1995). 셋째, 이러한 한계점으로 인해 연구들은 성범죄 발생률의 감소에 그들의 전략이 영향이 없음을 시사하고 있다. 이 주제에 대한 전국 단위의 연구는 몇 안 되지만 그중 한 연구인 캐스(Cass, 2007)의 연구에서는 일상활동이론을 바탕으로 일상활동과 강간 피해 예측의 관계에 대해 설명하며, 성범죄자로부터 여대생을 보호하기 위한 기관 차원의 개입은 중요한 예측 요인이 아니라고 발표했다.

　　페미니스트 커뮤니티 내에도 캠퍼스의 전반적인 보호 대응 방안에 대한 비판이 없는 것은 아니다. 예를 들어 슈왈츠와 동료들은(Schwartz, DeKeseredy, Tait, & Alvi, 2001) 이러한 전략들이 여성들이 스스로에게 책임 부담을 지우기 때문에 여성들이 그들의 피해에 대해 스스로 자기 비난을 하도록 한다고 주장해왔다. 이러한 전략들이 성폭력을 야기하는 근본적인 조건들을 개선하기보다는 한 장소에서 한 여성을 대상으로 한 성폭력 방지를 위해 초점을 맞추고 있는 점을 고려하면 이러한 전략으로 캠퍼스 내 성폭력 발생률을 감소시킬 가능성은 낮다(Day, 1995).

　　여성의 행동 변화가 아닌, 성범죄피해자들의 정서적, 육체적 행복과 안전에 대한 니즈를 다루는 접근 방법은 페미니스트 공동체 내에서 계속해서 중요한 주제로 다루어지고 있다. 이러한 이타적인 목적을 띠는 연구들은 매우 중요하지만, 범죄피해자의 피해 이후의 행위에 대한 연구는 연구마다 결과가 일정하지는 않다. 일부 연구에 따르면 성범죄피해를 당하게 되면 여성들은 신체적으로나 심리적으로 부상을 입는 경우가 많으며, 여성의 건강에 장기간 부정적인 영향이 있을 수 있다. 여대생들은 그러한 부상과 부상으로 발생하는 영향들로부터 자유로워질 수 없다(Logan et al., 2006). 전국 여대생 성폭력 피해연구(NCWSV)결과에 따르면 강간 및 강간 미수로 인하여 다섯 명 중 한 명이 부상을 입었다고 응답하였으며(21.9%), 가장 높은 빈도를 보인 부상은 "타박상, 멍, 베인 상처, 긁힌 상처, 붓기, 치아 손상"이었다. 부상을 입었다고 응답한 강간 피해자 중 41% 가 "감정적 또는 심리적" 부상을 당하였다고 응답하였다(Fisher et al., 1999). 4분의 1이 조금 넘는(27.3%) 강간 피해자들이 그들의 부상을 치료받으려고 했다는 것은 흥미로운 점이다. 이러한 맥락에서 판단해 볼 때, 피해자들을 도와야 한다는 페미니스트적 접근은 성범죄피해자에게 필요하다고 여겨진다.

신체적, 심리적 건강 관리가 필요함에도 불구하고 피해자들은 이러한 여성들을 도울 수 있는 위치에 있는 사람들에게 그들의 피해 사실을 쉽게 보고하지 않는다. 강간 당한 여성들 중 5% 미만이 피해를 경찰에 신고했고, 이 사건들 중 절반만이 캠퍼스 경찰이나 집행관들에게 보고되었다(Fisher et al., 1999; Fisher et al., 2003a). 만약 이 여성들이 그들의 피해사실을 누구에게 말한다면, 그들은 가장 가까운 누군가에게, 즉 친구나 룸메이트와 같이 살고 있는 누군가에게 말할 가능성이 높았다. 우리의 전국 여대생 성폭력 피해연구(NCWSV)에서는 강간을 당한 피해자들 중 누구도 여성 프로그램이나 서비스 직원, 피해자 서비스 핫라인, 또는 상담자나 치료사에게 피해 사실을 이야기하지 않았다고 응답하였다 (Fisher et al., 1999; Fisher et al., 2003a). 다른 종류의 성폭력 피해를 당한 사람들 중 약 1%만이 그들의 경험을 피해자 핫라인이 아닌 상담자나 치료사에게 알렸다. 이 여성들 중 피해 사실을 여성 프로그램이나 서비스 직원이나 피해자 핫라인에 알린 사람은 아무도 없었다. 요점은 간단하다. 페미니스트들은 성범죄피해자들에게 도움을 주고 싶어 하고 지원을 제공할 기회를 만들었지만, 이러한 기회를 이용하는 여대생들은 거의 없다.

우리는 페미니스트 이론 그 자체가 가장 효과적인 범죄 예방 방안을 구상할 정도로 구체적이라고 생각하지 않는다. 장기적으로 볼 때, 다양한 범죄 예방 문헌에서 얻은 지식을 바탕으로 성범죄피해를 감소시키는 방안을 널리 알리는 것이 더 유익할 수 있다. 이 문제에 대해서는 캠퍼스를 더 안전한 장소로 만들기 위한 상황별 범죄 예방 접근방식의 잠재적인 관련성에 대해 논의할 때 다시 살펴보도록 하자.

2.3. 법적 접근

세 번째 성범죄 예방 접근법은 민사소송을 하거나, 법률을 제정하거나, 사법 절차를 이용하는 방식으로 법적인 접근을 하는 방식이다. 이러한 절차들을 종합하면 성범죄피해에 대한 인식을 부각시키는 것에는 도움이 될 수 있다. 그러나 이러한 노력이 여학생들의 안전을 의미 있게 향상시켰는지 아니면 실속보다는 개혁의 상징적인 면만 더 두드러지게 작용했는가 하는 점은 뚜렷하진 않다.

성범죄피해에 대해 대학이 인권적 책임을 넘어 법적 책임이 생긴 것은 범죄로 인해 피해를 당한 많은 학생들 또는 그 가족들이 학교를 상대로 고소를 하면서부터 본격적으로 시작되었다(Burling, 2003; Fisher, 1995). 주 법원은 피해학생들이 제기한 소송에서 법적 책임감을 확립하기 위한 기준으로 대학에 학생들에게 적절한 수준의 안전을 보장하고 보호를 제공해야 할 의무와 함께 예측 가능성의 원칙을 정립했다. 이 원칙은 주관적인 해석의 가능성이 높기 때문에, 법원은 예측 가능성 원칙의 해석에 있어 항상 일관적이지는 않았고, 적절한 보안 및 보호에 대해서도 일관된 기준을 정하지는 않았다. 예측 가능성은 학생들의 범죄피해에 대해 대학이 가지는 책임의 시금석이 되었지만, 법원은 학생들과 그들의 가족들에게 일관되게 유리한 판결을 내리지는 않았다. 일부 성범죄피해자들은 학교를 상대로 한 소송에서 승소했고 다른 피해자들은 패소했으며, 또 다른 사건들은 법정 밖에서 해결되었다. 이러한 소송의 결과는 1980년대 후반과 1990년대 초까지 전국의 대학들이 이러한 소송에 체계적으로 대응하거나, 캠퍼스에 존재할 수도 있는 위협에 대해 보안을 강화하고, 캠퍼스에서 일어나는 범죄에 대해 대학에 경고를 하는 역할을 하였다.

성범죄사건에 대해 대학을 상대로 법적 소송을 했던 사건 중 하나인 클레리 사건의 결과가 이러한 변화를 잘 보여준다. 1986년, 코니(Connie)와 하워드 클레리(Howard Clery)는 자신의 기숙사 방에서 강간과 살해를 당한 자신의 딸, 진 클레리(Jeanne Ann Clery)의 사건에 대해 르하이(Lehigh) 대학을 상대로 소송을 하였다. 그들은 법정 밖에서 합의를 보았고 합의 금액은 공개되지 않았다. 딸의 사건에 대한 합의가 끝난 후에도 클레리 부부는 많은 노력을 하기 시작했다.

처음에는 펜실베니아주 정부에 의견을 보냈고 그 다음은 연방정부였다. 펜실베이니아주 의회에 대학들이 캠퍼스에서 발생한 범죄 통계를 공개적으로 공지하도록 하는 법안의 제정을 촉구한 후, 그들은 미연방 의회로 향했다. 캠퍼스 범죄와 관련된 법정에서의 증언(강간 피해자로부터 받은 증언 포함), 피해자에게 유리한 법원 판결, 그리고 여대생들에게 발생하는 강간에 대한 언론 보도가 확대됨과 함께 이들 부부의 적극적 노력이 힘을 모아 1990년, "범죄 인식 및 캠퍼스 보안법(The Crime Awareness and Campus Security Act)"이 의회를 통과하였다 (Title II of Pub. L. 101-542; 20 U.S.C. § 1092). 이 법은 이후, 1998년에 캠퍼스 보안 정책과 캠퍼스 범죄 통계법(Campus Security Policy and Campus Crime Statistics Act), 일명 클레리 법(Clery Act)으로 이름이 바뀌었다.

이 클레리 법의 핵심 조항은 대학들이 캠퍼스 안전에 대한 연례 보고서를 발표하도록 의무화하는 것이었다. 클레리 법은 모든 대학들이 최근 3년 동안 캠퍼스 내부를 포함한 캠퍼스 주변에서 발생한 '공식적인' 범죄 통계를 공개하도록 하였다. 또한 대학은 캠퍼스 범죄 예방 및 보안 정책과 절차도 함께 보고서에 포함시켜야 한다. 이 범죄 통계에는 성범죄에 대한 통계도 포함되어 있다. 캠퍼스 경찰이나 보안부서 또는 대학 관계자에게 보고된 강간과 의제강간은 모두 보고서에 포함되어야 한다. 이렇게 기록된 정보는 현재 대학에 등록한 모든 재학생과 직원에게 매년 배포되는 연례 보안 보고서에 포함되어야 한다. 또한 예비 대학생과 직원들도 이 정보를 이용할 수 있으며 연간 보안 보고서 사본을 요청할 수 있음을 공지해야 한다.

코니와 하워드 클레리는 클레리 법에 대해 놀랄 만한 목표를 세웠다. 그들은 대학생들과 예비 대학생들이 각각의 대학 캠퍼스에서 얼마나 많은 범죄 행위가 일어났는지에 대해 정확하고 공식적인 범죄 통계를 가지고 있는지 확인하고 싶었다. 캠퍼스가 위험하다는 사실이 알려지면 예비 대학생들이 그 대학에 등록을 하지 않을 가능성이 있고, 대학은 캠퍼스 안전을 개선해야 하는 압박을 받는다는 것이 이 법의 기본적인 전제이다. 그러나 현실적으로 어려운 점은 공식적인 통계, 즉 사법 당국에 알려진 범죄는 여학생들의 성범죄피해를 포함하여 대부분의 피해를 과소화하고 있다는 것이다. 6장에서 논의한 바와 같이, 전국 여대생 성범죄피해연구(NCWSV)를 포함한 많은 설문 조사 결과에서 성범죄피해를 법 집행 기관이나 캠퍼스 관계자들에게 신고하는 경우는 매우 적은 수에 불과하다는 것이 드러났다. 예를 들어, 전국 여대생 성범죄피해연구 (NCWSV)에서는 3% 미만의 강간 사건이 캠퍼스 당국에 보고되었다고 나타났다. 또한 6장에서 논의했듯이, 법에서 규정하는 강간에 해당하는 강간 피해를 당한 여성들의 다수가 자신이 겪은 일에 대해 강간이라고 인식하지 않는다. 이러한 이유로 신고되지 않은 사건들은 클레리 법의 통계에는 포함되지 않을 것이다. 따라서 클레리 법의 통계에 포함된 강간은 여대생들에게 일어나는 모든 강간 중 극히 일부에 지나지 않는다.

다른 사항들을 고려하면 대학의 관계자들에게 성범죄피해가 보고될 가능성은 더욱 희박하다. 카제인, 피셔, 컬렌(Karjane, Fisher, & Cullen, 2001)은 미 전역을 대상으로 대학들이 성범죄피해 신고에 어떻게 반응하는지에 대해 연구하였다. 연구 결과, 성범죄피해 신고에 대한 제도적인 장벽을 확인했다. 그들의 연구에 따르면, 익명신고제도가 신고를 장려할 것이라는 사실에 동의하는 학교는 거의 94%였지만, 그럼에도 불구하고 대학의 74.8%만이 익명 신고를 할 수 있다고 설명하였다. 절반이 되지 않는 43%의 학교들이 익명 신고를 받았다고 응답했지만, 관련 전문가들은 대학의 90% 정도가 비밀 신고를 장려할 것이라고 인식하고 있었다. 이러한 신고 제도의 한계와 장벽은 클레리 법에서 설명하는 캠퍼스 및 인근 지역의 성범죄피해 규모에 대한 통계를 심각하게 과소 보고하며 대학캠퍼스와 그 주변의 안전성을 왜곡하여 보여줄 가능성이 크다는 것을 시사한다.

비록 아직 실증적인 연구로 입증되지는 않았지만, 공식적인 통계는 어느 대학이 더 안전한지에 대한 정보를 왜곡할 수도 있다. 성범죄피해 방지에 더욱 투자하는 기관에서는 사건의 신고를 적극적으로 장려한다. 아이러니하게도, 신고 행동을 늘리고 학생들을 더 안전하게 만드는 바로 그 정책은 이러한 정책을 잘 수행한 대학들을 더 위험하다고 묘사하는 공식적인 통계를 만들어 낼 수도 있다. 해마다 범죄 통계를 수집하고 유포하려는 전국적인 노력이 여학생들의 성범죄피해 위험을 줄이는 데 조금의 영향 혹은 그 이상의 영향을 미쳤는지는 의문이다.

클레리 법은 대학들이 성범죄피해 예방을 다루기 위한 정책과 프로그램을 시행할 것을 요구하였다. 대학들은 이제 대학에서의 성범죄피해에 대처하기 위해 무엇인가를 해야 하는 입장에 놓였기 때문에, 새로운 프로그램과 정책은 계속 확산되어 왔다. 하지만 안타깝게도 이 법에서 시행된 프로그램들과 정책들이 얼마나 효과적이고 비효과적인지를 판단하기 위한 평가가 진행되고 있지는 않다. 평가가 이루어지지 않으면, 캠퍼스에서 성범죄피해를 줄이는 목적으로 실시되는 프로그램이 잘 되고 있는지, 신고되는 경우가 왜 적을 수밖에 없는지를 설명하기가 어렵다(Banyard, Moynihan, et al., 2007; Gidycz, Layman, et al., 2001; Gidycz, Rich, Orchowski, King, & Miller, 2006; Gidycz, Lynn, et al., 2001; Marx et al., 2001).

우리는 클레리 법의 노력을 냉소적으로 비판하려는 것이 아니다. 이 법은 대학생들의 성범죄피해에 대한 주의를 불러일으켰고, 기관들이 이 문제를 해결하기 위한 조치를 취하도록 압력을 가했다. 그러나 과학적 근거가 없는 법률 개혁은 그 효과가 실질적이라기보다는 상징적인 영향을 주는 결과를 만들어 낸다(Fisher, Hartman, Cullen, & Turner, 2002). 이런 맥락에서 클레리 법은 대학의 성범죄에 대해 대중의 관심을 끌어내는 데 성공하였지만, 법적 개혁이라는 측면에서는 그 효과가 불확실하다. 최악의 경우에는, 효과성에 대하여 확실하지 않은 대안에 제한된 자원이 쏠리게 하는 역할을 할 수도 있다.

또 다른 법적인 접근법 역시 의문스러워 보인다. 많은 대학들은 현재 학생들 사이의 성범죄에 대처하기 위해 "징계 절차", "사법적 제도", "불만수렴 시스템" 또는 유사한 이름을 가진 제도들을 활용하고 있다. 대학 내 성범죄사건은 이러한 절차에 따라 처리된다. 대학 내 성범죄사건은 학술적 비윤리행동과 같이 대학 관계자들에 의해 학교의 학생 행동 규칙을 위반하는 것으로 간주되고 그들의 관할하에 있기 때문이다. 칼제인(Karjane)과 동료들(2001)은 무작위로 선정된 2,438개의 고등교육기관을 대상으로 각 대학의 연간 캠퍼스 안전 보고서와 교수 및 학생의 행동과 대학 규칙의 규범을 검토했다. 이 자료들에 대한 내용 분석의 결과를 살펴보면, 전반적으로 대부분의 학교들이 성범죄사건에 대해 처리할 준비가 되어 있지 않다는 것을 알 수 있다. 예를 들어 보고서와 규범에서 사법처리나 징계절차까지 거론한 학교는 전체의 3분의 1(33.5%)에 불과하였다. 이들 학교 중 위원회 과정을 서면 서술한 학교는 절반도 안 된다

(45.8%)고 나타났고, 이들 대학의 위원회에 대한 규정들을 살펴보면 (1) 고발자와 피고발자는 위원회에 다른 사람을 출석시킬 수 있다. (2) 증거를 제시할 수 있다. (3) 증언을 제공할 수 있다. (4) 증인을 소환하거나 증언을 하게 할 수 있다. (5) 대질심문이 가능하다. (6) 입증 책임이 있다. (7) 위원회에서는 다수결이나 만장일치의 투표가 활용된다 등의 규정이 있는 학교가 전체의 37.2%와 52.9% 사이로 나타났다. 반면, 3.4%의 학교들만이 위원회 참여자들에게 여성에 대한 폭력에 관한 교육을 받게 하였다고 언급했다. 또한, 단지 8.7%의 대학만이 성범죄 방지 조항의 존재에 대해 언급하였다. 이 조항들은 위원회와는 무관하게 과거의 성적 경험에 대해 언급되는 것을 방지하고 피해자를 보호하기 위해 만들어진 것이다.

일관되지 않은 대학의 위원회 절차는 문제점들이 있다. 첫째, 대학이 성범죄에 대한 주장을 심판해야 하는지에 대한 규범적인 질문은 제쳐 두고 더 근본적인 질문이 제기될 수 있다. 대학에서 사건처리와 관련된 모든 당사자들이 그 과정을 인지하고 공정하고 정당한 절차로 성범죄 사건을 처리할 수 있는 요건을 갖추고 있는가? 둘째로, 이러한 위원회는 어떤 근거와 관련해서 성범죄피해의 감소나 성범죄의 중단에 효과가 있는가? 캠퍼스 관리자들은 두 가지 의문 중 어느 질문도 만족스럽게 답하지 못할 것이다(Karjane et al., 2001). 이 두 가지 문제들은 간과되어서는 안 된다. 대학에서 발생하는 성범죄를 포괄적으로 다루는 데 핵심적이기 때문이다.

요약하자면, 범죄 예방에 대한 법적 접근은 내재적인 한계를 가지고 있다. 그것은 일반적으로 피해자들의 근본적 원인을 다루지 않는다는 점이다. 법은 범죄를 정의하고, 주어진 범죄 행위에 주의를 집중시키며, 특정한 상황에서 억제효과를 달성할 수 있다. 그럼에도 불구하고, 학생들의 성범죄피해를 포함하여 학생들의 피해 예방을 위한 효과적인 예방의 측면에서 법이 대학 캠퍼스를 포함한 사회의 병폐에 대한 해결책이 되는 경우는 거의 없다는 것을 알아야 한다. 학생들을 위한 안전한 캠퍼스를 만들기 위해서는 그들의 삶과 피해의 위험을 증가시키거나 감소시키는 상황에 대해서 더 자세히 이해해야 할 필요가 있다.

03 ──────────── 기회 감소 전략 접근: 상황적 범죄 예방론

　　대학생들 사이에 발생하는 성범죄를 예방하기 위한 전략을 마련하는 것은 쉽지 않은 일이다. 대학생들 사이에서 발생하는 성범죄는 서로 아는 사이에 발생하거나 사적인 환경에서 발생하기 때문이다. 이 어려운 문제를 다루는 데 있어서 가장 좋은 전략은 범죄 예방에 관한 더 넓은 이론과 연구, 특히 상황적 범죄 예방이라고 알려진 모델로부터 이끌어 내는 것일 것이다. 따라서 이 장에서 이 접근법을 논의하고, 이 이론을 어떻게 적용할 수 있는지를 탐색하고자 한다. 여기서 제안하는 것의 대부분은 추측을 기반으로 하지만 이런 접근이 여학생들을 위해 캠퍼스를 더 안전하게 만들 수 있는 가장 이상적인 방안을 제공할 것이라 믿는다.

3.1. 상황적 범죄 예방 기법

　　범죄가 발생하는 상황은 두 가지 요인에 달려 있다. 범죄를 저지를 의지가 있는 사람(동기가 있는 범죄자)과 범죄를 저지를 기회(상황 구조)가 필요하다(Cloward, 1959 참조). 대부분의 범죄학 이론은 왜 특정한 사람들이 법을 어기려고 결심하거나, 범죄의 유혹을 억제하지 못하는지를 설명하고자 한다. 오늘날 환경 범죄학(Bottoms, 1994)의 산하에 분류된 여러 관점이 등장하기 전까지 범죄에 동기를 부여하는 기회 측면에는 상대적으로 관심이 거의 없었다(Wilcox, Land, & Hunt, 2003).

　　30년 전, 로널드 클라크(Ronald Clarlce, 1980; 1982)는 범죄 학자들이 기회에는 관심을 가지지 않고 반대로 범죄자 자체만 지나치게 강조한다고 비난했다. 그의 주요 관심사는 범죄를 예방하는 것이었다. 그는 중요한 점을 지적했다. 범죄 행위가 일어나는 것을 막으려면, 범죄자의 동기를 제거하는 것보다는 기회를 제거하는 것이 더 쉽다는 것이다. 범죄를 저지르려는 의지는 어쩌면 오랜 시간 누적되었을 수 도 있고 복잡한 위험요인들로 이루어져 있고 그것들은 오직 증거를 기반으로 한 체계적인 개입만으로 바꿀 수 있는 것이다(Cullen & Gendreau, 2000). 이와는 대조적으로, 범죄에 동기를 부여하는 기회는 한 시점, 한 장소에 존재한다. 또한 문단속, 개짖는 소리, 경보시스템 작동, 근무 중인 경비원, 밖에 서 계산대가 보이도록 설계된 상점 등 비교적 간단한 방법으로 줄이거나 제거 할 수 있다. 클라크는 이러한 조치들을 상황적 범죄 예방이라고 칭했다(Clarke & Felson, 2002).

코헨과 펠슨(1979, 2002)은 일상활동이론에서 기회의 개념을 정교하게 만들 었다. 이 혁신적인 이론에서 그들은 기회를 매력적인 대상(사람이나 재산이 될 수 있음)의 존재와 유능한 보호자의 부재라는 두 요소로 나누었다. 동기 부여가 된 범인이 유능한 보호자가 결여된 매력적인 목표물과 시간과 공간을 교차할 때 범죄행위가 일어날 수 있다는 것이다. 범죄 예방의 관점에서 잠재적인 목표를 덜 매력적으로 만들거나 동기 부여된 범죄자들을 피할 수 있는 보호막을 제공 함으로써 범죄가 발생할 수 있는 기회를 줄일 수 있다.

많은 범죄학자들은 두 가지 이유로 상황적 범죄 예방론을 싫어하거나 경 계한다. 첫째, 그들은 상황적 범죄 예방론을 "행정 범죄학"의 일종으로 보고 있는데, 이들은 범죄 발생의 원인을 상황 그 자체가 아닌 더 큰 사회구조에서 찾고자 한다. 가부장제를 포함한 더 큰 불평등의 근원은 무시되고 있는 반면 보안 카메라를 어디에 둘 것인지, 건물에 드나드는 사람들이 범죄를 저지르지 는 않는지 그리고 교통의 흐름을 통제하는 것과 같은 겉보기에는 평범한 문제 들에 주의를 기울여 현재 높은 강도의 범죄 발생률을 겪고 있는 동네에서 범죄 를 줄이려고 한다고 본다. 클라크와 그의 동료 학자들이 분명하게 제시하는 것 은 상황적 범죄 예방은 사회에 만연한 더 큰 병폐를 해결하는 것이 아니라, 범 죄피해로부터 사람들의 신체와 재산을 보호한다는 것이다. 범죄의 근본 원인을 밝히는 이론은 과학적으로 정확하고 이념적으로 위안이 될 수 있지만 일반적 으로 범죄를 예방하는 데는 거의 또는 전혀 유용하지 않다(Wilson, 1975). 고전 적인 이론들은 범죄 상황과는 거리가 멀며, 어떤 요인들이 피해를 막기 위해 조작될 수 있는지에 대한 구체적인 지침을 주지 않는다. 이와는 대조적으로 상 황적 범죄 예방은 단지 상황에 초점을 맞춘다. 이 이론에서는 범죄 사건이 일 어날 기회를 없애기 위해 무엇을 바꿀 수 있는지 보기 위해 미시적인 요소들에 초점을 맞추고 있다.

　둘째, 상황별 범죄 예방은 피해 대상의 행동과 그들의 선택이 어떻게 그들을 동기가 부여된 범죄자들에게 노출시키고 그들의 보호능력을 감소시킬 수 있는지에 초점을 맞춘다. 개인의 피해 가능성이 변화한다는 이러한 관점은 피해자들에 대한 비난을 부추길 수 있다. 특히 여성이 친밀함을 표현하기 시작하는 것이 원치 않는 성적 접촉이나 강제적 스킨십을 허락한다는 것이 아니라고 보는 입장에서는 더욱 그렇게 느낄 수 있다. 대부분의 성범죄 사건들을 세부적으로 살펴볼 때, 피해자들이 상황을 원했던 것이 아니라는 것에 대해 증명을 해야 함으로써 2차 피해를 당하게 된다. 그럼에도 불구하고, 상황적 범죄 예방 접근법에서는 잠재적 피해자들이 위험에 대한 차별적 노출을 이해하고 이를 바탕으로 범죄피해의 기회를 감소시키는 전략을 개발하는 것이 필수적인 요소라고 본다. 맥도날드(MacDonald, 2008)는 극단적인 예를 들어, 술에 취한 채로 벌거벗고 남자와 함께 침대에 누워 있는 여성의 강간의 위험성은 당연히 높아진다고 설명하였다. 학문적 견지에서 볼 때, 이런 주장은 경험적 현실이지만 도덕적 판단은 아니다.

　안전한 캠퍼스를 만드는 다음 단계는 캠퍼스 안팎에서 상황적 범죄 예방 이론과 연구를 토대로 예방 방안을 구성해 내는 것이다. 이런 접근에 있어서 몇 가지 초기 진전이 이루어졌다(Sampson, 2002). 우리가 이 책에서 논의하는 내용들은 입증된 사실이 아니라 제안일 뿐이다. 비록 이것은 추측이지만, 특정 범죄에 대한 예방 방안을 고안하여 범죄피해의 기회를 줄이는 이 접근법은 가장 효과적일 수 있다고 자신한다. 상황적 범죄 예방 전략이 이론적으로는 환경 범죄학에 기반을 두고 있고 다양한 사회 영역에서 다른 유형의 범죄를 감소시키는 것으로 경험적으로 증명되었다는 것은 이러한 견해를 뒷받침한다(Felson, 2002). 이어질 내용에서는 상황적 범죄 예방 접근법에 의해 고안된 안전한 캠퍼스를 만들기 위한 세 가지 상호적인 예방 방법을 설명한다. 즉, 범죄자의 범죄 의지를 좌절시키고, 대상의 매력을 감소시키며, 보호 능력을 증대시키는 방법이다.

3.2. 범죄자의 범죄 의지 좌절 전략

상황적 범죄 예방론을 지지하는 학자들은 잠재적인 범죄자의 존재를 간과하였다. 이 입장에서 범죄자들은 모두 이미 동기가 부여된 범죄자들의 범주로 분류되었고, 그들의 존재는 당연하게 여겨졌다. 하지만 최근 범죄자들에게 더 많은 관심이 집중되면서 다른 의견이 나오기 시작했다. 왜 어떤 사람들은 범죄를 저지를 가능성이 높은지 혹은 다른 사람들은 왜 그런 가능성이 낮은지에 대해 알아내기 위해서, 개인의 신체, 심리, 또는 사회적 상황을 연구하려는 시도는 여전히 많지 않지만, 동기 부여된 범죄자는 주변에 범죄에 대한 동기를 좌절시킬 수 있는 상황이 있다면 법을 어길 가능성이 적다는 의견이 나오기 시작했다. 이렇게 동기가 부여된 범죄자의 범죄 의지를 좌절시킬 수 있는 사람들을 관리자(핸들러, handler)라고 부르기도 한다(Cullen, Eck, & Lowenkamp, 2002; Felson, 1995).

상황적 범죄 예방을 옹호하는 학자들은 일반적으로 형사사법제도가 주는 불이익은 범죄를 예방하는 데 큰 도움이 되지 않는다고 생각한다. 형사사법제도가 주는 불이익이 불확실하기 때문이다. 오히려 그들은 비공식적인 사회통제가 범죄를 억제시키는 요인으로 작용해야 한다고 믿는다. 범죄를 예방하려는 시도는 그 범죄가 강간이든 강도든 상관없이 범죄를 저지르면 안 된다는 압박을 느끼게 하는·방법을 찾아내는 것이 최선의 방법이다. 이러한 방법을 찾기 위해서 범죄를 저지르게 하는 중화기술이나 변명들을 중점적으로 살펴볼 수 있다(Sykes & Matza, 1957 참조). 성범죄의 경우에는 강간 통념이 틀렸다는 것을 증명하는 시도들이 그 예가 될 수 있다. 또한 공동의 가치를 위반하는 사람들에게 비공식적인 제재를 가하는 것도 범죄를 예방하는 또 다른 방안이 될 수 있다.

성범죄에 대한 인식 세미나는 성범죄를 예방하는 수단 중 하나이다. 세미나와 같이 간접적인 접근방식은 비공식적 사회 통제는 고려하지 않은 채 교육에만 의존하는 것처럼 보일 수도 있을 것이다. 강제적으로 시행할 수 있는 시스템이나 프로그램을 마련하는 것도 실질적이고 효과적인 예방안이 될 수 있다. 예를 들면, 대학 운동부에 소속된 사람들이 의무적으로 세미나를 듣도록 하여, 자신의 성적 행동에 대한 책임감을 고취시킬 수 있다. 이러한 세미나의 목표는 성폭력 문제에 대한 중요성을 알리고 대학의 운동팀에 소속된 선수들의 인식이 개선되도록 하는 것이다. 다른 방법으로는, 성범죄가 발생할 경우 대학 내 운동부와 같은 단체들이 대학 본부으로부터 지원을 받지 못하게 하는 등의 계약 방법이 고려될 수도 있다. 그렇게 되면, 범죄가 발생하기 전 단계에서 주변인들이 자신 주변 사람들의 범죄 행동을 통제할 수도 있다.

마지막으로, 펠슨(2002, p.41)은 의사소통을 할 때 범죄자의 범죄 의지를 유발할 수 있거나 범죄자의 행동을 통제할 수 있는 단서를 알아채는 것의 중요성을 강조한다. 예를 들면, 대학에서는 기숙사 방에서 발생해서는 안 되는 성적 행위에 대해 정의하고 경고하는 안내문을 게시할 수 있다. 이러한 권고 사항과 위에 언급된 다른 권고 사항들은 제안에 불과할 뿐이지만 그래도 이런 제도를 통해 구현하고자 하는 원칙은 탐구할 가치가 있다. 잠재적인 가해자들과 가까이 있는 사람들이 성범죄 예방을 위해 더욱 노력할수록 성범죄의 피해자는 줄어들 것이기 때문이다.

3.3. 피해대상의 매력성 감소 전략

상황적 범죄 예방 모델에서 피해자는 범죄가 발생하는 데 필수적인 요소이다. 하지만 피해대상으로서의 매력성의 정도는 개인마다 다르다. 잠재적 피해자들은 범죄를 피하거나 저지하는 정도에 따라 위험한 상황에 처할 가능성이 다르게 나타난다. 따라서 성범죄 예방을 위해 피해대상이 될 수 있는 대학생들의 위험성을 낮추는 방안이 필요하다. 로지와 코스(Rozee & Koss, 2001)는 여성들이 자신이 성범죄의 대상으로 생각될 수 있도록 하는 범죄피해자로써의 매력성을 감소시키는 과정을 설명했다. 그들은 이들은 평가(assess), 인식(acknowledge), 대응(act)의 세 가지 핵심요소를 정하고 이 전략을 AAA모델이라고 이름을 붙였다. AAA모델은 특정한 상황의 잠재적 위험을 평가하고, 그 상황이 위험하다고 인식하고, 마지막으로 효과적인 저항으로 대응하는 전략을 말한다.

관련된 연구들을 더 살펴보면, 성범죄의 피해를 당한 여성들은 성범죄가 발생할 수 있는 기회가 되는 위험한 상황을 인지하는 능력이 약하다고 설명한다. 여성의 상황위험인식(어떤 단서나 특정한 맥락이 위험하다고 식별하고 자신을 보호하기 위해 위협에 대응하는 능력)은 성범죄피해의 원인 중 하나이다. 연구에 따르면, 성범죄피해 경험이 있는 여성은 위험한 상황을 식별하는 데 걸리는 시간이 더 길다(Marx, 2001). 반복적으로 피해를 당한 여성은 단일 성범죄 사건을 경험한 여성보다 반응하는 데 걸리는 시간이 더 길다(Wilson, Calhoun, & Bernat, 1999; 예외는 Breitenbecher, 1999 참조). 또한 성범죄피해를 당한 경험이 있는 사람들은 그렇지 않은 사람들보다 더 많은 단서가 있어야 위험을 인지한다(Norris, Nurius, & Graham, 1999). 연구 결과에 따르면, 위험을 감수하려는 경향이 있거나 위험을 식별하지 못하는 여성들은 위험에 더 잘 반응하거나 위험의 단서를 잘 식별하는 여성들과 비교하여 피해대상으로 더 매력적일 수 있다. 동기가 부여된 범죄자들은 위험에 둔감한 경향의 여성들에게서 다른 여성들에게는 없는 취약성을 감지할 수 있는 것이다.

개인이 성범죄피해를 당할 위험의 가능성에 대한 개인 수준의 요인을 조사하는 연구가 필요하다. 지금까지 위험에 영향을 미치는 상황적 요인들이 더 많은 관심을 받았지만, 개인의 위험 추구성과 자기 통제력과 같은 다른 개인적 특징 역시 여성이 성범죄피해를 당할 위험성을 증가시킬 가능성이 높다. 성범죄피해의 위험에만 한정되지는 않지만, 낮은 자기 통제력은 피해 위험을 증가시킬 수도 있다(Schreck, 1999). 그렇기 때문에, 자기 통제력이나 위험 추구성이 성범죄피해에 영향을 미치는지는 지속적인 연구가 필요하다. 여성들의 성범죄피해 위험에 영향을 미치는 추가적인 개인적 요인을 알아내는 것은 성범죄 예방을 위한 프로그램의 개발에 유익할 것이다.

음주와 약물에 영향을 받게 되면 위험을 인식하는 능력이 일시적으로 감퇴될 수 있다. 만약 여성들이 술집과 파티에 자주 가고 술이나 마약을 자주 접한다면, 그들은 그러한 행동에 동반되는 위험을 인지하고 있어야 할 필요가 있다. 약물을 사용하는 것은 위험한 상황을 인식하고 그러한 위험에 대해 빠르게 혹은 효과적으로 반응하는 능력을 저해시킬 가능성이 있기 때문이다(Abbey et al., 2004). 범죄를 저지르려는 사람들의 입장에서 바라볼 때, 그런 취약성으로 인해 술이나 약물의 영향을 받은 여성들이 범죄 대상으로 더 적합해 보일 수도 있다.

여대생들의 음주습관이나 마약 소비도 중요한 맥락으로 작용한다. 일반적으로 대학생들은 파티에 참석하거나, 술을 마실 수 있는 술집이나 클럽에 자주 가기도 한다. 앞서 전국 여대생 성범죄피해연구(NCWSV)와 다른 연구에서 언급했듯이, 남성들이 주로 모이는 장소인 사교 클럽과 같은 곳에서 시간을 오래 보내고 술과 마약을 소비하는 경향이 더 큰 여대생들은 그렇지 않은 다른 여대생들보다 성범죄피해를 당할 가능성이 더 높았다(Fisher et al., 2010; Schwartz & Pitts, 1995). 모든 여성은 성폭행에 대한 두려움 없이 자신이 선택한 상황에서 시간을 보내며 하고 싶은 일을 해야 하는 것이 맞지만, 특정한 상황적 맥락이 자신을 성범죄에 더 취약하게 만든다는 현실은 반드시 인식해야 한다. 여성들이 위험을 줄이고 그들이 범죄피해의 목표로써 가지는 매력을 감소시키는 한 가지 방법은 그들이 신뢰하는 누군가가 술집, 클럽이나 파티에 그들과 함께 가서 그들의 안전을 확인하도록 하는 것이다. 이런 동반자가 있는 상황은 대표적으로 여성이 함께 하는 친구가 있는 경우를 예로 들 수 있겠다. 단순하게 설명하면 친구와 동행하는 것이 어쩌면 곧 일어나게 될 성범죄의 피해를 막아줄 수도 있다. 보호자가 대상을 보호하는 문제에 대해서는 아래에 다시 언급하기로 한다.

위험상황을 잘 인식한다고 하더라도, 여성들은 성범죄피해로부터 완전히 자유롭다고 볼 수 없다. 따라서 효과적으로 자신을 보호할 수 있는 능력을 갖추는 것은 여성들이 그들이 가지는 피해자로서의 매력을 더 감소시킬 수 있는 방법이다. 자기 방어적인 행동은 일반적으로 강요적 신체 행동, 비강요적 신체 행동, 강요적 언어, 비강요적 언어의 네 가지 유형으로 구분하여 볼 수 있다. 강요적 신체 행동은 가해자를 주먹으로 때리거나 물어뜯는 등 적극적이고 공격적인 행동이고, 비강요적인 신체 행동은 도망가려고 하는 행동 등과 같이 소극적인 행동을 말한다. 강요적 언어 행동은 범죄자를 겁주거나 외부에 도움을 요청하기 위해서 소리나 비명을 지르는 것을 포함한다. 비강요적 언어 행동은 애원하거나 간청하는 것이다(Ulman, 1997, 2007).

대다수의 대학생들은 성범죄 사건이 발생하는 동안 자신을 지키려는 행동을 한다(Fisher, Daigle, Cullen, & Santana, 2007). 자기 보호 행동을 하는 것은 피해자가 부상당하지 않고, 사건이 형사사법절차에서 어떻게 다루어질 수 있는지와 깊은 관련이 있기 때문에 매우 중요하다고 할 수 있다(Fisher et al., 2007; Ullman, 1997, 2007). 하지만 자기 보호 행동이 피해의 발생을 막거나 위험을 감소시키는 것은 아니다. 연구 결과에 따르면, 자기보호 행동이 가장 유용할 때는 피해자의 저항력이 가해자가 사용하는 힘의 수준과 동등할 때이다. 즉, 가해자가 물리적 힘을 사용하는 경우에 피해자는 피해를 당하지 않기 위해서는 이와 동등한 강제적인 전략을 사용해야 한다는 것이다(Fisher et al., 2007). 따라서 자신을 보호하고자 하는 여성들은 범죄의 완전한 피해자가 될 가능성이 적다. 또 다른 연구 결과를 살펴보면 사건의 초기 단계에서 방어적인 행동을 하는 여성들이 이어지는 성범죄피해를 경험할 가능성이 적다(Daigle et al., 2008). 성범죄 위험을 줄이는 것을 목적으로 실시되고 있는 프로그램들은 위험을 더 잘 인식하게 하고, 자신을 효과적으로 방어할 수 있도록 하는 내용을 포함하기 시작하였다. 아직 이런 프로그램들의 효과성은 충분히 검증되지는 않았지만, 여성들이 생활하는 환경에서 위험한 단서를 인지하고, 성범죄의 위험을 줄이는 자기 보호적인 행동을 하도록 유도할 수 있다는 점에서 긍정적인 효과를 기대해 볼 수 있다.

3.4. 보호 능력의 증대 전략

여대생의 성폭력 피해를 줄이는 것은 성폭력 피해에 대한 보호 역할을 하는 보호자의 존재와 관련이 있을 수 있다. 보호자의 역할은 단순한 친구나 룸메이트와 같은 사람을 가까운 곳에 두는 것만으로 충분할 수도 있다. 동기 부여된 범죄자가 혼자 있는 개인을 범행의 목표로 선택하려고 한다면, 누군가와 같이 있는 것만으로도 범죄의 기회는 줄어들 것이다.

그렇지만 단순히 다른 누군가가 함께 있다는 것만으로는 충분한 보호자의 역할을 하지 못할 수도 있다. 최근에는 성범죄를 예방하기 위한 프로그램의 일환으로 상황의 맥락이나 문화에 초점을 맞추어 범죄 예방 프로그램을 설계하고 실행하는 노력이 이루어지고 있다. 이런 노력의 바탕이 되는 생각은 주변인이 성범죄 예방에 적극적인 역할을 할 수도 있다는 것이다. 이론적으로는 상당히 새로운 전략이다. 주변인 개입 전략은 성범죄의 발생에 암묵적인 지지의 역할을 하는 환경을 변화시키기 위한 것으로, 사람들의 참여를 독려하는 커뮤니티 보호 전략이다. 이 전략은 성범죄를 예방하는 것을 목적으로 위험한 상황을 인지하고 이 상황에 자신 있게 개입할 수 있는 능력을 가진 학생을 교육하고, 자신의 피해사실을 신고하거나 알릴 수 있는 학생을 지원한다(Banyard, Plante, & Moynihan, 2005; Lonsway et al., 2009 참조). 주변인은 성범죄로 이어질 수 있는 상황을 미리 제지하거나 위험한 상황에 개입하는 것, 성범죄를 조장하는 사회적 규범을 바로잡는 것, 성범죄피해자의 효과적이고 지지적인 지원자가 될 수 있는 전략과 지식을 보유함으로써 성범죄를 예방할 수 있다(Banyard, 2005).

　　주변인 개입 교육 프로그램에는 파티에서 술에 취한 사람이 누군가와 침실로 들어가는 것과 같은 위험한 상황을 목격할 때 함께 있는 구성원들이 어떻게 예방을 할 수 있는지에 대한 논의가 포함되어 있다(Banyard, Moynihan et al., 2007). 역할극 및 개입 연습은 경찰이나 성폭력 위기 센터와 같은 공식적인 지원 서비스를 사용하는 등의 성공적이고 안전하게 개입하는 방법을 학습하게 하기도 하고, 피해자를 대하는 방법에 대한 기술을 가르치기 위해 사용되기도 한다. 평가가 많이 진행되지는 않았지만 이러한 프로그램에 대한 평가는 긍정적인 결과가 나타난다(Schewe, 2006).

　　반야드, 모이니한, 플랜테(Banyard, Moynihan, & Plante, 2007)는 캠퍼스에서 주변인 개입 프로그램을 수강한 학생과 수강하지 않은 학생들을 비교하는 연구를 진행하여 주변인 개입 교육 프로그램이 성범죄 예방에 효과적일 수 있다는 첫 번째 경험적 연구 결과를 제공했다. 연구 결과를 살펴보면, 프로그램에 참가한 학생들은 성폭행에 대한 지식이 늘었고, 강간 신화에 대한 순응적 태도가 감소하였으며, 능동적인 주변인이 될 의지가 높아졌고, 실제 긍정적인 주변인으로서 행동(예시: 술을 너무 많이 마신 파티에서 친구를 집으로 데려다준 것)을 할 것이라는 자신감을 갖는 등의 긍정적인 변화를 보였다. 모이니한과 반야드(Moynihan & Banyard, 2008)는 동아리와 남녀 대학 운동부를 대상으로 성범죄 예방과 주변인 개입에 대한 파일럿 연구를 진행하였다. 연구 결과, 주변인의 개입 교육 프로그램이 인식과 태도를 바꾸고 긍정적인 주변인으로의 변화에 효과적인 영향을 미친다고 설명했다. 예를 들면 파티에서 만난 낯선 사람이 당황한 것처럼 보일 때 도움이 필요한지 물어볼 수 있는 자신감을 가지게 하는 것 등이다. 반야드의 주변인 교육 프로그램에 대한 연구 결과에서 살펴보았듯이, 더 많은 사람들이 적극적이고 효과적인 개입을 한다면 대학 캠퍼스에서 성범죄가 줄어들 가능성이 있다.

이러한 프로그램은 사람들이 목격할 수 있는 성범죄의 이전 단계에서 개입할 수 있는 전략을 가르치는 것 외에도 피해자가 피해사실을 본인에게 털어놓을 경우에, 어떻게 대응하여야 하는지를 안내한다. 6장에서 언급했듯이, 성범죄피해를 당한 대부분의 여대생들은 경찰에 신고하지 않지만, 그들 중 대부분은 친구에게 자신의 피해에 대해 이야기한다. 따라서 피해자로부터 피해사실을 전달받는 사람들은 피해자를 지지하고, 적절한 정보를 제공하고 지원하는 방식으로 응답하는 것이 중요하다. 조사에 따르면 많은 여성들이 자신의 피해사실을 공개한 사람들로부터 지지하는 답변이나 도움이 되는 응답을 받지 못하고 있으며(Dunn et al., 1999), 많은 여대생들이 그들의 피해사실을 알린 지인들로부터 경찰에 신고하라는 조언을 받지 못하고 있는 것으로 나타났다(Pitts & Schwartz, 1993). 이러한 부정적인 반응은 성범죄피해를 당한 후에 여성들이 도움을 받는 것에 부정적인 영향을 주게 된다. 또한 이런 반응은 성범죄가 가해자의 책임보다는 피해자의 잘못으로 인식되는 문화에 기여할 수 있다.

최초 피해를 당한 이후 사건을 신고하면 성범죄의 재피해를 막을 수 있는 계기를 만들 수도 있다는 점에서 피해를 알리는 것은 중요하다. 제5장에서 언급한 바와 같이, 여성들은 처음 피해를 당하면 그 이후에 바로 다시 성범죄피해를 당할 위험이 높아진다. 이와 같이 여성들은 특히 처음 성범죄피해를 당한 이후 며칠과 몇 주 동안 발생하는 후속적인 재피해에 취약하다. 만약 여성이 자신의 경험을 친구에게 공개하고, 그 친구가 무언가 특별한 효과적인 행동을 취한다면 추가적인 성범죄를 잠재적으로 예방할 수 있는 기회를 갖게 된다. 만약 그 친구가 피해자에게 피해사실을 경찰에 신고하도록 권장한다면 범인의 신원이 밝혀지고 체포될 가능성이 높아지기 때문에 이후 피해를 당할 가능성이 줄어든다. 동일범에 의해 다시 성폭력 피해를 당하는 가능성을 위험성을 감소시킬 수 있는 것이다. 또한 피해사실을 알게 된 친구는 피해자에게 상담소,

보건소, 강간 위기 센터에 도움을 청할 것을 권고할 수도 있다. 그렇게 하면 피해자는 피해에 더 잘 대처하고 유용한 도움 자원을 활용할 수 있다. 다시 말해, 자신이 당한 피해를 알리고 나서 적절한 대처가 빠르게 이루어진다면, 피해자는 사건의 피해를 최소화할 뿐만 아니라 다시 피해를 당할 위험도 줄일 수 있다.

마지막으로, 이런 교육은 피해자의 주변인이 피해자에게 지원과 조언을 제공할 수 있도록 하여 피해자에게 힘을 실어주는 데 도움이 될 수 있다. 친구들은 피해자가 사건을 처리하는 것을 도울 수 있고 피해자가 범죄피해로 인하여 어떤 영향을 받았는지 이해할 수 있을 것이다. 또한, 친구는 사건 이전에 발생한 위험 상황에 대하여 이야기할 수 있고, 피해자가 미래의 위험을 인지하고 평가하여 회피하는 데 도움을 주거나 그런 상황에서 성공적으로 위험을 회피하는 행동할 수 있도록 도울 수 있다. 이런 식으로 친구들은 피해자를 지원하는 역할을 하는 것만으로도 효과적인 보호자 한 명으로써의 역할을 수행한다.

04 ———————————————————— 스토킹 예방

전국 여대생 성범죄피해연구(NCWSV)에서 나타난 바와 같이, 스토킹은 대학가에 만연해 있다. 그렇기 때문에, 스토킹 범죄에 대한 인식을 개선하고 범죄를 예방하는 것은 공공 정책의 문제인 것이다. 그러나 현시점에서는 대학 관계자들이 스토킹의 심각성이나 체계적인 대응의 필요성을 인식하고 있다는 증거가 거의 없다. 우리가 살펴본 바와 같이 지난 20년 동안 대학 캠퍼스는 대학 내에서 발생하는 성범죄에 대한 책임을 감당해야 했다. 이러한 의식의 변화에도 불구하고 스토킹은 대부분 대학 및 대학 관계자들의 공식적인 관심 밖에 있다. 칼제인과 동료 연구자들(Karjane et al., 2001)이 실시한 대학의 성범죄 관련 대책 및 정책에 관한 연구를 살펴볼 필요가 있다. 대학의 1.5%만이 별도의 스토킹 관련 정책을 마련하였고, 1.5%는 단지 대학에서 작성하는 보고서에 스토킹을 언급했을 뿐이다. 즉, 대학의 97%가 성범죄 관련 자료에서 스토킹은 무시하고 있다고 해석할 수 있다(Karjane et al., 2001).

스토킹은 캠퍼스 안은 물론 캠퍼스 밖에서도 일어날 수 있다. 대학과 같은 교육기관과 마찬가지로 법집행기관도 스토킹이라는 주제 자체를 중요하지 않은 문제로 보고 있다(Farrell, Weisburd, & Wyckoff, 2000, p.167). 피해에 보다 효과적으로 대응하기 위해 새로운 스토킹 프로토콜을 시행하기 시작한 기관을 대상으로 조사한 결과, 조사 대상자의 3분의 2가 서면화된 스토킹 정책이 존재하는지 몰랐거나 해당 기관이 그러한 정책을 가지고 있지 않다고 잘못 알고 있다는 것을 발견했다. 패럴 등(Farrell, Weisburd, & Wyckoff, 2000)이 결론지은 바와 같이 21세기에도 "스토킹은 경찰서에서 우선적인 문제가 아니기" 때문에 대학이나 관련 기관에서 정책적으로 미흡하게 대응하는 것은 당연한 일일 수도 있다.

효과적인 공공 정책의 첫 번째 단계가 스토킹이 위험한 범죄라는 것을 인식하는 것이라면, 두 번째 단계는 이러한 피해를 막기 위한 전략을 고안하는 것이다. 스토킹은 일회성으로 발생하는 것이 아니라 오랜 시간과 다양한 공간에 걸쳐 반복되는 피해이기 때문에 특별한 예방 전략이 필요하다. 일반적으로 다른 성범죄와 마찬가지로 유용한 예방 전략은 일상활동이론과 상황적 범죄예방의 관점에서 도출될 수 있다. 구체적으로는 위의 논의에서와 같이, 세 가지 전략이 제시될 수 있다.

첫째, 스토커들이 계속해서 피해자를 괴롭히는 것을 막기 위한 노력을 해야 한다. 비공식 통제 이론에 기초하여 펠슨(1995)은 범죄자들이 '관리자(핸들러)'에 의해 감시된다면 위법행위의 시도는 좌절되고 범죄를 예방할 수 있다고 주장한다. '관리자(핸들러)'는 범죄에 대한 사회적 유대를 강화해서 사회적 통제를 행사하는 역할을 하는 사람을 말한다(Cullen et al., 2002 참조). 스토킹은 그 행동이 별개의 사건이 아니라 과거와의 연장선상에서 진행되는 사건이기 때문이며, 범죄자와 가까운 사람들의 주의를 끌게 되기 때문에 핸들러의 역할이 특히 중요하다. 이러한 맥락에서, 대학들은 스토킹을 예방하기 위해서 학생들의 인식을 개선할 수 있는 방안을 마련할 수 있을 것 이다. 교육 프로그램은 학생들에게 만약 그들의 친구들이 계속해서 스토킹을 하는 것을 보았을 때, 그런 행동을 하지 않도록 설득하는 방법이나 잘못된 행동에 대하여 깨닫게 하는 방법에 대한 구체적인 기술을 개발할 수도 있다. 또 다른 가능성은 대학의 직원(예시: 상담원, 옴부즈맨)에게 스토커에게 대응하는 전략을 교육하는 것이다(Felson, 1995). 이렇게 할 때, 그들은 직접적으로 비공식적 사회 통제를 행사하거나 범죄자들이 상담을 받을 수 있는 기회를 제공할 수 있다.

그러나 일부 스토킹 사례는 기관의 공식적인 개입을 필요로 할 것이다. 이런 경우, 스토킹 행위가 피해학생의 괴롭힘을 당하지 않을 권리에 위배되는 경우라면, 대학 관계자들은 공식적인 위원회와 처벌을 보장할 수 있는 학생 징계 규정과 이러한 절차를 위한 명확한 지침을 마련해야 할 것이다. 이미 많은 교육기관들은 성적인 불법행위에 대한 문제가 제기될 때 그들의 징계를 고려한다. 또한 언급된 바와 같이, 이러한 종류의 불법 행동이 처리되는 방법에 대한 내용 중에 스토킹에 대해 명확하게 명시된 절차를 포함한 대학 행동 규범은 거의 없다(Karjane et al., 2001). 이러한 실정은 성범죄에 관한 관련 규정조차도 상대적으로 최근에서야 만들어졌다는 사실이 반영되어 있는데, 그 규정의 완성도와 포괄성은 기관에 따라 상당히 다르다(Karjane et al., 2001). 관련 기관은 스토킹에 대한 인식의 변화에 맞추어 체계적으로 스토킹에 관한 규정을 마련하고, 스토킹에 개입하기 위한 공식적인 근거를 제공하기 위해 일종의 문화적 지연현상을 극복해야 할 것이다.

둘째, 스토킹 피해의 목표가 되는 대상의 매력성[1]을 줄이기 위한 노력이 필요하다. 스토킹 사건이 발생하면 어떻게 대처해야 하는지 안내하는 방법이 이 노력의 일환이 될 수 있다.지속적인 스토킹에 대한 거부의사를 분명하고 효과적으로 하는 방법 등을 포함시킬 수 있다. 또한 연락 기회를 차단하는 방법(예시: 등록되지 않은 전화 번호에 대한 대처, 이메일 주소 차단)과 같은 실질적 방안을 제공할 수 있다. 대학생들은 스토킹 상황에서 도움을 요청할 수 있는 캠퍼스 내/외부에서의 지원이나 상담 서비스에 대한 명확한 정보를 제공받아야 한다.

1 역자 주. 앞에서 설명한 바와 같이, 일상활동이론에서는 잠재적 피해자의 매력성(attractiveness)을 범죄피해의 주요한 요인이라고 설명한다. 이러한 매력성은 피해자가 가진 성적인 매력이나 외모 등을 의미하는 것이 아니라, 잠재적 가해자가 피해 대상을 적합한 대상으로 여기는 것을 의미한다. 번역서에서는 범죄학 이론에서 설명하는 기본적 개념에 충실하게 하고자 피해자의 매력성이라고 그대로 번역하였다.

과거에 성범죄피해를 당한 여성들이 스토킹 피해자가 될 위험성이 더 크다는 연구 결과를 살펴보면, 이러한 지원 서비스는 특히 중요할 수 있다. 피해자들의 삶이 스토커의 존재에 의해 망가지지 않도록 하기 위해 특별한 개입을 필요로 할 수 있다.

셋째, 보호 능력을 개선하기 위한 노력을 기울여야 한다. 첫 번째 단계로 스토킹 피해를 캠퍼스 당국에 신고하도록 해야 한다. 만약 그렇게 하는 것이 정 내키지 않는다 하더라도 믿을 만한 친구들에게 알려야 할 필요성이 있다. 신고는 피해자들이 보호를 받는 데 필수적이다. 이와 관련하여, 강간 예방 프로그램과 마찬가지로 보호를 강화할 수 있는 한 가지 가능성은 캠퍼스 안팎에서 여성들에게 동행 가이드를 제공하는 것이다. 그들은 이 상황에서 보호자 역할을 할 뿐만 아니라 혹시라도 발생할 가능성이 있는 스토킹 행위의 증거를 기록하기 위해 촬영 장치를 가지고 다닐 수도 있다. 또 다른 가능한 방법은 기숙사의 사감이나 직원, 캠퍼스 경비원에게 스토킹을 방지하는 교육을 제공하여 장소 관리자의 역할을 하게 하는 것이다(Eck, 1994; Felson, 1995). 이러한 장소 관리자들은 혼자 사는 여학생들에게 보호막을 제공하는 데 특히 중요할 수 있다. 또한 전화나 인터넷을 통한 스토킹이 발생할 경우, 대상을 특정하여 원치 않는 접촉을 차단하거나 향후 법적 개입을 위한 증거 수집(예시: 이메일 메시지를 인쇄하거나 원치 않는 이메일 메시지를 별도의 보관함에 보관하는 방법)을 고안하는 것이 가능할 수 있다.

우리는 대학 관리자들이 스토킹 피해자들을 다루는 데 있어서 선제적인 접근을 할 것을 촉구할 것이다. 실용주의적인 관점에서 대학기관들은 스토킹이 만연함에도 이 문제를 해결하기 위한 절차적 또는 실질적인 조치를 취하지 않았기 때문에 스토킹 사건이 발생하여 비극적으로 끝난다면 법적 책임을 져야 할 수도 있다. 교육적 관점에서 행정가들은 많은 여학생들이 원치 않는 성범죄와 스토킹 행위로 인해 그들의 대학 생활의 삶의 질이 떨어진다는 것을 염두에 두고 우려해야 한다. 이러한 피해를 당한 학생들이 주변의 도움 없이 홀로 그 상황을 견디게 하는 것은 캠퍼스 관계자, 관련 법 집행자, 대학 내 지원기관 및 의료기관이 성범죄 및 스토킹에 대처할 능력이 없는 대학에 진학한 탓일 것이다.

05 ─────────────────────────────── 결론

성범죄처럼 복잡한 현상을 어떻게 측정할 수 있을까? 우리는 이전 학자들의 연구를 기반으로 하여 이 문제에 답하고자 하였다. 우리는 우리의 노력이 지식을 발전시키고, 더 효과적인 정책과 전략을 만들어 내는 기반을 제공했다고 믿는다. 하지만 아직 우리는 캠퍼스 성범죄 예방의 시작단계에 있다고 생각한다. 성폭력 피해 사례들의 중대성을 감안할 때 여대생들의 성범죄피해는 충분한 관심을 받지 못했다. 강간을 비롯한 다양한 종류의 성범죄가 학생들의 삶의 질에 미치는 장단기적 영향과 상황적 요인을 더 자세히 탐구하기 위해서는 체계적이고 국가적인 수준의 연구가 필요하다는 것은 분명하다. 또한 피해자들이 겪을 수 있는 후유증들을 예방하고 최소화하기 위한 프로그램들을 대상으로 이론에 기반한 실험 연구를 수행할 필요가 있다.

우리는 성범죄의 원인을 밝혀내고 효과적인 예방 프로그램을 설계하기 위해 엄격하게 과학적으로 적용된 연구를 해야 한다고 생각한다(관련 논의는 Daigle, Fisher, & Stewart, 2009; Fisher et al., 2008; Jordan, 2009; Logan et al., 2006). 대학교의 정책을 포함한 모든 사회 정책은 정치적 이념을 완전히 벗어날 수 없다. 우리가 가지고 있는 가치는 무엇이 중요한 문제인지와 무엇이 우선되어야 하는 문제인지를 결정하도록 돕는다. 하지만, 단순히 사회가 어떻게 변화하기를 바라는 것만으로, 사회가 변하지는 않는다. 과학은 지식을 만들어 내고, 그 지식을 사용하고자 하는 사람은 누구든 정치적 이념이 무엇이든지 간에 상관없이 자유롭게 사용할 수 있다. 하지만, 가장 중요한 건 좋은 데이터를 이용하여 엄격하게 진행된 연구 결과를 제시하는 길이 가장 최선의 방법이라는 것이다. 자신의 신념이나 믿음에 따라서 강하게 주장한다는 것만으로는 충분하지 않다.

물론 과학적인 접근 방법을 취한다고 해서, 그 자체만으로 의미 있는 정책이 마련되는 것은 아니다. 과학은 표현되는 과정에서 무감한 것으로 보일 수도 있지만, 데이비드 브로데어(David Brodeur, 1985, p.355)가 "통계학은 눈물을 닦은 인간이다"라고 표현한 것처럼 통계학은 비인간적인 것이 아니다. 우리가 지금까지 살펴본 것처럼 성범죄피해를 당하는 것은 학생들의 삶에 영향을 미친다. 때로는 상황을 악화시키는 데 그칠 뿐이지만 어떤 경우에는 결코 이전으로 되돌릴 수 없을 정도로 심리적으로나 육체적으로 여성들에게 해를 끼친다. 교육을 추구하고 있는 상아탑인 캠퍼스에서 성폭력이 발생한다는 현실은 눈물이 날 정도로 가슴 아픈 일이다. 우리 연구의 이런 인간적인 부분은 풍부한 통찰력과 증거 기반 개입을 바탕으로 연구를 수행하려는 우리의 목표에 동기를 부여하였다. 비록 유토피아적이라 할지라도, 우리의 목표는 모든 대학 여성들이 그들의 일상생활을 방해하고 그들의 심리적 또는 육체적 행복을 해치는 성범죄피해의 위험 없이 그들의 잠재력을 발휘할 수 있도록 캠퍼스를 안전한 장소로 만드는 것이다.

CHAPTER

국내 대학 성폭력 피해연구
실태 및 제언

09

국내 대학 성폭력 피해연구 실태 및 제언

CHAPTER 09

01 ─────────────────────────── 서론

　이 책은 90년대 말 미국에서 사회적 문제로 제기되었던 대학 내 성폭력에 대해서 다룬 책이다. 8장까지 우리는 90년대 말 미국에서 실시한 대학생 및 성인 여성을 대상으로 한 성폭력 피해 통계와 연구들 그리고 그 당시 사회적 분위기와 대책을 살펴보았다. 이 책에서 보여주는 10년 전 미국 대학 내 성폭력의 실태와 이를 바라보는 미국 사회의 시선은 10년이 지난 오늘날 우리나라의 대학과 사회의 모습과 너무 유사하다는 사실은 상당히 놀랍다. 성폭력에 관한 인식들, '진짜 강간'과 '가짜 강간'에 관한 잘못된 사회의 신념과 편견들, 동의하지 않은 신체적 접촉에 대한 논쟁들, 경찰이나 대학 당국에 집계되지 않는 암수 사건들과 같은 이슈들은 오늘날 국내 대학에서도 어렵지 않게 찾아볼 수 있고 거의 매일 뉴스의 헤드라인을 장식하고 있다. 이 책에서 기술하는 10년 전 미국 사회의 대학 내 성폭력 문제는 현재까지도 진행 중이다. 오늘날에도 미국은 대학 내 성폭력으로부터 자유롭지 못하고 그때와 비교하여 더욱 심각하다고 느낄 수도 있다. 지금의 우리나라도 'MeToo' 운동 등의 사회적 움직임과 함께 같은 문제를 심각하게 인식하기 시작하였고, 이런 문제로부터 안전한 사회와 대학을 만들기 위해서는 우리나라의 실태를 정확히 파악하는 것이 그 시작이라 할 수 있다. 따라서 이 장에서는 국내 대학생 대상 성폭력 피해 실태 연구를 살펴보고 향후 관련 연구와 정책 방향에 대하여 제언해 보고자 한다.

02 ──────── 대학생의 성희롱 및 성폭력 피해연구 실태

2.1. 대학생 대상 연구

국내에서는 아직 대학생들을 대상으로 한 성희롱 및 성폭력 실태 연구는 많지 않은 실정이다. 특히, 전국 단위의 대학생들과 대학을 대상으로 하는 연구는 손에 꼽을 정도이다. 이 중 가장 대표적인 조사는 2011년 한국여성정책연구원에서 실시한 '성평등 실천 국민실태조사 및 장애 요인 연구(Ⅲ)'이다. 한국여성정책연구원(2011)에서는 성평등 실천 국민실태조사의 일환으로 대학생들의 일상생활과 성평등 의식, 문화, 성희롱과 데이트폭력의 실태를 파악하였다. 전국의 남녀 대학생과 대학원생 5,555명을 대상으로 면접조사를 실시하였다. 전체 응답자 중 22.5%가 성희롱 피해를 당하였다고 응답하였고, 여학생의 26.7%가 지난 1년동안 성희롱 피해를 당한 것으로 응답하였다. 가해자와 피해자의 관계에서는 학생 간 성희롱이 발생한 경우가 가장 많았다. 데이트 폭력은 피해 경험이 아닌 가해 경험을 설문하였으며, 이성친구가 있다고 응답한 학생들 중 8.0%가 가해 경험이 있다고 응답하였다. 하지만 해당 연구에서는, 성폭력 피해를 집계하지는 않았으며 성폭력에 대한 인식을 설문하는데 그쳐 성폭력 피해나 데이트 폭력 피해에 관한 통계 수치를 제공하고 있지는 않아 아쉬움을 남기고 있다.

여성정책연구원의 연구와 같이 전국 단위의 실태 조사는 아니지만, 개별 연구자들이 학술 연구에서 대학생들을 대상으로 성희롱 및 성폭력 연구를 실시하기도 하였다. 안타깝게도 대학생들의 성희롱과 성폭력을 설문한 연구의 대부분이 성희롱과 성폭력을 명확하게 구분하여 정의하지 않았거나 조사방법을 구체적으로 설명하지 않았다. 이영애(2012)의 연구는 설문 대상을 명확하게 설명하고, 성희롱과 성폭력을 구분한 연구 중 하나이다. 전국의 대학에 재학 중인 남학생 909명, 여성 856명(2009년 설문 기준)을 대상으로 설문한 결과, 2009년을 기준으로 55.9%의 학생이 언어적 성희롱을 당하였으며, 육체적 성희롱을 당한 학생은 26.2%, 시각적 성희롱을 당한 경우는 12.9%, 강간, 추행, 스토킹 피해를 당한 경

우는 4.8%에 육박하는 것으로 나타나 성희롱이 가장 많고 강간 및 강제추행, 스
토킹은 상대적으로 적었다. 가해자와의 관계를 살펴보면, 학생 간 성희롱이나 성
폭력이 가장 많이 발생하는 것으로 집계되었다. 하지만, 이 연구에서 국내 대학
에 재학 중인 학생들이 어떻게 선정이 되고 설문에 참여하게 되었는지는 설명되
어 있지 않아 해당 통계 수치가 대표성이 있는 수치인지는 알기 어렵다.

　　이 밖에 다른 성희롱 및 성폭력 실태에 대한 연구들의 수치는 그 정의와
조사방법이 명확하지 않아 우리의 논의에는 포함시키지 않는다.

2.2. 대학 실무자 대상 성희롱 및 성폭력 피해연구

　　국내 정부기관이나 연구기관에서는 대학생을 대상으로 한 연구 이외에도
대학을 대상으로 대학내 성희롱 및 성폭력 발생 실태를 연구하기도 하였다. 대
학을 대상으로 하는 연구들은 대학의 성희롱 및 성폭력 피해구제의 실태와 교
육에 관한 실태를 파악하고, 이에 기반한 정책 방안을 모색하기 위한 목적으로
실시되었다. 가장 대표적으로는 2012년도에 국가인권위원회가 주관하여 서울
대학교 여성연구소에서 연구를 실시한 "대학교 성희롱/성폭력 실태조사"이다.
해당 조사는 전국의 대학을 대상으로 성희롱 및 성폭력 발생 실태뿐 아니라,
대응 실태까지 연구하였다. 2012년 6월부터 8월에 거쳐 전국에 있는 4년제와
2년제 대학 398개 중 280곳을 분석하였다. 해당 연구에서는 학교에 신고된 사
건을 중심으로 실태를 설명하였는데, 4년제 대학을 기준으로 2011년에는 평균
1.18건의 성희롱 성폭력 사건이 신고되었으며, 전문대학의 경우는 평균 0.1건
이 신고된 것으로 나타났다. 가해자와 피해자의 관계는 학생 간 발생하는 경우
가 가장 많은 것으로 집계되었다.

　　국내에서는 대학 내 인권센터 및 상담 기구를 설치한 대학을 대상으로 설
문조사를 실시하여, 대학 내의 성희롱 및 성폭력 실태를 연구하려는 시도는 계
속되어 왔다. 2018년도에는 교육부와 한국여성정책연구원이 피해자, 사건 관련
자, 업무 담당자를 대상으로 설문조사와 인터뷰를 실시하였다. 전국의 모든 대
학교를 대상으로 설문을 요청하였고, 최종적으로는 전문대와 기타 대학교를 포

함한 전국 소재의 대학 312곳을 대상으로 연구하였다. 2017년을 기준으로 언어적, 시각적, 신체적 성희롱은 평균 0.74건, 강제추행은 평균 0.34건, 유사강간/준강간/강간미수/강간 사건은 평균 0.06건씩 신고된 것으로 집계되었다. 평균적으로 일반대학교가 전문대학교에 비해서 상담을 하는 횟수가 높은 것으로 집계되었으며, 국공립의 경우에 사립학교에 비해서 상담을 하는 횟수가 높은 것으로 나타났다. 하지만 해당 연구의 목적은 대학가에서 발생하는 성폭력 사건의 수치를 밝혀내는 것이 아니라, 대학 내 성희롱 및 성폭력 사건을 예방하고 효율적으로 처리하기 위한 학내 관련 기구의 업무 실태를 파악하고 개선방안을 도출하고자 함이다. 따라서, 대학 내에서 발생하는 사건에 대하여 구체적 실태를 알기는 어려우나, 대학의 특성에 따른 신고 유형을 파악할 수 있다는 점에서 중요하게 활용될 수 있을 것이다.

연구의 지역적 범위가 전국의 대학이 아닌 특정 지역에 소재한 대학만을 조사한 연구도 있다. 2017년에 경기도가족여성연구원에서는 경기도에 소재한 78개의 대학 중 상담 기구가 있는 72개 대학을 대상으로 성폭력 실태와 대응에 관하여 조사하였다. 총 52개의 대학이 연구에 참여하였고, 상담 기구의 운영 실태와 상담기구에서 처리한 사건에 관하여 조사하였다. 2016년을 기준으로 대학당 평균 1.3건의 성폭력 사건이 접수되고 있는 것으로 조사되었고, 4년제 대학은 평균 1.9건이며 전문대학교는 평균 0.4건인 것으로 나타났다. 이 연구는 경기도에 소재한 대학 전수를 표집집단으로 하였다는 점과 대학의 특성에 따라 성폭력 신고 사건을 분석하였다는 점에서 의의가 있다. 하지만, 성폭력 사건이 신고되는 경우는 매우 적다는 점과 상담 기구의 홍보와 대학의 정책에 따라서 대학별로도 신고율에 차이가 있을 수 있다는 점을 생각해 보면, 대학교에서 알고 있는 사건이 대학교에서 발생한 사건의 전부라고 생각해서는 안 된다.

2.3. 한국범죄피해실태조사

우리나라에서는 2년에 한 번씩 국민을 대상으로 범죄피해와 범죄에 대한 인식 및 치안행정에 대한 만족도 등을 조사하는 연구도 진행되고 있다. 대학생만을 대상으로 하는 설문은 아니지만, 이 연구에서 응답자의 연령 및 직업, 피해사건의 장소 및 가해자와의 관계 등을 상세하게 조사하고 있어 대학생의 성범죄피해를 추정하는 분석은 가능하다. 이 연구는 미국의 범죄피해조사(National Crime Victimization Survey)에 상응하는 국내에서는 가장 범위가 크고 대표적인 피해조사 연구라고 할 수 있다. 한국형사정책연구원이 총괄하는 국가승인통계인 한국범죄피해실태조사는, '국민생활안전실태조사'라는 조사명으로 설문되고 있으며, 일반적으로는 '전국범죄피해조사'라고 통용되고 있다. 전국에서 표본으로 선정된 가구의 만 14세 이상 가구원 전원을 설문 대상으로 하며, 방문조사를 통해 설문한다. 총 17개 시도에 속한 동과 읍에서 총 6,710개의 가구를 표본집단으로 선정하고, 이들 중 56.6%에 해당하는 3,798가구의 가구원 13,136명을 설문하였다. 현재까지 6차에 걸쳐서 설문이 진행되어 있고, 범죄에 관한 '기초조사표', 피해자만이 작성하는 '사건조사표', 그리고 가구의 대표응답자만이 작성하는 '가구조사표'로 구성되어 개인의 범죄피해와 가구단위의 범죄피해 모두를 측정하고 있다. 가장 최근에 실시된 설문은 2018년 한 해 동안 발생한 범죄에 대하여 조사한 것이다. 성폭력 피해의 경우 전체 대상자의 0.16%가 피해를 당한 것으로 추정되었다. 하지만, 성폭력 피해자의 구체적인 특성에 대하여 따로 분석을 하지는 않았다. 이 연구를 통하여 대학생들의 피해 실태를 추정할 수는 있겠지만, 성범죄피해의 특성상 피해조사에서도 피해사실을 알리지 않는 경우가 많아 정확한 수치라고 하기에는 무리가 있다. 하지만 국내 성폭력 범죄피해의 집계 방식과 대표성있는 통계 수치라는 점에서 상당히 중요한 조사라고 할 수 있다.

03 ——————————— 국내 대학생 피해 실태 연구 발전 방향

3.1. 설문 구성 관련 제언

3.1.1. 연구방법론의 개선

현재 대학생을 대상으로 한 피해 실태 연구에서 가장 우선적으로 개선되어야 할 점은 설문의 대상자가 전국에 있는 대학생으로 확대되어야 한다는 점이다. 현재까지 실시된 설문 조사들은 전국 단위로 실시할 경우에는 그 대상이 대학생만을 설문 대상으로 하지 않았거나, 대학생만을 대상으로 조사한 경우에는 일부 대학만을 편의 표집하여 설문하였다. 그렇기 때문에, 연구 결과는 특정 대학이나 특정 지역에 한정되어서 해석될 수밖에 없고 이러한 연구 결과를 일반화하기는 어렵다. "대학생들 중 OO%가 성폭력 피해자"라고 설명하고, 신뢰할 만한 통계수치로서 활용하기 위해서는 전국에 있는 대학교를 대상으로 설문 프레임을 설정하고, 단계별로 설문 대상을 설정하는 무작위 다단계 추출법(random multi-stage sampling)이나 군집표본추출법(multi-cluster sampling)과 같은 방법으로 연구방법 설계를 하여야 할 필요성이 있다. 실질적인 방안으로는, 전국에 있는 모든 대학 및 대학교에 설문 협조를 요청한 이후 설문에 동의한 학교에서 자체적으로 학교에 재학 중인 재학생들 모두에게 이메일을 보내어 자발적으로 온라인 설문에 참여하도록 하는 방안도 있다.

3.1.2. 스크리닝 문항의 필요성

스크리닝 문항은 설문의 정확도를 높이기 위해서 필요하다. 특히, 최근의 사건들을 설문하는 것이 아니라 최근 1년이나 대학교 입학 이후부터 현재까지의 기간에 발생한 일들에 대하여 설문하는 경우라면 응답자가 사건들을 더 잘 떠올리기 위해서 스크리닝 문항을 사용하는 것이 매우 중요하다. 성폭력 피해의 조사에서는 가해자가 아는 사람이거나 사건이 발생할 당시 술에 취해 있었던 상황과 같은 경우에는 그 사건을 성폭력 피해사건이라고 생각하지 않을 수도 있다. 뒤에서 구체적으로 다루게 될 내용이지만, 스크리닝 문항을 포함하는 경우에 본인이 피해를 당하였다고 인지하였지만, 법률 및 규정상 피해자로 정의되지 않는 경우와 실제 '피해자'를 구분하여 통계 수치를 분석하고, 이를 모두 다룰 수 있는 방안에 대한 추가 연구를 실시할 수 있다. 스크리닝 문항은 사건에 대해 본격적으로 물어보기에 앞서 구체적인 기간을 제시하거나 발생할 가능성이 있는 구체적인 상황들을 제시해 준다. 예를 들면, "작년에 개강한 이후부터 올해 종강하기 이전까지, 귀하가 원치 않았던 상황에서 누군가가 귀하에게 성적인 접촉을 시도한 적이 있나요? 교내에서 발생한 일일 수도 있으며, 술집, 대중교통, 대중시설, 집, 기숙사, 친구 집, 모르는 곳에서 일어난 일일 수도 있습니다. 상대방은 모르는 사람일 수도 있지만, 잘 아는 친구, 연인, 헤어진 연인, 선배, 아르바이트하며 만난 사람, 소개팅한 상대방 등 아는 관계에 있는 사람일 수도 있습니다. 원치 않는다는 의사를 표현하였을 수도 있지만, 상황이나 분위기에 따라서 원치 않는다고 표현하지 못하였을 수도 있습니다"와 같이 구체적으로 설문할 수 있다.

3.1.3. 사건 조사 설문의 추가

성범죄피해를 측정하기 위해서는 설문이 여러 단계에 걸쳐서 구성되어야 할 필요가 있다. 특히, 사건에 대한 피해 일시, 횟수, 가해자−피해자 관계, 사건 발생 당시 특성, 동의 여부, 가해자 정보, 사건 발생 이후 대응과 같은 구체적 문항을 사건마다 구분하여 질문할 필요가 있다. 다른 종류의 범죄피해와는 다르게 성범죄피해의 경우, 개인이 인지한 피해와 실제 피해가 법률적 혹은 학교 규정에 의하여 범죄로 판단되는지 여부가 상이할 수 있다. 예를 들면, '누군가 당신의 물건을 훔쳐 갔나요?"라는 문항에 비해서 '누군가 당신에게 성폭력을 가한 적이 있나요?'라는 질문은 설문에 응답하는 사람마다 생각하는 정도의 차이가 더 클 수 있기 때문이다.

첫 번째로 '성폭력'이라는 행위는 사람마다 사건에 대한 해석이 상대적이기 때문에 누군가는 강간만을 성폭력으로 생각하지만, 다른 사람은 성희롱과 같은 언어적 성폭력과 차별 행위 또한 성폭력으로 생각할 수도 있다. 두 번째로, 실제 성폭력의 종류를 설명한다고 하더라도 개인마다 편차가 클 수 있다. "강간"이라는 사건에서도 모르는 사람에 의한 행위만을 강간이라고 생각할 수도 있으며, 누군가는 아는 사람에 의해서 충분한 동의 없이 이루어진 성관계를 강간이라고 할 수도 있을 것이다. 세 번째로, 본인이 피해를 당하였다고 응답한 경우라도 실제로는 범죄피해에 해당하지 않는 경우가 있을 수 있다. 이러한 경우, 실제 범죄피해율을 더욱 높게 측정하는 것이기 때문에 범죄피해가 실제로도 범죄 행위에 해당하는지를 판단하여야 할 필요가 있다. 사건에 대하여 설문하는 것은 앞서 스크리닝 문항을 통과한 사람들만을 대상으로 개별 사건에 대하여 구체적인 정보를 물어보는 방향으로 진행될 수 있다. 만약 3번 정도 피해가 발생한 경우라면 각각의 피해 사건에 대하여 물어보고, 5회 이상을 넘어가는 경우라면 가장 최근에 발생한 5건의 사건에 대하여만 설문하는 식으로 설문을 조절할 수 있다.

3.1.4. 피해 및 기타 관련 요인의 설문

대학생의 성폭력 피해에 관한 설문을 할 때에는 피해와 직접적인 관련이 있는 피해 문항들을 설문하는 것도 중요하지만, 기타 관련 요인이나 피해 이후의 어려움이나 대응에 관하여 설문하는 것도 정책적으로 도움이 된다. 응답자의 기본적인 인구사회학적 특성뿐 아니라, 일상활동 및 성폭력에 대한 신념과 같이 성폭력 관련 연구에서 연관이 있다고 알려진 요인들을 문항에 포함하면 이론에 기반하여 성폭력 피해를 분석하여 볼 수 있을 것이다. 그리고 성폭력 피해 이후의 겪은 어려움이나 사건 이후 대응 절차 등과 관련한 설문 문항을 포함하여 실질적으로 피해자들이 어떠한 어려움을 겪고 있는지를 파악하여 볼 수 있을 것이다. 이러한 설문 결과를 바탕으로, 피해자들에게 어떠한 도움이 제공되어야 하는지 그리고 어떠한 요인으로 피해자들이 신고를 꺼리게 되는지를 연구하는 것은 상당히 중요하다.

3.2. 성폭력의 정의 및 범주에 관한 논의의 필요성

대학에서 발생하는 성폭력 문제의 실태를 정확하게 파악하기 위해서는 설문을 견고하게 구성하는 것도 중요하지만, 이와 관련한 다양한 사회적 이슈들을 고려하여 설문을 구성하고 연구하는 것도 매우 중요하다. 특히, 성폭력을 어떻게 정의할 것이고, 어떠한 행위를 성폭력이라고 정의할 것인지에 관한 논의가 필요하다. 이 책에서 성폭력(sexual violence)은 성희롱, 성추행(강제추행), 강제적 성행위(유사성행위), 강간으로 구분하여 설명되었고 추가적으로 스토킹이 설문의 대상에 포함되었다. 연인 간의 성폭력이나 데이트 중 발생하는 성폭력인 경우 따로 분류되지 않았지만, 근래에 시행되는 연구들은 친밀한 관계에서의 폭력(intimate partner violence)을 따로 분류하고 있기도 하다.

오늘날 국내에서 실시된 설문을 살펴보면, 성폭력을 다소 포괄적으로 규정하고 있거나, 성폭력 범죄행위와 범죄로 구성되지 않는 행위들을 구분 없이 측정하고 있다. 이러한 경우, 발생할 수 있는 문제들이 몇 가지 있다. 첫 번째, 성폭력 범죄피해의 수치가 실제 피해율보다 높게 측정될 수 있으며, 정확하지 않은 정보가 사실처럼 사용될 수 있다. '성폭력 피해를 당했다'고 응답한 사람들 중 일부는 '성폭력 범죄'행위에 해당하는 범죄피해를 당한 것이지만, 다른 일부의 응답자들은 '성폭력 범죄'에는 해당하지 않으나 주관적인 기준에 부합하는 성폭력 피해를 당한 것일 수 있다. 성폭력이라는 행위를 명확하게 정의하지 않는다면, 정확한 피해 수치를 집계하기도 어려울 것이다.

두 번째, '범죄피해 신고를 하지 않는 이유'와 '피해 이후의 어려움'이 과소화될 수 있다. 광범위하게 성폭력 피해를 측정한 경우, 피해를 당하였다고 응답한 사람들이 '왜 범죄피해를 경찰에 신고하지 않으셨나요?'라는 질문에 '별다른 피해를 입지 않아서'라고 답변한 경우가 약 30%에 해당한다고 가정하여 보자. 이러한 통계수치를 그대로 활용하는 경우, '성폭력 피해자의 30%가 별다른 피해를 입지 않았다고 생각한다'라고 유추될 수도 있다. 그렇지만, 성폭력 범죄피해자를 엄격하게 정의하여 측정하면, 30%보다 훨씬 적은 수치가 '별다른 피해를 입지 않아서 신고하지 않았다'고 응답할 가능성이 있다. 성폭력 피해를 광범위하게 정의하는 경우, 성폭력 피해에 이르지 않는 사람도 '피해자'

의 범주에 포함되기 때문이다. 즉, 성폭력 피해의 정도가 과소 평가되고 성폭력 범죄피해자들을 위한 지원 프로그램 등을 마련하는 데 부정확한 정보가 제공될 수도 있다.

세 번째, 아직 개별적으로 법률의 규제를 받지 않지만, 사회적으로 주요한 문제로 여겨지는 성폭력 피해 문제를 집중하여서 다룰 수 있을 것이다. 스토킹이나 데이트 폭력과 같이 친밀한 사이에서 발생하는 성폭력 사건의 경우, 이를 다루는 직접적인 특별법 등은 아직 규정되지 않았지만 향후 법률적 논의가 있을 것이라 예상이 되는 범죄행위이며, 이러한 폭력 행위에 대한 실태조사가 필요할 것이다. 범죄 예방과 처벌에 효과적인 법률이 만들어지기 위해서는 범죄의 실태와 유형에 대한 명확한 분석이 반드시 선행되어야 한다. 얼마나 많은 피해가 발생하였는지 파악해야 법안 제정에 대한 정당성이 부여되고, 어떤 유형의 행동이 있었는지 파악해야 처벌을 피해 빠져나가는 경우가 발생하지 않고, 억울하게 처벌받는 사람도 발생하지 않는다. 따라서 법률의 강력한 규제에서 벗어나 있지만 이미 심각한 문제로 인식되는 스토킹, 데이트폭력과 같은 사건에 대한 조사연구는 매우 중요하다. 또한, 이러한 폭력 피해들과 다른 성폭력 피해행위와의 연관성에 대하여 살펴보는 것은 범죄 예방정책에 대하여 큰 함의가 있을 것이다. 스토킹이나 데이트 폭력에 자주 노출되는 경우, 혹은 다른 유형의 폭력 행동에 자주 노출되는 경우에 그 피해가 이후 다른 종류의 성폭력 피해 가능성을 높인다면 정책을 통해 사전에 더 큰 피해를 예방할 수 있는 기회를 제공할 수도 있을 것이다.

3.3. 성폭력 피해자에 관한 담론의 확장

성폭력이라는 행위 자체에 대하여 중점적으로 살펴보는 것도 중요하지만, 성폭력 피해자에 대하여 명확하게 정의하고 다양한 각도에서 살펴보는 것도 중요하다. 무엇보다도 성폭력 피해를 회복하고 피해자들에게 실질적으로 도움이 될 수 있는 정책들을 마련하기 위해서는 성폭력 피해자들에 관한 이해가 필요할 것이다. 특히, 대학생들이 겪는 성폭력 피해의 특수성을 더 잘 이해하고 관련한 정책을 마련하기 위해서는 성폭력 피해자에 대한 담론을 확장하는 것이 필요하다.

앞서 많은 자료들에서 살펴봤듯이 성폭력 피해자들은 자신의 피해사실을 알리는 것을 꺼려하는 특징을 가진다. 이러한 현상은 미국에서만 있는 일이 아니며 우리나라의 경우 신고를 하지 않는 경향이 더욱 강하다. 하지만 성폭력 피해자들은 신고를 하지 않더라도 주변의 친밀한 누군가에게는 피해사실을 알리는 경향을 보이기도 한다. 이런 결과는 피해자들이 무조건 피해사실을 숨기려고 하기보다는 피해사실을 마음 놓고 이야기할 곳을 찾는다는 것을 짐작할 수 있게 한다. 성폭력피해를 사법기관에 신고할 수 있도록 장려하는 것은 단기간에 이룰 수 있는 사안이 아니다. 우선 성폭력 피해에 대해 이해하고 피해 회복의 과정을 실질적으로 가까이에서 도울 수 있는 정책이 마련되어야 신고율도 높아질 것이다. 따라서 성폭력 피해자들이 자신의 이야기를 마음 놓고 이야기할 수 있는 환경의 조성이 필요하다.

3.3.1. 다양한 피해자에 대한 고려

가장 먼저 다루어져야 할 점은 누구를 '피해자'라고 정의할 것인가의 문제이다. 피해자는 이분법적으로 '피해자' 혹은 '피해자가 아닌 사람'으로 정의할 수 있는 문제는 아니다. 피해를 신고한 사람들 중의 일부는 실제로 형법의 구성요건을 충족하는 범죄의 피해를 당한 사람들이지만, 그렇지 않은 경우도 있다. 일부 대학에서는 '신고인'이라는 표현을 써서, 심의를 통해 피신고인의 가해행위가 확정된 사람에게만 '피해자'라고 명명하기도 한다. 하지만, 일반적인 통념에 '피해를 신고하는 사람'은 '피해자'라고 여겨지게 되고, 실제로 피해자의 지위를 얻지 못하는 것에 대한 스트레스와 어려움 등을 경험할 수도 있다.

미국의 경우, 피해를 당하였다고 주장하는 사람들을 모두 피해자(victim)라고 부르기보다는 '피해를 주장하는 사람(alleged victim)'으로 지칭하기도 한다. 범죄의 피의자가 유죄가 확정이 되어야 가해자로 분류되고, 가해자들에게 걸맞는 처벌이 부여되는 것처럼, 피해자도 피해자로서 확정되는 시점이 명확히 구분되어야 할 필요가 있다. 우선적으로, 피해자의 지위를 명확히 함으로써, 각

단계에 프로그램이나 치료 등이 적절하게 지원될 수 있다. 이와 더불어, 본인이 피해를 당하였다고 인지하였지만, 법률 및 규정상 피해자로 정의되지 않는 경우에도 자신에게 발생한 일이 범죄 행위 혹은 학칙에 위반되는 행위가 아닐 수도 있음을 인식하고 문제 해결 초기 단계에서부터 다양한 대응방안에 대하여 고려해 볼 수 있을 것이다. 피해사실이 확정되지 않더라도 사건으로 인한 불이익이나 어려움 등이 발생할 수 있으므로, 피해자의 지위를 얻지 못한다고 하더라도 다른 방식으로 어려움을 해소하고 극복할 수 있도록 지원하는 프로그램 등이 필요하다. 마지막으로, 실무자들에게 피해를 신고한 이들에 대한 교육을 제공하는 것은 큰 도움이 될 것이다. 실제로 다양한 피해자들을 만나는 업무 환경에서, 피해사실이 확정되지 않은 사람을 피해자로 부르지 않는 경우 실무자들이 '사건을 심각하게 생각하지 않는다'라고 비추어지거나 '피해에 대하여 공감하지 못한다'라는 비판을 받을 여지도 있다. 따라서 실무자들은 물론 일반인에게도 피해를 당한 사람들을 세심히 고려할 수 있도록 하는 교육이 필요할 것이다.

3.3.2. 재피해와 인지하지 못한 피해자에 관한 연구

범죄피해를 당하는 것은 흔치 않은 일이다. 대부분의 사람들은 일생에서 어떠한 범죄피해도 경험하지 않는다. 하지만, 어떤 사람들은 범죄에 지속적으로 노출되기도 한다. 이 책에서 살펴본 것처럼, 대학에 입학하기 이전에 성폭력 피해를 당한 경험이 있는 사람은 대학교에 입학하여서도 성폭력 피해를 당할 가능성이 높다. 대학에 들어와서 성폭력 피해를 당한 학생도 다시 피해를 당할 확률이 높아진다. 이 책에서는 미국의 상황을 연구한 것이긴 하지만, 한국의 대학에서 발생하는 성폭력 피해의 양상도 이와 크게 다르지 않을 것이라 예상된다. 이미 피해 경험이 있는 피해자가 다시 피해를 당하는 재피해는 피해의 영향력에 있어서도 엄청난 부정적 결과를 동반한다. 피해 당사자는 물론이며 재피해를 지켜보는 주변의 지인들이 느끼는 두려움도 아주 크다. 이런 부정적인 영향력은 사법기관에 대한 신뢰를 떨어뜨리고 사회에 대한 불신으로 연결되어 결국 삶의 질을 떨어뜨리고 사회를 피폐하게 만들기 때문에 더욱 위험하다.

피해자들의 재피해 가능성을 줄이기 위해서는 가해자에 대한 처벌이 중심이 되는 정책이나 프로그램도 중요하지만 피해자들을 적절하게 지원하고 피해 이후에도 유사한 위험에 노출되지 않도록 지원을 제공하는 것이 바람직하다. 이들 중에서도, 특히 본인의 범죄피해를 인지하지 못하여 지속적인 피해에 노출되는 학생들이 없게 하기 위하여 지속적인 연구와 교육 프로그램의 개발이 필요할 것이다.

3.3.3. 논란이 되는 성폭력 행위에 대한 연구

오늘날 한국사회 및 대학가에서 이슈화되고 있는 문제 중 하나는, 과연 "어느 정도의 행위"가 성폭력 행위인가 하는 점이다. 같은 행위에 대하여도 사람에 따라서 혹은 세대와 그룹 문화에 따라서 성폭력으로 판단하는 기준이 상이할 수 있다. 이러한 차이로 인하여, 누군가는 '성폭력 행위'를 저지를 수도 있고, 누군가는 '성폭력 행위'에 대하여 아무런 조치가 없는 현실에 대하여 분개하기도 한다. 예를 들면, 교수가 학생과 상담을 하며 위로와 격려를 표하며 학생의 두 손을 꼭 움켜잡은 상황에 대하여 누군가는 사제 간의 친밀한 행위라고 판단하기도 하는 반면, 누군가는 권력의 불균형에서 발생할 수도 있는 강제추행이라고 생각할 수도 있는 것이다. 단순히 "동의가 없이 상대방의 신체를 만졌다"라는 사실만으로, 위의 예시가 성폭력 행위가 되는지 될 수 없는지를 판단하기는 어려울 것이다. 이러한 행위는 성폭력으로 성립할 수도 있지만, 그렇지도 않을 수 있는 '경계선상'에 있는 행위로, 대학가에서 발생한 성폭력 사건에 대한 논의의 일부는 이러한 경계선상에 있는 성폭력 행위에 관한 논쟁일 수도 있다.

또 다른 예를 들어보자면, 갓 사귀기 시작한 커플이 술에 취한 상태에서 숙박업소에 함께 들어갔고, 같은 방에 있는 동안 스킨십이 있던 상황을 살펴볼 수 있다. 이 상황에 대하여 '스킨십에 관하여 동의가 있었는지', 그리고 '동의를 할 수 있는 판단력을 갖출 수 있었는지'가 해당 상황에서 성폭력이 발생하였는지를 판단할 수 있는 주요 요인이 될 수 있다. 그렇지만, 일부는 '숙박업소에 함께 들어간 것이 앞으로 예상되는 행위에 대하여 동의한 행위'라고 생각할 수도 있고, 다른 사람들은 '숙박업소에 함께 들어간 것은 동의가 아니며, 스킨십에 대한 상호 간의 동의가 필요하다'라고 주장할 수도 있을 것이다. 그리고 피해를 신고한 피해자가 '술에 취해서, 기억이 잘 나지 않는다'라고 진술하고 가해 행위자로 지목된 사람이 상대방이 '적극적으로 임하였고, 술에 취한 줄 모를 정도로 멀쩡하게 행동하였다'라고 진술하는 경우에 과연 해당 행위를 어떠한 기준으로 성폭력 행위로 판단할 것인지에 대한 논의와 연구가 필요할 것이다. 이러한 이유로 다양한 성폭력의 상황에 대한 조사나 연구를 통해서 성폭력으로 판단될 수도 있고 그렇지도 않을 수 있는 문제들을 수집하고 당사자들의 인식을 살펴보는 것은 중요하다. 사회의 구성원이 모두 동의하는 상황이 아닌 경우에는 조사와 연구를 통해 얻어진 자료가 향후 성폭력 관련 법의 제정과 예방 대책들을 마련하는 데 가이드라인을 제시해 줄 것이다. 또한 이런 연구들이 이루어지면 성폭력에 대한 사람들의 인식을 개선하는 정책 및 교육 프로그램의 개발에도 유용하게 활용될 수 있다. 대학에서 이런 자료들을 활용하여 대학생들이 불미스런 일을 경험하기 전에 해서는 안 되는 행동들에 대한 가이드 및 교육을 제공한다면 대학은 보다 안전한 곳이 될 수 있을 것이다.

04 ———————————————————————— 결론

9장에서는 우리나라 대학의 성폭력 실태에 대해서 국내의 연구들과 '한국범죄피해실태조사'를 통해 알아보았다. 국내의 대학 내 성폭력 문제는 외국과 비교하여 그 심각성이 낮다고 볼 수 없다. 그럼에도 불구하고 이와 관련 연구가 많지 않다는 점은 앞으로 대학 내 성폭력에 대한 연구와 관심이 많이 필요하다는 점을 시사하고 있다. 기존의 연구들은 연구의 범위가 좁거나 편중되어 있었고, 연구의 내용도 대학생들의 성범죄피해에 대한 실태를 파악하는 것에 중점을 두고 있었다. 대학 내 성폭력이 사회적으로도 심각하게 여겨지고 연구자들의 관심도 높아진 시점에서 앞으로의 연구는 그 내용이 더욱 풍부하고 구체적이어야 할 필요가 있다. 8장까지의 내용에서 우리는 미국의 사례와 연구들에 대해 살펴보았다. 이미 10년 전에 대학 내 성폭력에 대해 큰 관심을 보인 미국의 현재 상황은 어떨까? 실태조사와 수많은 연구, 법안의 제정과 대학 내 기관설립 및 교칙정비 등의 다양한 방안이 실시되었지만 미국의 대학 내 성폭력은 아직도 여전히 심각한 상황이다. 우리는 이러한 미국의 상황에서 교훈을 얻어야 한다. 연구를 통해 대학 내 성폭력을 뿌리 뽑아 '제로'로 만들 수는 없겠지만 정확한 실태를 파악하여 원인을 찾고 피해자들이 경험하는 어려움을 파악하는 것은 분명히 긍정적인 결과를 가져올 것이다. 앞으로의 연구자들은 책임감을 가지고 대학에 재학 중인 학생들이 안전하다고 느끼며 만일 자신에게 성폭력 피해와 같은 일이 발생하더라도 그 사건을 신속하고 엄정하게 해결해 줄 것이라는 믿음을 가질 수 있도록 해 주어야 한다. 앞으로 성범죄의 문제는 대학교뿐만 아니라 사회 전반적으로도 더욱 심각한 문제가 될 것이고 예민해질 것이다. 이런 상황에서 우리는 피해자가 한 명이라도 덜 발생하도록, 피해자가 경험하는 어려움이 줄어들도록 노력해야 한다.

우리나라의 경우 성폭력 범죄의 발생과 사건 이후의 절차에 영향을 미칠 수 있는 성평등 인식과 강간에 대한 잘못된 인식을 나타내는 강간통념과 같은 인식들의 수치가 피해자를 비난하는 방향으로 왜곡된 경향이 있었다. 이러한 인식의 변화를 위한 노력이 최근에 와서야 진행되기 시작하였다. 인식개선의 노력은 늦었지만 빠르게 확산되어 가고 있으며 '데이트폭력'과 같은 개념도 전혀 알지 못하던 개념이 누구나 알고 있는 개념으로 변화하는 데 소요된 시간이 길지 않다. 이러한 성과는 사법 당국과 언론, 무엇보다 국민들의 관심이 큰 역할을 하였기 때문에 가능한 일이다. 대학 내 성폭력에 있어서도 자신에게 발생한 일에 대해 명확히 판단할 수 있는 교육이 반드시 이루어져야 하며, 성폭력 피해를 당한 피해자에 대한 주변의 인식의 개선을 위한 교육도 장기적이고 지속적으로 이루어져야 한다.

특히 대학교라는 공간은 모든 예비 대학생들에게는 꿈의 공간이며, 재학 중인 대학생들에게도 안전하게 꿈을 펼칠 수 있는 공간이어야 한다. 대학의 성범죄 문제를 바로잡는 것은 사회 전체의 성범죄 문제를 해결하는 시작점이라고 할 수 있기 때문에 대학생들이 성범죄에 대해 올바른 인식을 갖고 성범죄로부터 안전한 일상을 누리는 것은 안전한 사회를 위해 필수적으로 선행되어야 하는 일이다.

  이 책의 번역을 마무리하면서 다시 10년 후, 우리나라에서는 사회와 대학의 성범죄에 대한 잘못된 편견이 사라지고 피해자가 충분히 존중받으며 특히, 대학은 성범죄로부터 어느 곳보다 안전한 공간이 되기를 바란다.

국가인권위원회. (2012). 「대학교 성희롱/성폭력 실태조사 − 피해구제를 중심으로 −」. 국가인권위원회.

안상수, 박성정, 최윤정, 김근미. (2011). 「성평등 실천 국민실태조사 및 장애요인연구(III)」. 한국여성정책연구원.

안태윤, 신정아. (2017). 「경기도 대학생 성폭력 예방 및 대응방안 연구」. (재)경기도가족여성연구원.

이미정, 윤덕경, 정지연, 김정혜, 정수연, 박종석. (2018). 「대학 내 성희롱/성폭력 실태조사 및 제도개선 방안」. 교육부. 한국여성정책연구원.

이영애. (2012). "대학 내 성희롱·성폭력 피해 실태에 관한 연구 − 중·소도시 대학생들에 대한 시계열 연구". 피해자학연구, 20(2): 31−54.

한국형사정책연구원. (2018). 「한국범죄피해실태조사 − 2018」. 형사정책연구원.

Abbey, A., McAuslan, P., Ross, L. T., & Zawacki, T. (1999). Alcohol expectancies regarding sex, aggression, and sexual vulnerability: Reliability and validity assessment. *Psychology of Addictive Behaviors, 13*, 174-182.

Abbey, A., Ross, L. T., & McDuffie, D. (1994). Alcohol's role in sexual assault. In R. R. Watson (Ed.), *Drug and alcohol abuse reviews, Volume 5: Addictive behaviors in women* (pp. 97-124). Towota, NJ: Human Press.

Abbey, A., Zawacki, T., Buck, P. O., Clinton, A. M., & McAuslan, P. (2004). Sexual assault and alcohol consumption: What do we know about their relationship and what types of research are still needed? *Aggression and Violent Behavior, 9*, 271-303.

Ageton, S. S. (1983). *Sexual assault among adolescents.* Lexington, MA: Lexington Books.

Ahrens, C. E., Campbell, R., Ternier−Thames, N. K., Wasco, S. M., & Sefl, T. (2007). Deciding whom to tell: Expectations and outcomes of rape survivors' first disclosures. *Psychology of Women Quarterly, 31*(1), 38−49.

American College Health Association. (2000a). *National College Health Assessment: Reference Group Executive Summary, Spring.* Baltimore: American College Health Association.

American College Health Association. (2000b). *National College Health Assessment: Reference Group Executive Summary, Fall.* Baltimore: American College

Health Association.

American College Health Association. (2001a). *National College Health Assessment: Reference Group Executive Summary*, Spring. Baltimore: American College Health Association.

American College Health Association. (2001b). *National College Health Assessment: Reference Group Executive Summary, Fall*. Baltimore: American College Health Association.

American College Health Association. (2002a). *National College Health Assessment: Reference Group Executive Summary, Spring*. Baltimore: American College Health Association.

American College Health Association. (2002b). *National College Health Assessment: Reference Group Executive Summary, Fall*. Baltimore: American College Health Association.

American College Health Association. (2003a). *National College Health Assessment: Reference Group Executive Summary, Spring*. Baltimore: American College Health Association.

American College Health Association. (2003b). *National College Health Assessment: Reference Group Executive Summary, Fall*. Baltimore: American College Health Association.

American College Health Association. (2004a). *National College Health Assessment: Group Executive Summary, Spring*. Baltimore: American College Health Association.

American College Health Association. (2004b). *National College Health Assessment: Reference Group Executive Summary, Fall*. Baltimore: American College Health Association.

American College Health Association. (2005a). *National College Health Assessment: Reference Group Executive Summary, Spring*. Baltimore: American College Health Association.

American College Health Association. (2005b). *National College Health Assessment: Reference Group Executive Summary, Fall*. Baltimore: American College Health Association.

American College Health Association. (2006a). *National College Health Assessment: Reference Group Executive Summary, Spring*. Baltimore: American College Health Association.

American College Health Association. (2006b). *National College Health Assessment: Reference Group Executive Summary, Fall*. Baltimore: American College Health

Association.

American College Health Association. (2007a). *National College Health Assessment: Reference Group Executive Summary, Spring.* Baltimore: American College Health Association.

American College Health Association. (2007b). *National College Health Assessment: Reference Group Executive Summary, Fall.* Baltimore: American College Health Association.

American College Health Association. (2008a). *National College Health Assessment: Reference Group Executive Summary, Spring.* Baltimore: American College Health Association.

American College Health Association. (2008b*). National College Health Assessment: Reference Group Executive Summary, Fall.* Baltimore: American College Health Association.

Bachman, R. (1998a). The factors related to rape reporting behavior and arrest: New evidence from the national crime survey. *Criminal Justice and Behavior, 25,* 8-29.

Bachman, R. (1998b, October). *A comparison of annual incidence rates and contextual characteristics of intimate perpetrated violence against women from the National Crime Victimization Survey (NCVS) and the National Violence Against Women Survey (NVAW).* Background paper for Workshop on Building Data Systems for Monitoring and Responding to Violence Against Women, U.S. Department of Justice, National Institute of Justice and Bureau of Justice Statistics, and U.S. Department of Health and Human Services, National Center for Injury Prevention and Control and National Center for Health Statistics, Arlington, VA.

Bachman, R., & Taylor, B. (1994). The measurement of family violence and rape by the redesigned National Crime Victimization Survey. *Justice Quarterly, 11,* 499-512.

Bachman, R., Paternoster, R., & Ward, S. (1992). The rationality of sexual offending: Testing a deterrence/rational choice conception of sexual assault. *Law and Society Review, 26,* 401-432.

Banyard, V. L, Moynihan, M. M., & Plante, E. G. (2007). Sexual violence prevention through bystander education: An experimental evaluation. *Journal of Community Psychology, 35,* 463-481.

Banyard, V. L, Plante, E. G., & Moynihan, M. M. (2005). *Rape prevention through bystander education: Bringing a broader community perspective to sexual violence prevention*. Washington, DC: U.S. Department of Justice, National Institute of Justice.

Banyard, V. L., Ward, S., Cohn, E. S., Plante, E. G., Moorhead, C., & Walsh, W. (2007). Unwanted sexual contact on campus: A comparison of women's and men's experiences. *Violence and Victims, 22,* 52-70.

Barberet, B., Fisher, B. S., & Taylor, H. (2004). *University student safety in the East Midlands.* London: Home Office.

Basile, K. C. (1999). Rape by acquiescence: The ways in which women "give in" to unwanted sex with their husbands. *Violence Against Women, 5,* 1036-1058.

Basile, K. C., & Saltzman, L. E. (2002). *Sexual violence surveillance: Uniform definitions and recommended data elements.* Atlanta, GA: National Center for Injury Prevention and Control, Centers for Disease Control and Prevention.

Baum, K., & Klaus, K. (2005). *Violent victimization of college students, 1995-2002.* Washington, DC: U.S. Department of Justice, Office of Justice Programs, Bureau of Justice Statistics.

Belknap, J. (1996). *The invisible woman: Gender, crime, and justice.* Belmont, CA: Wadsworth.

Belknap, J., & Erez, E. (2007). Violence against women on college campuses: Rape, intimate partner abuse and sexual harassment. In B. S. Fisher & J. J. Sloan III (Eds.), *Campus crime: Legal, social, and policy perspectives* (2nd ed., pp. 188-209). Springfield, IL: Charles C Thomas.

Belknap, J., Fisher, B. S., & Cullen, F. T. (1999). The development of a comprehensive measure of the sexual victimization of college women. *Violence Against Women, 5,* 185-214.

Best, J. (1990). *Threatened children: Rhetoric and concern about child–victims.* Chicago: University of Chicago Press.

Biaggio, M. K., Brownell, A., & Watts, D. L. (1991). Reporting and seeking support by victims of sexual offenses. *Journal of Offender Rehabilitation, 17,* 33-42.

Bjerregaard, B. (2000). An empirical study of stalking victimization. *Violence and Victims, 15,* 389-405.

Black, D. (1983). Crime as social control. *American Sociological Review, 48,* 34-45.

Bondurant, B. (2001). University women's acknowledgment of rape: Individual, situational, and social factors. *Violence Against Women, 7,* 294-314.

Boney–McCoy, S., & Finkelhor, D. (1995). Prior victimization: A risk factor for child abuse and for PTSD—related symptomology among sexually abused youth. *Child Abuse and Neglect, 19*, 1401-1421.

Botta, R.A. & Pingree, S. (1997). Interpersonal communication and rape: Women acknowledge their assaults. *Journal of Health Communication, 2*, 197-212.

Bottoms, A. E. (1994). Environmental criminology. In M. Maguire, R. Morgan, & R. Reiner (Eds.), *The Oxford handbook of criminology* (pp. 585-656). New York: Oxford University Press.

Brady, T. V. (1996). *Measuring what matters: Part 1. Measures of fear, crime, and disorder.* Washington, DC: U.S. Department of Justice, National Institute of Justice.

Breitenbecher, K. H. (1999). The association between the perception of threat in a dating situation and sexual victimization. *Violence and Victims, 14*, 135-146.

Breitenbecher, K. H. (2000). Sexual assault on college campuses: Is an ounce of prevention enough? *Applied and Preventive Psychology, 9*, 23-52.

Breitenbecher, K. H. (2001). Sexual revictimization among women: A review of the literature focusing on empirical investigations. *Aggression and Violent Behavior, 6*, 415-432.

Brener, N. D., McMadon, P. M.,Warren, C.W., & Douglas, K.A. (1999). Forced sexual intercourse and associated health—risk behaviors among female college students in the United States. *Journal of Consulting and Clinical Psychology, 67*, 252-259.

Broach, J. L., & Petretic, P. A. (2006). Beyond traditional definitions of assault: Expanding our focus to include sexually coercive experiences. *Journal of Family Violence, 21*, 477-486.

Brodeur, P. (1985). *Outrageous misconduct: The asbestos industry on trial.* New York: Pantheon Books.

Brownmiller, S. (1975). *Against our will: Men, women, and rape.* New York: Simon & Schuster.

Budz, D., Pegnall, N., & Townsley, M. (2001). *Lightning strikes twice: Preventing repeat home burglary.* Queensland, Australia: Criminal Justice Commission.

Bureau of Justice Statistics. (1994a). *Criminal victimization in the United States, 1992.* Washington, DC: U.S. Department of Justice. Washington, DC: U.S. Department of Justice.

Bureau of Justice Statistics. (1994b). *National Crime Victimization Survey: Questions and answers about the redesign.* Washington, DC: U.S. Department of Justice.

Bureau of Justice Statistics. (1997). *Criminal victimization in the United States, 1994.* Washington, DC: U.S. Department of Justice.

Burgess, A.W., & Holmstrom, L. L. (1975). Rape: The victim and the criminal justice system. In I. Drapkin & E. Viano (Eds.), *Victimology: A new focus* (Vol. 3, pp. 101-110). Lexington, MA: D.C. Heath.

Burling, P. (2003). *Crime on campus: Analyzing and managing the increasing risk of institutional liability* (2nd ed.). Washington, DC: National Association of College and University Attorneys.

Burt, M. R. (1980). Cultural myths and supports for rape. *Journal of Personality and Social Psychology, 38,* 217-230.

Campus Awareness and Campus Security Act of 1990, Title II of Pub. L. 101-542 (1990).

Canadian Urban Victimization Survey. (1988). *Multiple victimization* (Bulletin No. 10). Ottawa, ON: Ministry of the Solicitor General.

Canter, D., & Lynch, J. P. (2000). Self—report surveys as measures of crime and criminal victimization. In D. Duffee (Ed.), *Criminal justice 2000: Vol. 4— Measurement and analysis of crime and justice* (pp. 85-138). Washington, DC: U.S. Department of Justice.

Carter, S. D., & Bath, C. (2007). The evolution and components of the Jeanne Clery Act: Implications on higher education. In B. S. Fisher & J. J. Sloan (Eds.), *Campus crime: Legal, social, and policy perspectives* (2nd ed., pp. 27-44). Springfield, IL: Charles Thomas.

Cass, A. (2007). Routine activities and sexual assault: An analysis of individual— and school— level factors. *Violence and Victims, 22,* 350-366.

Catalano, S. M. (2004). *Criminal victimization, 2003* (NCJ 210674). Washington, DC: U.S. Department of Justice Office of Justice Programs.

Chapleau, K. M., Oswald, D. L., & Russell, B. L. (2003). Male rape myths: The role of gender, violence, and sexism. *Journal of Interpersonal Violence, 23,* 600-615.

Clarke, R. V. (1980). Situational crime prevention: Theory and practice. British Journal of *Criminology, 20,* 136-147.

Clarke, R. V. (1982). Situational crime prevention: Its theoretical basis and practical scope. In M. Tonry & N. Morris (Eds.), *Crime and justice: An annual review of research* (Vol. 4, pp. 225-256). Chicago: University of Chicago Press.

Clarke, R. V., & Felson, M. (2011). The origins of routine activity theory approach and situational crime prevention. In F. T. Cullen, C. L. Jonson, A. J. Myer, & F.

Adler (Eds.), *The origins of American criminology: Advances in criminological theory* (Vol. 16). New Brunswick, NJ: Transaction.

Classen, C. C., Palesh, O. G., & Aggarwal, R. (2005). Sexual revictimization: A review of the empirical literature. *Trauma, Violence, and Abuse, 6,* 103-129.

Cloward, R.A. (1959). Illegitimate means, anomie, and deviant behavior. *American Sociological Review, 24,* 164-176.

Cohen, L. E., & Felson, M. (1979). Social change and crime rate trends: A routine activity approach. *American Sociological Review, 44,* 588-608.

Cohen, L., Kluegel, J., & Land, K. (1981). Social inequality and predatory criminal victimization: An exposition and a test of a formal theory. *American Sociological Review, 46,* 505-524.

Coid, J., Petruckevitch, A., Feder, G., Chung, W., Richardson, J., & Moorey, S. (2001). Relation between childhood sexual and physical abuse and risk of revictimisation in women: A cross–sectional survey. *Lancet, 358,* 450-454.

Coleman, F. (1997). Stalking behavior and the cycle of domestic violence. Journal of *Interpersonal Violence, 12,* 420-432.

College Alcohol Study. (2009). Retrieved May 1, 2021, from http://archive.sph.har vard.edu/cas/About/index.html

Combs–Lane, A. M., & Smith, D. W. (2002). Risk of sexual victimization in college women: The role of behavioral intentions and risk–taking behaviors. *Journal of Interpersonal Violence, 17,* 165-183.

Core Institute. (2009). Retrieved October 1, 2009, from http://www.core.siuc.edu

Crawford, E., Wright, M. O., & Birchmeier, Z. (2008). Drug–facilitated sexual assault: College women's risk of perception and behavioral choices. *Journal of American College Health, 57,* 261-272.

Crowell, N. A., & Burgess, A. W. (Eds.). (1996*). Understanding violence against women.* Washington, DC: National Academy Press.

Cullen, F. T., & Gendreau, P. (2000). Assessing correctional rehabilitation: Policy, practice, and prospects. In J. Horney (Ed.), *Criminal justice 2000: Vol. 3. Policies, processes, and decisions in the criminal justice system* (pp. 109-175). Washington, DC: National Institute of Justice.

Cullen, F. T., Eck, J. E., & Lowenkamp, C. T. (2002). Environmental corrections: A new paradigm for effective probation and parole supervision. *Federal Probation, 66*(2), 28-37.

Cupach, W. R., & Spitzberg, B. H. (2004). *The dark side of relationship pursuit:*

From attraction to obsession and stalking. Mahwah, NJ: Erlbaum.

Daigle, L. E., Fisher, B. S., & Cullen, F. T. (2008). The violent and sexual victimization of college women: Is repeat victimization a problem? *Journal of interpersonal violence, 23*(9), 1296−1313.

Daigle, L. E., Fisher, B. S., & Guthrie, P. (2007). Experiencing more than one criminal victimization: What researchers know about its terminology, reoccurrence and characteristics, and causes. In R. C. Davis, A. J. Lurigio, & S. Herman (Eds.), *Victims of crime* (3rd ed., pp. 211-232). Thousand Oaks, CA: Sage.

Daigle, L. E., Fisher, B. S., & Stewart, M. (2009). The effectiveness of sexual victimization prevention among college students: A summary of "what works." *Victims and Offenders, 4,* 309-404.

Davis, K. E., & Frieze, I. H. (2000). Research on stalking: What do we know and where do we go? *Violence and Victims, 15,* 473-487.

Day, K. (1995). Assault prevention as social control: Women and sexual assault prevention on urban college campuses. *Journal of Environmental Psychology, 15,* 261-281.

DeKeseredy, W. S., & Schwartz, M. D. (1998). *Women abuse on campus: Results from the Canadian National Survey.* Thousand Oaks, CA: Sage.

Desai, S., Arias, I., Thompson, M. P., & Basile, K. C. (2002). Childhood victimization and subsequent adult revictimization assessed in a nationally representative sample of women and men. *Violence and Victims, 17,* 639-653.

Dowdall, G. W. (2007). The role of alcohol abuse in college student victimization. In B. S. Fisher & J. J. Sloan (Eds.), *Campus crime: Legal, social and policy perspectives* (2nd ed., pp. 167-187). Springfield, IL: Charles C Thomas.

Dunn, P. C., Vail−Smith, K., & Knight, S. M. (1999). What date/acquaintance rape victims tell others: A study of college recipients of disclosure. *Journal of American College Health, 47,* 213-222.

Eck, J. E. (1994). *Drug markets and drug places: A case−control study of the spatial structure of illicit drug dealing.* Unpublished doctoral dissertation, University of Maryland.

Eigenberg, H. M. (1990). The National Crime Survey and rape: The case of the missing question. *Criminology, 7,* 655-671.

Estrich, S. (1987). *Real rape: How the legal system victimizes women who say no.* Cambridge, MA: Harvard University Press.

Farrell, G. (1992). Multiple victimization: Its extent and significance. *International*

Review of Victimology, 2, 85-102.

Farrell, G., & Pease, K. (2006). Preventing repeat residential burglary. In B. C. Welsh & D. P. Farrington (Eds.), *Preventing crime: What works for children, offenders, victims, and places* (pp. 161-178). Dordrecht, Netherlands: Springer.

Farrell, G., Phillips, C., & Pease, K. (1995). Like taking candy: Why does repeat victimization occur? *British Journal of Criminology, 35,* 384-399.

Farrell, G., Sousa, W., & Weisel, D. (2002). The time—window effect in the measurement of repeat victimization: A methodology for its examination, and an empirical study. In N. Tilley (Ed.), *Crime prevention studies: Vol. 14— Analysis for crime prevention* (pp. 15-27). Monsey, NY: Criminal Justice Press.

Farrell, G., Weisburd, D., & Wyckoff, L. (2000). Survey results suggest need for stalking training. *Police Chief, 67,* 162-167.

Feldman—Summers, S., & Ashworth, C. D. (1981). Factors related to intentions to report a rape. *Journal of Social Issues, 37,* 53-70.

Felson, M. (1995). Those who discourage crime. In J. E. Eck & D. Weisburd (Eds.), *Crime and Place* (pp.53—66). Monsey, NY: Willow Tree Press.

Felson, M. (2002). *Crime and everyday life* (3rd ed.). Thousand Oaks, CA: Sage.

Fiebert, M. S., & Tucci, L. M. (1998). Sexual coercion: Men victimized by women. *Journal of Men's Studies, 6,* 127-133.

Fienberg, S. (1980). Statistical modeling in the analysis of repeat victimization. In S. Fienberg & A. Reiss (Eds.), *Indicators of crime and criminal justice: Quantitative studies* (pp. 54-58). Washington, DC: U.S. Department of Justice.

Finkelhor, D., & Asdigian, N. L. (1996). Risk factors for youth victimization: Beyond a lifestyles/routine activities theory approach. *Violence and Victims, 11,* 3-19.

Finkelhor, D., & Yllo, K. (1985). *License to rape.* New York: Holt, Rinehart and Winston.

Fisher, B. S. (1995). Crime and fear on campus. *The Annuals of the American Academy of Political and Social Science, 539,* 85-101.

Fisher, B. S. & Cullen, F. T. (2000). Measuring the sexual victimization of women: Evolution, current controversies, and future research. In D. Duffee (Ed.), *Criminal justice 2000 Volumes: Vol. 4—Measurement and analysis of crime and justice* (pp. 317-390). Washington, DC: National Institute of Justice.

Fisher, B. S., & Cullen, F. T. (1999). *Violent victimization against college women: Results from a national—level study (Final Report).* Washington, DC: U.S.

Department of Justice, Bureau of Justice Statistics.

Fisher, B. S., & Sloan, J. J. (Eds.). (2007). *Campus crime: Legal, social, and policy perspectives* (2nd ed.). Springfield, IL: Charles C Thomas.

Fisher, B. S., & Stewart, M. (2007). Vulnerabilities and opportunities 101: The extent, nature, and impact of stalking among college students and implications for campus policy and programs. In B. S. Fisher & J. J. Sloan III (Eds.), *Campus crime: Legal, social, and policy perspectives* (2nd ed., pp. 210-230). Springfield, IL: Charles C Thomas.

Fisher, B. S., Cullen, F. T., & Turner, M. G. (1999). *The extent and nature of sexual victimization among college women: A national−level analysis* (Final Report). Washington, DC: U.S. Department of Justice, National Institute of Justice.

Fisher, B. S., Cullen, F. T., & Turner, M. G. (2000). *The sexual victimization of college women.* Washington, DC: U.S. Department of Justice, Bureau of Justice Statistics.

Fisher, B. S., Cullen, F. T., & Turner, M. G. (2002). Being pursued: Stalking victimization in a national study of college women. *Criminology and Public Policy, 1,* 257-308.

Fisher, B. S., Daigle, L. E., & Cullen, F. T. (2008). Rape against women: What can research offer to guide the development of prevention programs and risk reduction interventions? *Journal of Contemporary Criminal Justice, 24,* 163-177.

Fisher, B. S., Daigle, L. E., & Cullen, F. T. (2010). What distinguishes single from recurrent sexual victims? The role of lifestyle−routine activities and first−incident characteristics. *Justice Quarterly, 27*(1), 102−129

Fisher, B. S., Daigle, L. E., Cullen, F. T., & Santana, S. (2007). Assessing the efficacy of the protective action−sexual victimization completion nexus. *Violence and Victims, 22,* 18-42.

Fisher, B. S., Daigle, L. E., Cullen, F. T., & Turner, M. G. (2003a). Reporting sexual victimization to the police and others: Results from a national−level study of college women. *Criminal Justice and Behavior, 30,* 6-38.

Fisher, B. S., Daigle, L. E., Cullen, F. T., & Turner, M. G. (2003b). Acknowledging sexual victimization as rape: Results from a national−level study. *Justice Quarterly, 20,* 535-574.

Fisher, B. S., Hartman, J. L., Cullen, F. T., & Turner, M. G. (2002). Making campuses safer for students: The Clery Act as symbolic legal reform. *Stetson*

Law Review, 32, 61-89.

Fisher, B. S., Sloan, J. J., III, & Cullen, F. T., with the assistance of Lu, C., & Nasar, J. L. (1995). *Understanding crime victimization among college students: Implications for crime prevention* (Final report). Washington, DC: U.S. Department of Justice, National Institute of Justice.

Fisher, B. S., Sloan, J. J., III, Cullen, F. T., & Lu, C. (1998). Crime in the ivory tower: The level and sources of student victimization. *Criminology, 36,* 671-710.

Fitzgerald, L. F., Schullman, S. L., Bailey, N., Richards, M., Swecker, J., Glid, Y., et al. (1988). The incidence and dimensions of sexual harassment in academia and the workplace. *Journal of Vocational Behavior, 32,* 152-175.

Flack, W. F., Jr., Caron, M. L., Leinen, S. J., Breitenbach, K. G., Barber, A. M., Brown, E. N., et al. (2008). "The red zone": Temporal risk for unwanted sex among college students. *Journal of Interpersonal Violence, 23,* 1177-1196.

Fleming, J., Mullen, P. E., Sibthorpe, B., & Bammer, G. (1999). The long−term impact of childhood sexual abuse in Australian women. *Child Abuse and Neglect, 23,* 145-159.

Frazier, P. A., & Burnett, J. W. (1994). Immediate coping strategies among rape victims. *Journal of Counseling and Development, 72,* 633-639.

Frazier, P. A., & Seales, L. M. (1997). Acquaintance rape is real rape. In M. D. Schwartz (Ed.), *Researching sexual violence against women: Methodological and personal perspectives* (pp. 54-64). Thousand Oaks, CA: Sage.

Gelles, R. J., & Straus, M. A. (1988). *Intimate violence: The definitive study of the causes and consequences of abuse in the American family.* New York: Simon & Schuster.

George, L. K., Winfield, I., & Blazer, D. G. (1992). Sociocultural factors in sexual assault: Comparison of two representative samples of women. *Journal of Social Issues, 48,* 105-125.

Gibbs, N. (1991a, June 3). When is it rape? *Time,* pp. 48-54.

Gibbs, N. (1991b, June 3). The clamor on campus. *Time,* pp. 54-55.

Gidycz, C. A., & Koss, M. P. (1991). Predictors of long−term sexual assault trauma among a national sample of victimized college women. *Violence and Victims, 6,* 175-190.

Gidycz, C. A., Coble, C. N., Latham, L., & Layman, M. J. (1993). Sexual assault experience in adulthood and prior victimization experiences: A prospective analysis. *Psychology of Women Quarterly, 17,* 151-168.

Gidycz, C. A., Hanson, K., & Layman, J. L. (1995). A prospective analysis of the relationships among sexual assault experiences: An extension of previous findings. *Psychology of Women Quarterly, 19,* 5-29.

Gidycz, C. A., Layman, M. J., Rich, C. L., Crothers, M., Gylys, J., Matorin, A., et al. (2001). An evaluation of an acquaintance rape prevention program: Impact on attitudes, sexual aggression, and sexual victimization. *Journal of Interpersonal Violence, 16,* 1120-1138.

Gidycz, C. A., Lynn, S. J., Rich, C. L., Marioni, N. L., Loh, C., Blackwell, L. M., et al. (2001). The evaluation of a sexual assault risk reduction program: A multisite investigation. *Journal of Consulting and Clinical Psychology, 69,* 1073-1078.

Gidycz, C. A., Orchowski, L. M., King, C. R., & Rich, C. L. (2008). Sexual victimization and health—risk behaviors: A prospective analysis of college women. *Journal of Interpersonal Violence, 23,* 744-763.

Gidycz, C. A., Rich, C. L., Orchowski, L., King, C., & Miller, A. K. (2006). The evaluation of a sexual assault self—defense and risk reduction program for college women: A prospective study. *Psychology of Women Quarterly, 30,* 173-186.

Gilbert, N. (1991, Spring). The phantom epidemic of sexual assault. *Public Interest, 103,* 54—65.

Gilbert, N. (1992, May—June). Realities and mythologies of rape. *Society,* pp. 4-10.

Gilbert, N. (1995). Violence against women social research and sexual politics. In R. J. Simon (Ed.), *Neither victim nor enemy: Women's Freedom Network looks at gender in America* (pp. 95-118). Lanham, MD: Women's Freedom Network and University Press of America.

Gilbert, N. (1997). Advocacy research and social policy. In M. Tonry (Ed.), *Crime and justice: A review of research* (Vol. 22, pp. 101-148). Chicago: University of Chicago Press.

Glassner, B. (1999). *The culture of fear: Why Americans are afraid of the wrong things.* New York: Basic Books.

Golding, J. M., Siegal, J., Sorenson, S. B., Burnam, M. A., & Stein, J. A. (1989). Social support sources following sexual assault. *Journal of Community Psychology, 17,* 92-107.

Gross, A. M., Winslett, A., Roberts, M., & Gohn, C. L. (2006). An examination of sexual violence against college women. *Violence Against Women, 12,* 288-300.

Hall, D. M. (1998). The victims of stalking. In J. R. Meloy (Ed.), *The psychology of stalking: Clinical and forensic perspectives* (pp. 115-137). San Diego, CA: Academic Press.

Hamby, S. L., & Koss, M. P. (2003). Shades of gray: A qualitative study of terms used in the measurement of sexual victimization. *Psychology of Women Quarterly, 27*, 243-255.

Harned, M. S. (2004). Does it matter what you call it? The relationship between labeling unwanted sexual experiences and distress. *Journal of Consulting and Clinical Psychology, 72*, 1090-1099.

Harris Interactive. (2001). Presenting: The class of 2001. Retrieved October 1, from http://www.harrisinteractive.com/news/printerfriend/index.asp?NewsID=292

Harris Interactive. (2004). College women close technology gender gap. Retrieved October 1, from http://www.harrisinteractive.com/news/allnewsbydate.asp?News ID=773

Hart, T. C. (2003). *National Crime Victimization Survey, 1995-2000: Violent victimization of college students.* Washington, DC: U.S. Department of Justice, Office of Justice Programs, Bureau of Justice Statistics.

Hart, T. C., & Rennison, C. (2003). *Reporting crime to the police, 1992-2000.* Washington, DC: Bureau of Justice Statistics, U.S. Department of Justice.

Hickman, S. E., & Muehlenhard, C. L. (1997). College women's fears and precautionary behaviors relating to acquaintance rape and stranger rape. *Psychology of Women Quarterly, 21*, 527-547.

Hill, C., & Silva, E. (2005). *Drawing the line: Sexual harassment on campus.* Washington, DC: American Association of University Women Educational Foundation.

Hindelang, M. J., Gottfredson, M. R., & Garofalo, J. (1978). *Victims of personal crime: An empirical foundation for a theory of personal victimization.* Cambridge, MA: Ballinger.

Holmes, R. M. (1993). Stalking in America: Types and methods of criminal stalkers. *Journal of Contemporary Criminal Justice, 9*, 317-327.

Humphrey, J. A., & White, J. W. (2000). Women's vulnerability to sexual assault from adolescence to young adulthood. *Journal of Adolescent Health, 27*, 419-424.

Jeanne Clery Disclosure of Campus Security Policy and Campus Crime Statistics Act, 20 U.S.C. § 1092(f) (1998).

Jordan, C. E. (2009). Advancing the study of violence against women: Evolving research agendas into science. *Violence Against Women, 15,* 393-419.

Jordan, C. E., Wilcox, P., & Pritchard, A. J. (2007). Stalking acknowledgement and reporting among college women experiencing intrusive behaviors: Implications for the emergence of a "classic stalking case." *Journal of Criminal Justice, 35,* 556-569.

Kahn, A. S., Jackson, J., Kully, C., Badger, K., & Halvorsen, J. (2003). Calling it rape: Differences in experiences of women who do or do not label their sexual assault as rape. *Psychology of Women Quarterly, 18,* 53-66.

Kahn, A. S., Mathie, V. A., & Torgler, C. (1994). Rape scripts and rape acknowledgment. *Psychology of Women Quarterly, 18,* 53-66.

Kahn,A. S., & Mathie,V.A. (2000). Understanding the unacknowledged rape victim. In C. B. Travis & J. W. White (Eds.), *Sexuality, society, and feminism* (pp. 377-403). Washington, DC: American Psychological Association.

Kalof, L. (2000). Vulnerability to sexual coercion among college women: A longitudinal study. *Gender Issues, 18,* 47-58.

Kanin, E. J. (1957). Male aggression in dating-courtship relations. American Journal of *Sociology, 63,* 197-204.

Karjane, H. M., Fisher, B. S., & Cullen, F. T. (2001). *Campus sexual assault: How America's institutions of higher education respond* (NCJ 205521-Final Report). Washington, DC: U.S. Department of Justice, National Institute of Justice.

Kilpatrick, D. G., Acierno, R., Resnick, H. S., Saunders, B. E., & Best, C. L. (1997). A 2-year longitudinal analysis of the relationships between violent assault and substance use in women. *Journal of Consulting and Clinical Psychology, 65,* 834-847.

Kilpatrick, D. G., Edmunds, C. N., & Seymour, A. K. (1992). *Rape in America: A report to the nation.* Arlington, VA: National Victim Center.

Kilpatrick, D. G., Resnick, H. S., Ruggiero, K. J., Conoscenti, L. M., & McCauley, J. M. (2007). *Drug-facilitated, incapacitated, and forcible rape: A national study* (NCJ 219181-Final Report). Washington, DC: U.S. Department of Justice, National Institute of Justice.

Kirkpatrick, C., & Kanin, E. (1957). Male sex aggression on a university campus. American *Sociological Review, 22,* 52-58.

Koss, M. P. (1985). The hidden rape victim. *Psychology of Women Quarterly, 48,* 61-75.

Koss, M. P. (1988a). Afterword. In R. Warshaw (Ed.), *I never called it rape: The*

Ms. report on recognizing, fighting, and surviving date and acquaintance rape (pp. 189-210). New York: Harper & Row.

Koss, M. P. (1988b). Hidden rape: Sexual aggression and victimization in a national sample of students in higher education. In A. W. Burgess (Ed.), *Rape and sexual assault* (pp. 3-25). New York: Garland.

Koss, M. P. (1989). Hidden rape: Sexual aggression and victimization in a national sample of college students in higher education. In M. A. Pirog—Good & J. E. Stets (Eds.), *Violence in dating relationships: Emerging social issues* (pp. 145 -168). New York: Praeger.

Koss, M. P. (1992). The undetection of rape: Methodological choices influence incidence estimates. *Journal of Social Issues, 48*, 61-75.

Koss, M. P. (1993a). Detecting the scope of rape: A review of prevalence research methods. *Journal of Interpersonal Violence, 8*, 198-222.

Koss, M. P. (1993b). Rape: Scope, impact, interventions, and public policy responses. *American Psychologist, 48*, 1062-1069.

Koss, M. P. (1996). The measurement of rape victimization in crime surveys. *Criminal Justice and Behavior, 23*, 55-69.

Koss, M. P., & Cook, S. L. (1993). Facing the facts: Date and acquaintance rape are significant problems for women. In R. J. Gelles & D. R. Loseke (Eds.), *Current controversies on family violence* (pp. 147-156). Newbury Park, CA: Sage.

Koss, M. P., & Gidycz, C. A. (1985). The sexual experiences survey: Reliability and validity. *Journal of Consulting and Clinical Psychology, 53*, 442-443.

Koss, M. P., Abbey, A., Campbell, R., Cook, S., Norris, J., Testa, M., et al. (2007). Revising the SES: A collaborative process to improve assessment of sexual aggression and victimization. *Psychology of Women Quarterly, 31*, 357-370.

Koss, M. P., Gidycz, C.A., & Wisniewski, N. (1987). The scope of rape: Incidence and prevalence of sexual aggression and victimization in a national sample of higher education students. *Journal of Counseling and Clinical Psychology, 55*, 162-170.

Koss, M.P., & Oros, C. (1982). Sexual experiences survey: A research instrument investigating sexual aggression and victimization. *Journal of Consulting and Clinical Psychology, 50*, 455-457.

Krebs, C. P., Lindquist, C. H., Warner, T. D., Fisher, B. S., & Martin, S. L. (2007). *The campus sexual assault (CSA) study* (NCJ 221153—Final Report). Washington, DC: U.S. Department of Justice, National Institute of Justice.

Kurtzman, L. (2009, February 22). But was it rape? *Cincinnati Enquirer*, pp. F1, F4.

Lane, K. E., & Gwartney−Gibbs, P. A. (1985). Violence in the context of dating and sex. *Journal of Family Issues, 6*, 45-49.

Lauritsen, J. L. (2005). Social and scientific influences on the measurement of criminal victimization. *Journal of Quantitative Criminology, 21*, 245-266.

Lauritsen, J. L. (2009). Safeguarding and improving the nation's statistics on crime and justice. *The Criminologist, 34*, 3-6.

Lauritsen, J. L., Sampson, R. J., & Laub, J. H. (1991). The link between offending and victimization among adolescents. *Criminology, 29*, 265-292.

Lauritsen, J., & Davis Quinet, K. F. (1995). Repeat victimization among adolescents and young adults. *Journal of Quantitative Criminology, 11*, 143-166.

Layman, M., Gidycz, C.A., & Lynn, S. J. (1996). Unacknowledged versus acknowledged rape victims: Situational factors and posttraumatic stress. *Journal of Abnormal Psychology, 105*, 124-131.

Lehnen, R. G., & Skogan, W. G. (Eds.). (1981). *The National Crime Survey: Working papers: Vol. 1— Current and historical perspectives* (NCJ 75374). Washington, DC: U.S. Department of Justice, Bureau of Justice Statistics.

Lehnen, R. G., & Skogan,W. G. (Eds.). (1984). *The National Crime Survey: Working papers: Vol. 2— Methodological issues* (NCJ 90307). Washington, DC: U.S. Department of Justice, Bureau of Justice Statistics.

Littleton, H. L., Axson, D., Breitkopf, C. R., & Berenson, A. (2006). Rape acknowledgment and postassault experiences: How acknowledgment status relates to disclosure, coping, worldview, and reactions received from others. *Violence and Victims, 21*, 761-778.

Livingston, J. A., Buddie, A. M., Testa, M., & VanZile−Tamsen, C. (2004). The role of sexual precedence in verbal sexual coercion. *Psychology of Women Quarterly, 28*, 287-297.

Logan, T. K., Leukefeld, C., & Walker, B. (2000). Stalking as a variant of intimate violence: Implications from a young adult sample. *Violence and Victims, 15*, 91-111.

Logan, T. K., Walker, R., Jordan, C. E., & Leukefeld, C. G. (2006). *Women and victimization: Contributing factors, interventions, and implications.* Washington, DC: American Psychological Association.

Lonsway, K. S., Banyard, V. L., Berkowitz, A. D., Gidycz, C. A., Katz, J. T., Koss, M. P., et al. (2009). *Rape prevention and risk reduction: Review of the research literature for practitioners.* VAWnet: The National Online Resources

Center on Violence Against Women. Retrieved May 1, 2021, from https://vawnet.org/material/rape‒prevention‒and‒risk‒reduction‒review‒research‒literature‒practitioners

Lott, B., Reilly, M. E., & Howard, D. R. (1982). Sexual assault and harassment: A campus community case study. *Journal of Women in Culture and Society, 8,* 296-319.

Lowney, K. S., & Best, J. (1995). Stalking strangers and lovers: Changing media typifications of a new crime problem. In J. Best (Ed.), *Images of issues: Typifying contemporary social problems* (2nd ed., pp. 33-57). New York: Aldine de Gruyter.

Lynch, J. P. (1987). Routine activities and victimization at work. *Journal of Quantitative Criminology, 3,* 283-300.

Lynch, J. P. (1996a). Clarifying divergent estimates of rape from two national surveys. *Public Opinion Quarterly, 60,* 410-430.

Lynch, J. P. (1996b). Understanding differences in the estimates of rape from self‒report surveys. In R. J. Simon (Ed.), *From data to public policy: Affirmative action, sexual harassment, domestic violence, and social welfare* (pp. 121-142). Lanham, MD: University Press of America.

Mac Donald, H. (2008, Winter). *The campus rape myth: The reality: Bogus statistics, feminist victimology, and university‒approved sex toys.* City Journal. Retrieved October 1, 2008, from http://www.city‒journal.org/2008/18_1_campus_rape.html

Marks, C. A. (1997). The Kansas stalking law: A "credible threat" to victims. *Washburn Law Journal, 36,* 468-498.

Marx, B. P., Calhoun, K. S., Wilson, A. E., & Meyerson, L.A. (2001). Sexual revictimization prevention: An outcome evaluation. *Journal of Consulting and Clinical Psychology, 69,* 25-32.

McAnaney, K. G., Curliss, L. A., & Abeyta‒Price, C. E. (1993). From imprudence to crime: Anti‒ stalking laws. *Notre Dame Law Review, 68,* 819-909.

McMullin, D., & White, J.W. (2006). Long‒term effects of labeling a rape experience. *Psychology of Women Quarterly, 30,* 96-105.

Meloy, J. R. (1996). Stalking (obsessional following): A review of some preliminary studies. *Aggression and Violent Behavior, 1,* 147-162.

Merton, R. K. (1973). *The sociology of science: Theoretical and empirical investigations* (N. W. Storer, Ed.). Chicago: University of Chicago Press.

Messman‒Moore, T. L., & Brown, A. L. (2006). Risk perception, rape and sexual revictimization: A prospective study of college women. *Psychology of Women Quarterly, 30,* 159-172.

Messman — Moore, T. L., Coates, A. A., Gaffey, K. J., & Johnson, C. F. (2008). Sexuality, substance use, and susceptibility to victimization: Risk for rape and sexual coercion in a prospective study of college women. *Journal of Interpersonal Violence, 23,* 1730-1746.

Miethe, T. D., & Meier, R. F. (1994). *Crime and its social context: Toward an integrated theory of offenders, victims, and situations.* Albany: State University of New York Press.

Mohler — Kuo, M., Dowdall, G. W., Koss, M. P., & Wechsler, H. (2004). Correlates of rape while intoxicated in a national sample of college women. *Journal of Studies on Alcohol, 65,* 37-45.

Monaghan, P. (1998, March 6). Beyond the Hollywood myths: Researchers examine stalkers and their victims. *Chronicle of Higher Education,* pp. A17, A20.

Moynihan, M. M., & Banyard, V. L. (2008). Community responsibility for preventing sexual violence: A pilot study with campus Greeks and intercollegiate athletes. *Journal of Prevention and Intervention in the Community, 36,* 23-38.

Muehlenhard, C. L., & Linton, M. A. (1987). Date rape and sexual aggression in dating situations: Incidence and risk factors. *Journal of Counseling Psychology, 34,* 186-196.

Muehlenhard, C. L., Sympson, S. C., Phelps, J. L., & Highby, B. J. (1994). Are rape statistics exaggerated? A response to criticisms of contemporary rape research. *Journal of Sex Research. 31,* 144 — 146.

Mustaine, E. E. (1997). Victimization risks and routine activities: A theoretical examination using a gender — specific and domain — specific model. *American Journal of Criminal Justice, 22,* 41-70.

Mustaine, E. E., & Tewksbury, R. (1999). A routine activity theory explanation for women's stalking victimizations. *Violence Against Women, 5,* 43-62.

Mustaine, E. E., & Tewksbury, R. (2002). Sexual assault of college women: A feminist interpretation of routine activities analysis. *Criminal Justice Review, 27,* 89-123.

Mustaine, E. E., & Tewksbury, R. (2007). The routine activities and criminal victimization of students: Lifestyle and related factors. In B. S. Fisher & J. J. Sloan III (Eds.), *Campus crime: Legal, social, and policy perspectives* (2nd ed., pp. 147-166). Springfield, IL: Charles C Thomas.

Nack, W. (1992, February 17). A crushing verdict. *Sports Illustrated,* pp. 22-23.

Nagin, D. S., & Paternoster, R. (1991). On the relationship of past and future participation in delinquency. *Criminology, 29,* 153-190.

National Board for Crime Prevention. (1994). *Wise after the event: Tackling repeat victimization.* London: Home Office.

National Center for Education Statistics. (2005). *Integrated Postsecondary Education System, "Fall Enrollment Survey."* Retrieved October 1, 2009, from http://www.nces.ed.gov/programs/digest/2005menu_tables.asp

National Victim Center. (1997). *Stalking and the law.* Arlington, VA: National Victim Center.

Negrusz, A., Juhascik, M., & Gaensslen, R. E. (2005). *Estimate of the incidence of drug—facilitated sexual assault in the U.S. (Final Report).* Washington, DC: U.S. Department of Justice, National Institute of Justice.

Nicholas, S., Povey, D., Walker, A., & Kershaw, C. (2005). *Crime in England and Wales 2004/2005.* London: Home Office.

Nobles, M. R., Fox, K. A., Piquero, N., & Piquero, A. R. (2009). Career dimensions of stalking victimization and perpetration. *Justice Quarterly, 26,* 476-503.

Noll, J. G., Horowitz, L. A., Bonanno, G. A., Trickett, P. K., & Putnam, F. W. (2003). Revictimization and self—harm in females who experienced childhood sexual abuse: Results from a prospective study. *Journal of Interpersonal Violence, 18,* 1452-1471.

Norris, J., Nurius, P. S., & Graham, T. L. (1999). When a date changes from fun to dangerous: Factors affecting women's ability to distinguish. *Violence Against Women, 5,* 230-250.

Paludi, M., & Paludi, C. A., Jr. (Eds.). (2003). *Academic and workplace sexual harassment: A handbook of cultural, social science, management, and legal perspectives.* Westport, CT: Praeger.

Parrot, A. (1991). Institutionalized response: How can acquaintance rape be prevented? In B. Parrot & L. Bechhofer (Eds.), *Acquaintance rape: The hidden crime* (pp. 355-367). New York: Wiley.

Pathé, M., & Mullen, P. E. (1997). The impact of stalkers on their victims. *British Journal of Psychiatry, 170,* 12-17.

Payne, D. L., Lonsway, K.A., & Fitzgerald, L. F. (1999). Rape myth acceptance: Exploration of its structure and measurement using the Illinois rape myth acceptance scale. *Journal of Research in Personality, 33,* 27-68.

Pease, K. (1998). *Repeat victimization: Taking stock* (Crime Detection and Prevention Series Paper 90). London: Home Office.

Perkins, C. A., Klaus, P. A., Bastian, L. D., & Cohen, R. L. (1996). *Criminal victimization in the United States, 1993* (NCJ 151657). Washington, DC: U.S. Department of Justice, Bureau of Justice Statistics.

Peterson, Z. D., & Muehlenhard, C. L. (2004). Was it rape? The function of women's rape myth acceptance and definitions of sex in labeling their own experiences. *Sex Roles, 51,* 129-144.

Pitts, V. L., & Schwartz, M. D. (1993). Promoting self—blame in hidden rape cases. *Humanity and Society, 17,* 383-398.

Pleck, E. (1987). *Domestic tyranny: The making of American social policy against family violence from colonial times to the present.* New York: Oxford University Press.

Polvi, N., Looman, T., Humphries, C., & Pease, K. (1990). Repeat break—and—enter victimization: Time course and crime prevention opportunity. *Journal of Police Science and Administration, 17,* 8-11.

Raghavan, R., Bogart, L. M., Elliott, M. N., Vestal, K. D., & Schuster, M. A. (2004). Sexual victimization among a national probability sample of adolescent women. *Perspectives on Sexual and Reproductive Health, 36,* 225-232.

Rand, M., & Catalano, S. (2007). *Criminal victimization in the United States, 2006.* Washington, DC: U.S. Department of Justice, Office of Justice Programs, Bureau of Justice Statistics.

Randall, M., & Haskell, L. (1995). Sexual violence in women's lives: Findings from the Women's Safety Project, a community—based survey. *Violence Against Women, 1,* 6-31.

Reiss, A. (1980). Victim proneness in repeat victimization by type of crime. In S. Fienberg & S.A. Reiss (Eds.), *Indicators of crime and criminal justice: Quantitative studies* (pp. 41-53). Washington, DC: U.S. Department of Justice.

Rennison, C. M. (1999). *Criminal victimization 1998: Changes 1997-98 with trends 1993-98.* Washington, DC: U.S. Department of Justice, Office of Justice Programs, Bureau of Justice Statistics.

Rennison, C. M. (2002). *Rape and sexual assault: Reporting to police and medical attention, 1992-2000.* Washington, DC: U.S. Department of Justice.

Roberts, K.A. (2002). Stalking following the breakup of romantic relationships: Characteristics of stalking former partners. *Journal of Forensic Sciences, 47,* 1070-1077.

Robinson, M. B. (1998). Burglary revictimization: The time period of heightened risk. British *Journal of Criminology, 38,* 78-87.

Roiphe, K. (1993). *The morning after: Sex, fear, and feminism on campus.* Boston: Little, Brown.

Roodman, A. A., & Clum, G. A. (2001). Revictimization rates and method variance: A meta-analysis. *Clinical Psychology Review, 21,* 183-204.

Rozee, P. D., & Koss, M. P. (2001). Rape: A century of resistance. *Psychology of Women Quarterly, 25,* 295-311.

Ruback, R. B., Menard, K. S., Outlaw, M. C., & Shaffer, J. N. (1999). Normative advice to campus crime victims: Effects of gender, age, and alcohol. *Violence and Victims, 14,* 381-396.

Russell, D. E. H. (1982). The prevalence and incidence of forcible rape and attempted rape of females. *Victimology, 7,* 81-93.

Russell, D. E. H. (1986). *The secret trauma: Incest in the lives of girls and women.* New York: Basic Books.

Rymel, L. (2004). *What is the difference between rape and sexual assault?* School Violence Resource Center, Briefing Paper, College Sexual Assaults. Little Rock: University of Arkansas System, Criminal Justice Institute.

Sampson, A., & Phillips, C. (1992). *Multiple victimization: Racial attacks on an East London estate* (Police Research Group Crime Prevention Unit Series: Paper No. 36). London: Home Office Police Department.

Sampson, R. (2002). *Acquaintance rape of college students.* Washington, DC: Center for Problem-Oriented Policing Services. US. Department of Justice.

Scalzo, T. P. (2007). *Prosecuting alcohol-facilitated sexual assault.* Alexandra, VA: National District Attorneys Association, American Prosecutors Research Institute.

Schewe, P. A. (2006). Guidelines for developing rape prevention and risk interventions. In P. A. Schewe (Ed.), *Preventing violence in relationships: Interventions across the life span.* (pp. 107-136). Washington, DC: American Psychological Association.

Schreck, C. J. (1999). Criminal victimization and low self-control: An extension and test of a general theory of crime. *Justice Quarterly, 16,* 633-654.

Schreck, C. J., Stewart, E. A., & Fisher, B. S. (2006). Self-control, victimization, and their influence on risky activities and delinquent friends: A longitudinal analysis using panel data. *Journal of Quantitative Criminology, 22,* 319-340.

Schwartz, M. D., & Pitts, V. L. (1995). Exploring a feminist routine activities approach to explaining sexual assault. *Justice Quarterly, 12,* 9-31.

Schwartz, M., & DeKeseredy, W. (1997). Sexual assault on the college campus: The role of male peer support. *Thousand Oaks,* CA: Sage.

Schwartz, M., DeKeseredy, W., Tait, W., & Alvi, S. (2001). Male peer support and a feminist routine activities theory: Understanding sexual assault on the college campus. *Justice Quarterly, 18,* 623-649.

Skogan, W. G. (1990). The National Crime Survey redesign. *Public Opinion Quarterly, 54,* 256-272.

Sloan, J. J., & Shoemaker, J. (2007). State–level Clery Act initiatives: Symbolic politics or substantive policy? In B. S. Fisher & J. J. Sloan (Eds.), *Campus crime: Legal, social, and policy perspectives* (2nd ed., pp. 102-124). Springfield, IL: Charles Thomas.

Sloan, J. J., Fisher, B. S., & Cullen, F. T. (1997). Assessing the Student Right–to–Know and Campus Security Act of 1990: An analysis of the victim reporting practices of college and university students. *Crime and Delinquency, 43,* 148-168.

Small, S.A., & Kerns, D. (1993). Unwanted sexual activity among peers during early and middle adolescence: Incidence and risk factors. *Journal of Marriage and the Family, 55,* 941-952.

Smith, D. A., & Uchida, C. C. (1988). The social organization of self–help: A study of defensive weapon ownership. *American Sociological Review, 53,* 94-102.

Smith, M. D. (1987). The incidence and prevalence of women abuse in Toronto. *Violence and Victims, 2,* 173-187.

Smith, P. H., White, J. W., & Holland, L. J. (2003). A longitudinal perspective on dating violence among adolescent and college–age women. *American Journal of Public Health, 93,* 1104-1109.

Snyder, T. D., Dillow, S. A., & Hoffman, C. M. (2009). *Digest of education statistics 2008* (NCES 2009-020). Washington, DC: National Center for Education Statistics, Institute of Education Sciences, U.S. Department of Education.

Sorenson, S. B., Stein, J. A., Siegel, J. M., Golding, J. M., & Burnam, M. A. (1987). The prevalence of adult sexual assault: The Los Angeles Epidemiologic Catchment Area Project. *American Journal of Epidemiology, 126,* 1154-1164.

Spitzberg, B. H. (1999). An analysis of empirical estimates of sexual aggression victimization and perpetration. *Violence and Victims, 14,* 241-260.

Spitzberg, B. H., & Hoobler, G. (2002). Cyberstalking and the technologies of interpersonal terrorism. *New Media and Society, 4,* 71-92.

Spitzberg, B. H., & Rhea, J. (1999). Obsessive relational intrusion and sexual coercion victimization. *Journal of Interpersonal Violence, 14,* 3-20.

Spohn, C., & Horney, J. (1992). *Rape law reform: A grassroots revolution and its impact.* New York: Plenum Press.

Sweet, E. (1985, October). Date rape: The story of an epidemic and those who deny it. *Ms.,* pp. 56-59, 84-85.

Sykes, G. M., & Matza, D. (1957). Techniques of neutralization: A theory of delinquency. *American Sociological Review, 22,* 664-673.

Taylor, B. M., & Rand, M. R. (1995, August). *The National Crime Victimization Survey redesign: New understanding of victimization dynamics and measurement.* Paper presented at the 1995 Annual Meetings of the American Statistical Association, Orlando, FL.

Testa, M. (2002). The impact of men's alcohol consumption on perpetration of sexual aggression. *Clinical Psychology Review, 22,* 1239-1263.

Testa, M. (2004). The role of substance use in male−to−female physical and sexual violence: A brief review and recommendations for future research. *Journal of Interpersonal Violence, 19,* 1494-1505.

Testa, M., & Dermen, K. H. (1999). The differential correlates of sexual coercion and rape. *Journal of Interpersonal Violence, 14,* 548-561.

Testa, M., VanZile−Tamsen, C., Livingston, J. A., & Buddie, A. M. (2006). The role of women's alcohol consumption in managing sexual intimacy and sexual safety motives. *Journal of Studies on Alcohol, 67,* 665-674.

Thompson, M. P., Basile, K. C., Hertz, M. F., & Sitterle, D. (2006). *Measuring intimate partner violence victimization and perpetration: A compendium of assessment tools.* Atlanta, GA: Centers for Disease Control and Prevention, National Center for Injury Prevention and Control.

Thompson, M. P., Sitterle, D. J., Clay, G., & Kingree, J. B. (2007). Reasons for not reporting victimizations to the police: Do they vary for physical and sexual incidents? *Journal of American College Health, 55,* 277-282.

Tjaden, P. (1996). *Violence and threats of violence against women in America: Female questionnaire.* Denver, CO: Center for Policy Research.

Tjaden, P. (1997). *The crime of stalking: How big is the problem?* (National Institute of Justice, Research Preview). Washington, DC: National Institute of Justice.

Tjaden, P., & Thoennes, N. (1998a). *Prevalence, incidence, and consequences of violence against women: Findings from the National Violence Against Women Survey* (Research in Brief, NCJ 172837). Washington, DC: U.S. Department of Justice, National Institute of Justice and U.S. Department of Health and

Human Services, Centers for Disease Control and Prevention.

Tjaden, P., & Thoennes, N. (1998b). *Stalking in America: Findings from the National Violence Against Women Survey* (Research in Brief, NCJ 169592). Washington, DC: U.S. Department of Justice, National Institute of Justice and U.S. Department of Health and Human Services, Centers for Disease Control and Prevention.

Tjaden, P., & Thoennes, N. (2000). *Full report of the prevalence, incidence, and consequences of violence against women: Findings from the National Violence Against Women Survey.* Washington, DC: National Institute of Justice.

Tjaden, P., & Thoennes, N. (2006). *Extent, nature, and consequences of rape victimization: Findings from the National Violence Against Women Survey.* Washington, DC: National Institute of Justice.

U.S. Department of Education, National Center for Education Statistics. (2003). *The condition of education 2003* (NCES 2003-067). Washington, DC: U. S. Government Printing Office.

U.S. Department of Justice. (1996). *Domestic violence, stalking, and antistalking legislation: An annual report to Congress under the Violence Against Women Act.* Washington, DC: U.S. Government Printing Office.

Ullman, S. E. (1997). Review and critique of empirical studies of rape avoidance. *Criminal Justice and Behavior, 24,* 177-204.

Ullman, S. E. (1999). Social support and recovery from sexual assault: A review. *Aggression and Violent Behavior, 4,* 343-358.

Ullman, S. E. (2007). A 10-year update of "Review and critique of empirical studies of rape avoidance." *Criminal Justice and Behavior, 34,* 411-429.

Violent Crime Control and Enforcement Act of 1994, Pub. L. 103-322 (1994).

Ward, D., & Lee, J. (2005). *The handbook for campus crime reporting.* Washington, DC: U.S. Department of Education, Office of Postsecondary Education.

Warshaw, R. (1988). *I never called it rape: The Ms. report on recognizing, fighting and surviving date and acquaintance rape.* New York: Harper & Row.

Weis, K., & Borges, S. (1973). Victimology and rape: The case of the legitimate victim. *Issues in Criminology, 8,* 71-115.

Weisel, D. L. (2005). *Analyzing repeat victimization: Problem-oriented guides for police problem-solving tool* (Series Guide No. 4). Washington, DC: U.S. Department of Justice, Office of Community Oriented Policing Services.

Weisel, D. L., Clarke, R. V., & Stedman, J. R. (1999). *Hot dots in hot spots:*

Examining repeat victimization for residential burglary in three cities, (Final Report). Washington, DC: U.S. Department of Justice.

Westrup, D., Fremouw, W. J., Thompson, R. N., & Lewis, S. F. (1999). The psychological impact of stalking on female undergraduates. *Journal of Forensic Sciences, 44*, 554-557.

White, J. W., & Smith, P. H. (2001). *Developmental antecedents of violence against women: A longitudinal approach, executive summary*. Washington, DC: U.S. Department of Justice.

White, J. W., Smith, P. H., & Humphrey, J. A. (2001). A longitudinal perspective on women's risk perceptions for sexual assault. In M. Martinez (Ed.), *Prevention and control of aggression and the impact on its victims* (pp. 255-260). New York: Kluwer Academic/Plenum.

Wilcox, P., Land, K. C., & Hunt, S.A. (2003). *Criminal circumstances: A dynamic multicontextual criminal opportunity theory*. New York: Aldine de Gruyter.

Williams, L. S. (1984). The classic rape: When do victims report? *Social Problems, 31*, 459-467.

Williams, S. L., & Frieze, I. H. (2005). Courtship behaviors, relationship violence, and breakup persistence in college men and women. *Psychology of Women Quarterly, 29*, 248-257.

Wilson, A. E., Calhoun, K. S., & Bernat, J. A. (1999). Risk recognition and trauma−related symptoms among sexually revictimized women. *Journal of Consulting and Clinical Psychology, 67*, 705-710.

Wilson, J. Q. (1975). *Thinking about crime*. New York: Vintage.

Wolf, N. (1991). *The beauty myth: How images of beauty are used against women*. New York: William Morrow.

Wyatt, G. E., Guthrie, D., & Notgrass, C. M. (1992). Differential effects of women's child sexual abuse and subsequent sexual revictimization. *Journal of Consulting and Clinical Psychology, 60*, 167-173.

Yeater, E., & O'Donohue, W. (1999). Sexual assault prevention programs: Current issues, future directions, and the potential efficacy of interventions with women. *Clinical Psychology Review, 19*, 739-771.

Zorza, J. (2001). Drug−facilitated rape. In A. J. Ottens & K. Hotelling (Eds.), *Sexual violence on campus: Politics, programs, and perspectives* (pp. 53-75). New York: Springer.

찾아보기

Index

[공저자 약력]

보니 피셔(Bonnie S. Fisher)는 신시내티 대학교의 형사사법대학의 특훈 연구교수(Distinguished Research Professor)이다. 1988년 노스웨스턴 대학에서 정치학 박사 학위를 수여받은 이후 현재까지 30년이 넘는 기간 동안 대학생의 친밀한 관계에서의 폭력, 여대생의 성폭력 피해, 성폭력 피해에 대한 대학교의 대응의 분야에 있어서 선진 연구자로써 활발히 연구활동하고 있다. Criminology, Justice Quarterly, Journal of Quantitative Criminology, The Annals of the American Academy of Political and Social Science와 같은 유수 저널에 150편 이상 출판해 오고 있다. 「상아탑의 어두운 면: 캠퍼스 범죄(The Dark Side of the Ivory Tower: Campus Crime as a Social Problem)」의 공저자이며, 「피해자학 및 범죄 예방 백과사전 (Encyclopedia of Victimology and Crime Prevention)」의 편집자이다. 미국 국립 과학원 (National Academy of Sciences)의 강간 및 성폭력 측정도구를 위한 패널로 3년 동안 활동하였다. 미국범죄학회(American Society of Criminology)의 총무를 10년 동안 역임하였으며, 피해자 분과의 공동 설립자이기도 하다.

프랜시스 컬렌(Francis T. Cullen)은 신시내티 대학교 형사사법대학의 특훈 명예연구교수 (Distinguished Research Professor Emeritus)이자 수석 연구위원(Senior Research Associate)으로 재직하고 있다. 1979년 콜럼버스 대학에서 사회학과 교육학의 박사학위를 수여받았으며, 이후로 범죄학, 교정학, 화이트칼라 범죄, 여론 및 성폭력 피해에 관한 연구를 400편 이상 발간하였다. 주요 저서로는 「범죄와 비행이론에 대한 새로운 고찰(Rethinking Crime and Deviance Theory: The Emergence of a Structuring Tradition)」이 있으며, 국내에서는 「범죄학 이론(Criminological Theory: Context and Consequences)」의 번역서가 발간되었다. 이외에도 Reaffirming Rehabilitation, Corporate Crime Under Attack: The Ford Pinto Case and Beyond, Combating Corporate Crime: Local Prosecutors at Work, Criminology, Correctional Theory: Context and Consequences, Environmental Corrections: A New Paradigm for Supervising Offenders in the Community, and Communities and Crime: An Enduring American Challenge의 다수 저서가 있다.

레아 데이글(Leah E. Daigle)은 조지아 주립 대학의 앤드류 영 정책 대학 형사사법학과의 교수이다. 주 연구 분야는 재범죄피해, 대학생의 성폭력 피해, 생애에 걸친 범죄 피해이다. 데이글 교수는 「피해자학: 읽기자료(Victimology: A Text/Reader(2nd ed))」와 「피해자학: 기초 (Victimology: The Essentials(2nd ed.))」의 저자이자, 「만들어진 범죄자: 생애 범죄성 연구 (Criminals in the Making: Criminality Across the Life Course)」의 공저자이다. 출판된 책 이외에도, Justice Quarterly, Victims and Offenders, The Journal of Criminology, The Journal of interpersonal Violence을 포함한 다수의 피어 리뷰 저널에 연구를 게재하였다. 2014년에는 앤드류 영 정책 대학의 우수 강연 상을 수상하였으며, 2020년에는 미국 범죄학회(American Society of Criminology)의 피해자학 지부(Division of victimology)에서 수여하는 보니 피셔상(Bonnie S. Fisher Victimology Career Award)을 수상하였다.

[공역자 약력]

신소라

現 전주대학교 경찰학과 교수
동국대학교 경찰행정학과 범죄학 박사
김제 경찰서 집회시위 위원회 자문위원
前 동국대 경찰범죄연구소 연구원

〈주요 연구〉
범죄 두려움의 개념정의와 척도에 대한 검토, 2021
난폭운전 및 보복운전의 피해위험요인 분석, 2020
데이트폭력 피해 대학생의 심리적 특성에 대한 사례분석, 2018
성폭력 피해 경험과 음주습관이 대학생의 데이트폭력 가해행동에 미치는 영향, 2017

〈주요 연구 분야〉
데이트폭력, 청소년비행, 범죄두려움, 범죄피해원인

심현정

現 미국 신시내티 대학교 형사사법대학 박사과정 수료
동국대학교 경찰행정학과 범죄학 석사
前 동국대학교 인권센터 전문상담원
前 UN 마약범죄범죄사무소 인턴

〈주요 연구〉
대학교수를 위한 성희롱 성폭력 예방 및 대응 안내, 2020
국내 미투운동의 형사사법적 함의, 2018
대학 성희롱 성폭력 사건 처리 매뉴얼, 2017
대학생의 일상활동이 지하철 성범죄 피해에 미치는 영향, 2017

〈주요 연구 분야〉
범죄 피해 예방, 피해자학 이론, 생애범죄피해

대학교의 위기: 캠퍼스 성폭력

초판발행   2021년 9월 1일

지은이   Bonnie S. Fisher · Leah E. Daigle · Francis T. Cullen
옮긴이   신소라 · 심현정
펴낸이   안종만 · 안상준

편 집   윤혜경
기획/마케팅   이영조
표지디자인   박현정
제 작   고철민 · 조영환

펴낸곳   (주) **박영사**
                  서울특별시 금천구 가산디지털2로 53, 210호(가산동, 한라시그마밸리)
                  등록 1959. 3. 11. 제300-1959-1호(倫)

전 화   02)733-6771
f a x   02)736-4818
e-mail   pys@pybook.co.kr
homepage   www.pybook.co.kr
I S B N   979-11-303-1298-9   93330

* 파본은 구입하신 곳에서 교환해 드립니다. 본서의 무단복제행위를 금합니다.
* 역자와 협의하여 인지첩부를 생략합니다.

정 가   23,000원